AF884149

औद्योगिक भूगोल

औद्योगिक भूगोल

राजेश शुक्ला
रश्मि शुक्ला

अर्जुन पब्लिशिंग हाउस

औद्योगिक भूगोल

© लेखक

संस्करण, 2026

ISBN 978-81-8330-102-2

प्रकाशक :

अर्जुन पब्लिशिंग हाउस

4831/24, गोविन्द लेन,

अंसारी रोड, दरियागंज,

नई दिल्ली—110002

फोन : 23272541, 23242541

e-mail : arjunbooks2001@gmail.com

टाइपसेटिंग :

डिम्पल कम्प्यूटर्स

दिल्ली

प्रिन्टर्स :

डिवाईन डिजीटल प्रेस

दिल्ली

प्रस्तावना

उद्योगों का विकास प्रागैतिहासिक काल से ही होता आ रहा है। जब मनुष्य ने पत्थरों का निर्माण पशुओं का शिकार करने के ख्याल से करना शुरू किया। आदिकाल से ही अपने वस्त्र, भोजन, घर और हथियारों की जरूरतों को पूरा करने के लिए मानव वस्तुओं का रूप बदलकर उन्हें ज्यादा उपयोगी बनाता आया है। पाषाण काल के बाद मनुष्य ने धातुओं को गलाकर वस्तुएँ बनाना शुरू किया। लकड़ी काटकर उसकी वस्तुएँ बनने लगीं। विश्व की सभी प्राचीन सभ्यताओं में ईंट और मिट्टी के बर्तन बनाने के प्रमाण मिलते हैं। अनेक तरह के उपकरणों के अवशेष भी मिले हैं। गौरतलब है कि आदिकाल से उन्नीसवीं सदी तक अनेक तरह के उद्योग शासकों के केन्द्रों पर ही स्थित रहे हैं। इनका पतन तथा उत्थान भी साम्राज्यों के अवनति तथा उन्नति से जुड़ा रहा है।

बाद में स्वतंत्र देशों का उदय हुआ। सन् 1700 तक उद्योग अत्यधिक छोटे थे क्योंकि उपलब्ध पूंजी की कमी थी और उपकरण भी साधारण प्रकार के थे। छोटे होने के साथ ये फैले हुए थे। इसके कई वजह थे। इस युग तक ऊर्जा के साधन (लकड़ी, कृषिगत उपजों, मिट्टी, रेत, चमड़ा, ऊन आदि) हर जगह प्राप्त थे। इन उद्योगों में मजदूरों की अत्यधिक आवश्यकता होती थी और स्थानीय जनसंख्या ही मुख्य बाजार थी। वस्तुओं का परिवहन काफी धीमा और महँगा था। इन सार्वभौमिक उद्योगों के अतिरिक्त कीमती वस्तुओं पर आधारित उद्योग कुछ ही

स्थानों पर केन्द्रित थे। गृह और कुटीर उद्योग का यह स्वरूप भारत में भी मशीनी युग के पहले तक था।

आधुनिक फैक्टरी उद्योगों का जन्म स्टीम इंजन से जाना जाता है जिसका जन्म सन् 1769 में इंग्लैण्ड में हुआ। परिणामस्वरूप ऐसी मशीनों का आविष्कार हुआ जिससे औद्योगिक प्रक्रिया हाथों की जगह पर मशीनों से होने लगी, जैसे धातुओं से वस्तुएँ बनाना, कपड़ा बुनना, सूत कातना आदि। शनैः-शनैः यह प्रक्रिया स्वचालित मशीनों से होने लगी, जैसे कागज बनाने का उद्योग। स्वचालित मशीनों के कारण वस्तुओं का उत्पादन आसान और कम समय में अधिक मात्रा में होने लगा। इसके कारण मानव श्रम की भी बचत होने लगी। इस विकास में एक दूसरा महत्वपूर्ण कारण रहा। मानवीय श्रम की जगह पर प्राकृतिक ऊर्जा का उपयोग होने लगा। पेट्रोलियम, कोयला और विद्युत ऊर्जा और शक्ति के प्रमुख साधन बन गए। फलतः जनसाधारण को निर्मित वस्तुएँ, जैसे कपड़ा, फर्नीचर, इमारती सामान तथा अनेकानेक उपभोक्ता वस्तुएँ बहुत सस्ती कीमतों पर उपलब्ध हो गईं। इस युग में भी यातायात के सस्ते साधनों का उद्योगों के वितरण पर स्पष्ट प्रभाव था। जल और समुद्री यातायात की सुविधा से वंचित स्थानों में कम ही उद्योग लग पाए। श्रम-विभाजन तथा परिवहन की बढ़ती सुविधा की वजह से लोगों की अभिरुचि, क्षमता और प्राकृतिक संसाधनों के अनुरूप उद्योगों में क्षेत्रीय विशिष्टता का उदय हुआ।

मनुष्य और वनस्पतियों के बीच आदिम संबंध रहा है। मनुष्य अपनी आवश्यकताओं की पूर्ति वनस्पतियों के द्वारा प्रागैतिहासिक काल से ही करता आ रहा है। आज भी बहुत सारे उद्योगों को बच्चे माल की प्राप्ति वनस्पतियों के द्वारा होती है। कालांतर में प्राकृतिक वनस्पितियों के साथ ही उपयोगी वनस्पतियों का कृषि के रूप में उत्पादन शुरू किया गया। विज्ञान और तकनीकी के विकास के साथ ही प्राकृतिक एवं कृषिगत वस्तुओं में बदलाव करके ज्यादा उपयोगी वस्तुओं में बदलने के तरीके विकसित किए गए। वनस्पतियों से मिलने वाले ज्यादातर कच्चे माल आयतन नाशक, भारी एवं अपेक्षाकृत सस्ते होते हैं। परिणामस्वरूप इन पर आश्रित उद्योगों को इन कच्चे मालों के स्रातों के नजदीक स्थापित करना अधिक आसान होता है। ऐसे उद्योगों में कागज लुग्दी और उद्योग से लेकर खाने की वस्तुए बनाने वाले और शक्कर उद्योग तक आते हैं। कपड़ा उद्योग इसके अपवाद हैं जो साधारणतः बाजार क्षेत्र की ओर आकृष्ट होते हैं।

गौरतलब है कि खनिजों के रूप में मिलने वाले कच्चे माल और वानस्पतिक कच्चे मालों में मौलिक अंतर है। वनस्पतियों का विकास जलवायु, मिट्टी, धरातल

इत्यादि प्राकृतिक दशाओं के द्वारा प्रभावित होता है। भिन्न-भिन्न वनस्पतियों के विकास के लिए जरूरी दशायें भी अगल-अलग होती हैं। फलस्वरूप अनुकूल भौगोलिक दशाओं में ही ये वानस्पतिक उपजें प्राप्त होती हैं। जिससे इनके विश्व-वितरण में बहुत असमानता पाई जाती है। हाँ, इन भौगोलिक दशाओं को नियंत्रित करके वानस्पतिक उपजों के उत्पादन को कम-ज्यादा किया जा सकता है। इस प्रकार वानस्पतिक कच्चे माल अक्षय तथा सनातन संसाधन हैं जिनकी दुबारा आपूर्ति की जा सकती है। इसके उल्टा खनिजों का निर्माण अति दीर्घकालिक तथा भूमिगत होता है, जिसे नियंत्रित करना संभव नहीं हो पाया है। इनका भंडार सीमित होता है जिसे घटाया-बढ़ाया नहीं जा सकता। अतः इन्हें संचित संसाधन कहा जाता है जो अपरिवर्तनीय होते हैं।

धन्यवाद

राजेश शुक्ला

श्रीमती रश्मि शुक्ला

अनुक्रम

1

औद्योगिक भूगोल की संकल्पना

वर्तमान समय में औद्योगिक भूगोल का अध्ययन आर्थिक भूगोल के अन्तर्गत किया जाता है। दरअसल इसकी शुरुआत आधुनिक युग की शुरुआत के साथ हुई। औद्योगिक भूगोल के अन्तर्गत औद्योगिक क्रियाओं का स्थानिक अध्ययन किया जाता है। अजेक्जेण्डरसन का औद्योगिक भूगोल के विषय में मत है "औद्योगिक भूगोल में उद्योगों के वर्तमान भूमण्डलीय, महाद्वीपीय, राष्ट्रीय, प्रादेशिक अथवा नगरीय-वितरण के प्रतिरूप की विवेचना की जाती है।"

वितरण की विवेचना में सिर्फ क्षेत्रीय वितरण का विश्लेषण भर नहीं किया जाता, बल्कि यह महत्वपूर्ण उद्योगों के स्थानीकरण की विवेचना है। स्थानीकरण का घनिष्ठ संबंध क्षेत्र के सांस्कृतिक एवं भौतिक-आर्थिक माहौल से होता है। दूसरी आर्थिक क्रियाओं की तरह औद्योगिक क्रियाओं में भी स्थानीय आधार पर अन्तर देखने को मिलता है। इस विषम प्रादेशिक औद्योगिक स्वरूप का चित्रण भी औद्योगिक भूगोल का लक्ष्य होता है। इस तरह औद्योगिक भूगोल, भूगोल की वह शाखा है जिसमें उद्योगों के स्थानीकरण, वितरण, वातावरण से अन्योन्य संबंधों एवं प्रादेशिक आकार की व्याख्या की जाती है।

उद्योग का अर्थ

उद्योग शब्द अंग्रेजी के 'इंडस्ट्री' शब्द का पर्यायवाची शब्द है जिसका अर्थ है

'कच्चे माल से वस्तुओं को बनाना (fabrication from raw materials) जर्मन इंडस्ट्री शब्द का आशय है-'मशीन का उपयोग करके या कार्य करने की आधुनिक पद्धति का उपयोग करके व्यापक पैमाने पर संसाधित करना' (processing on large scale with the use of machinary or modern method of working)-लैटिन इंडस्ट्रिया (industria) का मतलब है 'श्रम अथवा व्यवसाय का निरंतर उपयोग' (steady application to business or labour).

उद्योग वह आर्थिक कार्य है जिसके द्वारा मानव उपयोगी वस्तुओं एवं सेवाओं का उत्पादन हुआ करता है। (economic activity which yields goods, utilitlies or services). उद्योग उन साधनों का समूह होता है जो समान आर्थिक वस्तुएँ अथवा जनोपयोगी सेवाएँ प्रदान करता है। हर एक उद्योग श्रम की कुशलता पर आधारित होता है। इस प्रकार 'उद्योग' शब्द अनेक प्रकार के कार्यों का बोधक है। इन कार्यों में खनिज उत्खनन और अयस्क को गलाने तथा धातुओं को शुद्ध करने से लेकर इलेक्ट्रानिक उपकरणों का समायोजन तथा सुपर मार्केट तक आते हैं। संक्षेप में उद्योग प्रारंभिक कार्यों से वस्तु लेकर उनको संसाधित करते हैं। प्राथमिक और तृतीयक वर्ग की आर्थिक क्रियाओं के उल्टा विनिर्माण व्यापक पैमाने की बहुस्तरीय क्रिया होती है जिसमें कच्चा माल अथवा अर्द्धनिर्मित वस्तु निर्माण की एक दशा से दूसरी दशा को पहुँचता है। निर्माण की ये सभी अवस्थाएँ तथा उनको पूरा करने वाले कारखाने परस्पर नजदीक स्थित हो सकते हैं अथवा अधिक दूर-दूर। उद्योग के स्थान का आकार कृषित क्षेत्र की तुलना में अत्यधिक कम होता है परंतु निवेशित पूंजी, श्रम की लागत और निर्मित वस्तु की कीमत बहुत ज्यादा होती है।

उद्योगों का इतिहास

सर्वमान्य राय है कि उद्योगों का विकास प्रागैतिहासिक काल से ही होता आ रहा है। जब मनुष्य ने पत्थरों का निर्माण पशुओं का शिकार करने के ख्याल से करना शुरू किया। आदिकाल से ही अपने वस्त्र, भोजन, घर और हथियारों की जरूरतों को पूरा करने के लिए मानव वस्तुओं का रूप बदलकर उन्हें ज्यादा उपयोगी बनाता आया है। पाषाण काल के बाद मनुष्य ने धातुओं को गलाकर वस्तुएँ बनाना शुरू किया। लकड़ी काटकर उसकी वस्तुएँ बनने लगीं। विश्व की सभी प्राचीन सभ्यताओं में ईंट और मिट्टी के बर्तन बनाने के प्रमाण मिलते हैं। अनेक तरह के उपकरणों के अवशेष भी मिले हैं। गौरतलब है कि आदिकाल से उन्नीसवीं सदी तक अनेक तरह के उद्योग शासकों के केन्द्रों पर ही स्थित रहे हैं। इनका पतन तथा उत्थान भी साम्राज्यों के अवनति तथा उन्नति से जुड़ा रहा है।

बाद में स्वतंत्र देशों का उदय हुआ। सन् 1700 तक उद्योग अत्यधिक छोटे थे क्योंकि उपलब्ध पूंजी की कमी थी और उपकरण भी साधारण प्रकार के थे। छोटे होने के साथ ये फैले हुए थे। इसके कई वजह थे। इस युग तक ऊर्जा के साधन (लकड़ी, कृषिगत उपजों, मिट्टी, रेत, चमड़ा, ऊन आदि) हर जगह प्राप्त थे। इन उद्योगों में मजदूरों की अत्यधिक आवश्यकता होती थी और स्थानीय जनसंख्या ही मुख्य बाजार थी। वस्तुओं का परिवहन काफी धीमा और महँगा था। इन सार्वभौमिक उद्योगों के अतिरिक्त कीमती वस्तुओं पर आधारित उद्योग कुछ ही स्थानों पर केन्द्रित थे। गृह और कुटीर उद्योग का यह स्वरूप भारत में भी मशीनी युग के पहले तक था।

आधुनिक फैक्टरी उद्योगों का जन्म स्टीम इंजन से जाना जाता है जिसका जन्म सन् 1769 में इंग्लैण्ड में हुआ। परिणामस्वरूप ऐसी मशीनों का आविष्कार हुआ जिससे औद्योगिक प्रक्रिया हाथों की जगह पर मशीनों से होने लगी, जैसे धातुओं से वस्तुएँ बनाना, कपड़ा बुनना, सूत कातना आदि। शनैः-शनैः यह प्रक्रिया स्वचालित मशीनों से होने लगी, जैसे कागज बनाने का उद्योग। स्वचालित मशीनों के कारण वस्तुओं का उत्पादन आसान और कम समय में अधिक मात्रा में होने लगा। इसके कारण मानव श्रम की भी बचत होने लगी। इस विकास में एक दूसरा महत्वपूर्ण कारण रहा। मानवीय श्रम की जगह पर प्राकृतिक ऊर्जा का उपयोग होने लगा। पेट्रोलियम, कोयला और विद्युत ऊर्जा और शक्ति के प्रमुख साधन बन गए। फलतः जनसाधारण को निर्मित वस्तुएँ, जैसे कपड़ा, फर्नीचर, इमारती सामान तथा अनेकानेक उपभोक्ता वस्तुएँ बहुत सस्ती कीमतों पर उपलब्ध हो गईं। इस युग में भी यातायात के सस्ते साधनों का उद्योगों के वितरण पर स्पष्ट प्रभाव था। जल और समुद्री यातायात की सुविधा से वंचित स्थानों में कम ही उद्योग लग पाए। श्रम-विभाजन तथा परिवहन की बढ़ती सुविधा की वजह से लोगों की अभिरुचि, क्षमता और प्राकृतिक संसाधनों के अनुरूप उद्योगों में क्षेत्रीय विशिष्टता का उदय हुआ।

सतत् औद्योगिक विकास के परिणामस्वरूप उद्योग, ईंधन (कोयला) और कच्चे माल के क्षेत्र की अपेक्षा बाजार की ओर आकर्षित होने लगे हैं। उत्पादन - व्यय की तुलना में परिवहन - व्यय में तेजी से गिरावट आई है। इससे उद्योगों का संबंध दूर के स्थानों से संभव हुआ और कच्चे माल को एकत्रित करने के खर्च का अंतर कम हो गया। साथ ही औद्योगिक शृंखला में शुद्ध निर्मित पदार्थों (धातु, सिंथेटिक फाइबर, प्लास्टिक), कलपुर्जे और मशीनों के अंग महत्वपूर्ण हो गये हैं। अकेले इनका स्थानीकरण पर प्रभाव नहीं पड़ता लेकिन सामूहिक रूप से इनके कारखाने सपीपस्थ और संबंधित होते हैं। फलतः अनेक प्रकार के एकत्रण और

परिष्कारण उद्योगों का विकास हुआ है जिन्हें ईंधन की नहीं सिर्फ ऊर्जा की जरूरत होती है। निर्मित वस्तुएँ भारी, कमजोर और ज्यादा आयतन वाली होती हैं। जिससे बाजार के आसपास ही उद्योग लगते हैं। इस तरह चक्र के रूप में उद्योगों का विकास होता रहा। हर एक चक्र का समय 50 से 60 वर्षों का रहा है इसमें पहला चक्र स्टीम शक्ति पर आधारित था। इसी तरह द्वितीय चक्र रेलवे, तृतीय चक्र विद्युत और स्वचालित वाहन और चौथा चक्र इलेक्ट्रानिक्स और सिंथेटिक वस्तुओं पर आधारित है।

उद्योगों का वर्गीकरण

उद्योगों की भिन्नता उनके उत्पादित माल एवं कच्चे वस्तुओं की विविधता को समझने के लिए उन्हें कई तरह से वर्गीकृत किया गया है। उद्योगों की प्रकृति और उनके उत्पादों के विषय में उन्हें तीन वर्गों में विभक्त किया जाता है- (1) मूल अथवा प्राथमिक वर्ग के उद्योग (Primary Industries) (2) द्वितीयक उद्योग (Secondry Industries) (3) तृतीयक उद्योग (Tertiary Industries)। मूल या प्राथमिक उद्योग वे हैं जिससे सीधे प्रकृति से प्राप्त संसाधनों को प्रक्रिया के बाद उपयोग में लाया जा सकता है, जैसे मत्स्य उद्योग, पशुपालन अयस्क को गलाकर धातु निकालना आदि। ये मूल उद्योग दूसरे उद्योगों को जन्म देते हैं अथवा अन्य उद्योगों के विकास में मददगार होते हैं, जैसे तेल शोधन उद्योग, रसायन उद्योग आदि। द्वितीय किस्म के उद्योगों के द्वारा सबसे अधिक मानवीय उपभोक्ता वस्तुएं जैसे, मोटरें, कपड़ा, पलास्टिक का सामान, कांच और धातु तथा चीनी मिट्टी के उद्योग। तृतीयक उद्योग लघु उद्योग हैं जिनका सीधा संबंध मानवीय बस्तियों से है जैसे, बेकरी, कपड़ा सीना आदि।

रेनर ने (1947) उद्योगों को चार वर्गों में विभक्त किया है-

(1) निष्कर्षणीय उद्योग—जिनमें प्राकृतिक संसाधनों का दोहन किया जाता है, उत्खनन लकड़ी चीरना, एवं धातु गलाकर निकालना आदि। ये ऐसे उद्योग हैं जिनमें उपयोग होने वाले संसाधनों के नजदीक अन्य जरूरी साधन जैसे, मजदूर, ऊर्जा, परिवहन तथा पूँजी के साधन जुटाने पड़ते हैं। इनमें से जिन प्रदेशों में प्राकृतिक संसाधन सरलता से उपलब्ध हो जाते हैं वहां उद्योग पहले स्थापित होते हैं। अति शीत राज्यों, पर्वतीय प्रदेशों, रेगिस्तानों आदि में संसाधन होते हुए भी उद्योगों का विकास नहीं हो पाता। यदि उद्योग विकसित भी होते हैं तो संसाधन की समाप्ति के उपरांत ऐसी इकाइयाँ तथा उनके नजदीक की बस्तियाँ पुनः खत्म हो जाती हैं।

(2) पुनरुत्पादक उद्योग—इस तरह के उद्योगों के द्वारा प्राकृतिक संसाधनों का इस्तेमाल कर विविध किस्म की वस्तुएँ पैदा की जाती हैं। से अनेक तरह की वस्तुएँ बनाई जाती हैं जिनका संबंध पशुचारण, कृषि उत्पादन एवं रेशम के कीड़े पालने से है, जैसे—जूट का कपड़ा बनाने, गन्ने से शक्कर बनाने, चमड़े तथा ऊनी कपड़े एवं रेशमी कपड़ा बनाने के उद्योग।

(3) निर्माण अथवा संरचनात्मक उद्योग—इस वर्ग में वे उद्योग आते हैं जिनमें औद्योगिक प्रक्रिया के द्वारा मानवीय उपयोग की वस्तुएँ अर्जित की जाती हैं, जैसे पुर्जे जोड़कर वाहन बनाने, रबर के टायर, प्लास्टिक से दैनिक उपयोग की वस्तुएँ बनाने के कारखाने आदि।

(4) सुसाध्यात्मक उद्योग—जहां भी मानवीय निवास स्थल हैं वहां सुविधाएँ पहुंचाने के लिए छोटे-छोटे उद्योग विकसित होते हैं, जैसे—खपरैल, ईंट, आइसक्रीम बेकरी, शर्बत आदि बनाने के कारखाने।

उत्तरी अमेरिका यूरोप में आधुनिक उद्योगों का विकास उपभोक्ता सामग्री के बनाने से प्रारम्भ हुआ। उसके बाद प्रथम वर्ग के उद्योग जैसे, धातुएँ बनाना, रसायन उद्योग, मशीनें बनाना आदि विकसित हुए। सोवियत रूस में नियोजित विकास के अन्तर्गत पहले प्राथमिक उद्योगों का विकास किया गया। उसके बाद उपभोक्ता वस्तुएँ प्रदान करने वाले उद्योगों को विकसित किया गया।

हेमिल्टन (1967, पृ. 361) ने भी उद्योग का विस्तृत अर्थ लेते हुए उन्हें चार वर्गों में रखा है। ये वर्ग हैं—1. निष्कर्षण (extraction), 2. प्रक्रमण (processing), 3. समायोजन (assembly) और 4. सेवाएँ (services)। इनमें वस्तुओं का रूपांतरण (प्रक्रमण) तथा वस्तुओं को इकट्ठा कर वस्तु की रूप देना उद्योग के प्रमुख प्रकार हैं। कच्चे माल से शुद्ध पदार्थ निकालना, जैसे लौह अयस्क से कच्चा लौहा बनान भी उद्योग की परिधि में आता है। सेवा वर्ग में वे मरम्मत के काम आते हैं जो समायोजन के कारखाने में किए जाते हैं, जैसे जहाज, रेल के उपकरण की मरम्मत।

उद्योगों का विभाजन आकार के आधार पर भी किया जाता है—1. व्यापक उद्योग 2. मध्यम आकार के उद्योग 3. लघु उद्योग। यह वर्गीकरण नियोजन तथा प्रबंध विकास और सहायता आदि देने के लक्ष्य में सहायक होता है।

तकनीकी और विज्ञान के विकास के साथ-साथ औद्योगिक इकाइयों के आकार में भी वृद्धि होती गई है। कपड़ा उद्योग, लौहा-इस्पात उद्योग, कागज उद्योग आदि शुरू में छोटे पैमाने पर थे लेकिन धीरे-धीरे इकाइयों के स्वरूप में वृद्धि होती गयी। अब

एक इकाई कई सौ एकड़ खेत में फैली होती है। हजारों श्रमिक काम करते हैं और उत्पादन भी बड़े पैमाने पर होता है। लेकिन जहां सीमित साधन हैं वहां इन्हीं उद्योगों के समरूप की लघु इकाइयाँ भी स्थापित की जाती हैं।

लघु उद्योगों का देश की अर्थव्यवस्था में प्रमुख स्थान होता है। इनके विकास से स्थानीय संसाधनों का उपयोग होने लगता है। स्थानीय प्रतिभा तथा छोटी पूंजी भी आकर्षित होती है। स्थानीय बाजार को औद्योगिक उत्पाद प्राप्त होने लगते हैं, जैसे—कीलें, साबुन, मसाले, रस्सी तथा अन्य खाद्य सामग्री के उद्योग।

आज छोटे उद्योगों के अन्तर्गत सामान्यतः परंपरागत उद्योग आते हैं। जैसे, करघा, हाथ कपड़ा छापना, धातु तथा मिट्टी के बर्तन बनाना आदि तथा हस्त शिल्प भी लघु उद्योगों के अन्तर्गत आते हैं। इनके उत्पादों में स्थानीय छाप होती है। इन हस्तशिल्पों को सुरक्षित रखने के पीछे सांस्कृतिक परंपरा को बनाये रखने का भी लक्ष्य होता है।

मानक औद्योगिक वर्गीकरण

संसार के कई देशों में आर्थिक कार्यों को विभक्त करने के लिए प्रामाणिक औद्योगिक वर्गीकरण का उपयोग करते हैं। जैसे कि संयुक्त राज्य अमेरिका में उद्योगों को सबसे पहले वृहत् विभागों में बाँटा गया है और उन्हें दो अंकों के द्वारा लिखा जाता है। इन वृहत् विभागों को फिर से उपविभाजित किया जाता है। परिणामस्वरूप सबसे छोटा समूह 5 अंक वाला बन जाता है। भारत में भी उद्योगों के लिए 'राष्ट्रीय औद्योगिक वर्गीकरण' का उपयोग किया जाता है। यह वर्गीकरण उद्योगों को निम्नलिखित समूहों में वर्गीकृत करता है-

खण्ड (Divisions) : विभाजन का एकांक स्तर (One digit level of classification)

मुख्य समूह (Major Groups) : विभाजन का द्वि-अंक स्तर (Two digit level of classification)

गौण समूह (Minor Groups) : विभाजन का त्रि-अंक स्तर (Three digit level of classification)

सबसे पहले निर्माण उद्योगों सहित समस्त आर्थिक कार्यों को बड़े समूहों में मूलतः व्यवसाय के आधार पर समूहीकृत किया जाता है। इनका संकेत देने के लिए 0 से 9 तक तथा X अंकों का प्रयोग किया गया है। भारतीय एकांक स्तरीय विभाजन निम्न प्रकार से है-

व्यवसायों का भारतीय एकांक विभाजन

खंड	विवरण
0	कृषि, आखेट, वानिकी एवं मछली पकड़ना
1	खनन एवं उत्खनन कार्य
2-3	विनिर्माण एवं मरम्मत
4	बिजली
5	निर्माण
6	थोक, फुटकर व्यापार एवं जलपान गृह, होटल
7	परिवहन, भंडारण और संचार
8	वित्त व्यवस्था, बीमा, स्थावर संपदा और व्यावसायिक सेवाएँ
9	सामुदायिक, सामाजिक और वैयक्तिक सेवाएँ

उद्योगों का द्विअंकीय विभाजन

मुख्य समूह क्रम	विवरण
20-21	खाद्य पदार्थों का विनिर्माण
22	पेय, तम्बाकू और तम्बाकू से बनी चीजों का विनिर्माण
23	सूती कपड़े का विनिर्माण
24	ऊन, रेशम और कृत्रिम रेशम के कपड़ों का विनिर्माण
25	जूट, सन और मेस्ता के कपड़ों का विनिर्माण
26	कपड़े से बनी चीजों (जूतों के अतिरिक्त) का विनिर्माण, काष्ठ और काष्ठ से बनी वस्तुओं, फर्नीचर एवं जुड़नारों का विनिर्माण
28	कागज एवं कागज से बनी वस्तुओं एवं छपाई, प्रकाशन तथा संबद्ध उद्योग
29	चमड़ा एवं चमड़ा और फर से बनी वस्तुओं का विनिर्माण
30	रबर, प्लास्टिक, पेट्रोलियम और कोयले से बनी वस्तुओं का विनिर्माण
31	रसायनों और रासायनिक पदार्थों (मु.स. 30 को छोड़कर) का विनिर्माण

32	अधात्विक खनिज उत्पादों का विनिर्माण
33	मूल धातु और मिस्र धातु उद्योग
34	मशीनरी एवं परिवहन उपस्कर को छोड़कर धातु उत्पादों और कलपुर्जों का विनिर्माण
35	बिजली मशीनरी को छोड़कर मशीनरी, मशीनी औजारों और कलपुर्जों का विनिर्माण
36	बिजली संबंधी मशीनरी, उपकरण, सचित्र और संभरण तथा कलपुर्जों का विनिर्माण
37	परिवहन उपस्कर तथा कलपुर्जों का विनिर्माण
38	अन्य विनिर्माणकारी उद्योग
39	मरम्मत

इस विभाजन में निर्माण उद्योग वर्ग के खंड 2 और 3 हैं। अन्य खंड अर्थव्यवस्था के दूसरे सेक्टर के प्रतीक हैं। खंड 2 और 3 में आने वाले उद्योगों को निर्माण में लगने वाले पदार्थ के आधार पर 20 मुख्य समूहों में वर्गीकृत किया गया है। इन्हें दो अंकों में क्रमबद्ध किया गया है।

इन मुख्य समूहों का भी व्यापक ब्यौरा देने के लिए इन्हें तीन अंकों वाले छोटे समूहों में विभक्त किया गया है। इस स्तर का वर्गीकरण कार्य-प्रणाली के अन्तर्गत किया गया है। उदाहरणार्थ मुख्य समूह 23 सूती वस्त्र विनिर्माण का है। इनके निर्माण के अनेक तरीके हैं जिनमें एक शक्ति चालित करघों से बुनाई और परिसज्जन का काम किया जाता है। इसको बताने के लिए लघु समूह NIC 236 है। इसी प्रकार दूसरे मुख्य समूहों का भी बँटवारा हुआ है। लेकिन इस वर्गीकरण का इस्तेमाल 'जनगणना' में ही किया जा रहा है।

विषय क्षेत्र

धरातल पर स्पष्ट रूप से जिन चीजों को देखा जा सकता है उनमें उद्योग भी एक है। फलस्वरूप इनके वितरण की व्याख्या भूगोल का प्रमुख अंग है। निर्माण उद्योग का मुख्य कार्य वस्तु की उपयोगिता बदलकर उसके मूल्य में बढ़ोतरी करना है। इस निर्माण कार्य को पूरा करने के लिए जरूरी उत्पादन एवं पदार्थ के कारकों को कारखाने में एकत्रित किया जाता है। इनकी सहायता से पदार्थों को निर्मित वस्तु

के रूप में बदला जाता है और उपभोक्ताओं तक पहुंचाया जाता है। इस तरह उद्योग और स्थान के बीच परस्पर घनिष्ठ संबंध होता है। उद्योगों का अपने आसपास के क्षेत्रों से राजनीतिक सामाजिक और सांस्कृतिक संबंध होता है। एक में होने वाला बदलाव दूसरी दशाओं को प्रभावित करता है। गमनागम के द्वारा एक क्षेत्र से दूसरे क्षेत्र तथा दोनों क्षेत्रों के उद्योग अन्तर्सम्बन्धित होते हैं। इस बजट से भूगोलवेत्ता मुख्यतः तीन पक्षों का अध्ययन करते हैं- 1. उद्योग के स्थानीकरण एवं वितरण का प्रादेशिक प्रतिरूप, 2. उद्योगों के स्थापना प्रदेश के दूसरे भौगोलिक दशाओं से स्थितियों का संबंध और 3. उद्योगों का दूसरे प्रदेशों से संबंध।

विश्व स्तर पर उद्योगों का वितरण न तो समान है और न ही सादृच्छिक। यह अनियमित प्रकार का है। साधारणरूप से उद्योग कुछ ही जगहों पर संकेन्द्रित होते हैं। यह स्थान एक अकेला नगर हो सकता है। कुछ नगरों का समूह या पूर्वी संयुक्त राज्य अमेरिका जैसा प्रादेशिक औद्योगिक पुंज हो सकता है। भूगोलवेत्ता का सबसे प्रमुख अध्ययन का विषय यह समझना है कि उद्योगों का इस प्रकार कुछ क्षेत्रों और स्थानों में एकत्रण क्यों होता है और ये उद्योग जहां स्थित हैं वहां क्यों हैं। सामान्यरूप से उद्योगों के स्थानीकरण के लिए वह स्थिति चुनी जाती है जहां ज्यादा लाभ मिल सके। इस तरह की समुचित स्थिति का निर्धारण अनेक कारकों द्वारा प्रभावित होता है। इन कारकों को कई तरह से वर्गीकृत किया जाता है। फिर भी शुरू से ही स्थिति निर्धारण में निर्माण में लगने वाले पदार्थ, शक्ति एवं ऊर्जा के स्रोत प्रमुख रहे हैं। इनकी प्राप्ति, परिवहनीयता एवं स्वभाव उद्योगों के वितरण एवं स्थानीकरण को बड़ी सीमा तक प्रभावित करते हैं। इसलिए उद्योगों के असमान वितरण की व्याख्या के पृष्ठभूमि के रूप में कच्चे माल, ऊर्जा एवं शक्ति के साधनों एवं उनके परिवहन की स्थिति का अध्ययन आवश्यक होता है। पदार्थों के साथ ही उत्पादन के अन्य साधनों-श्रम, पूंजी, उद्यमिता के आकार का विश्लेषण भी आवश्यक होता है। बाजार का भी उद्योगों के वितरण और स्थानीकरण पर स्पष्ट प्रभाव पड़ता है। इन स्थानीकरण के अवयवों का सापेक्षिक महत्व भिन्न-भिन्न वर्ग के उद्योगों में अलग-अलग होता है यहां तक कि एक श्रेणी के उद्योग में उत्पादन के पैमाने और उत्पादन की तकनीक के अन्तर्गत भी स्थानीकरण के अवयवों के महत्व में अंतर आ जाता है। प्लांट की संख्या, स्वामित्व, फर्म द्वारा संचालित उद्योगों की संख्या आदि भी स्थानीकरण के कारकों के सापेक्षिक महत्व को रूपान्तरित करते हैं। ऐतिहासिक पृष्ठभूमि और तकनीकी विकास भी वितरण के प्रतिरूप का विश्लेषण करने में मददगार होते हैं। मिसाल के तौर पर शक्ति एवं ऊर्जा के नये साधनों की खोज के बाद कई उद्योगों

का बिखराव संभव हुआ। परिवहन के साधनों के विस्तार के साथ ही हल्के वर्ग के उद्योगों का भी उपयुक्त क्षेत्रों में विस्तार संभव हो पाया है।

इन अवयवों के सापेक्षिक महत्व को स्पष्ट करने के लिए अर्थशास्त्रियों, समाजशास्त्रियों और भूगोलवेत्ताओं द्वारा कई सिद्धांत प्रस्तुत किये गये हैं। शास्त्रीय और नवशास्त्रीय सिद्धांतों में ज्यादा आर्थिक लाभ को आधार माना गया है। लेकिन द्वितीय विश्व युद्ध के बाद कई उल्लेखनीय बदलाव हुए जिनके कारण इस सोच में परिवर्तन आया। इन बदलावों में तीन मुख्य हैं। एक, इस अवधि में उद्योगों के स्थानीकरण के विषय में सरकार की भूमिका में अत्यधिक परिवर्तन आया है। वह एक उद्योगपति के रूप में, निजी क्षेत्र में पूंजी निवेश और स्थिति-निर्धारण के नियंत्रक के रूप में और एक बड़े क्रेता के रूप में उभरकर आई है। इसके द्वारा उद्योगों का वितरण प्रभावित होता है। दूसरे, निर्माण उद्योग के स्थान पर क्रमशः सेवा उद्योग का विकास हो रहा है। तीसरे, भूगोलवेत्ताओं का उद्योगों को देखने का नजरिया ही बदल कर भूमंडलीय हो गया है। जैसे कि भारत में होने वाले औद्योगिक बदलावों को विश्व की अर्थव्यवस्था में होने वाले बदलावों के संदर्भ में ही समझा जा सकता है। अन्त में औद्योगिक प्रबंधन में आमूल बदलाव हुआ है। अब एक व्यक्ति के स्वामित्व वाली एकाकी कारखाने का स्थान बहुसंयंत्र और बहुद्देशीय कंपनियां ले चुकी हैं। इन बदलावों ने भूगोलवेत्ताओं की उद्योग संबंधी सोच को बहुत कुछ बदल दिया है। इन बदलावों के संरचनात्मक और आचरण सिद्धांत उभरकर सामने आए हैं। इसीलिए उद्योगों के वितरण एवं स्थानीकरण के आकार का विश्लेषण क्षेत्रीय दशाओं एवं सैद्धांतिक माडलों के संदर्भ में करना औद्योगिक भूगोल की परिधि में आता है।

दूसरी तरफ क्षेत्रीय आगम का अनुसरण करते हुए अगर औद्योगिक केन्द्रों अथवा औद्योगिक प्रदेशों का परीक्षण किया जाय तो मालूम होता है कि हर एक का आर्थिक आधार अलग-अलग है। कुछ केंद्रों पर तो अनेक प्रकार के उद्योग हो सकते हैं जिनमें से कुछ एक दूसरे से संबंधित हो सकते हैं और कुछ एक दूसरे से असंबद्ध भी। कुछ स्थानों का औद्योगिक आधार सीमित हो सकता है और वहां एक ही उद्योग और उससे संबंधित व्यवसाय हो सकते हैं। इस अंतर का मौलिक कारण ढूढ़ना और विशिष्ट केंद्र, प्रदेश और देश की औद्योगिक सख्या के निर्धारक तत्वों को पहचानना भी औद्योगिक भूगोल का अंग है।

इसी प्रकार एकाकी वर्ग के उद्योगों का वितरण भी काफी असमान होता है। कुछ उद्योग प्रदेश अथवा औद्योगिक केंद्र में लगभग समान रूप से वितरित होते हैं। लेकिन कुछ उद्योग कुछ ही प्रदेशों, केंद्रों अथवा नगर के एक ही भाग में इकट्ठे होते

हैं। ऐसे भी उद्योग हैं जिनका वितरण प्रतिरूप समय के साथ बदल जाता है। कुछ उद्योगों में बहुत विकास होता है, लेकिन दूसरे कुछ उद्योग समय के साथ समाप्त होने लगते हैं। अनेक उद्योगों के वितरण-प्रतिरूपों और उनमें परिवर्तन लाने वाले कारणों की व्याख्या भी भूगोल में की जाती है।

औद्योगीकरण का किसी देश के आर्थिक विकास पपर कैसा और क्या प्रभाव पड़ता है इसका अध्ययन एवं मूल्यांकन किया जा रहा है। सन् 1950 के दशक में 'प्रादेशिक विज्ञान' विषय की घोषणा के उपरांत प्रादेशिक विश्लेषण पर बल दिया जाने लगा। जहां एक तरफ बल इस बात पर बल दिया गया कि क्षेत्रीय संभाव्य संसाधनों का उपयोग क्षेत्रीय विकास में किया जाय वहीं जीवन की गुणवत्ता और पर्यावरण के प्रदूषण एवं अवनयन को न्यूनतम करने पर भी विशेष ध्यान दिया जाने लगा। फलस्वरूप उद्योगों का विकेन्द्रीकरण जरूरी हो गया। औद्योगिक संभावना का मतलब है कि उद्योग कच्चे माल की उपलब्धि के द्वारा स्थानीय अर्थव्यवस्था से जुड़ा हो तथा उद्योग प्रदेश में वांछित हो। इस प्रकार के औद्योगिक विकास के नियोजन में मुख्यतः चार बातें विचारणीय होती हैं— उपयुक्त उद्योग, तकनीकी और स्थिति का चुनाव एवं स्थानीय अर्थव्यवस्था से एकत्रित करना। इस प्रकार के मूल्यांकन एवं सर्वेक्षण में भी भूगोलवेत्ता अपना योगदान दे सकते हैं। इसके साथ ही अंतर-प्रादेशिक निर्भरता और सहलग्नता में वृद्धि होती जा रही है, जिनका विश्लेषण जरूरी है।

उपागम

औद्योगिक भूगोल के अध्ययन के क्रम में अनेक उपागमों का इस्तेमाल किया जाता है। इन उपागमों में प्रादेशिक, क्रमबद्ध, वस्तुपरक आदि उपागम प्रमुख हैं। क्रमबद्ध अध्ययन में उद्योग तथा उनसे संबंधित विषयों का विश्वस्तर पर अध्ययन किया जाता है, लेकिन प्रादेशिक उपागम में प्रदेश-विशेष के उद्योग एवं उनसे जुड़े तथ्यों का विश्लेषण किया जाता है इन सभी अध्ययन की विधियों को दो भागों में वर्गीकृत किया जा सकता है—

1. ऐतिहासिक संस्थागत - आगमनिक उपागम और
2. सैद्धांतिक-निगमनिक उपागम।

1. संस्थागत आगमनिक उपागम- आगमनिक उपागम में अनुभव और वास्तविक निरीक्षण के आधार पर सामान्य नियम बनाए जाते हैं। योग्यता के आधार पर संबंधों की पहचान की जाती है जिनके आधार पर नियम बनाए जाते हैं। इस उपागम पर विश्वास करने वाले मानते हैं कि मनुष्य और पर्यावरण के बीच संबंधों

के अनेक रूप होते हैं। वजह कारण यह है कि हर एक मनुष्य अलग- अलग और स्वतंत्र इकाई है और उसकी सोच, क्रिया-प्रतिक्रिया का सही पूर्वानुमान नहीं लगाया जा सकता। अर्थात उन्हें आंशिक रूप से ही जाना जा सकता है। तात्पर्य यह है कि उद्योगों के स्थानीकरण के वितरण का आकार असंख्य एकाकी निर्णयों का प्रतिफल होता है। इसलिए इन प्रतिरूपों के बिना व्यक्तियों के आचरण पर विचार नहीं किया जा सकता है। मूलतः उद्योगों के वर्तमान वितरण का प्रतिरूप अनेक एकाकी निर्णयों का प्रतिफल होता है। व्यक्ति सांस्कृतिक, राजनीतिक, आर्थिक और सामाजिक परंपराओं के दबाव में निर्णय लेता है। इतना ही नहीं बल्कि ये निर्णय उनके पूर्वजों के समय की परिस्थितियों से भी अप्रभावित नहीं रहते। इसलिए निर्णयों को समझने के लिए इन मानवीय संस्थाओं पर विचार आवश्यक होता है।

इसके साथ ही निर्णय किन स्थितियों में लिया जाता है यह भी महत्वपूर्ण होता है। उदाहरण के लिए एक व्यक्ति आर्थिक गतिविधियों से जुड़े निर्णय लेते समय पूंजी, परिवहन, बाजार की सुविधा पर विचार तो करता ही है साथ ही उसके निर्णय सांस्कृतिक विरासत से प्रभावित होते हैं। इस प्रकार इनके निर्णय व्याख्या के नियम नहीं बन सकते। दूसरी तरफ अनेक कंपनियों के संचालकों के मंडल के द्वारा लिया गया आर्थिक क्रियाओं संबंधी निर्णय व्यक्तिगत लाभों से परे कारपोरेशन के अधिकतम लाभ के दृष्टिकोण से लिए जाते हैं। ये निर्णय निगम के खुद के कायदों एवं नियम के अन्तर्गत ही लिए जाते हैं। अगर निगम एक से ज्यादा वस्तुएँ बनाता है और ये वस्तुएँ एक-दूसरे से असंबद्ध हैं तो उनका स्थानीकरण के निर्णय पर स्पष्ट छाप पड़ता है। इसी प्रकार सरकार भी नियम और कानून के निर्णय लेती है। अलग-अलग स्तर की सरकारों के निर्णय भिन्न-भिन्न उद्देश्यों से प्रेरित होते हैं। स्थानीय शासन, केंद्रीय तथा राज्य सरकार सभी का मुख्य नजरिया अलग-अलग हो सकता है। इस प्रकार संस्थागत आगमनिक उपागम के अनुयायी मानते हैं कि स्थानीकरण को इन आर्थिक, राजनैतिक, सामाजिक आदि परिस्थितियों तथा आर्थिक एवं सांस्कृतिक दशाओं के ज्ञान से ही जाना जा सकता है।

इस प्रकार का अध्ययन क्षेत्र विशेष का ही हो सकता है। आगमनिक उपागम इस दृष्टि से भी सैद्धांतिक उपागम से अलग है। यह इसलिए कि सभी क्षेत्रों की संस्थागत, भौतिक और मानवीय दशाएँ भिन्न-भिन्न होती हैं।

इन विशिष्टताओं को एक साथ देखा जाय तो हर एक प्रदेश 'अद्वितीय' दिखाई देता है। इसलिए कोई भी व्यक्ति किसी खास क्षेत्र में ही विशेषज्ञता हासिल कर सकता है। इस वर्ग के समर्थक आगमनिक विधि का प्रयोग करके प्रत्येक दशाओं

एवं तत्व के विषय में सूचनाएँ इकट्ठा करते हैं और उनका वर्गीकरण करते हैं। इससे इसका ज्ञान हो जाता है कि कौन सी बातें हर जगह अथवा सभी आर्थिक कार्यों में उभयनिष्ठ हैं। इनकी ही मदद से सार्वभौमिक नियम बनाए जाते हैं-

मूलभूत नियम—आगमनिक उपागम के मुख्य नियम निम्न हैं-

1. विशिष्ट एवं सार्वभौमिक दोनों तरह के गुणों का मूल्यांकन सांस्कृतिक एवं भौतिक दशाओं की व्याख्या से ही संभव होता है।
2. यद्यपि औद्योगिक कार्यों में वस्तुओं एवं मानव के परिवहन में लगने वाला लागत एवं समय पर विचार किया जाता है, लेकिन ये सदैव नियंत्रण करनेवाले घटक नहीं होते। इसके दो मुख्य कारण हैं- एक समय और लागत का मूल्य अनेक काल, संस्कृति एवं व्यक्ति में अलग-अलग होता है। दूसरे, एक ही संस्कृति में सभी लोगों का आचरण सार्वभौमिक नहीं होता।
3. प्राकृतिक तथा सांस्कृतिक दशाओं की भिन्नता के कारण उद्योगों के कुछ महत्वपूर्ण गुण होते हैं। ये गुण प्रक्रिया के रूप में न होकर असंबद्ध होते हैं। इस वजह से इनको वर्गीकृत नापना, करना और माडल के रूप में मूल्यांकित करना मुश्किल होता है। इस कारण इनका मूल्यांकन व्यक्तिपरक तरीकों से ही हो पाता है।
4. औद्योगिक क्रियाओं के स्थानीकरण एवं उनको संचालित करने का निर्णय मनुष्य और उसके प्राकृतिक तथा सांस्कृतिक वातावरण के पारस्परिक संबंधों का प्रतिफल होता है।
5. इसके कुछ लक्षण सभी जगहों एवं सभी समय पर पाए जाते हैं। इस कारण इन्हें प्रक्रिया कहा जाता है। इनके वितरण प्रतिरूप का वर्गीकरण, मापन तथा कुछ हद तक पूर्वानुमान किया जा सकता है।
6. इन्हीं वजहों से कार्य-पद्धति एवं स्थानीकरण को सापेक्षिक संदर्भों में ही समझा जा सकता है।

2. सैद्धांतिक-निमनात्मक उपागम— सैद्धांतिक निगमनात्मक उपागम वस्तुतः शुद्ध विज्ञान के तरीकों से पूरी तरह मेल खाता है। आगमनिक उपागम की तरह इस उपागम में भी शुरुआत व्यापक निरीक्षण से होती है। पुनः वर्गीकरण और मापन का सहारा लिया जाता है तथा सभी को अलग-अलग भागों में बांटा जाता है। इसके बाद कुछ कल्पनाओं का सहारा लेकर संपूर्ण की व्याख्या सैद्धान्तिक रूप से की जाती है। इस उपागम का आधार यह है कि मनुष्य का आचरण बहुत ही तर्कसंगत तथा

अधिकतम लाभ के लिए होता है। इस वजह से स्थानिक पदानुक्रम का अंग होता है। इसलिए इसकी व्याख्या तर्क की सहायता से की जा सकती है। आगमनिक उपागम की तरह निगमनिक उपागम के मानने वाले भी आर्थिक कार्यों के स्थानीकरण, प्रभाव-निर्धारण और उनके संबंधों को समझने में प्राकृतिक एवं सांस्कृतिक वातावरण के प्रभाव को स्वीकारते हैं; लेकिन निगमनिक मानते हैं कि ये घटक तार्किक सैद्धांतिक माडल का रूप ही बदलते हैं। इससे भी आगे निगमनिक समस्त विश्व को विशाल 'मानव-भूमि' तंत्र के रूप में देखते हैं। इस तंत्र के कारण पृथ्वी पर 'स्थानिक संरचना' का जन्म होता है। यह व्यापक तंत्र कई उपतंत्रों से मिलकर बना होता है तथा अनेक भौतिक प्रक्रियाओं एवं सांस्कृति के पारस्परिक क्रिया-प्रतिक्रिया का प्रतिफल होता है। सैद्धांतिक भूगोलविदों का मानना है कि भूगोल की सबसे प्रमुख समस्या उपतंत्रों तथा उनके बीच के संबंधों के विश्लेषण की मदद से -मान-भूमि' के विषम तंत्र तथा इससे जनित 'स्थानिक संरचना' को समझने की है।

इस तरह दोनों उपागमों का लक्ष्य समान है- वितरण एवं स्थानीकरण के प्रतिरूप को समझना। आगमनिक उपागम मानने वालों का मानना है कि वितरण प्रतिरूप को तभी समझा जा सकता है जबकि स्थानीकरण के हर एक निर्णय के ऐतिहासिक और संस्थागत पृष्ठभूमि का अध्ययन किया जाय। इसके उल्टा सैद्धांतिक उपागम वाले अधिक बल वितरण के वर्तमान रेखागणितीय आकार उनके संबंधों तथा तज्जनित स्थानिक संरचना के विवेचन पर देते हैं, क्योंकि इनका मूल्यांकन सांख्यिकीय विधियों के सहयोग से तथा विश्लेषण सिद्धांतों एवं माडलों की सहायता से किया जा सकता है।

अवधारणाएँ

औद्योगिक और आर्थिक भूगोल के दोनों उपागमों में असमानता उनकी विधियों में है लेकिन अवधारणाओं में विभेद नहीं है। कुछ महत्वपूर्ण अवधारणाएँ निम्नानुसार हैं। इनके अतिरिक्त अभिशास्त्र के नियमों का व्यापक उपयोग होता है।

स्थल एवं स्थिति

स्थिति एवं स्थल की अवधारणा भूगोल में उसी प्रकार आधारभूत है जैसे कि अर्थशास्त्र के सिद्धांतों में 'मांग एवं आपूर्ति' की अवधारणा है। कोई भी वस्तु जो धरातल पर स्थित है उसके स्थानीकरण संबंधी दो लक्षण आवश्यक होते हैं। इनमें पहला है वह स्थान जिसे वस्तु घेरती है, इसे स्थल कहते हैं। इस प्रकार वस्तु द्वारा

दखल किए गए स्थान को 'स्थल' और इस स्थान की विशिष्टताओं को 'स्थल की विशेषताएं' कहते हैं। उदाहरण के लिए अगर फैक्टरी नदी के किनारे या समुद्र तट पर स्थित है तो उसको तटीय क्षेत्र की फैक्टरी कही जायेगी। इस प्रकार वस्तु द्वारा अधिकृत भूभाग की आंतरिक विशिष्टताओं को ही स्थल की विशिष्टताएँ कहा जाता है। ये स्वस्थानीय और भौतिक लक्षण होते हैं।

स्थिति की अवधारणा किसी स्थान विशेष का दूसरे स्थानों के संबंधों से जुड़ी है। पुनर्निवास स्थान के उदाहरण से यह समझा जा सकता है। आवास स्थल का चुनाव करते समय व्यक्ति यह देखता है कि यह मकान बाजार, काम करने के स्थान और कारखानों के धुआँ के प्रदूषण से कितनी दूरी पर होगा। इन संदर्भों को ही स्थिति अथवा सापेक्षिक स्थानीकरण कहा जाता है। इनसे जगह की विशेषताएँ निर्धारित होती है लेकिन ये स्वयं स्थान नहीं होते। जैसे फैक्टरी से दूर ही धुआँ द्वारा प्रदूषण की मात्रा निर्धारित होती है। इसी प्रकार बाजार से, नगर के केंद्र से और कार्यस्थान से दूरी की कीमत निर्धारित करती है। इस प्रकार किसी स्थान की अन्य स्थानों के परिप्रेक्ष्य में सापेक्षिक स्थिति को ही 'स्थिति' कहा जाता है। यह सापेक्षिक स्थिति परिवर्तनीय होती है। तकनीकी विकास के साथ ही साथ समय, संबद्धता, लागत, द्वारा व्यक्त की जाने वाली दूरियां कम हो जाती हैं। परिणामस्वरूप सापेक्षिक स्थिति भी बदल जाती है। इसका कारण यह है कि व्यक्ति स्थिति निर्धारित करते समय वास्तविक जमीनी दूरी की अपेक्षा लागत समय आदि सापेक्षिक दूरियों पर ही विचार करता है। स्थानीकरण के सिद्धांतों को इन विचारों से ही लिया जाता है।

समदैशिक और विषमदैशिक क्षेत्र

यह यथार्थ है कि किसी भी वस्तु अथवा कारखाना का स्थिति-निर्धारण अनेक कारकों द्वारा प्रभावित होता है, जिन सभी पर एक साथ विचार नहीं किया जा सकता। इसलिए वास्तविक जगत की विषम स्थिति को आसान बनाने के लिए यह कल्पना करनी पड़ती है कि अपनी मानवीय एवं भौतिक विशेषताओं में क्षेत्र समान है। ऐसे क्षेत्र को समदैशिक तल कहते हैं। यह अवधारणा अर्थशास्त्र की उस अवधारणा के समान है जिसमें अन्य बातें समान मानकर पूर्ति और मांग के संबंधों का विश्लेषण किया जाता है।

अगर धरातल पर दूसरी वस्तुओं की स्थिति पर विचार किया जाय तो वह समान न होकर असमान क्षेत्र हो जाता है, जिसे विषमदैशिक क्षेत्र कहा जाता है जैसे कि आबादी का वितरण असमान हो, धरातल असमान हो, तो विषम क्षेत्र हो जाता

है। यथार्थ में क्षेत्र को समान कल्पित करना वास्तविक संसार से बिल्मुल अलग है, क्योंकि वास्तविक जगत असमान होता है। इसीलिऐ जैसे-जैसे क्षेत्र की विषमता पर विचार करते हैं, वैसे-वैसे वास्तविकता के नजदीक आते जाते हैं। इस प्रकार 'समदैशिक' क्षेत्र भूगोलविद् की प्रयोगशाला है। इस नियंत्रित दशा में वांछित कारक की विषमता के प्रभावों का अनुभव लगाया जा सकता है। यथार्थ की दुनिया में समदैशिक क्षेत्र नहीं पाया जाता, लेकिन इस काल्पनिक क्षेत्र में दूसरे कारकों को जोड़कर वास्तविक विषम जगह को समझना संभव हो सकता है।

क्षेत्र की नवीन अवधारणा

लगभग सन 1950 तक भूगोलवेत्ता सिर्फ यथार्थ जगत से परिचित थे जिसमें दूरी नापने की इकाइयां मील और किलोमीटर थीं। यह क्षेत्र अपरिवर्तनीय माना जाता था। बाद में भूगोलवेत्ताओं ने स्थानीय अध्ययनों में यह पाया कि स्थिर इकाइयों द्वारा नापी गई दूरियां वास्तविक जगत में वितरण को समझने में सक्षम नहीं हैं। इन लोगों ने तब यह महसूस किया कि दूरी नापने की इकाई अलग-अलग होनी चाहिए। फलस्वरूप इन लोगों ने उद्योग, कृषि, बस्तियों आदि के स्थानीकरण के सैद्धांतिक प्रतिरूप का वास्तविक जगत में उनके वितरण प्रतिरूप से तुलना करने का प्रयास किया। वास्तविक वितरण में दूरी यूक्लिडियन नियमों के अन्तर्गत स्थिर इकाइयों में नापी गई, लेकिन सैद्धांतिक प्रतिरूपों में दूरियां नापने की दूसरी इकाइयां, यथा—लागत, सुविधा, समय, सपीपता, सामाजिक संपर्क आदि रही हैं। इस कारण वास्तविक वितरण का प्रतिरूप से मेल नहीं खाता। लोगों ने पाया कि क्रिस्टालर का केन्द्रीय स्थान सिद्धांत या वेबर का उद्योगों के स्थानीकरण के सिद्धांत व्यावहारिक रूप से उपयोगी नहीं माने जाते हैं। इसका कारण दूरी मापने की इकाइयों में अंतर ही है। इन सिद्धांतों में दूरी 'अल्पतम प्रयास' की इकाई के रूप में देखी गई है। 'अल्पतम प्रयास' अनेक प्रकार की दूरियों का परिणाम होता है, जिन्हें भूलकर हम वास्तविक प्रतिरूप के निर्धारण में सिर्फ भौतिक दूरी का इस्तेमाल करते हैं। इसीलिए दोनों प्रतिरूपों की तुलना संभव बनाने के लिए एवं वास्तविकता को समझने के लिए सापेक्षिक इकाइयों का इस्तेमाल किया जाने लगा।

औद्योगिक भूगोल में दूरी व्यक्त करने के लिए लागत और समय को इकाई के रूप में स्वीकार किया जाने लगा है। इस प्रकार के क्षेत्र को कार्यकारी क्षेत्र कहा जाता है इन दूरी नापने की इकाइयों के कारण विचारणीय क्षेत्र सिकुड़ने और फैलने वाला वन गया, हालांकि भौतिक दूरियां स्थायी रही हैं। दूरी के विभिन्न माप लेने के कारण क्षेत्र भी परिवर्तित होता रहता है।

औद्योगिक सहलग्नता

औद्योगिक भूगोल में 'औद्योगिक सहलग्नता' का विस्तृत एवं नए अर्थों में प्रयोग होने लगा है। साधारण तौर पर 'सहलग्नता' शब्द का उपयोग अनेक फर्मों के पारस्परिक, फर्मों का अर्थव्यवस्था के अन्य अंगों से तथा पर्यावरण से संबंध बताने के लिए किया जाता रहा है। लेकिन अब यह शब्द-युग्म काफी विस्तृत अर्थों में प्रयोग किया जाता है। सामान्यतया एक कारखाने के संचालन के लिए अनेक स्रोतों से कच्चा माल, सूचनाएँ तथा पूंजी तथा श्रम आदि का आदान-प्रदान करना पड़ता है। इसी को व्यक्त करने के लिए 'औद्योगिक सहलग्नता' का प्रयोग किया जाता है। उदाहरण के लिए एक कारखाना प्राथमिक क्षेत्र के उत्पादकों से कच्चा माल (R) लेता है या अन्य कारखानों में निर्मित वस्तु लेता है जिसे कच्चे माल के रूप में प्रयोग करता है। इस कारखाने में प्रयोग किया जाने वाला उपकरण अन्य कारखानों से प्राप्त किये जाते हैं। अन्य कुछ फर्म ठेके पर इस फर्म हेतु निर्माण के मध्य का कुछ काम कर देती हैं। पुनः सेवा क्षेत्र से भी सूचनाओं के रूप में फर्म को निवेश प्राप्त होता है। इस प्रकार की सेवाओं में कानूनी सलाह, लेखाकार, कम्प्यूटर के अंकेक्षक, विज्ञापन के एजेंट, विपणन सलाहकार और परिवहनकर्ता की सेवाएँ उल्लेखनीय हैं। इन सभी तरह के निवेश और सेवाओं को 'पृष्ठ सहलग्नता' (backward linkage) कहते हैं। इसके उल्टा इस फर्म में निर्मित वस्तुओं के क्रेताओं से संबंध को 'अग्रिम सहलग्नता' (forward linkage) कहा जाता है। इस अग्रिम सहलग्नता का संबंध अर्थव्यवस्था के हर एक सेक्टर से हो सकता है। कुछ कारखानों का उत्पाद क्रेता लोग सीधे उपभोग के लिए खरीद लेते हैं। उदाहरण के लिए अगर कारखाना टाइपिंग पेपर बनाता है तो वह उपभोक्ता तक कागज सीधे अथवा अपने फुटकर विक्रेता के द्वारा पहुंचा सकता है। साथ ही वह सरकारी कार्यालयों, सार्वजनिक अधिकारियों, निर्माण उद्योगों के स्टेशनरी विभाग को कागज बेच सकता है। इस कागज का प्रयोग दूसरा छपाई कारखाना निवेश के रूप में कर सकता है। इस प्रकार कागज के कारखाने की यह अग्रिम सहलग्नता छपाई के कारखाने की पृष्ठ सहलग्नता बन जाती है। इस प्रकार के संबंधों को औद्योगिक सहलग्नता कहा जाता है। इसी को कीबिल ने कहा कि 'जब एक निर्माण फर्म दूसरे किसी फर्म से वस्तु और सेवाओं के रूप में निवेश खरीदता है और अपने उत्पाद दूसरे निर्माता फर्म को बेचता है' तब सहलग्नता का जन्म होता है। इस प्रकार कुछ लोग निर्माता से निर्माता के प्रवाह को ही औद्योगिक सहलग्नता मानते हैं। दूसरी तरफ कुछ लोग इसका विस्तृत अर्थ लेते हैं जैसे—कि जान्सटन (1981) ने 'मानव भूगोल के शब्दकोश' में लिखा है कि

औद्योगिक भूगोल के संदर्भ में किसी कारखाने की 'पृष्ठ सहलग्नता' में वे सभी फर्म जुड़े होते हैं जिनसे सेवाएँ एवं वस्तुएँ उस कारखाने को मिलती हैं तथा 'अग्रिम सहलग्नता' से सभी क्रेता जुड़े होते हैं।

सहलग्नता का व्यावहारिक लाभ भी है। वास्तव में उद्योगों की स्थिति निर्धारित करने में सहलग्नता का अत्यधिक महत्व होता है। संबद्धता के कारण उद्योग एक स्थान पर एकत्रित होते रहे हैं। अधिकांश उद्योग पृष्ठ एवं अग्रिम सहलग्नता पर विचार करके ही स्थापित किए जाते हैं। इन्हीं संबद्धता के द्वारा आर्थिक विकास का फैलाव भी होता है। अगर कारखाने से निर्मित वस्तु की मांग बढ़ती है तो उसके परिणामस्वरूप पृष्ठ-सहलग्नता वाले प्रदायकों के द्वारा आपूर्ति की जाने वाली वस्तुओं और सेवाओं की मांग बढ़ जाती है। इस प्रकार आर्थिक विकास का विस्तार होता है। इसी प्रकार औद्योगिक अवनति के दुष्परिणामों का फैलाव भी इसी तरह होता है। इस प्रकार के संबंधों से उद्योगपतियों के विचार व्यापक हो जाते हैं। इन महत्वों के कारण 'औद्योगिक सहलग्नता' को फर्म के भौगोलिक वृद्धि का संकेतक माना जाता है जो अब भौगोलिक अध्ययन का एक मुख्य विषय बन गया है।

दूरी-क्षण की अवधारणा

यह भूगोल के मौलिक अवधारणाओं में एक है। दूरी एक विशिष्ट भौगोलिक तत्व है और दूरी-क्षय वक्र किसी विचलक का दूरी के साथ संबंध को प्रकट करता है। इसके द्वारा किसी बिन्दु के बढ़ने के साथ किसी विचलक में होने वाले मात्रात्मक बदलावों को एक रेखा के रूप में दिखाया जाता है। इस वक्र से मालूम पड़ता है कि जैसे-जैसे केंद्र से दूरी बढ़ती है विचलक की मात्रा घटती जाती है। इस प्रकार का संबंध उस विचलक पर निर्भर होता है जिसे हम नापना चाहते हैं। तब पर भी स्थानिक विचलकों में मात्रा और दूरी का उल्टा संबंध ही देखने को मिलता है। स्थानीकरण के सिद्धांतों के द्वारा बाजार लाभ की अधिकतम सीमा निर्धारित करने में इस अवधारणा का ज्यादातर उपयोग किया गया है। सामान्यतः कुछ विचलकों में दूरी के वृद्धि होने से उतना अधिक प्रभाव नहीं होता। परिणामस्वरूप यह वक्र मंद ढाल वाला होता है। इसे स्थानिक अप्रत्यास्थना (inelatic) कहते हैं। दूसरी तरफ कुछ विचलकों में दूरी बढ़ने के साथ तेजी से कमी होती है। फलस्वरूप वक्र तेज ढाल का होता है। इसको अधिक प्रत्यास्थ विचलक कहते हैं। इस प्रकार का माडल दो कल्पनाओं पर आधारित है। एक, केन्द्र बिन्दु जहां से वक्र शुरू होता है तथा विचारणीय विचलक दोनों का संबंध होना चाहिए। दूसरे, वह सतह जिस पर वस्तु

वितरित है, समरूप होना चाहिए। ऐसी दशा में परिवहन की लागत और गति में होने वाले परिवर्तनों के प्रभाव को देखा जा सकता है। गति में बढ़ोतरी के साथ समय की लागत घट जाती है। यही परिणाम परिवहन की लागत में कमी होने का होता है। वक्रों की विशिष्टता के आधार पर कहा जा सकता है कि जिस विचलक की प्रत्यास्थता ज्यादा होती है उस पर परिवहन-लागत की कमी अथवा गति के बढ़ने का प्रभाव भी अधिक पड़ता है। इसके उल्टा न्यून प्रत्यास्थता वाले विचलकों पर लागत एवं गति में होने वाले बेदलावों का प्रभाव बहुत कम पड़ता है।

उद्योग का स्थानीकरण

औद्योगिक विकास की एक विशिष्टता यह है कि एक स्थान पर यदि कुछ उद्योग विकसित हो जाते हैं तो अन्य उद्योग भी वहीं आकर्षित होते हैं क्योंकि वहां उन्हें जरूरी सुविधाएँ जैसे कुशल कारीगर, पुर्जों, परिवहन के साधन, व्यापार का प्रबंध आदि उपलब्ध हो जाते हैं। इसीलिए औद्योगिक केंद्र विशाल नगरों एवं पुर्जों का रूप ले लेते हैं। निकटवर्ती नगरों में भी उद्योग उगने लगते हैं। औद्योगिक प्रदेश तथा औद्योगिक पेटियां विकसित हो जाती हैं। एक सीमा के बाद उद्योगों का विकेन्द्रीकरण होने लगता है, जब भूमि, महँगे मजदूर, परिवहन, हड़ताल आदि समस्याप्रद हो जाते हैं। इसीलिएउद्योग के विकास का भी एक चक्र माना जाता है। विद्वानों ने उसे युवावस्था, प्रौढ़ावस्था तथा वृद्धावस्था में विभाजित किया है।

इसके उल्टा जिन राज्यों में एक बार उद्योगों का स्थापन होने लगता है औद्योगिक जड़त्व के कारण शुरुआती कारकों के न होने अथवा समाप्त होने के बाद भी वे उद्योग चलते रहते हैं। जैसे ब्रिटेन में लौह अयस्क के कारण लौहा इस्पात उद्योग लगाये गये थे, वहां अयस्क खत्म होने के बाद भी उत्तरी स्पेन अथवा स्वीडन से आयात करके उद्योग चलाया जा रहा है। इसका मुख्य कारण उद्योगों में लगी पूंजी है। ऐसे जगहों पर औद्योगिक कार्यकुशलता की परंपरा बन जाती है, परिवहन व्यापार की भी सुविधा रहती है इसलिए एक लंबे समय तक उद्योग स्थानांतरित नहीं होता है।

इसीलिए कि औद्योगिक भूगोल में स्थानीकरण अध्ययन का एक विशिष्ट पहलू है। अनेक विद्वानों ने इसका सैद्धांतिक विवेचन भी किया है। वेबर का सिद्धांत एक प्रारंभिक सिद्धांत है। हूबर, पलण्डर, ग्रीनहट, लॉश, रास्ट्रोन इसार्ड आदि विद्वानों ने सैद्धांतिक पक्ष का बहुत गहन अध्ययन किया है।

औद्योगिक भूगोल में शोध का पक्ष भी शनैः-शनैः ठोस धरातल पर लाया गया। इसकी सांख्यिकीय विधियों का विवेचन अगले अध्याय में किया गया है। यह मापक

कई तरह से किया जाता है जैसे—1. औद्योगिक इकाइयों की संख्या; 2. उद्योगों में लगे मजदूरों की संख्या; 3. उत्पादित वस्तुओं का मूल्य; 4. कुल मजदूरी और 5. वास्तविक उत्पादन की मात्रा।

उद्योगों के स्थानीकरण के अतिरिक्त भूगोलवेत्ता उनके प्रादेशिक अंतःसंबंध, मुख्यतः आर्थिक विकास में उनके योगदान का भी अध्ययन करता है तथा उद्योगों का दूसरे प्रदेशों से क्या संबंध अथवा प्रभाव है, इस पर भी विचार करता है, जैसे दामोदर घाटी अथवा छत्तीसगढ़ के रायपुर, भिलाई-दुर्ग औद्योगिक क्षेत्रों में उद्योगों के स्थापन से क्या आर्थिक बदलाव हुए हैं एवं इससे राज्य के विकास तथा निकटवर्ती राज्यों के विकास में किस रूप में मदद मिली है।

औद्योगिक भूगोल के विकास पर जब हम नजर डालते हैं तो पाते हैं कि शुरू में यह आर्थिक भूगोल का अंग था। यह विषय भी वास्तव में व्यापारिक भूगोल से शुरू हुआ। आर्थिक कार्यों का ज्ञान भी पृथ्वी के अनेक भागों से इकट्ठा हुआ और साथ ही उद्योगों का विकास भी व्यापक पैमाने पर हुआ। ज्ञान के इस संवर्धन और भंडारण के साथ आर्थिक भूगोल की भी कई शाखाएँ हो गईं जिनमें औद्योगिक भूगोल उल्लेखनीय हैं। औद्योगिक भूगोल के सिद्धांत प्रतिपादित हुए तथा अध्ययन की विधियाँ भी विकसित हुईं जिससे भूगोल के व्यापक विषय के अंदर यह एक स्वतंत्र शाखा मानी जाने लगी।

उद्योगों का ज्यादा विकास नगरों से संबद्ध रहा। ऐसे उदाहरण कम नहीं हैं जहां उद्योगों के स्थापना से नगर विकसित हुए हैं। इसलिए औद्योगिक भूगोल का घनिष्ठ संबंध नगरीय भूगोल से भी रहा है जो मानव भूगोल का एक विशिष्ट पक्ष है।

उद्योगों के स्थानीकरण में भौगोलिक अवयवों के साथ आर्थिक कारक समान रूप से विशिष्ट होते हैं। इनमें उत्पादन मूल्य तथा परिवहन मूल्य विशिष्ट हैं। इसीलिए उद्योगों के स्थानीकरण का विशद अध्ययन अर्थशास्त्रियों ने भी किया है एवं उसके सिद्धांत भी प्रतिपादित किये हैं। जैसा कि अर्थशास्त्र के दूसरे पक्षों में देखा गया है। भौगोलिक अवयवों को गौण स्थान पर रखा जाता है। प्रादेशिक वितरण का विश्लेषण भी अर्थशास्त्री नहीं करते जो औद्योगिक भूगोल का महत्वपूर्ण पक्ष है। इसलिए उद्योगों में अर्थशास्त्र और भूगोल परस्पर एक दूसरे के पूरक विषय हैं।

उद्योगों का विकास, उसकी अवनति, उद्योगों की स्थापना, नई इकाइयों को लगाना, यह सभी निरंतर बदलते रहते हैं। इसलिए औद्योगिक भूगोल के अध्ययन में नवीनतम जानकारी आवश्यक होती है। विकासशील देशों में यह विकास और भी तेजी से हो रहा है। भारत में औद्योगिक भूगोल का अध्ययन इसीलिए बहुत महत्वपूर्ण

और रोचक है। नवीन उद्योगों के स्थापन के साथ विकास के अनेक सोपानों के अध्ययन के लिए भी समुचित अवसर है। उद्योगों के प्रादेशिक वितरण के प्रतिरूप भी परिवर्तित हो रहे हैं। भारत के मानचित्र पर नये औद्योगिक केन्द्र उभरे हैं, परंपरागत दो में उद्योगों का संकेन्द्रण हुआ है तथा उनके चारों तरफ उपकेंद्र विकसित हुए हैं। औद्योगिक क्षेत्रों का फैलाव हुआ है तथा अनेक तरह के नये उद्योग लगाए गये हैं। इसलिए भारतीय औद्योगिक भूगोल का अध्ययन जरूरी है क्योंकि हमारे लिए इसका महत्व सबसे अधिक है।

2

उद्योगों के स्थानीयकरण के सिद्धान्त

किसी भी तरह के उद्योग की स्थापना उस स्थान पर की जाती है जहां उसके लिए आवश्यक साधन उपलब्ध हों। सभी जगहों पर समुचित औद्योगिक सुविधाएं एक साथ नहीं मिल सकती। अतः उद्योग की प्रकृति के अनुसार ऐसे स्थानों का चुनाव करना चाहिए जहां अधिकतम सुविधाएं उपलब्ध हों एवं अपेक्षाकृत न्यूनतम खर्च वहन करना पड़े।

उद्योग के कारक

किसी भी उद्योग के लिए आवश्यक भौगोलिक कारक जैसे कच्चा माल, शक्ति के साधन, परिवहन के साधन, श्रम-सम्भरण, पानी की उपलब्धता व बाजार हैं। जलवायु एवं वातावरण की उपलब्धता भी आवश्यक तत्त्व हैं। आर्थिक कारकों में पर्याप्त सस्ती भूमि, पर्याप्त पूँजी, कुशल प्रबन्ध, दक्ष संगठन तथा साहसी उद्यमकर्त्ता का होना जरूरी हैं। अन्य कारकों में विज्ञान एवं इन्जीनियरिंग की दक्षता, उद्योग के प्रारम्भ का संवेग, सरकारी नीति (व्यापार शुल्कदर, व्यापारिक समझौते, सरकारी संरक्षण एवं उपादान, श्रमिक प्रशिक्षण, श्रम न्यायालय, औद्योगिक अनुसन्धान),

ऐतिहासिक एवं व्यक्तिगत कारक व संगठनात्मक अनुभव है। व्यक्तिगत स्वार्थ की पूर्ति हेतु ही भारत की देशी रियासतों ने अपनी रियासतों में उद्योगों की स्थापना की थी। बिड़ला परिवार ने पिलानी (राजस्थान) में व्यक्तिगत आधार पर संस्कृति तथा उद्योग का केन्द्र बनाया है क्योंकि यह नगर उनका जन्म स्थान है। **हेनरी फोर्ड** ने अपने जन्म स्थान **डीट्रयट** में मोटर उद्योग की स्थापना की है।

उपर्युक्त कारकों को अंग्रेजी के मकार शब्दों से भी स्पष्ट किया जा सकता है:

Money, material, man, motive power machinery management, market, momentum, means of transport and mental proficiency.

आर्थिक भूगोल में 'उद्योग' शब्द वस्तु निर्माण उद्योग को इंगित करता है। इसमें कच्ची सामग्री को बदलकर परिष्कृत सामग्री तैयार की जाती है। कभी-कभी परिष्कृत सामग्री भी किसी अन्य उद्योग हेतु कच्चा माल हो जाती है, जैसे एलुमिनियम से तार व तार से बिजली के सामान बनते हैं; रबड़ से सिल्लियाँ व सिल्लियों से रबड़ की चादरों और इन चादरों से मीटर के ट्यूब बनते हैं।

उद्योग के तीन वर्ग **शिल्प या लघु उद्योग, कुटीर उद्योग तथा वृहत** या कारखाना उद्योग होते हैं।

शिल्प उद्योग—इस उद्योग के तहत किसी भी मध्यस्थ व्यापारी की जरूरत नहीं होती है।

कुटीर उद्योग—इस उद्योग में मध्यस्थ व्यापारी होते हे जो कच्चा माल शिल्पकारों को देते है व उत्पादित माल को बाजारों में विक्रय करते है।

कारखाना उद्योग—इन उद्योगों में यन्त्रीकरण होता है जिसमें मशीनों के द्वारा मशीनों का नियन्त्रण होता है।

उद्योग के स्थानीकरण के सिद्धान्त

उद्योग के स्थानीकरण में आवश्यक कारकों के सापेक्षिक आकर्षण की समस्या का निवारण जरूरी हो जाता है। इसीलिए उद्योगों के स्थानीकरण के सिद्धान्तों का प्रतिपादन किया गया है :

1. बेबर का सिद्धान्त

जर्मन अर्थशास्त्री प्रोफेसर अल्फ्रेड वेबर ने सन् 1909 में निरूपित किया कि उद्योग के स्थानीकरण की निम्नांकित परिस्थितियाँ होती हैं :

1. वेबर द्वारा प्रयुक्त पारिभाषित शब्द, 2. दो स्रोतों से प्राप्त दो अथवा अधिक कच्चा माल और उत्पादित वस्तु का एक ही बाजार, 3. एक सघन से प्राप्त एक ही कच्चा माल व उत्पादित वस्तु का एक ही बाजार।

सर्वत्र सुलभ पदार्थ (Ubiquities)–जो पदार्थ सभी जगह उपलब्ध हैं और जिनकी कीमत एक ही लगती है, जैसे हवा में ऑक्सीजन।

शुद्ध पदार्थ (Gross material)–जिन पदार्थों का भार उत्पादन क्रिया में कम हो जाता है, जैसे बाक्साइट का भार एलुमिनियम में निर्माण क्रिया में कम हो जाता है।

पदार्थ सूचकांक (Material Index)–यह कच्ची सामग्री व उत्पादित वस्तु क भार से सम्बन्धित होता है।

स्थानीकरण भार (Location weight)–केवल उत्पादित वस्तु का परिवहन करने पर भार एक होता है। अगर कच्ची सामग्री एवं उत्पादित वस्तु के भार को परिवहन किया जाता है तो भार दो होता है।

आइसोडापेन (Isodapane)–यह बराबर परिवहन लागत का बिन्दु पथ होता है।

प्रथम परिस्थिति

(i) निकट सर्वत्र सुलभ पदार्थ तथा शुद्ध कच्चा माल का इस्तेमाल होता है तो उद्योग की स्थापना बाजार के समीप होती है। सूती वस्त्र का उद्योग इसी कोटि में आता है।

(ii) यदि मिश्रित पदार्थ का इस्तेमाल होता है तो उद्योग की स्थापना अधिक भार वाले कच्चे माल के निकट होगी। चीनी तथा कागज उद्योग इसी श्रेणी में आते हैं।

(iii) अगर कच्चा माल सभी सुलभ रहता है जैसे मिट्टी पानी आदि तो उद्योग की स्थापना बाजार के नजदीक होती है। इसमें उत्पादित वस्तु के परिवहन में खर्च नहीं होता है। इस श्रेणी में मिट्टी के बर्तन तथा पानी से बनी वस्तुएँ आती हैं।

(iv) अगर कच्चा माल शुद्ध होता है तो उद्योग कच्चा माल के नजदीक अथवा बाजार के निकट स्थापित होता है। इस कोटि में लुग्दी व कपड़ा उद्योग आते हैं।

द्वितीय परिस्थिति

(i) यदि दो या अधिक कच्चा माल जरूरी हों और सर्वत्र सुलभ हों तो उद्योग बाजार के निकट स्थापित होगा।

(iii) यदि सभी कच्चे माल स्वच्छ हैं तो चाहे वह कितने भी दूर मिलें, उद्योग की स्थापना बाजार के नजदीक होगी।

(ii) अगर सभी कच्चे माल मिश्रित हैं तो उद्योग की स्थापना अधिक भार के कच्चे माल के आसपास होगी। इसमें लौहा उद्योग आता है। यह जगह कच्चे माल के दोनों स्थान व बाजार के स्थान से बने त्रिभुज के अन्दर होगा। इसको **स्थिति त्रिभुज** (Location triangle) कहते हैं। प्रस्तुत चित्र में (क) तथा (ख) मिश्रित पदार्थों के स्थान हैं और (ग) वस्तु के बाजार का स्थान है। ऐसी दशा में (द) स्थान पर उद्योग स्थापित होगा।

वेबर महोदय ने किसी उद्योग के स्थानीकरण के सम्बन्ध में निम्नांकित चार निष्कर्ष निकाले हैं :

(1) स्थानीकरण शुद्ध कच्चे माल के साधन पर नहीं होता है।

(2) कम पदार्थ सूचकांक (material index) के उद्योग बाजार की ओर आकर्षित होते हैं और अधिक पदार्थ सूचकांक के उद्योग कच्चे माल के स्रोत की ओर। पदार्थ सूचकांक के कारण चीनी उद्योग उत्तर प्रदेश में और कम पदार्थ सूचकांक के कारण सूती उद्योग जापान में स्थापित हैं।

(3) स्थानीकरण में सापेक्षिक परिवहन खर्च का प्रभाव पड़ता है।

(4) उद्योग भार के कच्चे माल की ओर आकर्षित होता है।

$$\text{पदार्थ सूचकांक} = \frac{\text{कच्चे माल का भार}}{\text{तैयार माल का भार}}$$

वेबर महोदय ने मजदूरी की लागत को भी प्रभावकारी बताया है। उनके विचारानुसार परिवहन की लागत की असुविधा को मजदूरी की लागत की सुविधा से ठीक जा सकता है। इसके लिए **वेबर** महोदय ने **आइसोडापेन** (isodapenes) का उपयोग किया है। **आइसोडापेन** एक रेखा होती है जो समान कुल लागत के समान बिन्दुओं के बिन्दु-पथ (locus) को जोड़ती है :

वेबर के इस आइसोडापेन्स से श्रम के परिवर्ती कारक का क्रमबद्ध उपयोग होता है। इसका मानचित्र **एस.डैगैड** के आधार पर निर्मित किया जाता है।

वेबर ने कारखाने के विस्तार, एक ही उद्योग के अनेक कारखानों की स्थापना व अनेकों कारखानों को एक ही स्थान पर एकत्रित होने वाले प्रभाव को भी महत्त्वपूर्ण

माना है। उनके मतानुसार अधिशेष परिवहन खर्च पड़ने पर भी एकीकरण की सुविधा से लाभ मिलने पर उद्योग की स्थिति सर्वोत्तम स्थान से हट सकती है।

2. न्यूनतम लागत सिद्धान्त

इस सिद्धांत के अनुसार किसी भी उद्योग की स्थापना उस स्थान पर होती है जहां वस्तुओं के उत्पादन से लेकर वितरण तक न्यूनतम लागत आती है। अन्य शब्दों में, कहा जा सकता है कि जिस जगह पर परिवहन खर्च तथा उत्पादन की लागत का योग न्यूनतम लगता है। इस प्रकार उद्योग का सन्तुलन विविध कच्चे माल के स्रोत व उत्पादित माल के वितरण की विशिष्टताओं पूरा आश्रित होता है।

कुछ उद्योगों पर परिवहन लागत का ज्यादा प्रभाव पड़ता है और उत्पादन प्रक्रिया का कम जैसे लौहा तथा इस्पात उद्योग। कुछ उद्योगों में इसके उल्टा दशा होती है जैसे कपड़ा उद्योग। परिवहन लागत से अधिक प्रभावित होने वाले उद्योग कच्चे माल के स्रोत या बाजार के निकट या दोनों के बीच स्थान पर स्थापित किये जाते हैं। उत्पादन प्रक्रिया लागत से प्रभावित होने वाले उद्योग अधिक लागत वाले तत्त्व के साधनों की और आकर्षित होते हैं। इस प्रकार उद्योग के विभिन्न अंग अलग-अलग दशाओं में अपनी-अपनी और उद्योग को आकर्षित करते हैं। अतः उद्योग के स्थानीकरण में विभिन्न तत्त्वों अथवा कारकों का सापेक्षिक महत्त्व होता है। यह निश्चिंत है कि सभी उद्योग परिवहन लागत से न्यूनाधिक मात्रा में प्रभावित होते हैं। यहाँ प्रति इकाई व्यय कम पड़ता है वहीं उद्योग स्थापित होते हैं।

निर्माण लागत को कम करने के चार प्रकार हैं–

1. वृहत् उत्पादन–अधिक मात्रा अथवा संख्या में वस्तुओं का उत्पादन होने पर प्रति इकाई लागत कम लगती है।

2. यन्त्रीकरण–मनुष्य की जगह पर मशीनों के इस्तेमाल से उत्पादन गति व उत्पादन की मात्रा वृद्धि होती हैं तो लागत में कमी आ जाती है।

3. श्रम लागत–मशीनीकरण से उत्पादन के अलग-अलग सोपानों पर श्रम की कम आवश्यकता होती है जिसके परिणामस्वरूप लागत कम हो जाती है।

4. लाभकारी स्थिति–कारखाने की सुविचारित स्थिति होने पर लागत कम हो जाती हैं और अधिक लाभ होता है।

न्यूनतम लागत सिद्धान्त के निष्कर्ष

(1) भारी, कम मूल्यवान व शीघ्र नश्वर कच्चे मालों के स्रोत के नजदीक उद्योग

स्थापित होते हैं। तकनीकी मदद तथा परिवहन की दर कम होने पर कच्चे माल के स्रोत का आकर्षण कम हो जाता है। यह **कच्चा माल प्रधान उद्योग** (Raw material Oriented Industry) होता है। सीमेण्ट का उद्योग चूना पत्थर के नजदीक और लुग्दी का उद्योग वन के निकट स्थापित होता है।

(2) अधिक भार वाली या जल्दी ही विनष्ट होने वाली या अधिक वितरण खर्च वाली या अधिक माँग वाली सामग्री के उत्पादन करने वाले उद्योग बाजार के समीप स्थापित होते हैं। इसमें भोजन सामग्री निर्माण करने वाले उद्योग होते हैं। पूर्ण विवेचन से पता चलता है कि कच्चे माल के स्रोत की अपेक्षा में बाजार का प्रभाव उद्योगों की स्थापना पर अधिक पड़ता है। यह **बाजार प्रधान उद्योग** (Market Oriented Industry) होता है। प्रोफेसर ई. **एम. हूवर** ने न्यूनतम लागत सिद्धान्त में परिवहन लागत सिद्धान्त की आरेखी विवेचना की है। बाजार प्रधान उद्योगों की अधिकतर स्थापना बड़े नगरों के करीब की जाती है। इतना निश्चित है कि परिवहन लागत के नजरिए से उद्योग का स्थानीकरण कच्ची सामग्री के स्रोत अथवा बाजार बिन्दु पर होता है किसी अन्य स्थान पर नहीं होता है।

(3) शक्ति की मात्रा, उत्पादित वस्तु की माँग व आपूर्ति के साधनों का प्रभाव भी उद्योगों की स्थापना पर पड़ता है। जिस उद्योग में उत्पादन प्रक्रिया में लागत का अधिकतर शक्ति पर खर्च होता है, वह उद्योग शक्ति के स्रोत के समीप स्थापित होता है। जैसे एलुमिनियम उद्योग विद्युत शक्ति गृह के समीप स्थापित होता है। प्राविधिक प्रगति के साथ शक्ति के साधनों का आकर्षण कम हो रहा है। यह **शक्ति प्रधान उद्योग** होता है। विद्युत रसायन उद्योग इस श्रेणी में आता है।

(4) श्रम भी उद्योग को प्रभावित करता है। जिस उद्योग में उत्पादन लागत का अधिकतर श्रम पर खर्च होता है, वह उद्योग कुशल एवं सस्ते श्रम के स्रोत के समीप स्थापित होता है। यह **श्रम प्रधान उद्योग** होता है। इसी वजह से बड़े नगरों के निकट अधिक उद्योग स्थापित होते हैं जहाँ श्रम शक्ति सुविधा से मौजूद होती है।

अविकसित देशों में पूँजी का भी प्रभाव उद्योगों के स्थानीकरण पर पड़ता है और ज्यादातर उद्योग **पूँजी प्रधान** होते हैं।

इस तरह स्थानीकरण के सिद्धान्त सिर्फ विशिष्ट प्रवृत्तियों को बताते हैं। इनके स्थानीकरण में ये सिद्धान्त व्यवहरित नहीं होते हैं, बल्कि इसमें स्थानीकरण के अलग-अलग तत्त्वों तथा कारकों का सामूहिक प्रभाव दिखता है। कभी-कभी स्थानीय कर, भावुकता, सामाजिक प्रान्तीयता, जीवन तथा अज्ञानतावश के उद्योगों का स्थानीकरण गलतियों से भरा होता है। इसीलिए भारत के अधिक उद्योग स्वतन्त्र देशी

रियासतों में स्थापित हुए। प्रान्तीयता के कारण ही चीनी मिलें तमिलनाडु, कर्नाटक व पश्चिम बंगाल में स्थापित हुई।

3. फेटर का सिद्धान्त बाजार प्रतिद्वन्द्विता सिद्धान्त

यह स्थिति सिद्धान्त व्यापारिक केन्द्रों पर स्थापित दो कारखानों की उत्पादित वस्तुओं के बाजार के बीच सीमा का निर्धारण करता है।

इस सिद्धान्त के निष्कर्ष

(1) यदि उत्पादन लागत में समानता हो तो अधिक परिवहन लागत के केन्द्र के अधिक निकट तथा उस केन्द्र की तरफ झुकी हुई सीमा रेखा होती है।

(2) अगर उत्पादन लागत असमान हो तो उन उद्योगों के बाजारों की सीमा रेखा ज्यादा उत्पादन लागत के केन्द्रों के निकट तथा उसकी तरफ आकर्षित हुई होगी।

(3) अगर उत्पादन व परिवहन लागत दोनों केन्द्रों के चतुर्दिक समरूप (identical) हैं तो उन उद्योगों के बाजारों के बीच की रेखा एक आसान रेखा होगी जो दोनों उद्योगों के केन्द्रों को जोड़ने वाली रेखा के साथ समकोण बनाती है।

इस तरह दो क्षेत्रों में स्थित उद्योगों के उत्पादित सामानों के बाजारों की सीमाएँ निर्धारित होती हैं। इससे बाजार में प्रतियोगिता बढ़ जाती है।

3

औद्योगिक संसाधन

जैविक कच्चा माल

मनुष्य और वनस्पतियों के बीच आदिम संबंध रहा है। मनुष्य अपनी आवश्यकताओं की पूर्ति वनस्पतियों के द्वारा प्रागैतिहासिक काल से ही करता आ रहा है। आज भी बहुत सारे उद्योगों को बच्चे माल की प्राप्ति वनस्पतियों के द्वारा होती है। कालांतर में प्राकृतिक वनस्पितियों के साथ ही उपयोगी वनस्पतियों का कृषि के रूप में उत्पादन शुरू किया गया। विज्ञान और तकनीकी के विकास के साथ ही प्राकृतिक एवं कृषिगत वस्तुओं में बदलाव करके ज्यादा उपयोगी वस्तुओं में बदलने के तरीके विकसित किए गए। वनस्पतियों से मिलने वाले ज्यादातर कच्चे माल आयतन नाशक, भारी एवं अपेक्षाकृत सस्ते होते हैं। परिणामस्वरूप इन पर आश्रित उद्योगों को इन कच्चे मालों के स्रातों के नजदीक स्थापित करना अधिक आसान होता है। ऐसे उद्योगों में कागज लुग्दी और उद्योग से लेकर खाने की वस्तुए बनाने वाले और शक्कर उद्योग तक आते हैं। कपड़ा उद्योग इसके अपवाद हैं जो साधारणतः बाजार क्षेत्र की ओर आकृष्ट होते हैं।

गौरतलब है कि खनिजों के रूप में मिलने वाले कच्चे माल और वानस्पतिक कच्चे मालों में मौलिक अंतर है। वनस्पतियों का विकास जलवायु, मिट्टी, धरातल इत्यादि प्राकृतिक दशाओं के द्वारा प्रभावित होता है। भिन्न-भिन्न वनस्पतियों के

विकास के लिए जरूरी दशायें भी अगल-अलग होती हैं। फलस्वरूप अनुकूल भौगोलिक दशाओं में ही ये वानस्पतिक उपजें प्राप्त होती हैं। जिससे इनके विश्व-वितरण में बहुत असमानता पाई जाती है। हाँ, इन भौगोलिक दशाओं को नियंत्रित करके वानस्पतिक उपजों के उत्पादन को कम-ज्यादा किया जा सकता है। इस प्रकार वानस्पतिक कच्चे माल अक्षय तथा सनातन संसाधन हैं जिनकी दुबारा आपूर्ति की जा सकती है। इसके उल्टा खनिजों का निर्माण अति दीर्घकालिक तथा भूमिगत होता है, जिसे नियंत्रित करना संभव नहीं हो पाया है। इनका भंडार सीमित होता है जिसे घटाया-बढ़ाया नहीं जा सकता। अतः इन्हें संचित संसाधन कहा जाता है जो अपरिवतंनीय होते हैं।

कच्चे माल के वानस्पतिक स्रोतों को दो भागों में रखा जा सकता है-

(अ) प्राकृतिक वनस्पति और

(ब) कृषिगत फसलें

कच्चे माल के प्राकृतिक वानस्पतिक स्रोत

प्राकृतिक वनस्पतियाँ विशेषकर वन न केवल ईंधन के स्रोत रहे हैं अपितु इनसे विभिन्न छोटे और बड़े उद्योगों के लिए कच्चा माल मिलता है। लकड़ी काटना और वन्य वस्तुएं इकट्ठा करना वनों पर आश्रित प्राथमिक उत्पादन की क्रियाएं हैं। पुनः इन वन उपजों पर आधारित विभिन्न उद्योग विकसित हुए हैं। इनमें से लुग्दी उद्योग एक ऐसा उद्योग है जो पूरी तरह लकड़ी पर आश्रित होता है। लुग्दी उद्योग दुबारा कई उद्योगों को कच्चे माल प्रदान करता है। कागज उद्योग लुग्दी का सबसे बड़ा ग्राहक है। इसके अतिरिक्त सेलफन, रेयान उद्योग, रेशा, गत्ता तथा अनेक संबंधित उद्योगों में भी लुग्दी का भी प्रयोग होता है। सैद्धान्तिक दृष्टि से लुग्दी किसी भी वृक्ष की लकड़ी से बनाई जा सकती है, लेकिन केवल कुछ पेड़ की लकड़ी से ही अच्छे गुणों वाला कागज बनाया जा सकता है और केवल कुछ वृक्ष जातियाँ ही इस उद्योग के लिए उपलब्ध हैं। ऐसी लकड़ी जिसके रेशे मजबूत हों ओर उसमें रेजीन, गोंद और टैनिन अत्यल्प हो लुग्दी उद्योगों के लिए सही होती है। इस कारण कोणधारी वनों की मुलायम लकड़ियाँ, विशेषकर स्प्रूस, बालसम, फर और हेमलाक कागज योग्य लुग्दी बनाने हेतु उपयुक्त समझी जाती हैं। अब लुग्दी बनाने की विधि में बहुत ज्यादा परिवर्तन कर लिया गया है, जिससे उपयोग की जाने वाली वृक्ष जातियों की गिनती अधिक हो गई है। उष्ण कटिबन्धीय क्षेत्रें में विभिन्न प्रकार की घासों के साथ ही बाँस का सबसे अधिक प्रयोग इस उद्योग में किया जाता है।

लुग्दी और उस पर आश्रित उद्योगों के अलावा भी वनोंपजों पर आधारित विभिन्न उद्योग हैं, जिनका उतना महत्व नहीं है जितना कि लुग्दी उद्योग का। इनमें दियासलाई, लाख, प्लाइवुड रेजीन, (परती लकड़ी), खेल का सामान लकड़ी चीरना, और नारियल-सम्बन्धी उद्योग मुख्य हैं। यह वनों पर आधारित उद्योगों की परिपूर्ण सूची नहीं है। दरअसल वृक्षों के सभी हिस्सों का कुछ न कुछ औद्योगिक उपयोग होता है, जैसे कि छाल से कुनैन, जड़ से चिरायता, टैनिन निष्कर्ष तथा कार्क आदि, पत्तियों से भिन्न-भिन्न वस्तुएं, सौन्दर्य प्रसाधन की वस्तुएं, रेशे, दवाई इत्यादि, तना से लकड़ी के साथ ही विभिन्न तरह के गोंद, रबर, रेजीन, लाख, बलाटा, टेनिन, तेल पदार्थ जैसे विभिन्न औद्योगिक महत्व की वस्तुएं प्राप्त की जाती हैं। किन्तु इन उद्योगों का विश्व-स्तर पर महत्व नहीं है। इन विभिन्न वस्तुओं का एकत्रण तथा उनका रूपान्तरण उष्ण कटिबन्धीय वनों के क्षेत्र में महत्वपूर्ण व्यवसाय है। इसके उल्टा लकड़ी काटना और उन पर आश्रित उद्योग शीतोष्ण कटिबन्ध में अपेक्षाकृत ज्यादा महत्वपूर्ण है। इन विभिन्न भागों के वनों की विशेषतायें निम्न हैं :

वनों के प्रमुख प्रकार

संसार में लगभग 411 करोड़ हेक्टेयर (सन् 1979) जमीन पर वन फैले हैं। इन वनों में अनेक प्रकार की वृक्ष जातियाँ पायी जाती हैं। विश्व स्तर पर वनों के संघटन, विशेषताएं तथा गहनता इत्यादि पर सबसे ज्यादा प्रभाव जलवायु के तत्वों का पड़ता है। इसीलिए वनों का वर्गीकरण जलवायु के आधार पर किया जाता है, जिन्हें दुबारा वृक्षों की विशेषताओं के आधार पर विभाजित किया जाता है। इस आधार पर वनों के निम्नलिखित तरह के होते हैं :

(क) उष्ण कटिबन्धीय चौड़ी पत्ती वाले वन

(1) उष्ण कटिबन्धीय सदाबहार वन

(2) झाड़ी व कांटेदार वन

(3) उष्ण कटिबन्धीय पर्णपाती वन

(ख) शीतोष्ण कटिबन्धीय वन

(4) शंकुवृक्षी तथा पर्णपाती मिश्रित वन

(5) शीतोष्ण कटिबन्धीय चौड़ी पत्ती वाले सदापर्णी वन या भूमध्यसागरीयय वन

(ग) उच्च अक्षांशीय वन

(6) शंकुवृक्षी वन

(क) उष्ण कटिबन्धीय चौड़ी पत्ती वाले वन

जिन भागों में उष्ण कटिबन्धीय वनों का फैलाव है वहां तापमान हमेशा 680 फारेनहाइट होता है। इस क्षेत्र में मिलने वाले वृक्षों की पत्तियाँ चौड़ी होती हैं तथा इनकी लकड़ी कठोर होती है, जिससे इस लकड़ी का इतना ज्यादा औद्योगिक महत्व नहीं है। बारिश की भिन्नता के कारण इस भाग में भी कई तरह के वन पाये जाते हैं।

उष्ण कटिबन्धीय सदाबहार वन-विषुवत रेखीय क्षेत्र में, जहाँ अधिक तापमान के साथ वर्ष भर बारिश होती है, अधिक सूर्य का प्रकाश मिलता है, मिट्टी गहरी और जल-अप्रवाह सुप्रवाहित है, सदापर्णी वन मिलते हैं। इन्हें सेल्वा भी कहा जाता है। ये वन आमेजन बेसिन तथा कांगो बेसिन में अब भी विस्तृत भागों पर फैले हैं, किन्तु पूर्वी ब्राजील, कैरीबियन क्षेत्र, अफ्रीका के गुयाना तट और दक्षिण-पूर्वी एशिया के निम्न भूभागों से इन वनों को समाप्त कर दिया गया है। इन वनों की मुख्य विशेषताओं में विभिन्न प्रकार के वृक्षों का एक साथ पाया जाना, वृक्षों का, वनों का सघन होना, कई ऊँचाई वर्गों का होना, वृक्षों का अपेक्षयकृत ज्यादा ऊँचा होना तथा अनगिनत अधिपादप और लताओं का होना प्रमुख हैं। चूँकि ये वन मूलतः दुर्गम होते हैं इसलिए पूरी तरह दोहन नहीं किया जा सकता है। यहाँ पाये जाने वाले वृक्षों में शीशम, महोगनी, देवदार, नागकेशर, एबोनी, सारू, सिनकोना, वालनट, ताड़ रबर, तथा नारियल प्रमुख हैं।

उष्ण कटिबन्धीय पर्णपाती वन-उष्ण कटिबन्धीय क्षेत्रों में जहाँ वर्षा अपेक्षतकृत कम (100 से 200 से0मी0) तथा कुछ महीनों में होती है, वहाँ पर्णपाती वन पाये जाते हैं। इन वनों के वृक्षों की पत्तियाँ पानी की कमी के कारण ग्रीष्म काल में झड़ जाती हैं। ऐसे वन भारत के अतिरिक्त दक्षिण पूर्वी एशिया के आंतरिक भागों, मध्य अफ्रीका, मध्य अमेरिका, उत्तरी आस्ट्रेलिया तथा ब्राजील पठार के पूर्वी ढालों पर विस्तृत क्षेत्रों में फैले हैं। इन वनों की सघनता इतनी नहीं होती जितनी कि सदाबहार वनों की, लेकिन इनमें एक जाति के वृक्ष के अमिश्रित वन भी मिलते हैं। इसलिए इस तरह के वन आर्थिक रूप से बहुत फायदेमंद होते हैं इनसे विविध किस्म की वनोपज प्राप्त होता है। इन वनों में सागौन (दक्षिण-पूर्वी एशिया), साल, बाँस तथा क्वीब्रावने (दक्षिणी अमेरिका) मुख्य वृक्ष हैं।

झाड़ीदार या कांटेदार वन--कम बारिश वाले उष्ण कटिबन्धीय भागों में झाड़दार वृक्ष तथा कटीली झाड़ियाँ मिलती हैं। ये पेड़ छोटे होते हैं तथा सूखा सहन करने के लिए इनमें कई गुण होते हैं। उदाहरणार्थ पत्तियाँ गिरना, कुछ पत्तियों पर रोयें होना, काँटों की अधिकता का होना तथा जड़ों का अधिक गहराई तक पहुँचना

प्रमुख हैं। ऐसे वन दक्षिणी अमेरिका के उष्ण कटिबन्धीय भाग, अफ्रीका में 100 से 200 अक्षांशों के मध्य, भारत के उत्तर-पश्चिमी और आंतरिक पठारी भाग और उत्तरी आस्ट्रेलिया में पाये जाते हैं।

(ख) उच्च अक्षांशीय शंकुवृक्षी वन

शंकुधारी वनों का फैलाव शीतोष्ण कटिबंध से 700 उत्तरी अक्षांश तक है। दक्षिणी गोलार्द्ध में इनका फैलाव नहीं है। इन्हें टैगा या बोरियल वन भी कहते हैं। ये सदाबहार प्रकार के वन हैं। उष्ण कटिबन्धीय सदाबहार वनों के उलट यहाँ चीड़, स्प्रूस, फर तथा लार्च के अमिश्रित वन पाये जाते हैं। इन वृक्षों की पत्तियाँ नुकीली होने के साथ ही छोटी होती हैं। इनका सबसे अधिक फैलाव सोवियत रूस, कनाडा, फेनोस्कैंडिया और अलास्का में है। इन वनों का गहन दोहन हुआ है। इसका सबसे मुख्य कारण लकड़ी का कोमल होना तथा विभिन्न औद्योगिक इस्तेमाल के लिए उपयुक्त होना है। अधिकांश वनों पर आधारित उद्योग, विशेषकर लुग्दी तथा कागज उद्योग, इन्हीं वनों के भूमध्यरेखीय सीमान्तों पर स्थापित हैं।

(ग) शीतोष्ण कटिबन्धीय वन

मध्य अक्षांशीय भाग उष्ण कटिबन्धीय चौड़ी पत्ती वाले और उच्च अक्षांशीय नुकीली पत्ती के वनों के बीच संक्रमण क्षेत्र हैं। इसलिए यहाँ चौड़ी पत्ती वाले तथा नुकीली पत्तियों वाले सदाबहार पेड़ मिलते हैं। इन वनों को दो भागों में रखा जाता है।

मिश्रित वन—भूमध्य रेखा से ध्रुव की ओर दूरी बढ़ने के साथ ही वन उष्ण कटिबन्धीय से शंकुवृक्षी होते जाते हैं। मध्य अक्षांश के कुछ भागों में शंकुधारी वृक्षों की ही अधिकता है। ऐसे क्षेत्रों में दक्षिण-पूर्वी संयुक्त राज्य अमेरिका का 250 से 350 उत्तरी अक्षांश का क्षेत्र प्रमुख है। बाकी महाद्वीपों के पूर्वी भागों में लगभग इन्हीं अक्षांशों में ये वन पाये जाते हैं, लेकिन यहाँ इनका विस्तार बहुत कम होता है। इन वनों का आर्थिक महत्व बहुत ज्यादा है। उष्ण कटिबन्ध में ये कोमल लकड़ी के स्रोत हैं। मध्यम तापीय दशा में इन वनों का विकास उच्च अक्षांशीय शंकु वनों से तेज होता है।

इन उष्ण कटिबन्धीय शंकुधारी वनों के ध्रुवीय छोरों की ओर चौड़ी पत्ती के वन हैं। इन वनों के मुख्य क्षेत्र मध्य पूर्वी संयुक्त राज्य तथा दक्षिण पूर्वी कनाडा, एशिया में पूर्वी चीन, मध्य तथा उत्तरी यूरोप, कोरिया जापान, तथा मंचूरिया, आस्ट्रेलिया के दक्षिण-पूर्वी तटीय क्षेत्र, दक्षिणी चिली और दक्षिण-पूर्वी ब्राजील है। यहाँ पाये जाने

वाले वृक्षों में ओक, हिकोरी, चेस्टनट, एल्म, काटनवुड, पोपलार, वालनट, ऐश, बर्च बीच, और मैपल प्रमुख हैं। इनमें ज्यादातर वृक्ष शीतकाल में अपनी पत्तियां गिरा देते हैं। यह उल्लेखनीय है कि संसार के तीनों सघन जनसंख्या के पुंज- आंग्ल अमेरिका, पश्चिमी यूरोप और दक्षिण-पूर्वी एशिया का उत्तरी भाग इन्हीं भागों में है। फलस्वरूप इन वनों को बड़े पैमाने पर खत्म कर दिया गया है। आज के समय में इन वनों में संसार की लकड़ी का 14% भंडार होने का अनुमान है।

भूमध्यसागरीयय वन-दोनों गोलार्द्धों में महाद्वीपों के पश्चिमी तटवर्ती भागों में 300 से 480 अक्षांशों में भूमध्यसागरीयय वन पाये जाते हैं। चौड़ी पत्ती वाले ये सदाबहार वन कई तरह के होते हैं। वृक्ष बिना पत्तियाँ गिराये ग्रीष्म काल की शुष्कता को बर्दाश्त करते हैं। इनकी पत्तियाँ मोटी, छोटी, कड़ी तथा चमकीली होती हैं, जिनसे वाष्पोत्सर्जन कम होता है। वृक्ष छोटे होते हैं तथा सघनता कम होती है। इन वनों को चपराल (कैलिफोर्निया) तथा माक्वी (भूमध्यसागर) वन भी कहते है।

(ग) कृषिगत कच्चे माल

अधिकतर उद्योग अपने कच्चे माल के लिए मुख्यतः कृषि पर निर्भर करते हैं। इन उद्योगों में वस्त्र उद्योग सर्वोपरि है। इनमें प्रयोग होने वाले कच्चे माल- ऊन, कपास, रेशम और जूट कृषि से मिलने वाली वस्तुएँ हैं। साधारण रूप से पाया गया है कि पिछड़े हुए देशों का औद्योगीकरण ही वस्त्रोद्योग से आरम्भ हुआ है। वस्त्र के अतिरिक्त विभिन्न खाद्य वस्तुएँ तैयार करने वाले उद्योग भी कृषि पर आश्रित हैं। इनमें खाद्य संसाधन (Food Processing) उद्योगों के साथ शक्कर उद्योग इस कारण विशेष उल्लेखनीय हैं, चूँकि यह उद्योग पूर्ण रूप से कृषि पर ही आश्रित है। कृत्रिम वस्त्रोद्योग की तरह इसके कृत्रिम स्त्रोत नहीं विकसित हो पाए हैं। साथ ही भारी और आयतन नाशक कच्चे माल के इसतेमाल की वजह से यह उद्योग कृषि-क्षेत्र में व्यवस्थित किया जाता है। ग्राहक वस्तुओं में ही तंबाकू पर आधारित उद्योग भी हैं। आधुनिक औद्योगीकरण को गति प्रदान करने वाला रबर उद्योग भी कृषि पर आधारित है, यद्यपि संश्लिष्ट रबर के उत्पादन में वृद्धि के साथ ही इसका महत्त्व बहुत कम हो गया है। इन प्रमुख उद्योगों के अलावा दूसरे और भी उद्योग हैं जो अपने कच्चे माल के लिए कृषि पर निर्भर करते हैं। सभी बागानी फसलों से सम्बद्ध उद्योग हैं। इनमें से मुख्य कच्चे मालों वाली फसलों के उत्पादन की चर्चा यहाँ समीचीन है।

कपास

कपास एक प्राकृतिक रेशे वाली फसल है जिसका संसार की कृषि तथा व्यापार में महत्वपूर्ण जगह है। संसार के कुल कृषिगत वस्तुओं के निर्यात में लगभग चौथाई हिस्सा इसका होता है। कई देशों की आय में कपास से मिलने वाली आय महत्वपूर्ण है। इसका उत्पादन प्राचीन काल से विशेषकर भारत में हो रहा है, लेकिन बड़े पैमाने पर कृषि अठारहवीं शताब्दी के उत्तरार्द्ध में शुरू हुई। इसी अवधि (1793) में सूत कातने, बिनौले अलग करने एवं बुनने वाली मशीनों का जन्म हुआ। तब से अन्य प्राकृतिक रेशों की तुलना में कपास वस्त्र का प्रमुख स्रोत बन गई है। औद्योगिक क्रांति के पहले भी मध्य युग में भारत में सूती कपड़े का उद्योग बहुत विकसित था तथा यहां सूती कपड़ा तथा सूत संसार भिन्न-भिन्न भागों में निर्यात किया जाता था। इंग्लैण्ड के मशीन युग में इस भारतीय उद्योग की अवनति हुई, किन्तु देश में दुबारा औद्योगीकरण की शुरूआत भी इसी सूती वस्त्र उद्योग से हुआ।

कपड़ा बनाने के लिए कृत्रिम रेशों का उत्पादन बढ़ रहा है, इसलिए सूती कपड़े का पहला स्थान है। विकासशील देशों में तथा उष्ण और उपोष्ण कटिबन्ध के घने बसे क्षेत्रों में सूती वस्त्र ज्यादा उपयोगी है। दरअसल अधिकांश विकासशील देशों में उद्योगों की शुरूआत सूती वस्त्र उद्योग से ही हुई। कपास के महत्व के अन्य कई कारण भी हैं- जैसे कि अन्य देशों की अपेक्षा उसका अनेक रूपों में उपयोग होता है। यहां तक कि कपास से सूत काटते वक्त वजन में केवल 10% की कमी होती है। इस बचे हुए भाग का भी दूसरे उद्योगों में उपयोग हो जाता है। किन्तु ऊन छांटने में लगभग 30-40% भाग खराब हो जाता है। इस तरह कपास शुद्ध वर्ग का कच्चा माल है; अस्तु इस पर आधारित उद्योग इसके उत्पादक क्षेत्र पर लगाए जाएं यह जरूरी नहीं है। इसकी कृषि के लिए उपयुक्त क्षेत्र भी विस्तृत है तथा उत्पादन-खर्चा भी अपेक्षाकृत कम होता है।

अनुकूल भौगोलिक परिस्थितियां

कपास उष्ण व उपोष्ण कटिबन्ध की फसल है। इसके मुख्य उत्पादन प्रदेश 380 उत्तरी अक्षांश से 250 दक्षिणी अक्षांश के मध्य स्थित हैं, केवल रूस का कपास क्षेत्र 420 उ. अक्षांश तक फैला है। कम बारिश होने पर सिंचाई आवश्यक होती है। जलवायु की दृष्टि से संसार में पांच प्रकार के प्रदेश इसकी कृषि के लिए उपयुक्त हैं- 1. आर्द्र उपोष्ण प्रदेश, 2. इनसे लगे हुए शुष्क प्रदेश, 3. उष्ण कटिबन्धीय सवाना

तथा स्टेपी क्षेत्र, 4. उष्ण कटिबन्ध के उच्च प्रदेश तथा 5. सिंचित गर्म मरुस्थल। कपास आमतौर पर मैदानी प्रदेशों की फसल है।

कपास के प्रमुख उत्पादक प्रदेश

कपास में अबतक उत्पादन के मामले में विश्व में अबतक संयुक्त राज्य अमेरिका का स्थान प्रथम था, परन्तु सन् 1993 में चीन का उत्पादन इससे ज्यादा रहा है। इस वर्ष संयुक्त राज्य अमेरिका में संसार की 21.0 प्रतिशत कपास पैदा की गई जबकि चीन में 22.4 प्रतिशत और भूतपूर्व सोवियत रूस के गणराज्यों में 11. 7 प्रतिशत (1991 में)। भारत (12.9 प्रतिशत) और पाकिस्तान (8.1 प्रतिशत) भी वृहत् उत्पादकों में हैं। टर्की, मिस्र, उजबेकिस्तान, तुर्कमेनिस्तान, ब्राजील, आस्ट्रेलिया, पराग्वे, सीरिया और ग्रीस भी कपास के मुख्य उत्पादक हैं। तालिका से कपास की प्रवृत्ति स्पष्ट है।

विश्व में कपास उत्पादन की प्रवृत्ति (हजार मीट्रिक टनों में)

क्षेत्र/देश	*1948-52*	*1970*	*1990*	*1993*	*प्रतिशत*
विश्व	7600	11738	18447	16805	100.0
चीन	868	1996	4508	3760	22.4
भारत	485	954	1659	2176	12.9
पाकिस्तान	245	557	1637	1361	8.1
टर्की	119	400	611	515	3.1
सीरिया	30	149	159	207	1.2
ईरान	26	153	138	114	0.7
तुर्कमेनिस्तान				514	3.1
उजबेकिस्तान				450	2.7
उ.म. अमेरिका	3380	2779	3652	3576	21.3
सं. रा. अमेरिका	3105	2219	3375	3522	21.0

मैक्सिको	222	312	202	23	0.1
भू.पू. रूस	970	2129	2634	-	-
मिस्र	396	509	303	403	3.4
माले	..	..	99	135	0.8
नाइजीरिया	..	..	..	110	0.7
कोटे डिवोरे	..	..	116	108	0.6
सूडान	74	246	8833	61	0.3
दक्षिण अमेरिका	620	1062	1404	581	3.5
ब्राजील	395	673	660	237	1.4
पराग्वे	..	..	215	127	0.8
अर्जेण्टाइना	118	135	270	75	0.4
कोलंबिया	10	128	140	70	0.4
यूरोप	..	..	294	352	2.1
ग्रीस	..	..	209	320	1.9
आस्ट्रेलिया	-	20	306	373	2.5

स्रोत-एफ.ए.ओ. 'उत्पादन वर्ष पुस्तक' 1963, 1975, 1980, 1991 तथा 1993. भूतपूर्व सोवियत रूस में शामिल

एशिया

महाद्वीपों में एशिया का पहला स्थान है। विश्व की लगभग आधी (49.5 प्रतिशत) कपास इस महाद्वीप के देशों में पैदा की जाती है जिनसे भारत, चीन, पाकिस्तान और टर्की प्रमुख हैं।

चीन—एशिया भर में सबसे अधिक कपास चीन में उपजाया जाता है। सन् 1993 में यहाँ संसार की 22.4 प्रतिशत (3760 हजार टन) कपास पैदा की गई। यहाँ प्रमुख कपास के प्रदेश यांग्टिसी के उत्तर में स्थित हैं। इनमें उत्तरी चीन का मैदान ह्वांगहो तथा उसकी सहायक नदियों की घाटियाँ तथा वेई बेसिन महत्वपूर्ण हैं। दूसरा

क्षेत्र मध्य चीन में यांग्टी-सी-क्यांग की मध्य घाटी, डेल्टा प्रदेश तथा दक्षिणी कियांगशू तटीय मैदान है। कपास माध्यम तथा छोटे रेशे की होती है। ज्यादा आबादी के कारण कपास की कृषि पर अधिक ध्यान नहीं दिया जाता। फलस्वरूप निम्न स्तर के साथ ही उपज दर भी कम है। उत्तरी चीन में विशेषकर बेई घाटी में कपास की कृषि के सुधार पर ध्यान दिया गया। पिछले दशक में कपास के उत्पादन में लगातार वृद्धि हुई है।

भारत--पूरे विश्व में कपास उत्पादन के मामले में भारत का तीसरा स्थान है। सन् 1993 में यहाँ संसार की 12.9 प्रतिशत (2176 हजार टन) कपास पैदा हुई। यहाँ कपास उगाने और कपड़ा बनाने की पुरानी परंपरा है। 18वीं शताब्दी में लंकाशायर का सस्ता कपड़ा भारत में आने के पहले तक भारत में कपड़ा बनाने का न केवल एक विकसित उद्योग था बल्कि भारत कपड़े का निर्यातक देश था।

कपास की कृषि कुछ प्रदेशों में केन्द्रित है-(अ) गुजरात तथा काठियावाड़, (ब) महाराष्ट्र में पश्चिमी घाट के पूर्व के भाग, (स) पश्चिमी मध्य प्रदेश तथा नर्मदा की घाटी, (द) दक्षिणी कर्नाटक और पश्चिमी आन्ध्र प्रदेश, (य) दक्षिणी तमिलनाडु विशेष रूप से तिन्नेवेली और (र) पंजाब, हरियाणा और पश्चिमी उत्तर प्रदेश उत्पादन में पंजाब का पहला स्थान है (सन् 1991-92 में 19.5 प्रतिशत) जबकि कपास के तहत अधिकतम जगह महाराष्ट्र में है। इसके पीछे मौलिक कारण यह है कि पंजाब में उन्नत कृषि के कारण प्रति हेक्टेयर उपज (570 किलो ग्राम) देश में सबसे ज्यादा है।

पंजाब के बाद उत्पादन में आन्ध्र प्रदेश (15.7 प्रतिशत), हरियाणा (12.2 प्रतिशत), गुजरात (12.7 प्रतिशत), महाराष्ट्र (10.5 प्रतिशत), राजस्थान (8.7 प्रतिशत), कर्नाटक (7.6 प्रतिशत), मध्य प्रदेश (7.5 प्रतिशत) तथा तमिलनाडु (4.8 प्रतिशत) हैं। इसका विवरण आगे तालिका में दिया गया है।

योजना काल में कपास की कृषि में समुचित बढ़ोत्तरी हुई है। सिंचाई के फैलाव से क्षेत्रफल एवं उत्पादन में वृद्धि हुई है। उत्पादन बढ़ाने के लिए अनेक यंत्रों, रसायनों तथा उर्वरकों के लिए वार्षिक अनुदान भी दिया गया, फिर भी प्रति हेक्टेयर उपज (252 कि.ग्रा.) बहुत कम है। विदेशों में भारत के कपड़े की मांग की वजह से कपास के उत्पादन को प्रोत्साहन मिला है साथ ही कपास का मूल्य भी तेजी से बढ़ा है।

तालिका भारत में कपास का उत्पादन, 1991-92 (लाख टन)

राज्य	*उत्पादन*	*%*	*उपज दर (किग्रा./हे.)*
पंजाब	4.11	19.5	570
आन्ध्र प्रदेश	3.32	15.7	244
गुजरात	2.68	12.7	251
हरियाणा	2.57	12.2	429
महाराष्ट्र	2.22	10.5	143
राजस्थान	1.83	8.7	386
कर्नाटक	1.60	7.6	255
मध्य प्रदेश	1.59	7.5	121
तमिलनाडु	1.02	4.8	325
देश	21.09	100.0	252

स्रोतः द हिन्दू सर्वे ऑफ इण्डियन एग्रीकल्चर, 1992, पृष्ठ 73.

पाकिस्तान—संसार का चौथा और एशिया का तीसरा बड़ा कपास उत्पादक देश है। सन् 1993 में 1316 हजार टन (8.0 प्रतिशत) उत्पादन था। इस देश के निर्यात में कपास मुख्य है। कपास का प्रमुख क्षेत्र पश्चिमी पंजाब तथा सिन्ध प्रदेश है। समतल मैदान तथा सिंचाई की सुविधा की वजह से यह बहुत समय से कपास के उत्पादन का क्षेत्र रहा है, लेकिन सिंचाई हेतु कपास को गन्ने और खाद्यान्नों की प्रतियोगिता करनी पड़ती है। बारिश की नियमितता रोग का प्रकोप तथा जलावरोध की भी समस्या है, जिसके कारण इसका विकास रूका है। यहां का कपास लम्बे रेशे वाला होता है और उपज दर (254 किग्रा. प्रति हे.) अधिक है।

टर्की—मध्य पूर्व के एशियाई देशों में टर्की मुख्य कपास पैदा करने वाला देश है। यहां कपास का उत्पादन सन् 1950 में 124 हजार टन से बढ़कर सन् 1993 में 515 हजार टन हो गया है। कपास का प्रमुख क्षेत्र मध्य दक्षिणी भाग पर अदनी (Adana) के चारों ओर स्थित है। पश्चिम भाग में एजिएन सागर के किनारे भी कपास पैदा की जाती है। पश्चिमी एशिया के सारे देशों में कपास (संयुक्त राज्य की तरह) मार्च-अप्रैल में बोई जाती है तथा अक्टूबर तक चुन ली जाती है। टर्की में

सिंचाई की व्यवस्था अच्छी तरह उपलब्ध नही है इसलिए यहां इसके अभाव के कारण कृषि बुरी तरह प्रभावित होती है। कपास मुख्य रूप से लम्बे रेशे की होती है। इसका निर्यात व्यापार भी उल्लेखनीय है।

भूतपूर्व सोवियत रूस तथा एशिया गणराज्य-यह कपास का तीसरा उत्पादक देश है। यहां दूसरे विश्व युद्ध के उपरांत अब तक उत्पादन दोगुने से ज्यादा हो गया है। यह वृद्धि मुख्यतः उपज दर बढ़ने के कारण हुई है। सन 1980 में यहां 3200 हजार टन (संसार की 22.2 प्रतिशत) कपास पैदा हुई लेकिन सन् 1993 में यहां उत्पादन 2427 हजार टन रह गया जो संसार का केवल 14.4 प्रतिशत है। उसका मुख्य कारण यह है कि मध्य एशिया के वे राज्य जो रूस के हिस्से थे उससे अलग हो गये। तुर्कमेनिस्तान तथा उजबेकिस्तान में सन् 1993 में क्रमानुसार 515 तथा 450 हजार टन कपास पैदा हुई किर्गिजिस्तान, अजरबैजान, कजाकिस्तान तथा ताजिकिस्तान मध्य एशिया के अन्य राज्य हैं जो कपास उत्पादक थे और अब रूस से अलग हो गये हैं। यहाँ कपास का परंपरागत क्षेत्र दक्षिणी यूक्रेन और काकेशस के दोनों ओर स्थित मैदान व घाटियां हैं। इनमें जार्जिया का टिफलिश क्षेत्र और अजरबैजान की कुरा नदी घाटी उल्लेखनीय है। सामान्यतः इस क्षेत्र में कृषि का उत्पादन सिंचाई के बिना भी अच्छे पैमाने पर होता है, लेकिन काकेशस क्षेत्र में बर्फ पिघलने से प्राप्त पानी से सिंचाई की जाती है। वर्तमान समय में ज्यादातर कपास (90 प्रतिशत से अधिक) आंतरिक एशिया के अफगानिस्तान और ईरान की सीमा पर स्थित शुष्क प्रदेश में पैदा की जाती है। यह प्रदेश कैस्पियन सागर से पूर्व में मंगोलिया तथा सीक्यांग तक फैला है जिसमें मेर्ब, अशखाबाद, बुखारा और समरकन्द क्षेत्र विशेष उल्लेखनीय है। इस हिस्से में लम्बे रेशे वाली कपास पैदा की जाती है।

उत्तरी अमेरिका

आज के युग में कपास उत्पादन में यह महाद्वीप एशिया के बाद द्वितीय स्थान पर है। यहां संसार की केवल 21 प्रतिशत कपास पैदा की जाती है तथा उत्पादन क्रमानुसार घट रहा है। संयुक्त राज्य और मैक्सिको मुख्य उत्पादक देश हैं। इनके अतिरिक्त ग्वाटेमाला तथा निकारागुआ में भी कपास की खेती उल्लेखनीय है।

संयुक्त राज्य-संयुक्त राज्य अमेरिका में कपास का उत्पादन सन् 1907 में केरोलीना राज्यों में सन् 1664 में तथा जार्जिया में सन् 1734-35 में शुरू किया गया था, परन्तु स्वतंत्रता संग्राम तक व्यापारिक उत्पादन शुरू नहीं हुआ। 19वीं शताब्दी

में कपास की कृषि मिसीसिपी के मैदान तथा टेक्सास तक फैलती गई आज संयुक्त राज्य विश्व में कपास का द्वितीयक बड़ा उत्पादक देश है और संयुक्त राज्य अमेरिका का कपास अपनी गुणवत्ता के लिए पूरे विश्व में प्रसिद्ध है। सन् 1925-29 में औसत उत्पादन 3310 हजार टन था जो सन् 1993 में 3522 हजार टन हो गया। तब वह संसार की 55.3 प्रतिशत कपास उत्पन्न करता था, लेकिन अब केवल 21.0 प्रतिशत। इस तरह संयुक्त राज्य के सापेक्षिक महत्व में बहुत कमी हुई।

एक समय संयुक्त राज्य के लगभग पूरे दक्षिणी भाग में एक सिलसिलेवार पेटी में कपास होती थी जिसे 'कपास पेटी' कहते हैं। लेकिन अब यह कुछ प्रदेशों में केंद्रित हो गई है। पेटी के अन्य भागों में कपास के अन्तर्गत जमीन बहुत कम है। कपास के प्रदेश हैं- क. पीडमान्ट, ब. भीतरी तटीय मैदान, ग. टेनेसी नदी की घाटी, घ. मिसीसिपी का जलोढ़ मैदान, व. अरकंसास नदी की घटी, छ. रेड रिवर घाटी, ज. मध्य टेक्सास के प्रेरी मैदान, झ. पश्चिमी टेक्सास के छोटी घास के प्रदेश।

कपास की पेटी के अलावा न्यू एसीजोना, मैक्सिको, नेवादा तथा कैलीफोर्निया की सिंचित घटियों में उत्तम कोटि का कपास होता है। संयुक्त राज्य के कुल उत्पादन का लगभग 60 प्रतिशत देश की मिलों को जाता है और शेष 40 प्रतिशत अन्य देशों, जापान, यूरोपीयन तथा भारत को जाता है। प्रमुख निर्यातक बन्दरगाह न्यू ओर्लियन्स, गैलवेस्टन, टेक्सास तथा लुईसियाना हैं।

मैक्सिको—दस वर्ष पहले यह महत्वपूर्ण उत्पादक देश था लेकिन सन् 1993 में यहां केवल 23 हजार टन कपास पैदा हुई। अधिकांश कपास उत्तर और उत्तरी पश्चिमी भाग में स्थित पांच क्षेत्रों—कोलेरेडो डेल्टा, रियो ग्रांड की निचली घाटी, पूर्वी तटीय मैदान, मध्य आंतरिक पठार तथा कैलिफोर्निया के तटीय मैदान में पैदा की जाती है। यह पूर्व रूप से सिंचित फसल है, औसत बारिश 30 सेमी. से कम होती है। वर्षा के अतिरिक्त तापमान तथा धरातल इसकी कृषि के लिए ठीक हैं। कृषि में आधुनिक उपकरणों, रसायनों तथा उर्वरकों का अधिक उपयोग होता है। कपास मध्यम रेशे वाली होती है। यहां का कपास सबसे अधिक जापान में निर्यात होता है।

अफ्रीका

अफ्रीकी देशों ने सन् 1993 में 13.9 लाख टन कपास पैदा किया जो संसार के कुल उत्पादन का 8.4 प्रतिशत है। यहाँ मिस्र सबसे बड़ा कपास उत्पादक देश है। इसके अतिरिक्त माली 135 हजार टन, नाइजीरिया (110 हजार टन) कोटे डिवोरे, जिम्बाब्वे, बेनिन, सूडान, बर्किना फासो, तंजानिया और कैमरून में भी कपास

उत्पादन अधिक रहा है। विशेष बात यह है कि अफ्रीका का एक बड़ा भाग उष्ण कटिबंध में है तथा अनेक देश ऐसे हैं जहाँ की जलवायु कपास की खेती के लिए सही है। इसीलिए यहाँ के 40 देशों में कपास की खेती होती है। इसके दूसरी तरफ कपास के पुराने उत्पादक देशों-मिस्र और सूडान में कपास का उत्पादन पिछले दस वर्षों में गिरा है।

मिस्र—यहां की कपास की कृषि का वर्णन कई दृष्टियों से उल्लेखनीय है। इस देश में उच्चतम प्रकार की कपास होती है जिसकी मांग विश्व के बाजार में है। यहां की ज्यादातर कपास सिंचाई के द्वारा होती है तथा सिंचाई की अपनी विशेष पद्धति है। मिस्त्र के लिए सबसे प्रमुख कृषि फसल कपास है। सन् 1993 में यहां 403 हजार टन कपास उत्पन्न हुई। कपास के कृषि प्रदेश नील नदी के डेल्टा तथा उसकी घाटी के दोनों ओर केंद्रित है।

दक्षिणी अमेरिका

कपास उत्पादन में इस महाद्वीप का चतुर्थ स्थान है। सन् 1993 में 581 हजार टन कपास पैदा की गई जो विश्व के कुल उत्पादन का 3.45 प्रतिशत है। ब्राजील सबसे मुख्य उत्पादक देश है।

ब्राजील—दक्षिणी गोलार्द्ध में ब्राजील सबसे बड़ा कपास पैदा करने वाला देश है। यहाँ सन् 1993 में 237 हजार टन (संसार की 1.4 प्रतिशत) कपास पैदा हुई। अपितु 1992 का उत्पादन 652 हजार टन था। ब्राजील में कपास के दो क्षेत्र हैं- पहला उत्तर-पूर्व में पैराम्बुको तथा बाहिया राज्य तथा दूसरा दक्षिण पूर्व में साओ पालो तथा मिनास गेरास राज्य में स्थित हैं। दोनों हिस्सों में वर्षा ऋतु लम्बी (अक्टूबर से अप्रैल तक) होती है। ब्राजील के कपासी क्षेत्रों में अपेक्षाकृत अधिक वर्षा होती है इसलिए यहां कपास की खेती भी प्रचुर मात्रा में होती है।। इसके उपरांत शुष्क ऋतु होने से कपास के फल जल्दी से पकते हैं। दक्षिण-पूर्वी ब्राजील में उपजाऊ टेरा रोजा मिट्टी, विकसित यातायात तथा श्रमिकों की सुविधा है। इसी भाग से ही ब्राजील की अधिक कपास पैदा की जाती है। कहवा के छोड़े हुए बागानों में कपास की कृषि की जाती है। कपास का निर्यात भी होता है।

अन्य लैटिन अमेरिकी देश—ब्राजील के अतिरिक्त कोलंबिया, अर्जेन्टाइना तथा पेराग्वे में भी कपास की कृषि उल्लेखनीय है। कोलंबिया में उत्तरी भाग में स्थित चाको क्षेत्र में कपास की खेती का विस्तार हो रहा है। बाकी देशों में पेरू इसलिए उल्लेखनीय है चूँकि यहाँ की कपास विश्व में सर्वोत्तम समझी जाती है तथा यह इस

देश की कृषिगत निर्यात की वस्तुओं में प्रमुख है। सभी कपास सीमा के उत्तर में संचित तटीय नदी-घाटियों में पैदा की जाती है। प्रमुख क्षेत्र उत्तर में पियुरा के निकट स्थित है। सन् 1992 में उत्पादन 35 हजार टन था।

अन्तर्राष्ट्रीय व्यापार

कपास कृषिगत व्यापारिक फसलों में प्रमुख है। कुल उत्पादन के लगभग 1/4 का निर्यात किया जाता है। सन् 1992 में कुल 4954 हजार टन कपास का निर्यात हुआ। कुल निर्यात में विकासशील देशों का हिस्सा 46.2 प्रतिशत और विकसित देशों का 53.8 प्रतिशत है। मिस्र, संयुक्त राज्य अमेरिका और पेरू की अच्छे गुणवत्ता की कपास की हर जगह मांग रहती है। निर्यातकों में संयुक्त राज्य (28.5 प्रतिशत) पहला स्थान तथा भूतपूर्व सोवियत संघ के गणराज्य दूसरे स्थान पर थे। पाकिस्तान, आस्ट्रेलिया, पराग्वे, चीन, सीरिया, भारत और माले भी प्रमुख निर्यातकों में हैं। इसी तरह अफ्रीकी देशों और लैटिन अमेरिकी देशों से भी कपास का निर्यात बहुत होता है।

आयात में विकासशील देश प्रमुख हो गए हैं जो मिलकर कुल आयात का 60. 6 प्रतिशत आयात करते हैं। चीन (11.6 प्रतिशत) सबसे बड़ा आयातक है। इण्डोनेशिया (8.8 प्रतिशत), जापान (11.1 प्रतिशत), थाइलैंड (8.4 प्रतिशत), कोरियन रिपब्लिक (7.7 प्रतिशत) और इटली (6.3 प्रतिशत) बड़े आयातक हैं। इनके अतिरिक्त जर्मनी, हांगकांग, ब्राजील, पुर्तगाल, फ्रांस, टर्की, स्पेन, मैक्सिको, बंगला देश, चेकोस्लोवाकिया और स्विट्जरलैंड का भी आयात उल्लेखनीय है। भारत भी छोटे रेशे की कपास निर्यात कर के लम्बे रेशे की कपास आयात करता है।

जूट

जूट सारे रेशों में सबसे सस्ता होता है तथा खपत की दृष्टि से कपास के बाद इसका द्वितीय स्थान है। यह एक मुख्य व्यापारिक फसल हैं और अधिकतर जूट का किसी न किसी रूप में व्यापार होता है। इसका इतना ज्यादा व्यापारिक महत्व इसकी विशेषताओं-मजबूती, मुलायमपन, समान लम्बाई इत्यादि के कारण हैं। इसकी उपज दर भी अधिक होती है, जिससे उत्पादन खर्च अधिक नहीं होता है। इसको विभिन्न उपयोग में लाया जाता है, जिनमें विभिन्न वस्तुओं को भर कर भेजने के लिए बोरे तथा बोरियों के रूप में इस्तेमाल प्रमुख है। इनके अतिरिक्त दरियाँ, टाट, केनवास के कपड़े, मोमजामा जैसे कई प्रकार के अभेद्य कपड़े बनाये जाते हैं।

इतना कुछ के बाद भी द्वितीय विश्वयुद्ध के बाद जुट का अत्पादन होता है। युद्ध-पूर्व जूट का उत्पादन 1851 हजार टन था जो सन् 1923 में 3391 हजार टन हो पाया। इस तरह वृद्धि 24.0 प्रतिशत ही हुयी। अपितु भौतिक दशाओं की सुविधाओं की दृष्टिकोण से जूट की कृषि विश्व के उष्ण और उपोष्ण भागों में की जा सकती है, लेकिन कई मानवीय तथा आर्थिक कारणों से इसका उत्पादन केवल भारत और बांग्लादेश में केन्द्रित है। इस वजह से कई देशों में जूट के स्थानपन्न के रूप में कई फसलों का उत्पादन बढ़ रहा है—यथा कि स्वयं क्यूबा, भारत और थाइलैण्ड में मेस्ता, न्यूजीलैण्ड, कोलम्बिया में फिक, अर्जेण्टाइना, जापान इत्यादि में फोर्मियो, जावा में रोजेल्वाय इत्यादि में जूट के स्थानापन्न के रूप में पैकिंग में कागज का प्रयोग बढ़ रहा है। अब पैकिंग इतने छोटे आकार में की जाने लगी है जिससे सीधे ग्राहकों तक पहुँचाई जा सके।

विश्व उत्पादन

बँटवारे के पहले भारत को जूट उत्पादन में एकाधिकार प्राप्त था। वर्तमान समय में भारत (विश्व का 44.2 प्रतिशत) और बंगलादेश (26.5 प्रतिशत) मिलकर विश्व का लगभग तीन-चौथाई जूट पैदा करते हैं। सिर्फ एशिया महाद्वीप संसार के कुल उत्पादन का 97 प्रतिशत जूट पैदा करता है। उपर्युक्त देशों के अलावा चीन (18.3 प्रतिशत) तथा थाइलैंड (4.9 प्रतिशत) भी जूट की समुचित कृषि करते हैं। उत्पादन में दक्षिणी अमेरिका का एशिया के बाद द्वितीय स्थान है जो लगभग सभी जूट पैदा करता है। यहाँ ब्राजील अकेला उल्लेखनीय उत्पादक हैं। जूट उत्पादन की प्रवृत्ति निम्न तालिका से साफ है।

भारत-सन् 1947 के बंटवारे से पहले अविभाजित भारत को जूट उत्पादन में एकाधिकार प्राप्त था। लेकिन उसी वर्ष विभाजन के फलस्वरूप अधिकांश जूट उत्पादक क्षेत्र तत्कालीन वर्तमान बंगलादेश, पूर्वी पाकिस्तान में चला गया। इसके दूसरी तरफ अधिकांश जूट की मिलें भारत में रहीं। इस समस्या को हल करने के लिए उपयुक्त क्षेत्रों पर जूट की कृषि का विस्तार किया गया। पश्चिमी बंगाल का हुगली तटीय मैदान तथा असम की घाटी तो जूट के प्रमुख क्षेत्र रहे हैं। बाद में महानदी डेल्टा, उत्तरपूर्वी क्षेत्र, उत्तरी झारखंड का मैदान तथा तराई में कृषि की खेती का फैलाव किया गया। जिसके प्रतिफल के कारणसन् 1958 तक देश जूट उत्पादन में स्वावलम्बी बन सका। जूट का उत्पादन सन् 1947 में 288 हजार टन से बढ़कर 1993 में 1500 हजार मीट्रिक टन हो गया। सन् 1994-95 में उत्पादन घटकर 1384 हजार टन रह गया है।

संसार में जूट का उत्पादन (हजार टनों में)

	1948-53	*1960*	*1980*	*1993*
भारत	642	722	1495	1500
बंगलादेश	1015	1021	830	898
चीन	168	..	1098	620
थाइलैंड	..	..	250	165
म्यांमार	..	6	88	39
नेपाल	7		46	12
दक्षिणी अमेरिका	15	40	74	34
ब्राजील	15	39	..	21

स्रोत-एफ.ए.ओ. 'उत्पादन वर्ष पुस्तक' 1963 तथा ग्रंथ 47, 1993.

देश में जूट की खेती सात राज्यों में फैले कुल 83 जिलों में होती है। इनमें से सिर्फ 12 जिले मुख्य उत्पादक कहे जा सकते हैं। ये पश्चिम बंगाल, झारखंड, असम और उड़ीसा राज्यों में हैं जो देश का 80 प्रतिशत जूट पैदा करते हैं। केवल पश्चिम बंगाल में देश का 50 प्रतिशत से अधिक जूट पैदा किया जाता है। जूट की कृषि का केन्द्रीकरण यहां की अनुकूलतम भौतिक दशाओं के कारण है, जिनमें निम्न समतल भूमि पर बाढ़ तथा उपजाऊ मिट्टी, डेल्टाई मैदान, अधिक बारिश (160 सेमी से अधिक), विशेषकर मई से सितम्बर तक जब तापमान भी विकास के अनुकूल होता है तथा नदियों और तालाबों के कारण जलपूर्ति प्रमुख हैं। मजदूर सस्ते तथा मात्रा हैं। यहां मुर्शिदाबाद, बर्दवान, हुगली, नदिया, माल्दा, दार्जिलिंग जलपाइगुड़ी जिलों में जूट होता है।

असम में ब्रह्मपुत्र की घाटी में स्थित कामरूप और नवगांव मुख्य रूप से जूट उत्पादक जिले हैं। झारखण्ड में सबसे अधिक कपास का उत्पादन पूर्णलिया जिले में होता है। मुजफ्फरपुर तराई के चम्पारन, तथा दरभंगा जिलों में भी जूट पैदा किया जाता है। उड़ीसा में महानदी डेल्टा मुख्यतः कटक, बालासोर और पुरी जिलों में इसकी खेती शुरू की गयी है। उत्तर प्रदेश, त्रिपुरा आंध्र तथा केरल राज्यों में भी जूट पैदा किया जाने लगा है।

भारत में अब ज्यादा उत्पादन वाली किस्में विकसित की गई हैं तथा वैज्ञानिक ढंग से खेती को प्रचलित किया गया है। अब भी अधिकतर जूट के सरकंडे गांव के

तालाब या पोखरों आदि में सड़ाने के लिये छोड़े जाते हैं। बहुत कम किसान यंत्र चलित मशीनों से रेशे को निकालते हैं अपितु इस तरीके से काम सरल और जल्दी होता है।

अभी भी ज्यादातर (लगभग 90 प्रतिशत) जूट बोरे और पैकिंग के कपड़े इस्तेमाल में आते हैं। बोरे शक्कर, सीमेंट, खाद और अनाज के भण्डारण में इस्तेमाल किये जाते हैं। जूट का कपड़ा यथा बड़ी के पार्सल इत्यादि बनाने के काम में आता है। अब जूट के कम्बल, कालीन, जूट एक्रेलिक कपड़ा, परदे का कपड़ा, जूट तथा ऊन का मिश्रित कपड़ा भी प्रसिद्ध हो गया है। अच्छी किस्म का जूट प्राप्त करने हेतु जूट के सरकंडों से रेशा निकालने की पद्धति का नवीनीकरण करना होगा जिससे अच्छी किस्म का रेशा मिले और कृत्रिम रेशे के सामने औद्योगिक कच्चे माल की तरह टिक सके नहीं तो जूट का बाजार गिरता है और यह उद्योग गिरावट के दौर में चला जाता है।

जूट उत्पादन कृत्रिम रेशों के उत्पादन की प्रतियोगिता से जुड़ा है। ये रेशे पेट्रोलियम शोधन के बाद बचे उपोत्पाद से बनाए जाते हैं। यथा खाड़ी युद्ध के बाद जब यह उत्पादन कम मिले तब जूट की बनी वस्तुओं की माँग बढ़ी और जूट की खेती को उत्साह मिला। आंकड़ों से ज्ञात होता है कि सन 1984-85 से सन् 1994-95 के मध्य जूट के अन्तर्गत भूमि 8.3 लाख हेक्टेयर से घटकर 7.4 लाख हेक्टेयर रह गई है। और उत्पादन भी कम-अधिक होता रहा है। रुपये के अवमूल्यन के कारण जूट के निर्यात में कमी होने पर भी अधिक धन मिला है। लेकिन जूट की वस्तुाओं तथा जूट के निर्यात में कमी अथवा उल्टा प्रभाव जूट की खेती पर हुआ है।

जूट का निर्यात 1978-79 से 1989-90

वर्ष	*हजार टनों में*	*करोड़ रुपये में*
1978-79	328.1	165.73
1989-90	235.6	284.06
1994-95	224.7	484.58

आर.एन. फ्रेश लीज ऑफ जूट

स्रोत-सर्वे ऑफ इंडियन इन्डस्ट्री-1990 द हिन्दू पृ. 363 तथा एक्सप्रेस इन्वेस्टमेंट वीकली, नवम्बर 13-19-1995.

भारत में जूट उद्योग को बढ़ावा देने के लिए सरकारी संरक्षण दिया जा रहा है। सरकार एकमुश्त मात्रा खरीद लेती है। देश में माँग भी सुरक्षित है। फिर भी जूट

उद्योग की इकाइयाँ श्रमिकों को पूरी तनख्वाह नहीं दे पाती जिससे असंतोष पैदा होता है। इसका असर जूट के उत्पादन पर होता है।

इस तरह जूट उद्योग की घट-बढ़ जूट की कृषि तथा उसके उत्पादन को प्रभावित करती रही है। पैकिंग के नये उपयोगों के बाद भी जूट की वस्तुओं को कृत्रिम रेशे की वस्तुओं से लगातार प्रतियोगिता में रहना होता है।

बंगलादेश-ब्रह्मपुत्र और गंगा के डेल्टाओं का यह देश जूट का द्वितीय बड़ा उत्पादक कहा जा सकता है। सन् 1993 में कुल उत्पादन 898 हजार टन (विश्व का 26.5 प्रतिशत) ही था। पिछले तीस सालों में इस देश के उत्पादन में वृद्धि नहीं हुई है। सन् 1948-52 का औसत उत्पादन 1015 हजार टन था जो घटकर सन् 1975 में 726 हजार टन परन्तु सन् 1993 में 898 और सन् 1994-95 में 930 हजार टन हुआ है। बांग्ला देश को सबसे अधिक विदेशी मुद्रा की प्राप्ति कपास व्यापार के द्वारा होती है।

यहां जूट पैदा करने वाले चार प्रमुख क्षेत्र हैं- 1. नारायणगंज क्षेत्र- मेमनसिंह तथा ढाका जिले, 2. सिराजगंज क्षेत्र-पवना, बोगरा तथा रंगपुर जिले, 3. उत्तरी क्षेत्र-राजशाही, दिनाजपुर तथा 4. देवरा क्षेत्र-फसीदापुर बाकरगंज, खुलना और जैस्सोर जिले जूट निर्यात की वस्तुओं में प्रमुख स्थान रखते हैं। मुख्य आयातक देश पश्चिमी जापान, यूरोप, संयुक्त राज्य अमेरिका मध्य एशियाई देश है।

जूट की वस्तुओं का उत्पादन

परंपरागत रूप से जूट का इस्तेमाल टाट-पट्टी और रस्सी बनाने में किया जाता रहा है। लेकिन अब इन पारम्परिक वस्तुओं के अलावा विभिन्न प्रकार की अन्य वस्तुएँ बनाई जाने लगी हैं। इनमें कालीन, सजावटी कपड़े, पर्दे के चटाई, कपड़े, हस्तशिल्प जूट मिश्रित कपड़े, की वस्तुएँ इत्यादि अनेक वस्तुएँ बनाई जाने लगी हैं। इस प्रकार जूट से बनने वाली वस्तुओं में बहुत अन्तर आया है. अपितु विश्व स्तर पर इसके उत्पादों की मात्रा लगभग स्थिर बनी है। यह तथ्य निम्न तालिका से स्पष्ट है।

संसार में जूट से बनी वस्तुओ का उत्पादन (हजार टन)

देश	*1976*	*1980*	*1985*	*1990*	*1992*
भारत	1207	1384	1377	2527	1249
बंगलादेश	489	560	566	645	601

थाइलैंड	154	198	168	163	141
चीन	अनु.	528	670	709	589
पाकिस्तान	38	46	92	100	106
म्यांमार	21	25	42	20	12
विश्व	3351	3497	3407	3525	3034

स्रोत-एक्सप्रेस इन्वेस्टमेंट वीकली, नवम्बर 13-19-1995.

इस प्रकार संसार में कुल जूट उत्पादों में भारत का स्थान सबसे ऊपर है। वह संसार की जूट की सभी वस्तुओं का 41 प्रतिशत से ज्यादा तैयार करता है। बंगलादेश का उत्पादन लगभग आधा है। अपितु यह भारत की तुलना में ढाई गुना ज्यादा निर्यात करता है। सन् 1993-94 में बंगलादेश से 466.9 हजार टन जूट की बनी वस्तुएँ निर्यात की गई। यह केवल मिल द्वारा निर्मित वस्तुओं की मात्रा का 90 प्रतिशत थी। इसके उल्टा भारत से कुल निर्मित वस्तु के 22 प्रतिशत का ही निर्यात हो पाया।

ऊन

ऊन भी एक ऐसी वस्तु है जिसका इस्तेमाल मनुष्य प्राचील काल से करता आ रहा है पहले घरेलू उद्योगों के द्वारा ऊन से निर्मित वस्तुओं का उत्पादन होता था। मशीन युग के पुरान इस पर आधारित कुटीर उद्योग विकसित थे। अब भी मशीनों के साथ यह पुरान उद्योग चल रहा है। यद्यपि उत्पादित मात्रा की दृष्टि से ऊन और ऊनी वस्त्रों का स्थान सूत और कृत्रिम रेशों के बाद हो गया है। लेकिन यह उत्तम वस्त्र समझा जाता है तथा इसकी कीमत अपेक्षाकृत अधिक होती है। यह ऊन के गुणों के कारण है। इन गुणों में रेशे की प्रत्यास्थता अधिक गर्मी देने की क्षमता और अपेक्षाकृत कम नम होने की क्षमता मुख्य है। इसी कारण क्षेत्रों में इसे वस्त्र अनुकूल होते हैं। यहां यह उल्लेखनीय है कि ऊनी वस्त्रोद्योग ऊन उत्पादन क्षेत्रों से दूर मुख्य रूप से बाजार के निकट स्थापित किया गया है। इसके कारणों का विश्लेषण ऊनी वस्त्र उद्योग के साथ किया गया है।

ऊन मुख्यतः भेड़ से प्राप्त होता है। भेड़ के अतिरिक्त बकरी, बिकुना, अलपाका ऊँट याक से ऊन प्राप्त किया जाता है। कुल उत्पादित ऊन में अधिक भेड़ का ऊन होता है। भेड़ की भी विभिन्न जातियां हैं जिनमें लक्कन, मेरिनो, डारसेट, कोट्सवाल्ड, डाउन्स, हेमशायर, सेवियत इत्यादि से ऊन प्राप्त की जाती है। इनमें

मेरिनो श्रेष्ठ समझी जाती है। इसे अफ्रीका से स्पेन लाया गया था और स्पेन के पठार में इसका सबसे ज्यादा विकास हुआ। इसीलिए स्पेनप का मेरिनो ऊन सबसे महँगा होता है और विश्व बाजार में इसकी माँग सर्वाधिक है। यहां से यह यूरोप और अमेरिकी देशों में लाई गई और दक्षिणी गोलार्द्ध के मुख्य ऊन उत्पादक देश-आस्ट्रेलिया, न्यूजीलैण्ड, दक्षिणी अफ्रीका और अर्जेन्टाइना में भी प्रसिद्ध है। भेड़ अपनी कई विशेषताओं के कारण विषम धरातल और कठोर जलवायु में भी रह सकती है। मध्य एशिया के पर्वतीय क्षेत्र का मूल जानवर होने के कारण यह पर्वतीय क्षेत्रों में ऊपर चढ़ने में अभ्यस्त होती है। यह तेज चल सकती है। प्रातःकाल ओसयुक्त घास खाकर बहुत कम पानी पर भी जिंदा रह सकती है। तीव्र घ्राण शक्ति के कारण यह घास के तिनके तक पहुंच सकती है और अपने जबड़े की बनावट के कारण वह छोटी से छोटी घास खा सकती है। परिणामस्वरूप कठोर जलवायु सहन करने में सक्षम होती है। इसलिए यह शीतोष्ण कटिबन्धीय अर्धशुष्क और शुष्क प्रदेशों का पशु है। उष्ण कटिबंध में इन पर ऊन का विकास नहीं होता। यह भी गौरतलब है कि भेड़ पालन हेतु अपेक्षकृत बहुत कम श्रम की जरूरत होती है। इसलिए इसका पालन विरल जनसंख्या के क्षेत्रों में भी हो सकता है।

ऊन का विश्व उत्पादन

सन् 1993 में ऊन (बिना धुले हुए) का विश्व में उत्पादन 2696 हजार टन था। सबसे बड़ा उत्पादक आस्ट्रेलिया बना रहा। चीन, न्यूजीलैण्ड, रूस एवं कजाकिस्तान मुख्य ऊन उत्पादक देश हैं। दक्षिणी अर्जेण्टाइना अफ्रीका और यूरुग्वे में भी इसका उत्पादन उल्लेखनीय है। इस प्रकार संसार का अधिकतम ऊन मध्य अक्षांशीय घास के मैदानों में पैदा की जाती है। दक्षिणी गोलार्द्ध के पांच देश-आस्ट्रेलिया, न्यूजीलैंड, अर्जेन्टाइना, दक्षिण अफ्रीका और यूरुग्वे मिलकर संसार का 46.3 प्रतिशत ऊन उत्पन्न करते हैं। ये देश मुख्य रूप से परिधान योग्य ऊन उत्पन्न करते हैं। जिस तरह के ऊन से कालीन का निर्माण होता है वह कम वर्षा वाले क्षेत्रों से सबसे अधिक प्राप्त होता है। जिनमें उत्तरी अफ्रीका, पश्चिमी चीन दक्षिणी यूरोप, और पाकिस्तान उल्लेखनीय हैं। इन प्रधान ऊन उत्पादक देशों में ऊनी वस्त्रोद्योग अधिक विकसित नहीं है अपितु यहां से अधिक ऊन पश्चिमी यूरोपीय देशों और संयुक्त राज्य अमेरिका को भेजा जाता है। इस प्रकार ऊन का भी ऊनी वस्त्र उद्योग के स्थानीकरण पर प्रभाव नहीं है।

ओसीनिया

संसार का 1/3 से अधिक (36.4 प्रतिशत) ऊन इस क्षेत्र में उत्पन्न किया जाता है। यहां उत्पादन में आस्ट्रेलिया और न्यूजीलैंड दोनों प्रमुख हैं।

आस्ट्रेलिया

लम्बे समय से आस्ट्रेलिया भेड़ों की गिनती और ऊन उत्पादन में आगे रहा हैं यहां कुल 13.6 करोड़ भेड़ें (1980) पाली जाती हैं। दरअसल आस्ट्रेलिया की अर्थव्यवस्था का आधार भेड़ पालन है। ऊन यहां का प्रमुख निर्यात है, जिसका ज्यादा भाग यूरोपीय देश, जापान तथा संयुक्त राज्य को जाता है। इसमें ऊन वाली और मटन देने वाली दोनों प्रकार की भेंड़ शामिल हैं। यहां पूर्वी भाग में ग्रेट डिवाडिंग रेंज के पश्चिम भरें और डार्लिंग बेसिन प्राकृतिक घास और भेंड़ पालन का प्रमुख क्षेत्र है। इसका फैलाव विक्टोरिया, न्यू साउथ वेल्स और दक्षिण पश्चिमी क्वींसलैंड राज्यों में है। न्यू साउथ वेल्स में देश की लगभग 40% तथा विक्टोरिया में 20% भेड़ें पाली जाती हैं।

संसार में ग्रीजी ऊन के उत्पादन विवरण (हजार टन में)

क्षेत्र/देश	*1948-52*	*1960*	*1980*	*1993*	*% 1993*
ओसीनिया	694	1004	1073	982	34.4
आस्ट्रेलिया	515	737	713	717	26.6
न्यूजीलैंड	179	267	360	265	9.8
चीन	45	..	176	240	8.9
कजाकिस्तान	..	..	..	100	3.7
पाकिस्तान	11	16	43	51	1.9
टर्की	33	47	60	43	1.6
भारत	26	..	36	35	1.3
किर्गिजिस्तान	..	..	..	35	1.3
सीरिया	..	..	..	34	1.3
ईरान	..	..	..	34	1.3

उजबेकिस्तान	..	..	..	26	1.0
रूसी गणतंत्र	172'	357'	462'	180	6.7
ब्रिटेन	40	55	50	57	2.1
रोमानिया	16	22	38	34	1.3
स्पेन	..	..	..	31	1.1
द. अमेरिका	320	336	325	245	9.1
अर्जेण्टाइना	186	192	171	95	3.5
यूरुग्वे	79	80	80	81	3.0
ब्राजील	19	23	27	28	1.0
अफ्रीका	137	173	190	241	8.9
द. अफ्रीका	102	133	98	90	3.3
उ.म. अमेरिका	139	157	56	45	1.7
सं.रा. अमेरिका	129	146	46	38	1.4

*भूतपूर्व सोवियत रूस हेतु

स्रोत-एफ.ए.ओ. प्रोडक्शन इयर बुक्स 1962, 1980 तथा 1993.

न्यूजीलैण्ड-आस्ट्रेलिया से दक्षिण स्थित और तुलनात्मक रूप से ज्यादा बारिश वाले देश न्यूजीलैंड में भेड़ पालन के लिए आदर्श दशाएँ हैं। कुल जमीन का आधे से अधिक (52.0 प्रतिशत) स्थायी चरागाहों के तहत है। यहां मुख्यतः पशुपालन होता है। अधिक संख्या में भेड़ें पाली जाती हैं जिनमें मेरिनो प्रमुख हैं। यहां 6.9 करोड़ भेड़ हैं। उत्तरी द्वीप पर पूर्वी और दक्षिणी भागों और दक्षिणी द्वीप के पूर्वी तथा दक्षिणी निम्न भू-भाग और दक्षिणी आल्पस के पूर्वी ढालों पर भेड़ पालन प्रमुख है। सन् 1993 में यहां 2.7 लाख टन ऊन उत्पन्न किया गया। अधिकांश ऊन निर्यात किया जाता है और दूसरे पशु-उत्पादों के साथ ऊन का भी प्रमुख उपभोक्ता ग्रेट ब्रिटेन है।

दक्षिणी अमेरिका

इस महाद्वीप का ऊन उत्पादन में सापेक्षिक महत्व घट रहा है। सन् 1948-52 में यहां संसार का 17.5 प्रतिशत ऊन उत्पन्न किया गया, किन्तु सन् 1980 में यह

11.5 प्रतिशत एवं 1993 में 9.1 प्रतिशत ही रह गया। यहां अर्जेन्टाइना और गूरुग्वे के अतिरिक्त चिली, पेरू और बोलीविया में भी पर्याप्त मात्रा में ऊन उत्पन्न किया जाता है। पेरू और बोलीविया के पर्वतीय इलाकों और ढालों पर लामा, अल्पाका ओर बिकुना से उच्चतम श्रेणी का ऊन प्राप्त होता है।

अर्जेन्टाइना—यहां सन् 1993 में 95 हजार टन ऊन का उत्पादन हुआ। ऊन का उत्पादन क्रमानुसार घट रहा है। पम्पास क्षेत्र में गेहूँ और अल्फाफा की कृषि और पशुपालन के विस्तार के साथ भेड़ पालन शुष्कतर भागों में ही सीमित है। इनमें पम्पास का पश्चिमी अर्धशुष्क क्षेत्र, ब्यूनस आयर्स का दक्षिणी दो-तिहाई भाग तथा पैटागोनिया पठार का दक्षिणी भाग भेड़ पालन के प्रमुख क्षेत्र हैं। अर्जेन्टाइना में 3. 3 करोड़ से अधिक भेड़ पाली जाती है। यहां से कुल घरेलु उत्पादन का दो तिहाई भाग निर्यात कर दिया जाता है।

गूरुग्वे-लैटिन अमेरिका का दूसरा बड़ा ऊन उत्पादक गूरुग्वे है। सन् 1993 में इसका उत्पादन 81 हजार टन था। सारा असमान धरातल वाला घास का क्षेत्र है और कुल भूमि का 80 प्रतिशत भाग चरागाहों के अन्तर्गत है। यहां भेड़ों की गिनती (2 करोड़) गाय-बैलों की गिनती (1.1 करोड़) से दोगुनी है। ऊन निर्यात की प्रमुख वस्तु है और ग्रेट ब्रिटेन प्रमुख उपभोक्ता है।

यूरोप

विश्व में सर्वाधिक ऊन का इस्तेमाल यूरोप महाद्वीप में होता है जबकि इसका अपना उत्पादन विश्व के कुलउत्पादन का दसवां हिस्सा है। यहां सारे भूमध्यसागरीयय देश भेड़ पालन और ऊन उत्पादन करते हैं। शीतकालीन बारिश और शुष्क ग्रीष्म वाली भूमध्यसागरीयय जलवायु इसके अनुकूल है। यहां पर्वतीय चरागाह की सुविधा है। फ्रांस, स्पेन, यूक्रेन, इटली, आयरलैंड और ग्रीस के अतिरिक्त रोमानिया और रूस ऊन उत्पादन में अग्रगण्य है।

पूर्व सोवियत रूस-यह संसार का (16.3 प्रतिशत) दूसरा सबसे बड़ा ऊन उत्पादक है। यह स्थिति 1991 तक थी। अब मध्य एशिया के विभिन्न गणराज्य अलग देश हो गये हैं। यहां भेड़ पालन के दो प्रमुख क्षेत्र हैं-काकेशस प्रदेश और मध्य एशिया में ताजिकिस्तान, तुर्किस्तान, तुर्कमेनिस्तान तथा उजबेकिस्तान महत्वपूर्ण ऊन उत्पादक देश हैं।

पश्चिमी यूरोप में फसलों का उत्पादन और मिश्रित कृषि के विस्तार के कारण भेड़ पालन घट रहा है। चूंकि ऊन दक्षिणी गोलार्द्ध के देशों से सरलता से आयात

किया जा सकता है। आज के समय में ग्रेट ब्रिटेन का ऊन उत्पादन उल्लेखनीय है। यहां दक्षिणी स्काटलैंड और उत्तरी इंग्लैंड के पेनाइन श्रेणी, उच्च प्रदेश, वेल्स के उच्च प्रदेश और कार्निश प्रायद्वीप में मूरलैंड क्षेत्रों पर पर भेड़ पाली जाती है जिनसे मांस के साथ ऊन भी प्राप्त किया जाता है। दक्षिण-पूर्व में केंट में भी बड़ी संख्या में भेड़ पाली जाती है। स्थानीय उत्पादन के साथ यह सबसे बड़ा ऊन का खरीददार भी है।

एशिया

महाद्वीपों में ओसीनिया के बाद एशिया का स्थान है। यहां चीन ऊन का सबसे बड़ा उत्पादक देश है जिसका संसार में तीसरा स्थान है। यहां आंतरिक मंगोल अथवा और मध्य चीन के अर्धशुष्क जटिल धरातलीय भागों पर भेड़ पालन प्रमुख है। चीन के अतिरिक्त एशिया में कई अन्य देशों में ऊन का उत्पादन उल्लेखनीय है। इनमें पाकिस्तान और भारत को छोड़कर सभी देश पश्चिमी एशिया के शुष्क भाग में स्थित हैं। वस्तुतः पश्पिचमी एशियाई देशों में भेड़ पालन और ऊन का उत्पादन करना एक परंपरागत उद्योग है। इनमें टर्की सबसे आगे है जहां सन् 1993 में 43 हजार टन से अधिक ऊन उत्पन्न किया गया। लगभग सारे देश में भेड़ें पाली जाती हैं, परंतु पश्चिमी और उत्तरी टर्की में विशेष संकेन्द्रण है। ईरान, सीरिया और अफगानिस्तान में भी बहुत ऊन उत्पन्न होता है। इस भाग का ऊन कालीन लायक समझा जाता है। सोवियत संघ से अलग हुए कजाकिस्तान का ऊन उत्पादन में संसार में पांचवां स्थान है यहां सन 1993 में 1 लाख टन ऊन उत्पन्न किया गया। किर्गिगिजस्तान और उजबेकिस्तान में भी ऊन उत्पादन उल्लेखनीय है।

भारत का ऊन विश्व स्तर पर महत्वपूर्ण नहीं है। यहां हरियाणा, पंजाब, पश्चिमी राजस्थान, उत्तर-पश्चिमी उत्तर प्रदेश और गुजरात, महाराष्ट्र में खानदेश क्षेत्र, कर्नाटक में बेल्लारी और तमिलनाडु में कर्नूल और कोयम्बटूर में भेड़ पालन उल्लेखनीय है। कश्मीरी बकरी का पशमीना ऊन विश्वविख्यात है। कालीन उद्योग से ऊन उत्पादन को प्रोत्साहन मिला है और बेहतर किस्म की भेड़ों से ज्यादा और अच्छा ऊन उत्पादित किया जाये इसकी कोशिश की जा रही हैं।

अफ्रीका

अफ्रीका में दक्षिणी अफ्रीका संघ सबसे बड़ा ऊन उत्पादक है, जिसका संसार में सातवां स्थान है। पूर्वी तट के समानान्तर स्थित डेकेनवर्ग पर्वत के पश्चिम उसकी वृष्टि छाया वाले भाग पर भेड़ पालन प्रमुख उद्योग है। इनका अधिकतम संकेंद्रण

दक्षिणी कालाहारी मरुस्थल और दक्षिण-पूर्वी तटीय मैदान के मध्य है। ये क्षेत्र आरेंज फ्री ट्रांसवाल, और केप प्रांतों में फैले हैं। संसार में दक्षिण अफ्रीका भी ऊन उत्पादन के माभले में एक महत्वपूर्ण देश है। यह निर्यात भी पर्याप्त मात्रा में करता है। इसका सबसे बड़ा खरीददार ब्रिटेन है। भूमध्यसागरीयय अफ्रीकी देश अल्जीरिया, मोरक्को और लीबिया तथा पूर्वी अफ्रीका में इथियोपिया और सूडान में भी ऊन का उत्पादन होता है।

अंतर्राष्ट्रीय व्यापार—ऊन और ऊन से बनी वस्तुएँ निर्यात की मुख्य वस्तुएँ हैं। हल्की और महंगी वस्तु होने के कारण इसका दूर तक परिवहन आर्थिक होता है। अधिकतर ऊन ग्रीजी (अस्वच्छ) रूप में ही भेजा जाता है और उसकी सफाई का काम निर्माण उद्योगों के पास किया जाता है। ग्रीजी ऊन आपस में चिपकता नहीं है। दूसरे ऊन विभिन्न प्रकार का तथा विविध स्तर का होता है। यह गुण भेड़ की जाति के साथ कई अन्य बातों पर निर्भर होता है। एक ही जाति के भेड़ से भिन्न-भिन्न गुणों वाला ऊन पाया जाता है। इस कारण ऊन खरीदना एक मुश्किल काम है और इसके लिए विशेष योग्यता की आवश्यकता होती है।

ऊन के निर्यातक देश दक्षिणी गोलार्द्ध के ऊन उत्पादक देश हैं। इनमें आस्ट्रेलिया पहला स्थान पर है। यहां से सन् 1992 में 253 करोड़ डालर का स्वच्छ ऊन निर्यात किया गया। यह संसार के कुल निर्यात का आधा है। न्यूजीलैंड का द्वितीय स्थान है जिसका निर्यात व्यापार में 10.7 प्रतिशत भाग है दक्षिणी अफ्रीका, गूरुग्वे और अर्जेण्टाइना भी प्रमुख ऊन निर्यातक हैं। यह ध्यान देने योग्य है कि गूरुग्वे ऊन की अपेक्षा ऊनी वस्त्र का अधिक निर्यात करता है उत्तरी गोलार्द्ध में चीन, फ्रांस हांगकांग, और ब्रिटेन उल्लेखनीय हैं। आयात में जापान, इटली, जर्मनी, चीन, फ्रांस, बेल्जियम, ब्रिटेन, संयुक्त चेकोस्लोकिया और दक्षिण कोरिया मुख्य हैं। बताने योग्य है कि उन्नीसवीं शताब्दी के मध्य तक यूरोप ऊन का प्रधान उत्पादक क्षेत्र था, किन्तु अब प्रधान आयातक क्षेत्र है।

रबर

रबर का ज्ञान कोलंबस की अमेरिका की द्वितीय यात्रा के बाद हुआ। पेंसिल का निशान मिटाने की क्षमता के कारण इसे 'रबर' कहा गया। बहुत समय तक इसका प्रयोग सिर्फ निशान मिटाने में किया जाता था। परन्तु सन् 1823 में मैकिंटोश नामक स्कॉटिश ने वाटरप्रूफ कपड़ा बनाने में रबर का प्रयोग किया, किन्तु इस दिशा में मुख्य प्रगति गुडइयर के सहायक वल्कनाइजिंग प्रक्रिया (सन् 1839) की खोज के

उपरांत हुई। रबर के साथ सल्फर मिलाकर वाटरप्रूफ कपड़ा बनाने पर वह जल्दी नष्ट नहीं होता था। वल्कनाइजिंग के बाद रबर वाटरप्रूफ के अतिरिक्त बूट और जूते बनाने के काम आने लगा। रबर का इस्तेमाल सन् 1890 के बाद तेजी से तब बढ़ा जब इससे वायवीय टायर बनाने की कला का आविष्कार किया गया। इस टायर की सुविधा के कारण बाइसिकिल उद्योग विकसित हुआ और जल्दी ही स्वचालित वाहनों का खोज तथा विकास हुआ। फलस्वरूप रबर से बने टायरों का माँग तेजी से बढ़ी। सन् 1910 के बाद स्वचालित वाहनों का बड़े पैमाने पर उत्पादन प्रारम्भ हुआ। इसका असर रबर के उत्पादन पर पड़ा। तब से रबर एक अति जरूरी औद्योगिक कच्चा माल बन गया है। इसकी माँग को पूरा करने के लिए कोशिश भी की गयी। इस लक्ष्य से सर हेनरी विकहम के द्वारा प्राप्त रबर के बीज का अन्ततः सफलतापूर्वक रोपण श्रीलंका में किया गया। बीसवीं शताब्दी के आरम्भ में दक्षिण पूर्वी एशियाई देशों में रबर के बागान विकसित किए जा चुके थे। यह ध्यातव्य है कि अन्य रोपण फसलों की तरह रबर की कृषि पर भी भौतिक दशाओं के साथ आर्थिक तथा मानवीय दिशाओं का असर पड़ता है। इन्हीं कारणों से आज के युग में इसका उत्पादन इसके मूल स्थान मे बहुत दूर होता है।

रबर के प्रकार—उत्पत्ति के अनुसार रबर मुख्य रूप से दो प्रकार का होता है- (1) प्राकृतिक रबर, (2) संश्लिष्ट रबर। संश्लिष्ट रबर विविध रसायनों से तैयार किया जाता है और यह कृषिगत उपज नहीं है। प्राकृतिक रबर भी दो स्रोतों से प्राप्त होता है: (अ) जंगली पौधों से तथा (ब) रबर के बागानों से। इस शताब्दी के पहले तक रबर आमेजन बेसिन तथा कांगो बेसिन के जंगली वृक्षों से प्राप्त होता था। सन् 1906 में कुल प्राकृतिक रबर का उत्पादन का 99 प्रतिशत जंगली वृक्षों से प्राप्त किया गया था। इसी समय में रबर की कीमत बढ़ने के परिणामस्वरूप दक्षिण पूर्वी एशिया में रबर की रोपण कृषि प्रारम्भ की गई और शीघ्र ही रोपण रबर का उत्पादन जंगली रबर से बहुत अधिक हो गया। वर्ष 1920 तक जंगली रबर घटकर कुल रबर उत्पादन का मात्र 20 प्रतिशत रह गया। रबर इकट्ठा की असुविधा, परिवहन की समस्या, ज्यादा टैक्स, रोग, अधिक शोषण तथा कीड़ों के कारण पौधों के सूखने के चलते ब्राजील का उत्पादन लगातार कम होता गया तथा यह दक्षिण पूर्वी एशिया में वैज्ञानिक तरीके से की जाने वाली रोपण कृषि के सामने नहीं टिक सका। फलतः सन् 1963 में जंगली रबर कुल प्राकृतिक रबर का 2 प्रतिशत रह गया।

रबर कई जाति के पौधों का रस होता है। यह पौधा मुख्यतः भूमध्यरेखीय सदाबहार वनों में पाया जाता है। रबर के दूधिया रस को लैअेक्स कहते हैं। रबर की कई किस्में हैं जिनमें चार किस्में मुख्य हैं—

1. लैंडोल्फिया अथवा मध्य अमेरिकी किस्म
2. फिकस एलास्टिका
3. हेविया बेसिलियोन्सिस अथवा ब्राजी किस्म का रबर
4. कैस्टिलोआ अथवा मध्य अमेरिकी किस्म।

इनके अतिरिक्त भी छः अन्य किस्मों से भी रबर प्राप्त किया जाता है। हेविया बेसिलियेंसिस अथवा ब्राजील किस्म इनमें सबसे महत्वपूर्ण है।

संसार में उत्पादन

संश्लिष्ट रबर के उत्पादन में वृद्धि के साथ ही प्राकृतिक रबर का उत्पादन बढ़ा है। यह सन् 1948-53 से 1993 तक में तीन गुना हो गया है। सन् 1993 में संसार का कुल प्राकृतिक रबर का उत्पादन 5581 हजार टन था। थाइलैंड में विश्व का सबसे ज्यादा रबर पाया जाता है। यहाँ संसार का 26.9 रबर पैदा किया जाता है। मलेशिया, इण्डोनेशिया, चीन, भारत तथा फिलीपाइंस अन्य प्रमुख उत्पादक हैं। एकमात्र एशिया महाद्वीप से 94.1 प्रतिशत रबर उत्पन्न किया गया। अफ्रीका का द्वितीय स्थान है। यहां नाइजीरिया ओर कोटे डिवोरे उल्लेखनीय उत्पादक हैं। लैटिन अमेरिका से अब केवल 0.6 प्रतिशत रबर प्राप्त होता है।

दक्षिणी पूर्वी एशिया

दक्षिणी पूर्वी एशिया के ऊष्ण क्षेत्रों से संसार का लगभग 94 प्रतिशत प्राकृतिक रबर प्राप्त होता है। इण्डोनेशिया, थाइलैंड, भारत, मलेशिया, चीन, श्रीलंका, फिलीपींस तथा वियतनाम में बड़े पैमाने के रोपण बागानों तथा छोटे कृषकों के द्वारा रबर उत्पन्न किया जाता है। रबर की कृषि का केन्द्रीकरण यहां भौगोलिक परिस्थितियों की अनुकूलता के साथ ही राजनैतिक तथा आर्थिक सुविधाओं के फलस्वरूप हुआ है।

भौगोलिक दशाएं-भौतिक दशाएं रबर के पौधे की अधिक वृद्धि के अनुकूल है। तापमान वर्षभर ऊँचा (240 से.ग्रे. से अधिक) रहता है तथा वार्षिक बारिश 175 से 280 से.मी. तक होती है और किसी भी महीने में 8 से.मी. से कम नहीं होती। यहाँ समुद्र तटीय हिस्सों में गहरी चीका दोमट मिट्टी के कारण सुप्रवाहित जीवन आसानी से उपलब्ध है। इस तरह के प्राकृतिक वातावरण में केवल पाँच-छः वर्ष में रबर के पौधे 8 इंच लम्बे हो जाते हैं। पौधे अधिक रस भी देते हैं, जिससे रस इकट्ठा

करने का काम कुछ हफ्ते को छोड़कर वर्ष भर चलता रहता है। परिणामस्वरूप ब्राजील के जंगली पौधे की तुलना में उत्पादन कई गुना होता है।

संसार में रबर उत्पाद का विवरण (हजार मीट्रिक टन)

क्षेत्र/देश	*1948-53*	*1960*	*1970*	*1980*	*1990*	*1993*	*%*
विश्व	1740	2020	3100	3811	4922	5581	100.0
थाइलैंड	104	171	287	510	1100	1500	26.9
इण्डोनेशिया	635	620	815	919	1246	1370	24.5
मलेशिया	723	790	1275	1660	1292	1210	21.7
भारत	17	25	90	145	267	440	7.9
चीन				102	264	320	5.7
फिलीपींस	01	03	19	55	185	170	3.0
श्रीलंका	102	99	159	155	113	110	2.0
वियतनाम	36	77	28	57	52	76	1.4
कम्पूचिया	16	37	13	10	38	40	0.7
अफ्रीका	60	150	अप्राप्य	204	256	278	5.0
नाइजीरिया	14	60	59	60	88	130	2.3
कोटेडिवोरे					74	76	1.4
कैमरून	02	04	12	17	38	48	0.9
लाइबेरिया	31	48	83	75	40	10	0.2
दक्षिण अमेरिका	30	25		33	42	35	0.6
ब्राजील	22	23	25	25	33	29	0.3

स्रोत-एफ.ए.ओ. उत्पादन वर्ष पुस्तक 1963, 1974, 1980 तथा 1993

इस क्षेत्र की स्थिति भी एक महत्वपूर्ण लाभ है। एक तो अधिकतर वागान समुद्र तट के पास हैं या यदि कुछ आन्तरिक हिस्से में हैं तो आवागमन के रास्तों पर हैं। इसलिए रबर इकट्ठा करके बन्दरगाहों तक लाने में उतना वक्त और खर्चा

नहीं लगता जितना कि ब्राजील में। दूसरे, यह भाग एक महत्वपूर्ण अन्तर्राष्ट्रीय जलमार्ग पर स्थित है, जिससे यूरोप और अमेरिका को रबर के निर्यात की सुविधा उपलब्ध रहती है। रबर जल्दी नष्ट होने वाला पदार्थ नहीं है। इसलिए यह प्रतीक्षा की जा सकती है कि इसका निर्यात उस समय में किया जाये जब जलयान सस्ती दरों पर ढोने के लिए तैयार हों। इसी मार्ग की स्थिति के कारण यह क्षेत्र माँग क्षेत्रों में प्रसिद्ध है।

आर्थिक सुविधाएँ—इन सुविधाओं में सस्ते मजदूरों की सुविधा प्रमुख है। शुरू में जावा, भारत और चीन से लाये मजदूरों के सहयोग से उद्योग प्रारंभ किया गया था, लेकिन अब ये विदेशी इन देशों में विवाद के कारण बन गये हैं। बीसवीं शताब्दी के आरंभ में मुख्यरूप से सन् 1905 तथा 1910 में रबर की कीमत में बहुत वृद्धि हुई। अंग्रेजों ने दक्षिणी पूर्वी एशिया के अपने उपनिवेशों में इसकी रोपण कृषि को विकसित करने की कोशिश जीमन तथा बीज प्राप्त करने में की। इस कार्य के निमित्त परिवहन के साधन बनाने में सरकार मदद देती थी। राजनैतिक स्थिरता की वजह से अन्य लोग भी खर्च करने में घबराते नहीं थे। श्रीलंका और मलाया में अंग्रेजों के रोपणों की तरह डच लोगों ने भी अपने उपनिवेशों में रबर बागान विकसित किया।

ये बागान अपनी विशेषताओं के कारण रबर की उतनी अधिक माँग को पूरा करने में सफल हुए जो ब्राजील के जंगल से संभव नहीं था। बागानों में पौधे एक दूसरे के इकट्ठा स्थित होते हैं जिससे एक मजदूर छः घण्टे में 400 पौधों से रस एकत्रित कर लेता है, जिससे रबर उत्पादन के खर्च में बहुत कमी हुई। ब्राजील के मिश्रित वनों से एक दिन में केवल 175 से 200 पौधों से रस इकट्ठा किया जा सकता था। वैज्ञानिक पद्धति से कृषि कारणों के कारण प्रति एकड़ उत्पादन 400 से 2000 पौण्ड तक बढ़ा लिया गया। रस दोहन से सूखने वाले पेड़ों की गिनती बहुत कम हो गई। साथ ही बड़े पैमाने के उत्पादन के कारण बदलाव के तरीके में भी समुचित विकास हुआ।

दक्षिण पूर्वी एशिया में बड़े बागानों के अतिरिक्त स्थानीय छोटे कृषक भी रबर उत्पन्न करते हैं। उन कृषकों को रबर की कृषि से कई लाभ हैं। एक तो उन्हें भारी पूँजी नहीं लगानी पड़ती। स्वयं कृषक परिवार सभी काम करता है, जिससे भारी व्यवस्था की भी परेशानी नहीं होती है। ये लोग रबर के साथ-साथ अन्य उपयोगी फसलें भी उपजाया करते हैं। कृषक उस समय रस इकट्ठा करते हैं जब इसकी कीमत ज्यादा होती है। कीमत कम होने पर रस इकट्ठा करना बन्द कर देते हैं। इस तरह

रबर की कृषि से अधिक लाभ ले लेते हैं, किन्तु उल्टा समय में अधिक हानि से भी बच जाते हैं।

इंडोनेशिया-यह देश रबर उत्पादन में सन् 1959 तक संसार का पहला देश था लेकिन अब इसका दूसरा स्थान हो गया है। सन् 1993 में 1370 हजार टन रबर पैदा हुआ। जावा के पूर्वी तथा पश्चिमी भागों, सुमात्रा तथा बोर्नियो में रबर की कृषि उल्लेखनीय है। यहाँ की कृषि पर डच लोगों का अमिट असर है। रबर की उत्पादकता बढ़ाने के लिए उच्चत्तम श्रेणी की कलमों का उपयोग होता है। आरंभ में अधिकतम उत्पादन बड़े बागानों से प्राप्त होता था, लेकिन दूसरे विश्वयुद्ध के बाद छोटे फार्मों से उत्पादन लगातार बढ़ रहा है तथा कुल उत्पादन का लगभग दो-तिहाई इन फार्मों से प्राप्त होता है। यहाँ विदेशी बागानों का राष्ट्रीयकरण कर दिया गया है।

मलेशिया-मलाया प्रायद्वीप के पश्चिमी तटीय मैदान तथा पीडमांट क्षेत्रों व इसके अधीन द्वीपों से संसार का 21.7 प्रतिशत से अधिक प्राकृतिक रबर पैदा किया जाता है। पश्चिमी तट से 60 कि.मी. की चौड़ी पट्टी में मध्य केदाह से देश के दक्षिणी कोने तक रबर का अधिक उत्पादन होता है। यहाँ रबर के बागान 500 मी. की ऊँचाई तक हैं। अधिकतर सारवाक तथा सवाह क्षेत्रों में रबर का उत्पादन होता है। देश की कृषियोग्य भूमि के लगभग दो-तिहाई भाग (50 हजार हेक्टेयर) पर रबर के बागान हैं जिनमें आधे से अधिक बड़े आकार (100 एकड़ से अधिक) के हैं। बागानों में काम करने वाले मजदूरों में 45 प्रतिशत भारतीय, 30 प्रतिशत चीनी और 12 प्रतिशत मलेशियन हैं। रबर की उपज दर (1500 कि.ग्रा. हेक्टेयर) सबसे ज्यादा है। विश्व में रबर निर्यातक के ख्याल से मलेशिया का स्थान तीसरा है।

थाईलैंड- विश्व में सबसे अधिक प्राकृतिक रबर थाइलैंड में उपजाया जाता है। सन् 1993 में यहाँ संसार का 26.9 प्रतिशत (1500 हजार टन) से अधिक रबर पैदा किया गया। यहाँ उत्पादन में बड़ी तेज गति से वृद्धि हुई है। सन् 1978-53 तथा 1993 के मध्य उत्पादन लगभग बारह गुना हो गया। रबर स्थानीय कृषकों द्वारा मूलतः प्रायद्वीपीय क्षेत्र के पहाड़ी हिस्सों में पैदा किया जाता है। बागानों में केवल 30 प्रतिशत ही बड़े आकार (30 हेक्टेयर से अधिक) के हैं। आमतौर पर बागान 8 हेक्टेयर से छोटे हैं। रबर निर्यात के मामले में थाइलैंड का स्थान विश्व में पहला है।

श्रीलंका-रबर का सातवाँ बड़ा उत्पादक देश श्रीलंका है। यहाँ सन् 1993 में 110 हजार टन (संसार का 2.0 प्र.श.) रबर पैदा किया गया। देश की व्यापारिक फसलों में इसका चाय के बाद द्वितीय स्थान है। इसका उत्पादन दक्षिण-पश्चिमी तटीय मैदान तथा मध्यवर्ती निचली पहाड़ियों पर किया जाता है। इसकी खेती सन् 1876 में शुरू की गई थी।

भारत-भारत में रबर के बागान सन् 1880 के बाद ट्रावनकोर तथा मालाबार क्षेत्रों में लगाए गए थे, शुरुआत में व्यापारिक उत्पादन सन् 1902 से आरम्भ हुआ। बीसवीं शताब्दी की शुरूआत के तीन दशकों में घरेलू माँग कम थी, इसलिए निर्यात प्रमुख था। तीसरे तथा चौथे दशक में, मुख्यतः दूसरे विश्व युद्ध के समय में रबर के इस्तेमाल करने वाले कारखाने खोले गए। परिणामस्वरूप स्थानीय माँग बढ़ी। इस समय में रबर बागानों के क्षेत्रफल तथा उत्पादन भी तेजी से बढ़े। सन् 1950 में केवल 67 हजार हेक्टेयर जमीन पर रबर के बागान लगे हुए थे, किन्तु सन् 1975-76 में इनका विस्तार 224.4 हजार हेक्टेयर भूमि पर हो चुका था, उत्पादन भी उसी समय में 15 हजार टन से बढ़कर 137.8 हजार टन हुआ। फिर से सन् 1993 में 440 हजार टन हो गया है। यह उत्पादन संसार के कुल उत्पादन का 7.9 प्रतिशत है।

क्षेत्रफल में केरल पहले स्थान पर है जहाँ कुल उत्पादन का 85 प्रतिशत क्षेत्र है। तमिलनाडु में 4 प्रतिशत तथा बाकी कर्नाटक और अण्डमान-निकोबार द्वीप समूहों में है। इसकी कृषि का फैलाव त्रिपुरा मिजोरम, असम, मणिपुर, नागालैंड, महाराष्ट्र, गोवा और उड़ीसा में भी किया जा रहा है। ज्यादातर रबर के बागान छोटे हैं। कुल 132047 इकाइयों में केवल 598 ही उत्पादन योग्य हैं।

भारत में रबर पर आश्रित उद्योगों के तीव्र विकास के कारण रबर का उपभोग भी तेजी से बढ़ा है। प्राकृतिक रबर के उत्पादन को प्रेरित करने के ख्याल से सन् 1973-74 से इसका आयात बन्द कर दिया गया है। दूसरी ओर इसका निर्यात बढ़ाया जा रहा है। निर्यात-व्यापार स्टेट ट्रेडिंग कारपोरेशन आफ इण्डिया के द्वारा से होता है। निर्यात सन् 1973-74 में 2700 टन से बढ़कर 1992 में 10000 टन हो गया है।

अफ्रीका

अफ्रीकी देशों में रबर का उत्पादन तेजी से बढ़ा है। यह सन् 1948-54 के औसत 60 हजार टन से बढ़कर सन् 1993 में 278 हजार टन हो गया। इस महाद्वीप में रबर की कृषि स्टीवेंसन योजना की वजह से शुरू प्रारंभ हुई। प्रथम विश्व युद्ध के बाद रबर के घटते मूल्य की रोकथाम के लिए निर्यात-नियंत्रक यह योजना ब्रिटिश सरकार के द्वारा बनाई गयी थी। इसके कारण ब्रिटेन का रबर पर एकाधिकार हो गया तथा रबर के सबसे बड़े ग्राहक संयुक्त राज्य को बहुत मुश्किलों का सामना करना पड़ा। परिणामस्वरूप यहाँ की फायरस्टोन कंपनी ने लाइबेरिया में रबर का उत्पादन आरम्भ किया। बाद में इसका प्रसार नाइजीरिया, केमरून तथा जायरे में हुआ। महाद्वीप के प्रमुख उत्पादक लाइबेरिया तथा नाइजीरिया हैं।

दक्षिणी अमेरिका

रबर उत्पादन के क्षेत्र में दक्षिण अमेरिका की स्थिति निरंतर ढालान पर है। अब (सन् 1993) केवल 35 हजार टन (संसार का 0.6 प्रतिशत) रबर वहाँ पैदा होती है। ब्राजील महत्वपूर्ण उत्पादक है। जंगली रबर का उत्पादन यहाँ मुख्य था। वर्तमान शताब्दी के आरम्भ में दक्षिण पूर्वी एशिया में बागानी रबर उत्पादन प्रारम्भ होने पर इसका महत्व कम होता गया। इसके कई कारण थे, जिनमें रबर के पौधों का मिश्रित और दूर-दूर तक फैला होना, यातायात मार्गों से दूर स्थित होना, उत्पादन का नियंत्रित होना तथा मजदूरों की समस्याएँ प्रमुख थीं। दुबारा स्टीवेंसन योजना को विफल करने के उद्देश्य से सन् 1927 में बोआविस्ता क्षेत्र और 1934 में बेल्टेरा स्थान पर बागान लगाये गये, लेकिन सफल न हुए।

अन्तर्राष्ट्रीय व्यापार

रबर व्यापार की प्रमुख वस्तुओं में एक है। अपने कुछ गुणों-नमनीयता, विद्युत तथा कोमलपन का अधोचालक होने के कारण से इसका औद्योगिक महत्व बहुत अधिक है। इसके अतिरिक्त यातायात, औद्योगिक उपकरण तथा जूते इत्यादि के रूप में इसका बड़ी मात्रा में इस्तेमाल होता है। विभिन्न रूपों में रबर का सबसे अधिक उपयोग औद्योगिक रूप से विकसित देशों में होता है, किन्तु उत्पादन पूर्णतः विकासशील देशों में होता है। परिणामस्वरूप कुल प्राकृतिक रबर उत्पादन का 87 प्रतिशत का निर्यात होता है।

सन् 1992 में प्राकृतिक रबर का कुल 4340 हजार टन निर्यात हुआ। मुख्य निर्यातकों में इण्डोनेशिया, थाइलैंड तथा मलेशिया हैं। अफ्रीका में कोटेडिवोरे, लाइबेरिया, नाइजीरिया तथा कैमरून का निर्यात उल्लेखनीय है। रबर का सबसे अधिक आयात विकसित देश में हुआ करता है। सबसे बड़ा आयातक संयुक्त राज्य अमेरिका है। वह सन 1948-51 में कुल आयात का 47 प्रतिशत आयात करता था परंतु अब (1992) केवल 12.4 प्रतिशत ही आयात करता है। इसी तरह ब्रिटेन का भी आयात इसी अवधि में 12 प्रतिशत से घटकर 5.3 प्रतिशत रह गया। यूरोपीय देशों ने कुल आयात का 23.8 प्रतिशत आयात किया। यूरोप में फ्रांस, जर्मनी, इटली, स्पेन के नाम प्रमुख हैं। एशिया में जापान, भारत चीन, कोरिया गणराज्य, और टर्की के नाम उल्लेखनीय हैं।

गन्ना

गन्ना एक उष्णकटिबंधीय फसल है जो संभवतः प्राचीन ऐतिहासिक काल से हमारे देश की गंगा की घाटी में पैदा किया जाता था। वहां से 8वीं शताब्दी के तकरीबन गन्ने की कृषि का भूमध्यसागरीय प्रदेशों तक विस्तार हुआ। यहाँ से पुर्तगाली तथा स्पेनियार्ड इसे कैरेबियन सागर के देशों तक ले गये। मध्यकाल तक यूरोपीय देशों में शक्कर की जगह शहद का इस्तेमाल होता था। जब अमेरिकी देशों से व्यापार में बढ़ोतरी हुई तो पश्चिमी द्वीप समूह, मध्य तथा दक्षिणी अमेरिका से शक्कर का आयात होने लगा। 19वीं शताब्दी की शुरुआत तक संसार दुनिया के देशों के बाहर भारत और जावा में ही गन्ने की कृषि उल्लेखनीय थी। इसके पश्चात् ही क्यूबा संसार का सबसे बड़ा उत्पादक देश बना। कई अन्य देशों में इसका उत्पादन शुरू किया गया। 19वीं सदी के मध्य तक तकरीबन संपूर्ण शक्कर गन्ने से तैयार की जाती थी। सन 1850 में कुल शक्कर का 86 प्रतिशत गन्ने की शक्कर थी, किन्तु यह प्रतिशत घटकर आज लगभग 60 है। गन्ने से बनने वाली शक्कर और चुकन्दर से निर्मित शक्कर के बीच विश्व बाजार में तीखी प्रतियोगिता बनी रहती है। फिर भी कुछ कारणों से यह प्रमुख है। इन कारणों में एक बार बोने पर कई फसलें उत्पन्न होना, कई किस्मों के कारण उपयुक्त क्षेत्रों में वर्ष भर उत्पादन संभव होना, रस की ज्यादा प्राप्ति इत्यादि मुख्य हैं, जिनसे शक्कर के निर्माण की लागत काफी निम्न हो जाती है।

गन्ना घास की जाति का पौधा है। वैसे इसकी असंख्य किस्में विभिन्न प्रदेशों की भौगोलिक परिस्थितियों के मुताविक विकसित हो गई है। परंतु साधारणतया इसको दो भागों में विभाजित जाता है- ऊष्ण कटिबन्धीय किस्म तथा भारतीय किस्म। पहली किस्म का गन्ना ज्यादातर उष्ण कटिबन्धीय देशों में रोपण कृषि के रूप में उत्पन्न होता है तथा यह एक व्यापारिक फसल है। भारतीय किस्म में रोग जल्दी नहीं लगते हैं परंतु उसमें कम रस ओर रेशा ज्यादा होता है। जलवायु की दृष्टि से भूमध्य रेखा के दोनों ओर 200 सें. समताप रेखा के मध्य का भू-भाग गन्ने की कृषि के लिए उपयुक्त है।

गन्ना का विश्व उत्पादन का प्रतिरूप

संसार में 1993 में गन्ने का कुल उत्पादन 10406 लाख टन तथा कुल क्षेत्रफल173 लाख हेक्टेयर था। औसत उत्पादन 60099 किग्रा. प्रति हेक्टेयर हुआ।

गन्ने के तहतभूमि और उत्पादन की दृष्टि से ब्राजील का स्थान प्रथम है। यहाँ सन 1993 में संसार का 24.2 प्रतिशत गन्ना उत्पन्न हुआ। गन्ना उत्पादन के मामले में विश्व में भारत का स्थान दूसरा है। मैक्सिको, पाकिस्तान, चीन, क्यूबा, थाइलैंड, आस्ट्रेलिया, इण्डोनेशिया, संयुक्त राज्य अमेरिका, कोलंबिया, फिलीपींस और अर्जेण्टाइना भी प्रमुख मुख्य गन्ना उत्पादक देशों में शामिल हैं। महाद्वीपों में एशिया का स्थान

विश्व में गन्ने के उत्पादन का विवरण (लाख टनों में)

क्षेत्र/देश	*1948-53*	*1960*	*1980*	*1993*	*% 1993*
विश्व	2663	4269 ÷	7307	10406	100.0
एशिया	......	1557	2569	4578	44.0
भारत	1041	999	1288	2308	22.2
चीन	44		317	684	6.6
पाकिस्तान	10	157	286	387	3.7
फिलीपींस	8	108	209	278	2.7
इंडोनेशिया	41		171	324	3.1
थाइलैंड	10	54	126	347	3.3
दक्षिणी अमेरिका	598	1004	2181	3273	31.5
ब्राजील	328	569	1484	2514	24.2
कोलम्बिया	96		260	305	2.9
अर्जेन्टाइना	76	96	172	170	1.6
उ. एवं म. अमेरिका	960	1238	1697	1565	15.0
क्यूबा	459	543	680	440	4.2
मैक्सिको	104	192	345	417	4.0
संयुक्त राज्य	132	153	256	277	2.7
ग्वाटेमाला	7	10	58	114	1.1
अफ्रीका	146	232	527	632	6.1
दक्षिणी अफ्रीका	48	78	140	112	1.1

मिस्र	22	41	88	118	1.1
औसीनिया	76	105	285	357	3.4
आस्ट्रेलिया	67	93	241	317	3.0

÷ चीन रहित

स्रोत-एम.ए.ओ, प्रोडक्शन इयरबुक, 1963, 1980 तथा 1993.

सर्वप्रथम हैं इसके बाद दक्षिणी अमेरिका तथा उत्तरी अमेरिका है। मुख्य गन्ना वर्णन देशों का उत्पादन तालिका में स्पष्ट है। तब पर भी इस तथ्य की ओर इंगित करना आवश्यक है कि अफ्रीका, दक्षिणी अमेरिका मध्य अमेरिका, तथा एशिया के तकरीबन सभी अयन अक्षांशीय तथा विषुवत रेखीय देशों में गन्ने की खेती होती है।

एशिया

दक्षिण एशिया ही गन्ने का मूलस्थान है तथा आज के समय में भी सभी महाद्वीपों में से एशिया महाद्वीप में सबसे अधिक गन्ना पैदा किया जाता है। सर्वप्रथम इसी क्षेत्र का है। यहाँ शक्कर का प्रधान स्रोत गन्ना ही है। एशियाई देश विश्व का एक-तिहाई से ज्यादा गन्ना उत्पन्न करते हैं।

भारत-गन्ना उत्पादन में हमारा देश संसार में दूसरे स्थान पर हो गया है। यहाँ सन 1993 में 3618 हजार हेक्टेयर भूमि पर गन्ने की खेती की गई तथा 2308 लाख टन गन्ना उत्पन्न हुआ। इतना ज्यादा गन्ना होते हुए भी गन्ने से शक्कर निर्माण में इसका क्यूबा और ब्राजील के बाद तृतीय स्थान है। इसका मुख्य कारण गुड़ और खांड़सारी का निर्माण है। उदाहरण के लिये सन 1991-92 में कुल उत्पादित 2493 लाख टन गन्ने से सिर्फ 1340 लाख टन ही शक्कर बनाने के लिये पेरा गया तथा बाकी 1153 लाख टन गन्ने का इस्तेमोल अन्य वस्तुएँ बनाने में किया गया। भारत में शक्कर और गन्ने का मूल्य सरकार द्वारा तय कियाू जाता है। इसलिए जब किसानों को मुनाफा होता है तभी गन्ने की खेती में प्रयुक्त भूमि की बढ़ोत्तरी होती है और उत्पादन भी कहीं ज्यादा होता है।

गन्ने की कई नवीन किस्में विकसित की गई हैं, किन्तु वैज्ञानिक कृषि न अपनाने और सिंचाई के साधनों की कमी की वजह से अन्य देशों के मुकाबले में भारत में प्रति हेक्टेयर उपज बहुत कम है। उदाहरण के तौर पर सन् 1993 में भारत का प्रति हेक्टेयर उत्पादन 63.8 टन था जबकि फिलीपींस में 106.8 टन तथा इण्डोनेशिया में 80 टन था। यही कारण है कि गन्ने के अन्तर्गत समुचित भूमि होते हुए भी हमारे देश का कुल उत्पादन अनेक देशों से निम्न है।

गौरतलब है कि हमारे देश में गन्ने के प्रधान क्षेत्र उष्ण कटिबन्ध से बाहर उपोष्ण कटिबन्ध में पड़ता है। तापमान की दृष्टि से दक्षिण भारत इसी कृषि के लिए उपयुक्त है तथा यहाँ गन्ने की उपज दर भी काफी ज्यादा है। उदाहरण के लिए महाराष्ट्र में औसत प्रति हेक्टेयर गन्ने की उपज 91.7 टन और तमिलनाडु में 99. 9 अन्य है किन्तु उत्तर प्रदेश में 45.3 टन तथा झारखंड में 32.5 टन हैं। उत्पादन भी दक्षिण में अधिक होता है फिर भी देश का आधा गन्ना सतलुज गंगा के मैदानों में पैदा किया जाता है। दक्षिण भारत में निम्न वर्षा प्रमुख समस्या है।

भारत में गन्ने का उत्पादन 1993-94
(उत्पादन हजार टनों में, उपज दर टनों में)

राज्य	प्रति	उत्पादन	राज्य	प्रति	उत्पादन
उत्तर प्रदेश	45.3	104839	पंजाब	65.9	4710
महाराष्ट्र	91.7	27892	झारखंड	32.5	4398
तमिलनाडु	99.9	27575	मध्य प्रदेश	29.4	1725
कर्नाटक	77.2	20884	राजस्थान	40.3	1020
आन्ध्र प्रदेश	72.6	13553	उड़ीसा	63.9	781
गुजरात	65.9	12232	प. बंगाल	57.6	595
हरियाणा	42.0	6420	भारत	56.1	227059

स्रोत-उपजदर हेतु 'द हिन्दू सर्वे ऑफ इण्डियन एग्रीकल्चर, 1992 पृ. 79 तथा उत्पादन हेतु एक्सप्रेस इन्वेटमेंट वीकली, 30 अक्टूबर से 5 नवम्बर, 1995.

यहां केरल का तटीय क्षेत्र इस दृष्टि से उपयुक्त है, किन्तु चावल की प्रधानता के कारण गन्ना कम उत्पन्न किया जाता है। कृष्णा-गोदावरी डेल्टा दूसरा उपयुक्त भाग है परंतु तूफानों से सुरक्षा के लिए यहां बाँस का प्रयोग जरूरी है जो काफी मँहगी व्यवस्था है। इस तरह धरातल एवं अन्य प्राकृतिक कारणों से दक्षिणी राज्यों में गन्ने की उत्पादन लागत काफी ज्यादा हो जाती है। गंगा एवं सतलुज नदियों का क्षेत्र गन्ना उत्पादन के दृष्टिकोण से सबसे विकसित क्षेत्र है। यहाँ मध्य गंगा के मैदान, पूर्वी उत्तर प्रदेश झारखंड से सिंचाई होती है। उल्लेखनीय धरातल और जल संसाधन की प्रचुरता के कारण दक्षिण भारत की तुलना में इस मैदान में सिंचाई आसान व सस्ती

होती है। पोटाशयुक्त तथा चूना दोमट मिट्टी में उर्वरक की भी ज्यादा जरूरत नहीं होती।

गन्ने के अन्तर्गत कुछ भूमि का आधे से अधिक उत्तर प्रदेश में है परंतु उत्पादन का सिर्फ 46.2 प्रतिशत ही इस राज्य में उत्पन्न होता है।

चीन-यहाँ गन्ने की कृषि के लिए उपयुक्त जलवायु सिर्फ दक्षिणी भाग में मिलती है। इसी वजह से इस भाग में क्वाटुंग प्रान्त के तटीय मैदानों पर ही इसकी कृषि होती है। रेड बेसिन में भी कुछ एक स्थानों पर गन्ने की कृषि होती है। सन् 1993 में यहाँ 1164 हजार हेक्टेयर से 684 लाख टन गन्ना उत्पन्न किया गया।

पाकिस्तान-पाकिस्तान के सिन्धु के मैदान में करीब 892 हजार हेक्टयर भूमि पर सन् 1993 में 38743 हजार टन गन्ना उत्पन्न किया गया। वर्षा की कमी सिंचाई के द्वारा पूरी की जाती है। पाकिस्तान की भौगोलिक स्थिति गन्ना उत्पादन के ख्याल से भारत की तरह ही है।

फिलीपींस-अमेरिकी बाजार की सुविधा के कारण वर्तमान शताब्दी की शुरुआत से फिलीपींस में गन्ने की व्यापारिक कृषि का विकास किया गया है। यहाँ कई बिखरे हुए भाग हैं जिनमें निग्रास द्वीप, पाने तथा सिम्बू द्वीप, ल्युजों का निचला मैदान, मनीला तथा लियान के बीच की खाड़ी उल्लेखनीय हैं। उपजाऊ मिट्टी, आदी शुष्क तथा जलवायु, समुद्री स्थिति, सस्ते श्रम और अमेरिकी बाजार के कारण यहाँ गन्ने की कृषि में तीव्र गति से बढ़ोतरी हुई। सन् 1993 में 27780 हजार टन गन्ना उत्पन्न किया गया।

इण्डोनेशिया-इस शताब्दी के तीसरे दशक तक इण्डोनेशिया में जावा भी क्यूबा के समान गन्ने की शक्कर का मुख्य भाग था, किन्तु यहाँ राजनैतिक एवं सामाजिक कारक क्यूबा से भिन्न रहे हैं। इसलिए यहां उत्पादन के चरित्र में बहुत परिवर्तन हुआ है। उत्पादन में काफी बदलाव हुआ है। जावा द्वीप सघनतम आजादी का क्षेत्र है, खाद्यान्नों की माँग ज्यादा रहती है। जिससे गन्ने की कृषि के लिए काफी कम भूमि मिल पाती है। डच शासन काल में भूमि स्वामित्व सिर्फ 18 महीने के लिए होता था, जिस कारण रैटून फसल नहीं मिल पाती थी। फिर भी उपयुक्त जलवायु, उपजाऊ लावा निर्मित मिट्टी और सस्ती मजदूरी की सुविधा थी। इसलिए वैज्ञानिकों की सहायता से इसकी कृषि विकसित की गई। दूसरे विश्वयुद्ध के दौरान गन्ने की कृषि को काफी नुकसान हुआ। अब पुनः इसका विकास हो रहा है। सन् 1993 मे 405 हजार हेक्टेयर पर गन्ने की खेती द्वारा 32400 हजार टन गन्ना उत्पन्न हुआ। यहाँ का शक्कर अन्तर्राष्ट्रीय बाजार में भारत से काफी सस्ती होती है।

अन्य एशियाई देश-इनमें थाइलैंड (1993-34710 हजार टन), बंगलादेश (7507 हजार टन), जापान (1847 हजार टन), वियतनाम (6656 हजार टन), और म्यांमार (341 टन) उल्लेखनीय हैं।

दक्षिण अमेरिका

इस महाद्वीप में संसार का 31.5 प्रतिशत गन्ना उत्पन्न किया जाता है। सभी उष्ण कटिबन्धीय क्षेत्रों में इसकी रोपण कृषि की जाती है। इनमें अग्रलिखित उल्लेखनीय हैं :

ब्राजील—इस देश के उत्तरपूर्वी तटीय मैदानों पर गन्ने की कृषि 16वीं शताब्दी में पुर्तगालियों द्वारा शुरू की गई थी। अब तो ब्राजील के हर राज्य में कुछ न कुछ गन्ना उत्पन्न किया जाता है किन्तु मध्यपूर्व का साधारण ढाल का पठार इसका मुख्य भाग है। बाहिया, सरजाइपे, पराहीवा, परम्बुको, अलागायास, सवाना का पठार-मिनास गेरास तथा रियो डि जेनेरियो का क्षेत्र मुख्य उत्पादक है। इन क्षेत्रों पर शुष्क तथा आर्द्र ऋतुएँ, उपजाऊ मिट्टियाँ, यातायात की उचित व्यवस्था तथा बाजार की उपलब्धता के कारण ही गन्ने की कृषि का इतना विकास हुआ। सन् 1993 में कुल 3934 हजार हेक्टेयर भूमि पर गन्ने की खेती हुई और कुल 251408 हजार टन गन्ना पैदा हुआ। इस ख्याल से संसार में सबसे ज्यादा गन्ना का उत्पादन ब्राजील में होता है। यह संसार के कुल उत्पादन का लगभग 24.2 प्रतिशत है। शक्कर उत्पादन में भी यह देश सर्वप्रथम है।

कोलम्बिया-दक्षिणी अमेरिका का दूसरा बड़ा उत्पादक देश कोलम्बिया है। यहाँ सन् 1993 में 325 हजार हेक्टेयर भूमि से 30500 हजार टन गन्ना हुआ। प्रमुख उत्पादक क्षेत्र बोगोटा के पूर्व का पठारी क्षेत्र तथा तटीय मैदान हैं।

अर्जेन्टाइना—एंडीज के पूर्व उत्तरी भाग में स्थित टकमान, जुजय तथा साल्टा में गन्ने की कृषि होती है। यह कृषि पूर्णतः सिंचाई पर आश्रित है क्योंकि यह जलवायु की दृष्टि से सीमांतक भाग है। फिर भी गन्ना उत्पादन में वृद्धि हो रही है। सन् 1993 में उत्पादन 17000 हजार टन रहा है।

इक्वेडोर (6900 हजार टन) तथा पेरू (5000 हजार टन) के तटीय मैदानों, वेनेजुएला (69 हजार टन) की ओरिनीको घाटी तथा गुया (305 हजार टन) में गन्ने की कृषि उल्लेखनीय है।

उत्तरी तथा मध्य अमेरिका

संसार में गन्ने के अन्तर्गत कुल भूमि का 16.1 प्रतिशत यहाँ है जिससे कुल

उत्पादन का तकरीबन एक 15.0 प्रतिशत गन्ना उत्पन्न किया जाता है। यहाँ क्यूबा, संयुक्त राज्य तथा मैक्सिको उल्लेखनीय हैं।

क्यूबा-वर्तमान में क्यूबा गन्ने की शक्कर का सबसे मुख्य उत्पादक है, किन्तु गन्ने के उत्पादन में उसका ब्राजील, भारत और चीन के बाद चौथा स्थान है। यहाँ की अर्थव्यवस्था ही गन्ने की कृषि पर आधारित है तथा निर्यात की प्रधान वस्तु है। उष्ण कटिबन्ध में स्थित इस द्वीप में गन्ने की कृषि के लिए विभिन्न सुविधाएं हैं। कम आबादी होने से खाद्यान्नों के अलावा लगभग आधी कृषि योग्य भूमि गन्ने की कृषि के लिए उपलब्ध है। हल्के उच्चावच के भाग तथा समतल घाटियों में इसकी कृषि केंद्रित है। ऐसे क्षेत्र हवाना के पश्चिम से दक्षिण पूर्व में सियरा मेस्ट्रा के उत्तरी ढाल तक विस्तारित हैं। चूने के चट्टानों के द्वारा बनी इसी मिट्टी पर घास के मैदान फैले थे। जिससे न सिर्फ इनको गन्ने के अन्तर्गत लाना सरल था, बल्कि ये उपजाऊ भी हैं। ऐसी भूमि पर मशीनों का उपयोग तथा यातायात के साधन बनाना आसान एवं कम खर्चीला होता है।

वार्षिक वर्षा 10 से 175 से.मी. तक होती है जिसकी मुख्य अवधि अप्रैल से दिसम्बर है। इन महीनों में गन्ने का पौधा तेजी से बढ़ता है। दिसम्बर के पश्चात् शीत ऋतु शुष्क होती है जिससे गन्ने के शक्कर की मात्रा 9 प्रतिशत से बढ़कर 15 प्रतिशत हो जाती है। यही शक्कर निर्माण का उचित समय है। प्राकृतिक सुविधाओं की वजह से क्यूबा में एक बार बोकर चार से आठ रैटून फसलें उत्पन्न की जाती हैं। साथ ही वर्ष में तीन बार गन्ना बोया जाता है जिससे कारखानों को हर समय इसकी पूर्ति हो सके। पहली फसल फरवरी-मार्च में बोई जाती हैं उसके बाद दूसरी बुवाई अप्रैल-मई में करके दस माह पश्चात् और तीसरी बुवाई सितम्बर में करके 18 माह बाद काटते हैं। यह उल्लेखनीय है कि यहाँ गन्ने की प्रति हेक्टेयर उपज दर 38.2 टन अन्य मुख्य उत्पादकों से काफी निम्न है।

मैक्सिको-मैक्सिकों भी गन्ना उत्पादन के क्षेत्र में एक उल्लेखनीय देश है। इस मामले में विश्व में इसका स्थान पाँचवा है। शक्कर से निर्मित चीनी के उत्पादन के क्षेत्र में भी विश्व में मैक्सिको का स्थान नौंवा है। सन 1993 में 41652 हजार टन गन्ना उत्पन्न किया गया। इसकी कृषि तटीय मैदानों पर टैम्पिको से टेहुआ टैपेक तक होती है। मिट्टी उपजाऊ तथा उन्नत जाति का गन्ना होने के कारण उपज दर काफी ज्यादा है। गन्ने की कृषि छोटे तथा बड़े दोनों तरह के फार्मों पर की जाती है।

संयुक्त राज्य-शक्कर उत्पादन में तीसरा स्थान होते हुए भी गन्ना उत्पादकों में यह देश आठवें स्थान पर है। यह उन देशों में है जहाँ चुकन्दर से भी शक्कर तैयार

की जाती है। सन 1993 में 27692 हजार टन गन्ना उत्पन्न हुआ। यथार्थ में 1960 में क्यूबा से शक्कर की पूर्ति स्थगित हो जाने पर स्वदेशी उत्पादन पर अधिक जोर दिया जा रहा है। संयुक्त राज्य के गन्ने के भाग दो भागों में स्थित हैं।

लुइसियाना तथा लोरिडा क्षेत्र-मिसीसिपी डेल्टा क्षेत्र के प्राकृतिक तटबंधों पर गन्ने की कृषि सन 1751 से हो रही है। उष्ण कटिबन्ध से बाहर स्थित होने के कारण यहां उत्पादन काल सिर्फ 10 महीने का होता है। अपवाह तथा सिंचाई की व्यवस्था और मशीनीकरण के कारण उत्पादन लागत ज्यादा होती है।

हवाई द्वीप-संयुक्त राज्य का दो-तिहाई गन्ना इन्हीं द्वीपों में उत्पन्न होता है। हकीकत में गन्ना और अनन्नास यहां की दो मूल फसलें हैं। यहां की कृषि भूमि के तीन-चौथाई हिस्सा पर गन्ना उत्पन्न किया जाता है। अधिकतर वर्षा न्यून तापमान काल में होती है। इसलिए अन्य ऋतुओं में सिंचाई जरूरी है। करीब दो-तिहाई गन्ना सिंचित होता है। यहाँ पांच से छः रैटून फसलें उत्पादित की जाती हैं। श्रम की कमी की वजह से कृषि-कार्य मशीनों से किया जाता है। वैज्ञानिक विधि, सिंचाई की सुविधा और उर्वरकों के ज्यादा इस्तेमाल के कारण यहाँ उपज दर अधिक है। यहां अधिकतर अपरिष्कृत शक्कर तैयार की जाती है जिसको कैलीफोर्निया के तटीय क्षेत्रों में परिष्कृत किया जाता है।

अन्य देश-क्यूबा के अतिरिक्त भी मध्य अमेरिका के हर देश तथा पश्चिम द्वीपों में गन्ना की कृषि उल्लेखनीय है। इसका मुख्य कारण जलवायु और बाजार की उपलब्ध है। इनमें डोमीनिकन रिपब्लिक, ग्वाटेमाला, जमैका, हैती, कोस्टारिक, होंडुरास, अलसल्वाडोर, निकारागुआ इत्यादि प्रमुख है।

अफ्रीका

इस महाद्वीप का एक बड़ा क्षेत्र अयन अक्षांशों में होने की वजह से इस पेटी के सभी देशों में गन्ने का उत्पादन होता है। सन 1993 में इस महाद्वीप में कुल 632 लाख टन गन्ना उत्पन्न हुआ जो संसार के कुल उत्पादन का 6.1 प्रतिशत है। यहाँ मुख्य उत्पादक देश मॉरिशस, मिस्र, दक्षिण अफ्रीका, सूडान, स्वाजीलैंड, कीनिया और मलावी हैं। मिस्र में सिंचाई की उपलब्धता के कारण प्रति हेक्टेयर उपज सन 1993 में 103 टन है जो असाधारण है।

चुकन्दर

शक्कर के बाद चीनी बनाने की एकमात्र स्रोत चुकन्दर है। गन्ने के अलग

यह मुख्यतः शीतोष्ण कटिबन्ध का पौधा है। शुरू में इसका मुख्य इस्तेमाल पशुओं को खिलाने में किया जाता था। 18वीं सदी में ही इससे शक्कर निर्मित करने की विधि का आविष्कार हुआ। उस समय मिलान और बर्लिन में समझौता हुआ जिसके परिणामस्वरूप ब्रिटिश शासित क्षेत्रें से यूरोपीय देशों को शक्कर की आपूर्ति रुक गयी जिससे गन्ने के स्थानापन्न की खोज शुरू की गयी। मारग्राफ नामक रसायनशास्त्री ने सन् 1747 में चुकन्दर से शक्कर निकालने की विधि खोज ली किन्तु व्यापारिक स्तर की विधि उस शताब्दी के अन्त तक ज्ञात हो सकी। यूरोप में इस उद्योग को इतना प्रोत्साहन दिया गया कि सन् 1850 तक चुकन्दर की शक्कर कुल शक्कर की 14 प्रतिशत हो गयी। यह सन् 1900 में कुल शक्कर की दो तिहाई तक हो गई। अब साधारणतः: यह 40 प्रतिशत तक होती है।

जैसा गन्ने के सन्दर्भ में लिखा जा चुका है कि चुकन्दर से शक्कर उत्पन्न करने की लागत गन्ने की तुलना में ज्यादा होती है। इसी कारण चुकन्दर की कृषि के लिए विभिन्न तरह से सरकारी संरक्षण जरूरी होते हैं।

यह मुख्यतया यूरोप में शीतोष्ण कटिबन्ध का पौधा है तथा वर्तमान में इसकी कृषि उत्तरी गोलार्द्ध के शीतोष्ण कटिबन्ध में केन्द्रित है। भौतिक दिशाओं की अनुकूलता के साथ ही आर्थिक और राजनैतिक दिशाओं का भी चुकन्दर की कृषि पर गहरा प्रभाव पड़ता है।

इसकी सफल कृषि के लिए लगभग 5 महीने के उत्पादन काल की जरूरत होती है। यह अवधि आर्द्र तथा सामान्य तापमान की होनी चाहिए। ग्रीष्मकाल में औसत तापमान 210 से.ग्रे. (620 फे.) से नीचे नहीं होना चाहिए। इसके मध्य वर्षा की आवश्यकता होती है। नमी की अधिकतम जरूरत उत्पादन काल के बीच में पौधे के वास्तविक विकास के समय में होती है। फसल के पकते समय नमी की जरूरत नहीं रहती। साधारणतः 70 से 100 सें.मी. तक वर्षा अपेक्षित होती है। मिट्टी की विशेषताएँ चुकन्दर की कृषि में विशेष महत्व की हैं। इसीलिए जलवायु की दृष्टि से अनुकूल सभी भागों में इसकी खेती नहीं होती। मिट्टी गहरी, वायुयुक्त तथा पत्थर रहित होनी चाहिए। चुकन्दर मिट्टी के पोषक तत्वों का तुलनात्मक रूप से ज्यादा शोषण करता है। इसलिए प्राकृतिक उपजाऊपन के साथ ही ज्यादा उर्वरक देने की जरूरत होती है। उर्वरकों का ज्यादा उपयोग तथा अन्य फसलों के साथ शस्य आवर्तन के कारण चुकन्दर उत्पादक क्षेत्रों में पशुपालन भी महत्वपूर्ण है, जिससे मिट्टी की उर्वरा शक्ति कायम रखने में आसानी होती है।

आर्थिक तथा मानवीय कारक- विश्व में अभी भी चुकन्दर की खेती मानव-श्रम पर निर्भर करती है। इसमें मशीनों का उपयोग नहीं के बराबर होता है।

विशेपकर बीज बोने, पौधा उगने पर सबसे उत्तम पौधे का चयन तथा अन्य को निकालने, निराई तथा जड़ों को खोदने इत्यादि काम कुशल श्रमिकों द्वारा किया जाता है। अतएव सस्ता श्रम अति आविश्यक हो जाता है। मिट्टी से अलग करने पर इसे देर तक रोक रखने पर शक्कर की उपलब्धि कम होती जाती है। इसलिए द्रुत तथा सस्ते यातायात की जरूरत होती है। इसके ढोने का काम ट्रक के द्वारा किया जाता है। जैसा उल्लेख किया गया है कि चुकन्दर से शक्कर निर्मित करने की लागत व्यय गन्ने की शक्कर के मुकाबले में ज्यादा होती है। इस कारण इसकी कृषि को विभिन्न रूपों में सरकारी संरक्षण दिया जाता है जैसे– चुकन्दर की चीनी को ऊँचा मूल्य-स्थैर्य, उत्पादन के लिए आर्थिक अनुदान, उपभाग में वरीयता तथा गन्ने की शक्कर पर ऊँचा आयात कर इत्यादि शामिल हैं।

विश्व उत्पादन

विश्व में सबसे ज्यादा चुकन्दर आज के समय में यूरोपीय महाद्वीप में पैदा किया जाता है। विश्व को 52 प्रतिशत हिस्सा यहीं से प्राप्त होता है। यहाँ तकरीबन सभी देशों में इसकी कृषि होती है परन्तु यूक्रेन (12 प्रतिशत), जर्मनी (10.2 प्रतिशत), फ्रांस (विश्व का 11.3 प्रतिशत), रूस गणतंत्र (9.1 प्रतिशत), पोलैंड (5. 6 प्रतिशत), इटली (4.2 प्रतिशत), यू.के. (3.2 प्रतिशत), स्पेन (3.1 प्रतिशत), नीदरलैंड और बेल्जियम प्रमुख उत्पादक हैं। यूरोप से बाहर संयुक्त राज्य संसार का (8.5 प्रतिशत) बड़ा चुकन्दर उत्पादक देश है। एशिया में टर्की (5.5 प्रतिशत), चीन (4.3 प्रतिशत), ईरान और जापान में ही इसकी कृषि मुख्य है। चुकन्दर उत्पादन की प्रवृत्ति तालिका से स्पष्ट है।

यूरोप-यूरोप में संसार का आधे से ज्यादा चुकन्दर उत्पन्न किया जाता है। यहाँ यह मिश्रित कृषि की एक मुख्य फसल है। इसका मुख्य उत्पादक क्षेत्र पूर्वी इंग्लैण्ड के मैदान से लेकर मुख्य यूरोप के मैदान से होते हुए मध्य यूरोपीय रूस तक विस्तरित है। चुकन्दर इसी क्षेत्र की मूल जड़ फसल है तथा इसकी कृषि के लिए सभी भौगोलिक सुविधाएँ-जलवायु, धरातल, मिट्टी, यहाँ तक कि राजनैतिक-आर्थिक सुविधाएँ उपलब्ध हैं। इनमें चार बातें- गन्ने के भागों से दूर होना, पिछले दो दशकों का अनुभव तथा विकास की सुविधा, कम से कम लागत तथा चुकन्दर की प्रतियोगी व्यापारिक फसल का न होना, यूरोप में इसकी कृषि केन्द्रित करने में मददगार है। इन देशों में शक्कर के स्रोत के अलावा इससे पशुओं को चारा मिलता है। इटली और स्पेन में भी इसकी कृषि प्रमुख है।

यूक्रेन-यह संसार का सर्वाधिक चुकन्दर उत्पादक देश है। यहाँ के समतल मैदान में उचित दोमट मिट्टी के साथ ही जलवायु की दिशायें भी उपयुक्त हैं। प्रचुर श्रम, समुचित शक्ति तथा सस्ते एवं द्रुत परिवहन के साधनों की उपलब्धता तथा बाजार की पहुँच भी इस उद्योग के विस्तार में सहायक साबित हुआ है। इस नवोदित राष्ट्र का सन 1993 का चुकन्दर का उत्पादन 337 लाख टन है।

विश्व में चुकन्दर के उत्पादन का विवरण (लाख टनों में)

क्षेत्र/देश	*1948-53*	*1960-61*	*1972*	*1980*	*1993*	*1993 %*
विश्व	1851		2443	2687	2817	100
एशिया	19	64	196	224	386	13.7
चीन	3.4		60	63	121	4.3
टर्की	9.7	43.9	59	88	155	5.5
जापान	1.7	10.7		34	34	1.2
ईरान	3.5	5.9	39	30	58	2.0
यूरोप	554	1009	1180	1413	1461	51.0
यूक्रेन					337	12.0
फ्रांस	82	179.9	193	263	317	11.3
जर्मनी	112.9	195.7	219	263	286	10.2
रूस गणतंत्र					255	9.1
पोलैण्ड	56.7	102.6	143	104	158	5.6
इटली	45.9	75.5	112	135	119	4.2
चेकोस्लोवाकिया	44.6	13.5	39	73	अनु.	
स्पेन	21.8	35.7	52	69	87	3.1
ग्रेट ब्रिटेन	45.3	73.2	62	77	90	3.2
रोमानिया	8.9	34.0	56	56	18	0.6
नीदरलैण्ड	26.0	46.8	50	62	75	2.7

बेल्जियम	21.4	30.9	47	67	58	2.1
उ. एवं म. अमेरिका	106	159	268	220	250	8.9
सं. राज्य	97.6	149	258	211	239	8.5

फ्रांस-यूरोप में फ्रांस दूसरा धरातल बड़ा उत्पादक सबसे है। यहां सन 1993 में 4.4 लाख हेक्टेयर धरातल से चुकन्दर पैदा किया गया। इसका उत्पादन 317 लाख टन था। उत्पादन के मुख्य क्षेत्र उत्तर में बेल्जियम सीमा पर स्थित फैलंडर्स प्रदेश और पेरिस बेसिन है। यहां की उपज दर 71634 किग्रा प्रति हेक्टेयर है जो संसार में सबसे ज्यादा है।

जर्मनी-तीसरा प्रमुख देश है। उत्तर के दलदली और पठारी क्षेत्रों को छोड़कर हर जगह इसकी खेती की जाती है। फिर भी निचली सैक्सोनी और वेस्टफेलिया जिला मुख्य हैं। उत्तरी मैदान इसका उल्लेखनीय क्षेत्र है। यहाँ यह 5.3 लाख हेक्टेयर पर उत्पन्न किया जाता है। सन 1993 में चुकन्दर का उत्पादन 286 लाख टन था। यहाँ उपज दर 54023 किग्रा प्रति हेक्टेयर थी। पोटाश की खदानों, पशुपालन से प्राप्त खाद, समतल भूमि तथा समुचित श्रम यहां के उत्पादन में महत्वपूर्ण योगदान दिया है।

इटली-यहाँ निचले पो बेसिन में चुकन्दर की खेती मुख्य है। थोड़ा सा चुकन्दर दक्षिण में भी उत्पन्न किया जाता है यहाँ सन 1993 में 118.6 लाख टन चुकन्दर उत्पन्न हुआ।

पोलैण्ड-पोलैण्ड में 4.0 लाख हेक्टेयर भूमि पर चुकन्दर की खेती की गई और उत्पादन (1993) 158 लाख टन है। पोजनान प्रांत मुख्य क्षेत्र है। यहाँ जर्मनी की की तुलना में उपज दर कम, लगभग 39158 किग्रा प्रति हेक्टेयर है।

चेकोस्लोवाकिया-यहाँ पर ऊपरी एल्ब बेसिन तथा मोरेविया बेसिन में तथा अन्य पूर्वी यूरोपीय देशों के डेन्यूब बेसिन में बहुत चुकन्दर पैदा किया जाता है।

नीदरलैण्ड-यहाँ पर नवीन क्ले मिट्टी वाले जीलेण्ड, जुइद हालैण्ड प्रांत में इसकी खेती मुख्य है। यहाँ भी सघन कृषि के कारण उपज दर 63923 किग्रा प्रति हेक्टेयर है।

ब्रिटेन-यहाँ का केन्द्र दक्षिणी पूर्व में नारफॉक और सफॉक है।

बेल्जियम-बेल्जियम में लोएस मिट्टी क्षेत्र पर यह उत्पन्न किया जाता है। स्पेन में एब्री तथा उसकी मददगार जालोन की घटियों में चुकन्दर का उत्पादन होता है।

रूस फेडरल रिपब्लिक एवं लाटविया, अल्बानिया, मोल्डाविया-पूर्व के रूसी राज्य के इन सभी देशों में चुकन्दर की खेती मुख्य है। यहाँ क्रमशः (1993) 1300,

1519, 12, 13, 83 हजार हेक्टेयर भूमि में चुकन्दर की खेती की गई। इसमें यूक्रेन सबसे प्रमुख उत्पादक देश है। मध्य एशिया के देशों कजाकिस्तान, किर्गिखिस्तान तथा ट्रांग कॉकेरिचा के देशों में भी चुकंदर की कृषि कर शक्कर निर्मित की जाती है। पिछले दशकों में पंचवर्षीय योजनाओं के द्वारा चुकंदर की खेती का विकास किया गया एवं उत्पादन दर में भी वृद्धि गई। सोवियत रूस के ये देश चुकन्दर से शक्कर निर्मित करने के महत्वपूर्ण क्षेत्र हैं।

संयुक्त राज्य-यद्यपि संयुक्त राज्य अमेरिका में गन्ना और चुकन्दर दोनों से शक्कर निर्मित की जाती है, परंतु चुकन्दर मुख्य स्रोत है। इससे शक्कर बनाना उन्नीसवीं शताब्दी में शुरू हुआ। सन 1896 में सिर्फ 7 कारखाने थे जो वर्तमान में बढ़कर 90 से ज्यादा हो गये हैं। दरअसल प्रथम विश्वयुद्ध तक अमेरिका बीज के लिए यूरोप पर आश्रित था परंतु बाद में अमेरिका में रोगसह किस्म के मध्य तैयार किये गये जिससे उत्पादन में बहुत बढ़ोत्तरी हुई। साथ ही मानवीय श्रम के स्थान पर मशीनों का उपयोग किया गया। सन् 1993 में 512 हजार हेक्टेयर से कुल 239 लाख टन चुकन्दर उत्पन्न किया गया। संयुक्त राज्य में यह सिंचाई की मदद से पश्चिमी शुष्क और अर्द्ध शुष्क भागों में उत्पन्न किया जाता है। चुकन्दर उत्पादक तीन क्षेत्र-उत्तर पश्चिमी ओहिओ तथा दक्षिणी मिशीगन, मध्य मिशीगन तथा मिनेसोटा और उत्तरी डकोटा के रेड नदी के बेसिन मुख्य हैं। इनके अलावा कैलीफोर्निया की मध्य घाटी और वाशिंगटन में भी बहुत चुकन्दर पैदा किया जाता है।

खनिज पदार्थ

वर्तमान निर्माण उद्योग में कारखानों के द्वारा जीवों, वानस्पतिक जगत और खनिज जगत से प्राप्त कच्चे मालों को मानवोपयोगी वस्तुओं में रूपांतरित किया जाता है। इनमें खनिजों का आधारभूत महत्व है। यह निर्माण किसी न किसी मशीन से किया जाता है। ये मशीनें ऊर्जा से चलती हैं और ऊर्जा के प्रमुख स्रोत कोयला, पेट्रोलियम, गैसें आदि खनिज-ईंधन और प्रवाहित जल हैं। इसलिए खनिज ईंधन के बगैर बड़े उद्योगों का संचालन नामुमकिन है। इतना ही नहीं जो मशीनें शक्ति पैदा करती हैं और अनेक कच्चे मालों को उत्पादों में रूपांतरित करती हैं, सभी खनिजों से प्राप्त धातुओं की बनी होती हैं। खनिजों के बिना किसी भी आर्थिक क्रिया-निर्माण उद्योग, परिवहन एवं संचार, खनिजोत्खनन, कृषि आदि में शक्ति-चालित मशीनों का अस्तित्व नहीं हो सकता। यह कहना अतिशयोक्ति न होगी कि बिना शक्तिचालित

मशीनों के आधुनिक निर्माण उद्योग संभव नहीं है। इसलिए ईंधन तथा अन्य खनिज आधुनिक निर्माण-उद्योग के स्तंभ हैं।

खनिजों की महत्वपूर्ण भूमिका का इसी से अनुमान लगाया जा सकता है कि औद्योगिक क्रांति के साथ ही पृथ्वी में निहित खनिजों का अत्यधिक मात्रा में उत्पादन शुरू किया गया जितना इतिहास में कभी नहीं किया गया था। वर्तमान शताब्दी में जितना अधिक खनिजों का उपयोग किया गया है उतना इसके पहले के ऐतिहासिक काल में नहीं हुआ है। इस प्रकार खनिजोत्खनन में वृद्धि औद्योगिक विकास के साथ होती रही है। चूंकि खनिजों का उपयोग निर्माण उद्योग और परिवहन में होता है, फलस्वरूप इन आर्थिक क्रियाओं की अवनति तथा समृद्धि का असर भी खनिजोत्खनन पर पड़ता है।

आधुनिक युग में खनिजों की मांग में विश्व स्तरीय वृद्धि हुई है। इसलिए इसका उत्पादन भी बढ़ा है। इस कार्य में बड़े-बड़े कारपोरेशन्स लगे हुए हैं। जिनका सीधा संबंध बड़े निर्माण उद्योगों तथा अन्य खनिजों के उपभोक्ता उद्योगों से है। ये कारपोरेशन्स भारी तथा मंहगी मशीनों का उपयोग करते हैं, जिनको सरलता से स्थानान्तरित नहीं किया जा सकता है। परिणामस्वरूप ये कारपोरेशन्स उन क्षेत्रों में खनिजोत्खनन करते हैं जहां खनिजों का वृहत भंडार होता है। इस तरह श्रम के स्थानापन्न के रूप में पूंजी का अत्यधिक उपयोग बढ़ता जा रहा है। एक नई प्रवृत्ति यह भी दिखाई देती है कि खनिजों का परिशोधन करके उनका भार और आयतन घटाने वाले उद्योग उत्पादन क्षेत्र में ही स्थापित होने लगे हैं। इनसे प्राप्त अर्ध-निर्मित माल पर आधारित उद्योग बाजार के के आसपास केन्द्रित हो रहे हैं। यह उल्लेखनीय है कि अनेक निर्माण उद्योग खनिजों के उत्पादन क्षेत्र में ही विकसित हुए हैं, परंतु यह सर्वसत्य नहीं है। विकसित देशों के दूसरे उपयुक्त कारकों की कमी के कारण ज्यादातर खनिज निर्यात करने पड़ते हैं।

खनिज सम्पदा और औद्योगिक विकास के विषय में दो बातें प्रमुख हैं। इनमें अनेक विकासशील देश हैं जहां औद्योगिक विकास नहीं हो पाया है। फलस्वरूप यहां से इन खनिजों का निर्यात ही मुख्य है। मिसाल के तौरपर चार देश- चिली, जाम्बिया, पेरू और जायरे विश्व का ज्यादातर तांबा निर्यात करते हैं। लगभग तीन-चौथाई टिन मलेशिया, थाइलैंड और बोलीविया से निर्यात किया जाता है। इसी प्रकार का प्रतिरूप अन्य खनिजों का भी है, जो इस अध्याय के अगले वर्णन से स्पष्ट है। दूसरे, हर तरह के खनिजों का इस्तेमाल तेजी से बढ़ रहा है और पश्चिमी यूरोप और उत्तरी अमेरिका के देशो में जहां औद्योगीकरण शुरू हुआ था कई आधारभूत खनिजों का भंडार

समाप्तप्राय है अथवा आवश्यकता इतनी ज्यादा हो गयी है कि उसकी स्थानीय पूर्ति नहीं हो पाती है। इसीलिए इन देशों को इन खनिजों की पूर्ति के लिए विकासशील देशों के निर्यात पर निर्भर रहना पड़ता है। उदाहरण के लिए यूरोपीय देशों की फास्फेट, तांबा, निकेल, टिन, अयस्क मैंगनीज और क्रोम की पूरी मांग आयात द्वारा पूरी होती है। यहां तक कि सन 1970 में ही सयुक्त राज्य की बाक्साइट, एलूमीनियम, निकेल, मैंगनीज. जिंक, टिन, और क्रोमियम की आधी से अधिक मांग आयात से पूरी होती थी। सन 1985 तक लौह सीसा, अयस्क और टंगस्टन की भी इस सूची में जुड़ जाने की संभावना है। अतः इसे कुल 13 आधारभूत खनिजों में से 9 का आयात करना पड़ता है। यह आयात मुख्य विकासशील देशों से प्राप्त होता है।

खनिजों के प्रकार

अब तक ज्ञात खनिजों की संख्या 1600 से ज्यादा है, जिसमें से करीब दो सौ का व्यापारिक उत्पादन औद्योगिक नजरिये से किया जाता है। इनमें से करीब एक-तिहाई खनिज निर्माण उद्योगों के लिए बहुत ही जरूरी हैं। इन खनिजों को दो समूहों में निम्नानुसार बांटा जा सकता है—

(क) धात्विक खनिज

1. अलौह धातुएँ- बाक्साइट, तांबा, सीसा, टिन, जस्ता आदि।
2. बहुमूल्य धातुएँ- सोना, चांदी तथा प्लेटिनम समूह के खनिज।
3. लौहयुक्त खनिज - लौह अयस्क।
4. परमाणु खनिज- यूरेनियम, थोरियम।
5. लौह मिश्र धातुएँ- मैंगनीज, क्रोमियम, कोबाल्ट, मालिब्डेनम, निकेल, टंग्स्टन. वेनेडियम, फेरोफास्फोरस आदि।

(ख) अधात्विक खनिज

1. भूद्रव्य- जिप्सम, नमक, गंधक, अभ्रक, टाल्क, मृतिका, रेत, विभिन्न प्रकार के पत्थर, चूना-पत्थर आदि। इनमें से प्रमुख औद्योगिक खनिजों के उत्पादन एवं वितरण का विश्लेषण आगे किया जा रहा है।
2. रत्न या मणि- हीरा, पन्ना, लाल, मरकत, ओपल, एक्वामेरीन, एमेथिस्ट आदि।

3. खनिज उर्वरक- नाइट्रेट, फास्फेट तथा पोटाश।
4. खनिज ईंधन- पेट्रोलियम, कोयला तथा प्राकृतिक गैस।

लौह अयस्क-लौह धातुएँ

लौह अयस्क से कच्चा लौह तथा अनेक प्रकार का इस्पात निर्मित किया जाता है। वास्तव में लौह आधुनिक सभ्यता का आधार हैं। हर तरह के संचार एवं यातायात के उपकरण, हर तरह की मशीनें, बड़े भवनों की आंतरिक संरचना आदि लोहे के ही बने होते हैं। यह प्रमाणित तथ्य है कि लोहे के बगैर आधुनिक विकास नामुमकिन था। इसी वजह से कच्चे लोहे का उत्पादन दूसरी सभी धातुओं के योग से भी ज्यादा होता है। यह सबसे सस्ता भी होता है। इसमें दूसरी धातुएँ मिलाकर इसकी कड़ेपन तथा मजबूती को घटाया-बढ़ाया जा सकता है। इसको अनेक रूपों में दूसरी धातुओं की तुलना में सरलता से बदला जा सकता है।

लौह अयस्क शुद्धरूप में नहीं मिलता है। भौगर्भिक प्रक्रियाओं से कुछ चट्टानों में लौह इकट्ठा हो जाता है, इसे ही लौह अयस्क कहते हैं। इस चट्टान में लोहे के अतिरिक्त अन्य खनिज भी होते हैं, जैसे कि फास्फोरस, गंधक, एल्युमिना, चूना, सिलिका, मैगनीशियम, टिटेनियम आदि। इनमें चूना को छोड़कर अन्य अपद्रव्य समझे जाते हैं, जिन्हें दूर करने की विधियां विकसित कर ली गई हैं। चूना गालक पदार्थ की वजह से अच्छा समझा जाता है, लेकिन फास्फोरस लोहे को कमजोर बनाता है। इसलिए इसकी उपस्थिति अवांछनीय समझी जाती है।

लौह अयस्क के चार प्रमुख प्रकार मेग्नेटाइट, हेमाटाइट, लाइमोनाइट तथा सिडेराइट हैं। इनमें धातु की अधिकता मेग्नेटाइट में होती है, लेकिन औद्योगिक महत्व हेमाटाइट का ज्यादा है। क्योंकि इसके बड़े भण्डार हैं तथा इनका उत्खनन एवं गलाना अपेक्षाकृत आसान होता है। सिडेराइट तथा लाइमोनाइट में लौह धातु की मात्रा कम, क्रमशः 50 तथा 48 प्रतिशत होती है। साथ ही अपद्रव्यों की मात्रा ज्यादा होती है। इस वजह से उन्हें अच्छे किस्म का अयस्क नहीं समझा जाता।

लौह का संचित भण्डार-लौह दूसरे खनिजों की अपेक्षा पृथ्वी की परपटी में ज्यादा मात्रा में पाया जाता है। इसलिए इसके भण्डार का अनुमान लगाना मुश्किल है। उपलब्ध अनुमानों के मुताबिक सन 1990 में विश्व में लौह अयस्क का भंडार 210 अरब टन है। इस भंडार का एक-चौथाई भूतपूर्व सोवियत रूस के गणराज्यों में संचित है। रूस के उपरांतकनाडा, आस्ट्रेलिया, ब्राजील और संयुक्त राज्य अमेरिका का स्थान है। अन्य लौह अयस्क सम्पन्न राष्ट्रों में भारत, दक्षिण अमेरिका, स्वीडन, बोलीविया, चीन, फ्रांस आदि राष्ट्र हैं।

विश्व में लौह अयस्क उत्पादन का विवरण (लाख टनों में)

क्षेत्र/देश	*1976*	*1980*	*1990*	*% 1990*
विश्व	8851.0	8736.3	5898	100.0
ब्राजील	940.8	1060.0	1032	17.5
पूर्व सोवियत रूस	2411.0	2450.0	1336	22.7
आस्ट्रेलिया	932.5	955.4	832	14.1
संयुक्त राज्य अमेरिका	812.7	707.3	349	5.9
चीन	600.5	749.8	861	14.6
भारत	438.7	406.7	368	6.2
कनाडा	555.5	487.5	237	4.0
स्वीडन	298.6	271.8	124	2.1
फ्रांस	451.8	289.8	27	0.5
लाइबेरिया	205.3	173.8	25	0.4
दक्षिणी अफ्रीका	156.6	263.1	190	3.2
स्पेन	82.3	89.9	14	0.2
वेनेजुएला	186.8	161.0	130	2.2
चिली	100.5	85.9	50	0.8
मौरीटानिया	96.4	86.0	73	1.2
पेरू	71.3	57.3	22	0.4
उत्तरी कोरिया	66.0	80.3	44	0.7
मैक्सिको	...	50.9	39	0.7

स्रोत : यू.एस. बी.एम. मिनरल्स इयर बुक 1980 में उद्धृत, इंडस्ट्रियल स्टैटिस्टिक्स इयर बुक, 1991.

लौह उत्पादन

विश्व स्तर पर लौह अयस्क के उत्पादन में उत्तरोत्तर कमी आती जा रही है।

सन् 1990 में संसार में कुल 58.9 करोड़ टन से ज्यादा लौह अयस्क का उत्पादन हुआ। इसका सर्वाधिक उत्पादन रूस में हुआ। आस्ट्रेलिया, ब्राजील, भारत चीन, और संयुक्त राज्य अमेरिका भी प्रधान लौह अयस्क उत्पादकों में हैं। दक्षिण अफ्रीका, कनाडा, स्वीडन और वेनेजुएला उल्लेखनीय लौह अयस्क उत्पादक राष्ट्र हैं।

पूर्व सोवियत रूस-पूर्व के दशकों से रूस लौह अयस्क का वृहत्तम उत्पादक बना है। सोवियत रूस के गणराज्यों के अलग होने के बाद यहां का उत्पादन स्वाभाविक तौर पर कम हो गया। इसका एक कारण खदानों का गहरा होना भी है। रूस का कुल अनुमानित भण्डार 60 अरब टन तक है जो संसार के अनुमानित भंडार का 28 प्रतिशत है। कुल भंडार का आधा यूरोपीय रूस में है। जहां यूक्रेन अब अलग प्रदेश है। इस भाग में क्रिबोइराग तथा कुर्स्क क्षेत्र मुख्य हैं। नीपर नदी के बेसिन में स्थित क्रिबोइराग क्षेत्र विशिष्ट लौह अयस्क के प्रचुर भंडार के लिए विश्व प्रसिद्ध हैं। कुर्स्क क्षेत्र पूर्व में स्थित प्रमुखः मेग्नेटाइट अयस्क क्षेत्र है। इन क्षेत्रों के अयस्क तथा डोनवास के कोयले की सुविधा के चलते यूक्रेन प्रदेश लौह-इस्पात उद्योग का प्रमुख क्षेत्र बन गया है। सोवियत रूस के मास्को-तुला क्षेत्र को भी यहाँ से अयस्क प्राप्त होता है। इसके अतिरिक्त इसका पूर्वी यूरोपीय देशों को निर्यात भी किया जाता है।

यूराल का पर्वत क्षेत्र खनिजों के भंडार के लिए प्रमुखता से जाना जाता है जहाँ मेग्नेटाइट किस्म का लौह अयस्क का भारी भंडार है। दक्षिणी यूराल में स्थित मेग्निटोगोर्स्क प्रमुख क्षेत्र है। यहां कुजनेस्क तथा कारागंडा बेसिन या कुजवास बेसिन से कोयला लाकर लौह-इस्पात उद्योग विकसित किया गया है।

क्रीमिया में कर्च प्रायद्वीप क्षेत्र में लाइमोनाइट अयस्क का भरपूर भंडार है। इनके अलावा उत्तर पश्चिम में स्थित कोला प्रायद्वीप में येना क्षेत्र में उच्चकोटि का लौह आयस्क मिलता है जो स्वीडन के किरूना क्षेत्र से लगा हुआ है। इस क्षेत्र में कोयला नहीं पाया जाता। इसलिए इसे लेनिनग्राड के निकट चेरेपोविएत लाया जाता है।

रूस के एशियाई क्षेत्रों में कई जगहों पर लौह-अयस्क का भरापूरा भंड़ार मिला है। अरब सागर के उत्तर-पश्चिम में कजाकिस्तान में अनेक क्षेत्र स्थित हैं। कुजवास कोयला क्षेत्र के दक्षिणी भाग पर गोरनाया शीरिया लौह अयस्क क्षेत्र है। नोवोकुजनेस्क के दक्षिण स्थित इस अयस्क क्षेत्र का इस क्षेत्र के विकास में अत्यधिक अधिक योगदान है। कुजवास क्षेत्र के लौह-इस्पात के कारखानों को यहीं से अयस्क मिलता है। नोवोसिबिर्स्क नगर के उद्योग भी कुजबास के लोहे और कोयले पर आधारित हैं। पूर्वी साइबेरिया में कई लौह-अयस्क के संचय हैं, जिनमें अगारिपिट बेसिन तथा मिनुसिंस्क बेसिन क्षेत्रों से अयस्क का उत्खनन हो रहा है। अंगारा तथा अंगारापिट

इलीम क्षेत्रों से पश्चिमी साइबेरिया के उद्योगों को अयस्क भेजा जाता है। पूर्वी साइबेरिया में कई दूसरे भंडार भी मिले हैं।

दक्षिण अमेरिका

दक्षिण अमेरिका के बहुत सारे देशों में लौह अयस्क का अच्छा- खासा भण्डार मिला है। इनका उत्खनन भी सस्ता एवं आसान है। कई देशों में उत्पादन भी पर्याप्त है, लेकिन कोयला की कमी के कारण यहां लौह-इस्पात उद्योग नहीं विकसित हो पाया है। दक्षिणी अमेरिका में वेनेजुएला, ब्राजील, पेरू और चिली प्रमुख उत्पादक हैं।

ब्राजील-आधुनिक समय में विश्व का द्वितीय वृहत अयस्क उत्पादक देश हो गया है। यहां मिनास गेरास राज्य में मांडट इताबिरा का भंडार सबसे प्रमुख है जहाँ उत्तम कोटि के अयस्क का 175 करोड़ टन का भंडार है। यहां से वोल्टा रेडोंडा तथा दक्षिणी भाग के लौह-इस्पात के कारखानों को अयस्क प्राप्त होता है। साथ ही संयुक्त राज्य अमेरिका तथा यूरोपीय देशों को बेच दिया जाता है।

वेनेजुएला-इस राष्ट्र में अयस्क का उत्पादन सन 1950-51 में शुरू हुआ तथा 1991 में उत्पादन 131 लाख टन था। इस देश में दो क्षेत्र महत्वपूर्ण हैं- ओरिनोको नदी के दक्षिण सियरा इमाटाका में स्थित सनीसिडो ताकि सियोवोलिवर की खदानें। यहां से अयस्क संयुक्त राज्य को भेजा जाता है। देश में स्पंज लोहे का कारखाना स्थापित किया गया है।

चिली-यहाँ के प्रमुख लौह अयस्क क्षेत्र कोक्विम्बो नगर के नजदीक (एल टोफो, एल रोमेरल, अलगारोबो) तथा निकटस्थ अटाकामा प्रदेशों में है। थोड़े अयस्क की खपत देश के हुआचिंपटो तथा अन्य लौह-इस्पात उद्योगों में होता है तथा ज्यादातर संयुक्त राज्य, जापान तथा पश्चिमी यूरोपीय देशों को निर्यात किया जाता है।

पेरू-इस देश के निर्यात के लिए अयस्क उत्पादन करने वाले दो भंडार प्रमुख हैं। मारकोना क्षेत्र और दूसरा अकारी क्षेत्र। मारकोना क्षेत्र सान जुआन बंदरगाह से सिर्फ 25 मील दूर है तथा यहां का अयस्क विशेष किस्म का होता है। देश का तीन-चौथाई उत्पादन इसी भाग में होता है। पश्चिमी यूरोप, संयुक्त राज्य और जापान अयस्क के प्रमुख आयातक हैं।

आस्ट्रेलिया-लौह अयस्क उत्पादन में आस्ट्रेलिया का ब्राजील के बाद दूसरा स्थान हो गया है। सन 1990 में इसका उत्पादन 832 लाख टन था। आस्ट्रेलिया का अनुमानित भंडार 28.1 अरब टन है यहाँ अयस्क के दो पुराने क्षेत्र हैं- एक दक्षिणी आस्ट्रेलिया में इरी प्रायद्वीप पर स्थित मिडिल बैक श्रेणी (आयरन नॉब) तथा दूसरा

पश्चिमी आस्ट्रेलिया में उर्व्सी से 85 मील उत्तर याम्पी साउंड तथा कूलियानाविंब क्षेत्र। मिडिलबैक में हेमेटाइट अयस्क के 12 भंडार हैं जिनका कुल उत्पादन अनुमानतः 20 करोड़ टन है। याम्पी साउंड का भंडार केवल 6.5 करोड़ टन अनुमानित है। यहां से लौह अयस्क न्यूकासिल, न्यू साउथ वेल्स तथा आइन नॉब के लौह-इस्पात उद्योगों को भेजा जाता है। इन पुराने क्षेत्रों में उत्पादन कम होता है। इनकी अपेक्षा में देश का ज्यादातर उत्पादन मशीनीकृत नई खदानों से आता है। इनमें हमर्सली, कोल्डवर्दी, माउंट ह्वेल, बैक माउंट टोम और माउंट न्यूमैन मुख्य हैं। तस्मानिया में सेवेज नदी के संचयों से भी उत्पादन किया जाता है। जापान और चीन जैसे एशियाई देशों में आस्ट्रेलिया से लौह-अयस्क आयात किया जाता है।

एशिया-संसार के प्रमुख लौह अयस्क उत्पादकों में भारत और चीन भी हैं। इनके अतिरिक्त टर्की, उत्तरी कोरिया और फिलीपींस में भी दस लाख टन से अधिक अयस्क का उत्पादन होता है।

चीन-चीन में लौह अयस्क का सन 1991 का उत्पादन 600 लाख टन था। इस तरह इसका संसार में चौथा स्थान हो गया है। देश में लौह अयस्क का भारी भंडार होने का अनुमान है। यहां कई प्रान्तों में संचय हैं, जिनसे उत्पादन होता है। उत्पादकों में लियावलिंग के आंशान और पेंकी क्षेत्र (हेमेटाइट तथा मैग्नेटाइट अयस्क के प्रचुर भंडार) अनवेइ का मान शान क्षेत्र, वुहान के नजदीक आये तथा निकटस्थ क्षेत्र तथा पूर्वी हुपे क्षेत्र मुख्य हैं। इनके अतिरिक्त उत्तर पश्चिमी हुपेह का हुआन-हुआ क्षेत्र, आन्तरिक मंगोलिया में पाओ-तोउ ओर दक्षिणी मंचूरिया में भी लौह अयस्क उत्पादन होता है। चीन भारी मात्रा में अयस्क आयात करता है। मुख्य स्रोत आस्ट्रेलिया है।

भारत-भारत का मैग्नेटाइट और हेमेटाइट लौह अयस्क का अनुमानित लौह भंडार 1274.5 करोड़ टन है। इसका दो-तिहाई हेमेटाइट किस्म का है। अन्य राज्यों का अनुमानित भंडार संचय तालिका में प्रदर्शित है।

आगे दी गई तालिका से स्पष्ट है कि लौह अयस्क के उत्पादन तथा भंडार में उत्तरपूर्वी प्रायद्वीप पठार तथा दक्षिणी भारत प्रमुख हैं। संचय में कर्नाटक तथा उत्पादन में गोवा प्रथम स्थान पर है। आर्थिक दृष्टिकोण से उड़ीसा तथा झारखंड के भंडार बहुत महत्वपूर्ण रहे हैं और देश के बड़े लौह-इस्पात के कारखानों के स्थानीकरण पर इनका अत्यधिक असर पड़ा है। लौह अयस्क तथा कोयला की सुविधा के कारण ही देश के सात बड़े लौह-इस्पात के कारखानों में एक को छोड़कर सभी उत्तरपूर्वी प्रायद्वीपीय भाग पर स्थित हैं।

भारत में लौह अयस्क का विवरण, 1990-91

राज्य	भंडार (करोड़ टन)		देश का		उत्पादन	
	हेमेटाइट	मैग्नेटाइट	कुल	प्र.श.	हजार टन	प्र.श.
गोआ	76.2	16.5	92.7	7.3	13116	23.9
कर्नाटक	92.9	251.8	344.7	27.0	12365	22.5
मध्य प्रदेश	204.5	-	204.5	16.0	12281	22.4
झारखंड	296.7	0.5	297.2	23.3	8285	15.1
उड़ीसा	266.7	-	266.7	20.9	8022	14.6
महाराष्ट्र	17.6	-	17.6	1.4	590	1.1
आन्ध्र प्रदेश	4.7	41.8	46.5	3.6	184	0.3
शेष राज्य	0.9	3.7	4.6	0.4	27	-
भारत	960.2	314.3	1274.5	100.0	54870	100.0

स्रोत-भारतीय खनिज वर्ष पुस्तक, 1992

दक्षिणी झारखंड में सिंहभूम जिले में अनुमानतः 297 करोड़ टन भंडार है। यहां अयस्क की लगभग 60 किमी. लम्बी पहाड़ी है। यहां का अयस्क सुपीरियर झील क्षेत्र से भी अच्छा माना जाता है। यहां के बहुत सारे स्थानों पर उत्खनन का काम चलता रहता है। इनमें कोटामाटी बुरू में स्थित नोआमुंडी खदानों से टाटा आइरन स्टील कम्पनी की लगभग आधी मांग पूरी होती है। इण्डियन आइरन एण्ड स्टील कम्पनी बर्नपुर को सिंहभूम जिले के ही जामदा, गुआ, बुदबुरू और अजीता खदानों से अयस्क प्राप्त होता है।

उड़ीसा के उत्तरी जिलों-क्योंझर, मयूरभंज तथा सुन्दगढ़ में उच्चकोटि के हेमेटाइट अयस्क के पर्याप्त भंडार हैं। झारखंड के गुआ क्षेत्र से लेकर सुन्दरगढ़ के रोथना तक अयस्क की पहाड़ी फैली है। क्योंझर में भी ऐसी बहुत सी पहाड़ियां हैं। ये पहाड़ियां दक्षिणी सिंहभूम जिले के तारतम्य में ही हैं। सुन्दरगढ़ के बोनाई क्षेत्र की किरीबुरू खदानों से बोकारो स्टील प्लांट को लौह अयस्क मिलता है। बंगाल के दुर्गापुर में स्थापित भारी उद्योगों को लौह अयस्क की प्राप्ति यहीं से होती है। क्योंझर में पूर्वी जोडा क्षेत्र से जमशेदपुर की अयस्क की आधी मांग पूरी होती है। राउरकेला

स्टील प्लांट को अयस्क बोनाई क्षेत्र के बरसुआ खदानों से प्राप्त है। गुरूमहिसानी, बादाम पहाड़ और सलाई पात (मयूरगंज जिला) का भंडार समाप्त हो रहा है। यहा से जमशेदपुर और बर्नपुर को अयस्क प्राप्त होता है। इनके अतिरिक्त कोरापुट, संबलपुर और कटक जिलों में भी लौह अयस्क के भंडार हैं।

मध्य प्रदेश में बस्तर तथा दुर्ग-राजनांदगांव जिलों में उच्चकोटि से हेमेटाइट अयस्क के भंडार हैं। सिर्फ बस्तर जिले में 199.8 करोड़ टन हेमेटाइट अयस्क होने का अनुमान है। दक्षिणी बस्तर में उत्तर दक्षिण स्थित बैलाडीला की पहाड़ियों में विशाल भंडार मौजूद है। यहां का उत्पादित अयस्क जापान को निर्यात होता है। दक्षिणी दुर्ग में राउघाट दूसरा प्रमुख क्षेत्र है। इसके अतिरिक्त जबलपुर जिले में बिजौरी और कटनी क्षेत्र में लेटराइटिक हेमेटाइट अयस्क पाया जाता है।

महाराष्ट्र में चन्द्रपुर (चांदा) और रत्नगिरि जिलों का भंडार प्रमुख है। उत्पादन रत्नगिरि जिले में होता है। यहां अबर सागर के समानान्तर स्थित पहाड़ियों में चुर्णिल अयस्क के विशाल भंडार हैं। यहां से प्राप्त अधिकांश लौह अयस्क निर्यात कर दिये जाते हैं।

दक्षिण भारत में गोवा, कर्नाटक, आन्ध्र प्रदेश और तमिलनाडु में भी लौह अयस्क के पर्यात भंडार हैं। इनमें गोवा को छोड़कर अन्य सभी जगहों पर प्रमुख रूप से मैग्नेटाइट अयस्क मिलता है। कर्नाटक में देश के एक चौथाई से ज्यादा उत्तम कोटि के अयस्क भंडार होने का अनुमान है। प्रमुख भंडार चिकमगलूर जिले में बाबाबूदन की पहाड़ियां और बेल्लारी जिले के सुन्दूर तथा हास्पेट क्षेत्र में स्थित है। बाबाबूदन पहाड़ियों का अयस्क हेमेटाइट किस्म का है तथा यहीं स्थित कैमनगुंडी खदानों से भद्रावती स्थित लौह-इस्पात कारखाने को अयस्क प्राप्त होता है। दरअसल अयस्क की सुविधा के कारण ही यह कारखाना स्थापित किया गया था। शिमोगा, उत्तरी कनारा, दक्षिणी कनारा और दुमकुर में भी प्रमुख संचय भंडार हैं।

भारत में सबसे अधिक हेमेटाइट अयस्क गोवा से प्राप्त किया जाता है। यहां हेमेटाइट अयस्क पाया जाता है जिसमें 57 से 60 प्रतिशत तक धातु होती है। मुख्य भंडार बिचोलिम संगुएम और सतारी तालुकों में लौह अयस्क स्थित हैं उत्तरी गोवा के पिरना अडोलपालेओंडा क्षेत्र, कुडनेम-सुर्ला और पुंडेम-पिसुर्लेम क्षेत्रों में स्थित है। मध्य गोआ में लोल्सिया-डोगरवाडो तथा दक्षिणी गोआ में नेटरलिम, बोरगाडोंगर रिवोना-सोलोम्बा और बड़ा जान क्षेत्र प्रमुख हैं। यहा उत्पादित अयस्क मरमागांव बंदरगाह से निर्यात किया जाता है।

तमिलनाडु में मैग्नेटाइट अयस्क उत्तरी अर्काट, सलेम, कोयम्बटूर और नीलगिरि

जिलों में पाया जाता है। आन्ध्र में निजामाबाद, करीमनगर, अदिलाबाद, वारंगल, अनन्तपुर और नेल्लोर जिलों में अयस्क के संचय हैं।

लौह-इस्पात उद्योग के विकास के साथ लौह अयस्क का उत्पादन भी तेजी से बढ़ा है। सन 1948 में सिर्फ 23 लाख टन अयस्क का उत्पादन हुआ जो बढ़कर 1980 में 419 लाख टन एवं 1990 में 548.7 लाख टन हो गया। इसमें सन 1989-90 में लौह अयस्क की 301 खदानें थीं जिनमें 36 खदानें सार्वजनिक क्षेत्र में थीं जिनसे देश में उत्पादित अयस्क का 56 प्रतिशत प्राप्त हुआ। लगभग सभी खदानें पूरी तरह मशीनीकृत हैं। इनका संचालन राष्ट्रीय खनिज विकास निगम, स्टील अथॉरिटी ऑफ इंडिया लिमिटेड, कुद्रेमुख आयरन और उड़ीसा माइनिंग कारपोरेशन और कम्पनी लिमिटेड द्वारा किया जाता है। कुल 265 खदानें निजी क्षेत्र में हैं जिनसे देश का 44 प्रतिशत अयस्क मिलता है। देश में कुल 14 खदानें प्रति साल 10 लाख टन से ज्यादा उत्खनन कर कुल का 61 प्रतिशत अयस्क प्रदान करती है। सन 1989-90 में कुल 201 लाख टन अयस्क का देश में उपयोग हुआ तथा 340 लाख टन अयस्क निर्यात किया गया जो कुल उत्पादन का 60 प्रतिशत है। जापान मुख्य ग्राहक है। इनके अतिरिक्त रिपब्लिक ऑफ कोरिया, रोमानिया, रूस, इटली, यूगोस्लाविया और जर्मनी को भी निर्यात होता है।

उत्तरी अमेरिका

संयुक्त राज्य अमेरिका-लौह अयस्क उत्पादन में संयुक्त राज्य का पांचवां स्थान हो गया है। सन 1991 में इसका उत्पादन 358 लाख टन से ज्यादा था इस देश में लौह अयस्क उत्पादन के चार प्रमुख राज्य हैं। इनमें से अकेले सुपीरियर झील प्रदेश से इस देश में तीन-चौथाई अयस्क मिलता है।

1. **सुपीरियर झील प्रदेश**-इस राज्य में लौह अयस्क के छः क्षेत्र हैं जो श्रेणियों के रूप में हैं। इनमें से वर्मीलियन, मैसाबी और मिन्नेसोटा, कुयुना रेंजेज, और मारकैटी, गोजेविक, तथा विसकान्सिन, मेनोमिनी एवं के मिशीगन राज्यों में फैली है। इनमें मैसाबी रेंज सबसे प्रमुख है। यह हेमेटाइट अयस्क का भाग है और अभी भी भारी संचय (50 करोड़ टन से अधिक) होने का अनुमान है। इसमें लौह धातु की मात्रा 50 प्रतिशत से अधिक तथा फास्फेट नगण्य होता है। परिणामस्वरूप इसे बिना परिष्कृत किए हुए निर्यात किया जाता है। लौह-पिंड न सिर्फ वृहताकार हैं बल्कि उनके ऊपर जमाव बहुत कम है जिससे खदानें खुली हैं।

2. **अलबामा प्रदेश**-दक्षिण पूर्वी संयुक्त में यह लौह अयस्क का एकमात्र क्षेत्र है। बरमिंगघम के करीब विस्तृत इस क्षेत्र से देश का लगभग 5 प्रतिशत अयस्क मिलता है। इस क्षेत्र के पश्चिम में कोक कर कोयले का अपेलिशियन क्षेत्र स्थित है इन दोनों सुविधाओं के कारण बरमिंघम लौह-इस्पात उद्योग प्रमुख क्षेत्र हो गया है। इस क्षेत्र में लाइमोनाइट तथा हेमेटाइट अयस्क प्राप्त होता है। इसके अलावा जार्जिया और टेनेसी राज्यों में भी लौह अयस्क का उत्पादन होता है।
3. **उत्तरी पूर्वी प्रदेश**-इस भाग मे लौह अयस्क उत्पादन के दो क्षेत्र हैं। एक न्यूयार्क प्रदेश में एडिरान्डक क्षेत्र तथा दूसरा पेन्सिलवानिया राज्य का कार्नवाल क्षेत्र है। दूसरा क्षेत्र न्यूजर्सी होता हुआ दक्षिण पूर्वी न्यूयार्क प्रदेश तक फैला है। इसीलिए इसे दक्षिण-पूर्वी न्यूयार्क-न्यूजर्सी क्षेत्र भी कहते हैं। यहां मुख्यतः उच्च कोटि का मैग्नेटाइट अयस्क प्राप्त होता है उत्पादन बहुत कम होता है। यहां से अयस्क बफेलो, क्वीसलैंड, पिट्सबर्ग आदि केन्द्रों को भेजा जाता है।
4. **पश्चिमी प्रदेश**-इस भाग में कोलोरेडो, ऊटा, नेवादा और कैलिफोर्निया राज्यों में लौह अयस्क का उत्पादन होता है। इसका इस्तेमाल इन राज्यों लौह उद्योग में किया जाता है। वायोमिंग प्रदेश का अयस्क भी कोलोरेडो के कारखानों को भेजा जाता है। पश्चिमी नेवादा और उत्तरी कैलीफोर्निया का अयस्क सम्पन्नीकरण के बाद स्टाकटन बन्दरगाह, कैलिफोर्निया से जापान भेजा जाता है।

संयुक्त राज्य अमेरिका लौह अयस्क का विश्व में एक उल्लेखनीय आयातक देश भी है। प्रत्येक वर्ष घरेलू उत्पादन का लगभग आधा अयस्क आयात करता है। सन 1989-90 कुल आयात 2.1 करोड़ था। आयात के मुख्य स्रोत ब्राजील, कनाडा, लाइबेरिया और वेनेजुएला हैं। इनके अतिरिक्त चिली और पेरू से भी अयस्क मंगाया जाता है।

कनाडा-यह देश लौह अयस्क उत्पादकों में पांचवां है। यहां विश्व का 3.6 प्रतिशत अयस्क उत्पादन किया गया। विश्व का 12 प्रतिशत से ज्यादा अयस्क इस देश में संचित है। न्यफाउण्डलैंड क्यूबेक और ओंटैरियो वाले भागों में लौह अयस्क के कई उल्लेखनीय संचय हैं। इनके अतिरिक्त पश्चिम ब्रिटिश कोलंबिया तथा एलबर्टा और ब्रिटिश कोलंबिया के सीमान्त क्षेत्रों में भी कई भंडार हैं।

कनाडा का ज्यादातर उत्पादित अयस्क संयुक्त राज्य को निर्यात किया जाता है। कुछ अयस्क जर्मनी, ग्रेट-ब्रिटेन, जापान तथा नीदरलैंड भेजा जाता है।

यूरोप-यूरोप के देश लौह अयस्क के प्रमुख उपभोक्ता और लौह-इस्पात के निर्माता हैं। लेकिन विश्व के कुल लौह अयस्क उत्पादन का एक दशमांश ही इन देशों से मिलता है। लौह अयस्कों के सहारे चलने वाले अधिकांश यूरोपीय देश अयस्कों के आयात पर निर्भर करते हैं। फलस्वरूप निम्न कोटि के अयस्क वाले क्षेत्रों से उत्पादन बन्द हो रहा है। अब उत्पादकों में स्वीडन और फ्रांस प्रमुख हैं। साथ ही नार्वे, और ग्रेट-ब्रिटेन में भी 10 लाख टन से ज्यादा लौह अयस्क का उत्पादन होता है।

फ्रांस-फ्रांस का लौह अयस्क का उत्पादन क्रमशः कम हो रहा है। संयुक्त राज्य के ब्यूरो आफ साइंस के अनुसार इसका 1991 में उत्पादन 22 लाख टन था। यहां का लारेन प्रदेश विख्यात रहा है। इसी का विस्तार लक्जेम्बर्ग तथा दक्षिण-पूर्वी बेल्जियम में भी है। पूर्वी फ्रांस के इस लौह अयस्क में धातु की मात्रा कम (औसत 33 प्र.श.) है। इसमें चूने का अंश पर्याप्त तथा फास्फोरस ज्यादा है। इस वजह से 'थामस' अथवा 'गिलक्राइस्ट' विधि के आविष्कार के बाद ही इसका उपयोग प्रारंभ हुआ। अब इस अयस्क के चूने का उपयोग फास्फोरसयुक्त उर्वरक बनाने में किया जाता है। इस अयस्क का उपयोग फ्रांस के अतिरिक्त यूरोपीय आर्थिक समुदाय के ज्यादातर देश करते हैं।

स्वीडन-यह देश मैग्नेटिक अयस्क के प्रचुर भंडार के लिए विख्यात है। इसके प्रमुख क्षेत्र आर्कटिक वृत्त में मौजूद हैं, जिनमें गैलिवेयर और किरूना प्रमुख हैं। यहां के अयस्क में धातु की मात्रा औसतन 60 प्रतिशत है। उत्पादन के तीन-चौथाई से अधिक भाग का परिशोधन के बाद निर्यात किया जाता है। प्रमुख ग्राहक ब्रिटेन सहित पश्चिमी यूरोपीय देश हैं। स्वीडन में लौह-इस्पात उद्योग स्टाकहोम के उत्तर और पश्चिम में उपलब्ध है। जिनके नजदीक ग्रेंजेसबर्ग का अयस्क क्षेत्र है।

स्पेन-स्पेन के कई भागों में लौह अयस्क का उत्पादन होता है लेकिन बिस्के की खाड़ी के नजदीक स्थित बिल्बाओ सबसे प्रमुख क्षेत्र है। यहां का अयस्क उच्च कोटि तथा अपद्रव्य रहित होता है। दक्षिण में ग्रेनाडा क्षेत्र प्रमुख है।

अन्य यूरोपीय देश-यूगोस्लाविया, नार्वे और ग्रेट-ब्रिटेन में भी लौह अयस्क का अच्छा उत्पादन है। नार्वे के मध्य पर्वतीय भाग में ट्रोंधीमफोडेन तथा उत्तरी भाग में भी क्षेत्र मौजूद है। यूगोस्लाविया में वारेस तथा ल्जुबिजा क्षेत्र में अयस्क के भंडार हैं। ग्रेट-ब्रिटेन में अयस्क का उत्पादन दो क्षेत्रों से होता है- उत्तरी लिंकनशायर तथा दूसरा क्षेत्र एक पेटी के रूप में दक्षिणी लिंकनशायर के रटलैंड, नार्थम्पटन होते हुए उत्तरी आक्सफोर्ड तक विस्तृत है। ये क्षेत्र कोयला के भंडारों के समीप हैं। अयस्क निम्न कोटि का है। जिसमें धातु की मात्रा 20-30 प्रतिशत होती है तथा गंधक और

फास्फोरस की मात्रा अधिक होती है। इस देश की अयस्क की जरूरत आयात द्वारा पूरी की जाती है। जिसके मुख्य स्रोत कनाडा, स्वीडेन, उत्तरी अफ्रीका दक्षिणी और उत्तरी अमेरिका के देश हैं। रोमानिया, बुल्गारिया, ग्रीस, चेकोस्लोवाकिया, फिनलैण्ड, आस्ट्रिया और जर्मनी में भी थोड़ा लौह अयस्क का उत्पादन होता है।

अफ्रीका-यूरोप और अमेरिका की बढ़ती मांग की वजह से अफ्रीकी राष्ट्रों अयस्क में का उत्पादन बढ़ रहा है। अफ्रीकी अयस्क उत्तर दक्षिणी क्षेत्र, पश्चिमी और उत्तरी अफ्रीका में मौजूद है। वर्तमान समय में दक्षिणी अफ्रीका संघ प्रमुख उत्पादक देश है। यहां ट्रांसवाल में बेनोनी तथा प्रिटोरिया उत्तरी केप में पोस्टमासबर्ग तथा कुरूमान क्षेत्र प्रमुख भंडार हैं। इसकोर की सिशेन खदान से देश का दो-तिहाई अयस्क मिलता है। पश्चिमी अफ्रीका में स्थित लाइबेरिया का अफ्रीका में दूसरा स्थान है। यहां बोमी पहाड़ी और पर्वतीय क्षेत्र तथा मानोस नदी क्षेत्र अयस्क के मुख्य क्षेत्र हैं। यहां के अधिकांश अयस्कों का निर्यात यूरोप और अमेरिका में होता है। मैरीटानिया अफ्रीका का तीसरा बड़ा उत्पादक राष्ट्र है। फोर्ट गोरोंद प्रमुख उत्पादक भाग हैं। यह संयुक्त प्रदेश को निर्यात किया जाता है। इन देशों के अतिरिक्त उत्तरी अफ्रीका में अल्जीरिया, मिश्र, मोरक्को और ट्यूनीशिया, पश्चिमी अफ्रीका में सियरा लियोन, अंगोला और गिनी में लौह अयस्क का उत्पादन होता है। पुनः लौह उद्योग विकसित न होने के कारण ये देश ज्यादातर अयस्क निर्यात करते हैं। उत्तरी अफ्रीका का प्रमुख बाजार यूरोप है।

लोहे का अन्तर्राष्ट्रीय व्यापार

लौह अयस्क एक आयतन एवं भार नाशक कच्चा माल है, फिर भी सस्ते समुद्री परिवहन के कारण इसका दूर तक निर्यात करना संभव होता है। उल्लेखनीय है कि कई मुख्य अयस्क उत्पादक देशों में लौह-इस्पात उद्योग विकसित नहीं हो पाया है। परिणामस्वरूप निर्यात किया जाता है। सन 1992 में कुल 1033 करोड़ डालर मूल्य का लौह-अयस्क आयात किया गया था। आयातकों में विकसित देश मुख्य हैं। इनमें जापान विश्व का लगभग एक-तिहाई आयात करता है। फिर भी लौह-इस्पात उद्योग में विश्व में अग्रणी देश है। जर्मनी दूसरे स्थान परं है। कोरिया गणतंत्र, फ्रांस, चीन, बेल्जियम-लकजेम्बर्ग, ब्रिटेन, संयुक्त राज्य अमेरिका और इटली भी प्रमुख आयातकों में है। इनके उल्टा दक्षिणी महाद्वीपों के देशों से अधिकतम अयस्क निर्यात किया जाता है। निर्यातकों में ब्राजील सर्वोपरि है। जो विश्व का 30.3 प्रतिशत से अधिक अयस्क निर्यात करता है। ब्राजील के अतिरिक्त आस्ट्रेलिया, दक्षिण अफ्रीका,

वेनेजुएला और गैरीटानिया भी प्रमुख निर्यातक है। उत्तरी गोलार्द्ध में भारत, स्वीडन और कनाडा भी भारी मात्रा में लौह अयस्क का निर्यात करते हैं।

लौह-मिश्र धातुएँ

आधुनिक लौह-इस्पात उद्योगों में लौह-मिश्रित धातुओं का प्रयोग बड़े पैमाने पर होता है। इन लौह-मिश्र धातुओं का अनेक मात्रा में उपयोग करके अनेक प्रकार के इस्पात तैयार किये जाते हैं। इन पूरक धातुओं से इस्पात में कई ऐसे गुण आ जाते हैं, जो उसके स्वाभाविक गुण नहीं हैं। इन पूरक धातुओं में मिलिब्डेनम, मैंगनीज, क्रोमियम, निकेल, टंग्स्टन, वैनेडियम और कोबाल्ट प्रमुख हैं।

मैंगनीज

मैंगनीज का मुख्यतः लौह-इस्पात उद्योग में मिश्र धातु के रूप में इस्तेमाल होता है। इस्पात बनाने की प्रक्रिया में आक्साइडस तथा गंधक के कम्पाउण्डस के संशोधन के लिए मैंगनीज की थोड़ी मात्रा का उपयोग किया जाता है। इस्पात में मैगनींज धातु को मिश्रित कर मैंगनीज इस्पात का निर्माण किया जाता है। यह मैंगनीज इस्पात अपेक्षाकृत ज्यादा मजबूत, घर्षणसह और कड़ा होता है जिसका प्रयोग भारी दायित्व वाली मशीनें जैसे चट्टानें पीसने के निर्माण में किया जाता है। इस प्रकार लौह-इस्पात उद्योग इसका प्रमुख उपभोक्ता है। इसके गौण उपयोगों में ईंट बनाना, मिट्टी तथा कांच के बर्तन, फर्श के टाइल, प्लास्टिक, ग्लास, वार्निश तथा शुष्क बैटरी सेल मुख्य हैं।

मैंगनीज का संचय लौह अयस्क के भंडारों के समान होते हैं तथा लौह अयस्क में भी इसकी पर्याप्त मात्रा होती है। जिस अयस्क में मैंगनीज की मात्र 35 प्रतिशत अथवा उससे अधिक होती है उसे धात्विक मैंगनीज कहते हैं। इसी तरह के मैंगनीज का उपयोग फेरोमैंगनीज बनाने में किया जाता है।

मैंगनीज उत्पादन-मैंगनीज अयस्क का सन 1990 में विश्व उत्पादन 90.2 लाख टन था। सबसे बड़ा उत्पादक पूर्व सोवियत रूस था। अफ्रीका, दक्षिण गेबन, आस्ट्रेलिया, ब्राजील, भारत तथा चीन अन्य प्रमुख मैंगनीज उत्पादक राष्ट्र हैं।

पूर्व सोवियत रूस-रूस का उत्पादन में प्रथम स्थान है। सन 1990 में 2561 हजार टन मैंगनीज अयस्क का उत्पादन किया गया। यहां का सर्वश्रेष्ठ भंडार यूक्रेन राज्य का निकोपोल क्षेत्र का है। यूक्रेन अब अलग है देश सन 1990 में सिर्फ यूक्रेन से 2208.3 हजार टन मैंगनीज अयस्क का उल्खनन किया गया। यह क्रिवोई राग

लौह अयस्क के नजदीक स्थित है। दूसरा प्रमुख क्षेत्र केसस पर्वत के दक्षिण जार्जिया में चिआतुरा है। इनके अलावा कई अन्य छोटे भण्डार भी ज्ञात हैं। रूस अपने मैंगनीज उत्पादन का अधिकांश यूरोपीय देशों को निर्यात कर देता है।

दक्षिणी अफ्रीका-यह विश्व के मैंगनीज उत्पादक देशों में दूसरे स्थान पर है। सन 1991 में इसका उत्पादन लगभग 1368 हजार टन था। यहाँ का सबसे बड़ा उत्पादक किंबरले से उत्तर-पश्चिम में स्थित पोस्टम्सबर्ग क्षेत्र है। क्रूकर्सड्राप तथा सेरेस गौण उत्पादक क्षेत्र हैं। यह देश पश्चिमी देशों को मैंगनीज प्रदान करता है।

विश्व में मैंगनीज का विवरण, 1991

क्षेत्र/देश	*भंडार (1990)*		*उत्पादन (लाख टन)*		
	करोड़ टन	*प्रतिशत*	*1990*	*1991*	*% 1991*
विश्व	390.0	100.0	90.2	77.0	100.0
भूतपूर्व सोवियत रूस	50.0	12.8	25.6	-	-
दक्षिण अफ्रीका	290.0	74.4	18.4	13.7	17.8
ब्राजील	6.5	1.7	9.5	8.3	10.8
गेबन	18.0	4.6	11.2	9.6	12.5
आस्ट्रेलिया	17.0	4.4	9.2	7.0	9.1
भारत	2.8 *	0.7	5.7	6.0	7.8
चीन	3.2	0.8	6.4	6.7	8.7
मैक्सिको	1.0	0.3	1.5	1.6	2.1
घाना	-	-	1.0	1.0	1.3

स्रोत-भारतीय खनिज वर्ष पुस्तक, 1992 (भंडार हेतु) एवं यू.एन. इण्डस्ट्रियल इयरबुक 1991 (उत्पादन हेतु)

* भारत का भंडार 17.6 करोड़ टन है।

गेबन-यह विश्व का तीसरा और अफ्रीका का दूसरा बड़ा मैंगनीज उत्पादक देश है। सन 1991 में 961.6 हजार टन मैंगनीज का उत्खनन हुआ। गेबन प्रतिवर्ष 20 लाख टन से ज्यादा मैंगनीज निर्यात करता है। इसके प्रमुख आयातक संयुक्त राज्य, पश्चिम, फ्रांस नार्वे, जर्मनी और जापान हैं। इनके अतिरिक्त अफ्रीका में घाना और मोरक्को में भी मैंगनीज का उत्पादन उल्लेखनीय है।

ब्राजील-यह सन् 1991 में 826 हजार टन मैंगनीज पैदा कर चौथा बड़ा उत्पादक देश बन गया है। मैंगनीज निर्यात के ख्याल से भी ब्राजील विश्व का एक महत्वपूर्ण देश है। आमेजन के मुहाने से उत्तर स्थित अमापा क्षेत्र और पश्चिमी ब्राजील में बोलीविया की सीमा पर स्थित ऊरूकुभ भंडार प्रमुख उत्पादक क्षेत्र है। मिनास गेरास राज्य में उत्तम कोटि का 1 करोड़ टन मैंगनीज का संचय है। अवरोप्रीटो यहां का प्रमुख उत्पादक क्षेत्र है। पूर्वी ब्राजील में आफेते तथा नजारे दूसरे उत्पादक क्षेत्र हैं।

आस्ट्रेलिया का मैंगनीज का अनुमानित संचय 33 करोड़ टन है तथा सन 1991 में उत्पादन 701 हजार टन था। यहां मैंगनीज का उत्पादन कई छोटे-छोटे क्षेत्रों से किया जाता है, लेकिन लगभग तीन-चौथाई उत्पादन कारपेंटरिया की खाड़ी में स्थित गूटेटे इसलैंड क्षेत्र से प्राप्त होता है। उत्तर-पश्चिमी भाग में स्थित पिलबरा दूसरा प्रमुख क्षेत्र है।

भारत-मैंगनीज उत्पादन में भारत का सापेक्षिक महत्व कम हो रहा है। सन 1953-54 में यहाँ संसार का 17 प्रतिशत मैंगनीज का उत्पादन होता था जो घटकर सन् 1991 में 7.76 प्रतिशत रह गया है। इसी समय में उत्पादन बढ़कर 597.3 हजार टन हो गया है।

भारत में मैंगनीज करीब सभी युगों के शैलों में संचित है लेकिन प्रमुख स्रोत धारवाड़ युगीन शैली में है। सन 1990 में कुल संचय 17.6 करोड़ टन अनुमानित है। कुल संचय का सिर्फ 22.6 प्रतिशत उत्तम कोटि (46 प्रतिशत धातु सम्पन्नता) का है, जिसका अधिकांश भाग मध्य प्रदेश और महाराष्ट्र राज्यों में संचित है। मैंगनीज के क्षेत्रों को तीन राज्यों में रखा जा सकता है।

दक्षिणी प्रायद्वीप भाग मैंगनीज भंडार का सबसे प्रमुख राज्य है। यहां कर्नाटक राज्य में लगभग 645 लाख टन भंडार है जो वेल्लारी, बेलगांव, उत्तरी कनाडा, दुसकुस, शिमोगा और चित्रदुर्ग जिलों से फैले हैं। यह राज्य 1990-91 में उत्पादन में द्वितीय स्थान पर रहा।

दूसरा प्रमुख क्षेत्र उत्तरपूर्वी प्रयद्वीपीय भाग पर झारखंड और उड़ीसा में फैला है। उड़ीसा में प्रमुख भंडार सुन्दरगढ़, क्योंझर, कोरापुट, बोलनगिरि तथा संबलपुर आदि जिलों में स्थित है। इस राज्य का कुछ अनुमानित संचय 408 लाख टन है तथा इसका सन 1990-91 में उत्पादन 416.3 हजार टन था। इस क्षेत्र के अन्य उत्पादक राज्य झारखंड के सिंहभूम जिले में तकरीबन 1.4 लाख टन मैंगनीज भंडारित है। सन 1990-91 का उत्पादन 18.7 हजार टन है।

संचय के नजरिए से मध्य देशीय क्षेत्र तीसरे स्थान पर है। यहां मध्य प्रदेश में 1.7 करोड़ टन और महाराष्ट्र में 1.9 करोड़ टन अनुमानित संचय है। दक्षिणी मध्य प्रदेश के छिंदवाड़ा और बालाघाट जिलों में उत्तम कोटि के मैंगनीज के प्रचुर संचय हैं। इसी क्रम में महाराष्ट्र के नागपुर और भंडारा जिलों के संजय आते हैं। इनके अलावा मध्य प्रदेश में महाराष्ट्र और झाबुआ के रत्ना गिरि में भी मैंगनीज का उत्खनन होता है। इन दोनों राज्यों में सन 1990-91 में उत्पादन क्रमशः 2.60 लाख टन और 2.68 लाख टन है।

इनके अतिरिक्त गुजरात (पंच महल और बड़ोदरा) और राजस्थान (बांसवाड़ा) में भी मैंगनीज के संचय हैं।

चीन-सन् 1991 में चीन में 671.3 हजार टन मैंगनीज का उत्पादन किया गया इसका अधिकांश भाग हूनान के क्वांग्सी एवं चांग-शा क्षेत्र तथा हुपेह क्षेत्रों से प्राप्त होता है। इनके अतिरिक्त क्वांग्टुंग प्रान्त में त्सुन-इ-इन, होपेह में लुआंगपिंग तथा उत्तर-पूर्वी भाग में भी मैंगनीज का उत्खनन होता है।

एशिया में चीन और भारत के अतिरिक्त थाइलैंड, जापान, पिलिपींस, इण्डोनेशिया, मलेशिया, टर्की और ईरान में भी कुछ मैंगनीज का उत्पादन होता है।

मैंगनीज का व्यापार-यद्यपि मैंगनीज का उत्पादन पचास से ज्यादा देशों में किया जाता है, तथापि 90 प्रतिशत से अधिक उत्पादन छः देशों से प्राप्त होता है। यह भी उल्लेखनीय है कि अधिकांश मैंगनीज उपभोक्ता देशों में इसका उत्पादन नगण्य है। परिणामस्वरूप इसका व्यापार अपरिहार्य होता है। यह उल्लेखनीय है कि अब अधिकांश का व्यापार अपरिहार्य होता है। द्वितीय विश्वयुद्ध के पूर्व मुख्यतः रूस और भारत द्वाराही मैंगनीज का निर्यात होता था। लेकिन अब भारत का महत्व बहुत कम हो गया है। ब्राजील, रूस, दक्षिण, अफ्रीका और गेबोन प्रधान निर्यातक हैं। भारत भी प्रतिवर्ष 6 लाख टन से ज्यादा निर्यात करता है। आयातकों में संयुक्त राज्य, सभी पश्चिमी और पूर्वी यूरोपीय देश विशेषतः पश्चिम फ्रांस, ब्रिटेन जर्मनी, और पोलैंड तथा जापान प्रमुख हैं।

टंगस्टन

आज के औद्योगिक युग में टंगस्टन एक महत्त्वपूर्ण पदार्थ के रूप में स्वीकृत है। गुणवत्ता के कारण इसका उपयोग मिश्रित इस्पात बनाने में किया जाता है। इसका महत्व दृढ़ता, मजबूती, घर्षण और कठोरता तथा धक्का सहने की अत्यधिक क्षमता के कारण है। इसी कारण टंगस्टन-मिश्रित स्टील का उपयोग उच्च वेगी काटने

वाले यंत्र और पत्थर-छिद्रक यंत्र बनाने में किया जाता है। यह अत्यधिक और उच्चताप गति में भी नष्ट नहीं होता। साधारण कर्तक यंत्रों में भी टंगस्टन कार्बाइट का इस्तेमाल होता है। कोबाल्ट, टंगस्टन और क्रोमियम मिश्रित स्टीलट्रों का प्रयोग कठोर फलक वाले अन्य धातुओं, बन्दूकें, कवचपट्ट, कवच अंतर्वेधक, प्रच्छेपक आदि बनाने में किया जाता है। विद्युत उपकरण, जैसे ट्यूब और बल्व में फिलामेंट, एलेक्ट्रॉनिक ट्यूब तथा ऐक्स रे टारगेट में भी टंगस्टन का उपयोग किया जाता है क्योंकि यह अत्यधिक विद्युत-सह होता है और इसका द्रवणांक बिन्दु बहुत ज्यादा होता है। विद्युत को प्रकार में बदलने की इसकी क्षमता इतनी अधिक होता है कि फिलामेंट के लिए इसका स्थानापन्न नहीं ढूंढ़ा जा सका है।

विश्व में टंगस्टन का विवरण 1991

क्षेत्र/देश	*संचित भंडार (धातु)*		*उत्पादन*	
	हजार टन	*प्रतिशत*	*टनों में*	*प्रतिशत*
विश्व	3545	100.0	36593	100.0
एशिया			27967	76.4
चीन	1560	44.0	25000	68.3
दक्षिण कोरिया	77	2.2	1046	2.9
उत्तर कोरिया			1000	2.7
थाइलैंड	30	0.8	300	0.8
म्यांमार	34	1.0	300	0.8
जापान			279	0.7
भूतपूर्व सोवियत रूस	400	11.3	8800 *	28.0 *
उत्तरी अमेरिका			2026	5.5
मैक्सिको			190	0.5
कनाडा	493	13.9		
सं. राज्य	210	5.9		
दक्षिणी अमेरिका			3175	8.7
बोलीविया	110	3.1	1060	2.9
ब्राजील	20	0.6	500	1.4
पेरू			1600	4.4

यूरोप			2994	8.2
पुर्तगाल	26	0.7	1400	3.8
आस्ट्रिया	20	0.6	1400	3.8
फ्रांस	20	0.6		
अफ्रीका			192	0.5
रवांडा			175	0.4

स्रोतः भारतीय खनिज वर्ष पुस्तक, 1992 एवं यू.एन. इण्डस्ट्रियल इयर बुक 1991.

* 1990 हेतु।

* भारत का भंडार 55 हजार टंगस्टन धातु है।

टंगस्टन अयस्क उन क्षेत्रों में पाया जाता है जहां खनिज भवन उच्चताप और उच्च दाब की दशाओं में हुआ है। यह अयस्क दो वुल्फ्रेमाइट और प्रकार का होता है। टंगस्टन के साथ दूसरी धातुएँ भी पाई जाती हैं। इसका उत्खनन मुख्यतः भूमिगत खदानों से ही होता है तथा अधिकांशतः खदानों के नजदीक ही परिशोधन किया जाता है।

संचित राशि-विश्व में टंगस्टन का अनुमानित संचय 3545 हजार टन है। इसका दो-तिहाई भाग समाजवादी देशों में संचित है। अकेले चीन में 1560 हजार टन भंडार होने का अनुमान है। गैरसाम्यवादी देशों में कनाडा, संयुक्त राज्य अमेरिका, दक्षिण कोरिया, आस्ट्रेलिया, म्यांमार और बोलीविया प्रमुख हैं। अनेक देशों का संचय तालिका से स्पष्ट है।

टंगस्टन का विश्व उत्पादन-टंगस्टन-सार के उत्पादन में चीन अग्रणी देश है। सन 1991 में विश्व में टंगस्टन सार का उत्पादन 36593 टन था। इसका दो तिहाई से अधिक चीन में पैदा हुआ। पेरू, रूस, आस्ट्रिया, पुर्तगाल, बोलीविया, दक्षिण कोरिया और उत्तर कोरिया प्रमुख देश हैं। ब्राजील, थाइलैंड, म्यांमार, आस्ट्रेलिया, जापान, रवांडा और मैक्सिको भी उल्लेखनीय उत्पादक (तालिका) देश हैं।

क्रोमाइट अयस्क

क्रोमाइट धातु के अयस्क को क्रोमाइट कहा जाता है। मैंगनीज के बाद लोहे के मिश्रण के लिए जिस धातु का उपयोग किया जाता है वह क्रोमाइट ही है। इसके तीन प्रमुख उपयोग हैं। जिसके आधार पर इसको तीन प्रकारों में रखा जाता है- उच्च ताप सह धात्विक तथा रासायनिक क्रोमाइट। धात्विक उपयोग के लिए क्रोमाइट में धातु की कम से कम 45 प्रतिशत मात्रा होनी चाहिए। इससे कम धातु होने पर अन्य

उपयोगों में ही लाया जा सकता है। विकसित देशों में आधे से अधिक क्रोमाइट का उपयोग अनेक प्रकार के इस्पात में किया जाता है। इससे और फेरो-क्रोम चार्ज-क्रोम बनाया जाता है। इस्पात में क्रोमाइट की मात्रा (3 प्रतिशत) मिलने पर रेती, हथौड़े और कुल्हाड़ी आदि बनाने हेतु कठोर इस्पात बनता है। इससे थोड़ी ज्यादा मात्रा (12 से 15 प्रतिशत) मिलाने पर घर्षण ऊष्मासह और संरक्षण सह इस्पात बनता है जिसका इस्तेमाल रसोई गृह, छुरी-कांटा, बर्तन, उपस्कर, तेल-दहन बेयरिंग आदि बनाने में किया जाता है। क्रोमाइट के साथ निकेल मिलाने पर इस्पात में जल, भाप, अम्ल तथा आर्द्र वायु द्वारा होने वाले क्षरा को सहने की क्षमता आती है। क्रोमियम के साथ टंगस्टन, मालिब्डेनम तथा कोबाल्ट मिलाने से बहुत ही मजबूत इस्पात तैयार होता है जिसे स्टेलाइट कहते हैं। इससे उच्च वेग वाली मशीनों के पुर्जे बनते हैं। क्रोम ईंट का उपयोग तथा अन्य प्रवात भट्टियों धात्विक भट्टियों में किया जाता है। वस्त्र उद्योग और चमड़ा उद्योग आदि में भी क्रोमाइट लवणों का इस्तेमाल बड़े पैमाने पर किया जाता है।

क्रोमाइट का संचित भंडार-विश्व का क्रोमाइट का अनुमानित भंडार 680 करोड़ टन है। इसका तीन चौथाई से ज्यादा अकेले दक्षिण अफ्रीका संघ में भंडार है। दूसरा स्थान जिम्बाब्वे का है। भारत, टर्की, फिनलैंड और फिलीपींस के संचय भी उल्लेखनीय हैं।

क्रोमाइट उत्पादन का प्रतिरूप-क्रोमाइट का अच्छा उत्पादन करीब 20 देशों में किया जाता है, जिसमें तीन प्रमुख उत्पादक हैं। सन 1990 में विश्व में क्रोमाइट का कुल उत्पादन 3835 हजार टन था जो घटकर सन 1991 में 3218 हजार टन शेष रह गया। सन 1993 में शीर्षस्थ उत्पादक दक्षिण अफ्रीका रहा। पूर्व सोवियत रूस भारत और जिम्बाब्वे अन्य प्रमुख उत्पादक हैं। अनेक देशों का उत्पादन तालिका से स्पष्ट है।

विश्व में क्रोमाइट का विवरण 1990

देश/क्षेत्र	*भंडार*	*उत्पादन*	
	करोड़ टन	*हजार टन*	*प्रतिशत*
विश्व	680	3835	100.0
दक्षिण अफ्रीका	570	1416	36.9
भूतपूर्व सोवियत रूस	10	1090	28.4

अल्बानिया	2	170	4.4
फिलीपींस	3	26	0.6
जिम्बाब्वे	75	270	7.0
टर्की	7	213	5.5
ब्राजील	1	124	3.2
भारत	6	285	7.4
फिनलैंड	3	121	3.1
मेडागास्कर		35	0.9
ईरान		28	0.7

स्रोत-भारतीय खनिज वर्ष पुस्तक तथा यू.एन. इंडस्ट्रियल इयरबुक 1992

अन्तर्राष्ट्रीय व्यापार- अन्तर्राष्ट्रीय बाजार में क्रोमाइट की मांग सदैव बनी रहती है। इस्पात उद्योग के लिए क्रोमाइट का उपयोग जरूरी है। इस तरह विश्व के प्रधान औद्योगिक देश ही इसके मुख्य उपभोक्ता भी हैं। इनमें रूस को छोड़कर सभी अपनी आपूर्ति के लिए आयात पर निर्भर हैं। दूसरी तरफ रूस सहित सभी उत्पादक देश निर्यात करते हैं, क्योंकि अधिकतर देशों में इसकी मांग बहुत सीमित है। संयुक्त राज्य अमेरिका को दक्षिण अफ्रीका संघ, जिम्बाब्वे, फिलीपींस और टर्की से क्रोमाइट मिलता है। ये देश यूरोपीय देशों की भी माँग पूरी करते हैं, साथ ही अल्बानिया से भी उनको क्रोमाइट प्राप्त होता है। ब्रिटेन के स्रोत भी अफ्रीकी देश हैं। फ्रांस को मुख्यतः कालेडोनिया से क्रोमाइट मिलता है। जापान को भारत तथा फिलीपींस से क्रोमाइट मिलता है। सन् 1992 में 2937 लाख डालर मूल्य का क्रोमियम अयस्क का आयात हुआ और चीन, जापान, जर्मनी, इटली, सं.राज्य, फ्रांस और ब्रिटेन बड़े आयातक रहे। उसी वर्ष निर्यातकों में दक्षिण पूर्व सोवियत रूस के गणराज्य, अफ्रीका संघ, टर्की, भारत, ईरान, अल्बानिया, मोजाम्बिक, फिलीपींस, और नीदरलैण्ड प्रमुख निर्यातक के रूप में सामने आए।

निकेल

निकेल अयस्क मिश्रण के रूप में लौह, ताँबा, सल्फर आदि के अयस्कों के साथ प्राप्त किया जाता है। निकेल के अधिकतर माँग का उपयोग स्टेनलेस स्टील तथा अन्य निकेलयुक्त इस्पात बनाने में किया जाता है। लोहे के साथ इसे एल्युमिनियम, क्रोमियम, ताँबा आदि के साथ मिश्रित किया जाता है। विद्युत-लेपन

में भी इसका उपयोग बड़े पैमाने पर होता है। निकेल-मिश्रित इस्पातों का उपयोग ज्यादा संरक्षण, अधिक तापीय विभिन्नता, भारी भार तथा ज्यादा घर्षण वाले कार्यों में उपयोग आने वाली वस्तुएँ बनाने में प्रयोग किया जाता है। निम्न निकेल वाला इस्पात कठोर, मजबूत तथा तन्त्र होता है। अधिक निकेल वाला इस्पात घर्षण और ताप सा होता है। इसके कारण निकेलयुक्त इस्पात का उपयोग अनक वस्तुएँ बनाने में किया जाता है। अम्लीय क्षरण को रोकने की क्षमता के कारण निकेल-लेप का उपयोग खाद्य वस्तुओं के डिब्बों में किया जाता है।

निकेल का संचित भंडार-उपलब्ध अनुमानों के अनुसार विश्व में सन् 1989 में अनेक स्तर के निकेल का भंडार लगभग 1210 लाख शार्ट टन है। इसका एक तिहाई, कनाडा, उत्तरी अमेरिका के क्यूबा और संयुक्त राज्य में संचित है। दूसरा प्रमुख क्षेत्र ओसीनिया है जहाँ आस्ट्रेलिया और न्यू कैलीफोर्निया में विश्व का 18. 8 प्रतिशत निकेल का भंडार है। इनके अलावा रूस तथा दक्षिण अफ्रीका तथा कई उष्ण कटिबन्धीय देशों यथा—म्यांमार, ब्राजील, फिलीपींस, इण्डोनेशिया आदि में भी निकेल संचित हैं।

तालिका : विश्व में निकेल के भंडार एवं उत्पादन

क्षेत्र/देश	*भंडार*		*उत्पादन (हजार टन)*		
	लाख शार्ट टन	*प्रतिशत*	*1990*	*1991*	*1992*
विश्व के देश	1210.0	100.0	870.3	664.0	100.0
उ. अमेरिका			258.6	262.8	39.6
कनाडा	148.0	12.2	191.1	192.8	29.0
क्यूबा	250.0	20.7	38.4	35.4	5.3
डोमी.रिप.	7.0	0.6	28.7	29.1	4.4
ओसीनिया			151.2	168.5	25.4
न्यू कैलेडोनिया	165.4	13.6	85.0	99.7	15.0
आस्ट्रेलिया	53.0	4.4	66.2	68.8	10.4
एशिया			117.8	112.1	16.8
इण्डोनेशिया	140.0	11.6	68.8	66.1	9.9
चीन	10.0	0.8	33.2	27.5	4.1
फिलीपाइंस	121.0	10.0	15.8	18.4	2.8

अफ्रीका			66.9	61.8	9.3
द. अफ्रीका	29.0	2.4	36.3	30.0	4.5
बोत्सवाना	5.0	0.4	19.0	20.4	3.3
जिम्बाब्वे	1.1	0.1	11.4	11.3	1.7
यूरोप			40.9	35.8	5.4
ग्रीस	10.0	1.0	18.5	18.0	2.7
फिनलैंड	1.1	0.1	10.8	10.3	1.6
अल्बानिया	2.0	0.2	8.5	4.0	0.6
फिनलैंड	1.1	0.1	2.2	23.0	3.5
द. अमेरिका			23.0	23.0	3.5
ब्राजील	47.0	3.9	23.0	23.0	3.5
भू.सोवि.रूस	81.0	6.7	212.0		24.4

* सन् 1990 हेतु

स्रोत-भारतीय खनिज वर्ष पुस्तक 1992 तथा यू.एन. इण्डस्ट्रियल इयरबुक 1992

भारत में निकेल का उत्पादन नहीं के बराबर होता है। यह अपनी संबंधित जरूरतों के लिए पूरी तरह आयात पर निर्भर करता है। यह निकेल फास्फेट के रूप में झारखंड के घाटशिला ताँबा प्रगालक संयंत्र से मिलता है। निकेल का उत्खनन योग्य भंडार उड़ीसा के सुकिन्दा पेटी में पाया जाता है। कटक के इस क्षेत्र के अतिरिक्त क्योंझर जिले के सिम्पलीपाल क्षेत्र में भी निकेल के भंडार हैं। उड़ीसा राज्य में 0.5 प्रतिशत से अधिक धातु वाले 12 करोड़ टन भंडार होने का अनुमान है। भारत कुल 13 देशों से निकेल मंगाता है, जिनमें रूस, कनाडा, नीदरलैंड्स, ब्रिटेन और फ्रांस मुख्य हैं।

निकेल का अन्तर्राष्ट्रीय व्यापार-निकेल धात्विक उद्योगों में मिश्रण के लिए प्रयोग किया जाने वाला महत्वपर्ण खनिज है और इसका सुरक्षा के लिए भी अत्यधिक महत्व है। अगर रूस को छोड़ दिया जाय तो अधिकांश देश निकेल से संबंधित जरूरतों के लिए आयात पर निर्भर करते हैं। दूसरी तरफ सभी उत्पादक देशों में उपभोग सीमित होने के कारण निर्यात किया जाता है।

सन् 1992 में 280 करोड़ डालर मूल्य के निकिल का निर्यात किया गया। निर्यातकों में पूर्व सोवियत रूस के देश, नार्वे, कनाडा, जर्मनी और प्रमुख थे। साथ ही जिम्बाब्वे, फ्रांस, दक्षिण अफ्रीका और फिनलैंड उल्लेखनीय हैं। आयातकों में

जर्मनी, सं. राज्य, फ्रांस, जापान और इटली प्रमुख और कोरिया गणतंत्र, स्वीडन, स्पेन और बेल्जियम, लक्जेम्बर्ग गौण देश हैं।

मालिब्डेनम

इस अयस्क के साथ टंगस्टन भी पाया जाता है। मालिब्डेनम का अयस्क मालिब्डेनाइट है। मालिब्डेनम का इंजीनियरिंग इस्पात बनाने में उपयोग द्वितीय विश्वयुद्ध के बाद ही किया जाने लगा था। यह ज्यादा ताप सहन में सक्षम होता है। इसीलिए उच्च ताप वाला मिश्र इस्पात बनाने में इसका उपयोग किया जाता है। ज्यादा ताप में इसमें प्रसरण नहीं होता और यह सख्त बना रहता है। ठंडा होने पर भी इसमें कोई विकृति नहीं आती। इसीलिए इसे टंगस्टन का विकल्प माना जाता है। अलौहस और लौहस धातुओं के साथ मिश्रित करने के अतिरिक्त यह मालिब्डेनम यौगिकों जैसे अमोनियम आक्साइड तथा सोडियम मालिन्डेट्स और धातु का पाउडर के रूप में भी रूपांतरित किया जाता है। इससे फिलामेंट भी बनता है।

संचित भंडार-अद्यतन 1990 के अनुमानों के आधार पर विश्व में मालिब्डेनम धातु का समस्त भंडार 1180.4 करोड़ टन धातु है। इसका तकरीबन आधा संयुक्त राज्य अमेरिका में संचित है। चिली में संसार का एक-चौथाई भण्डार है। मैक्सिको, कनाडा, और पेरू के भी भण्डार प्रमुख हैं।

अंतर्राष्ट्रीय व्यापार-चिली, संयुक्त राज्य अमेरिका, पेरू और कनाडा प्रमुख निर्यातक हैं। ये अयस्क का सांद्रित रूप में निर्यात करते हैं। रूस, संयुक्त राज्य अमेरिका, फ्रांस और आस्ट्रेलिया फेरोमालिब्डेनम के निर्यातक हैं। लौह-इस्पात के वे सभी बड़े निर्माता इसका आयात करते हैं, जहाँ इसका उत्पादन नहीं होता है। बड़े आयातकों में ब्रिटेन, पश्चिम जर्मनी, जापान और फ्रांस हैं।

अलौह धातुएँ

अगर कहा जाय कि आज के समय के लिए लौह एक सर्वाधिक महत्वपूर्ण धातु है तो अतिशयोक्ति न होगी, लेकिन आधुनिक निर्माण उद्योगों में इसके अतिरिक्त कई धातुओं का उपयोग विभिन्न वस्तुएँ बनाने में किया जाता है। इनमें लौह-मिश्र धातुओं के अतिरिक्त टिन, ताँबा, सीसा, जस्ता, मैग्नीशियम और एलुमिनियम प्रमुख हैं। इनमें से एलुमिनियम तथा मैग्नीशियम के संभावित स्रोत

व्यापक हैं और नजदीक भविष्य में कमी होने की आशंका नहीं है। लेकिन टिन, जस्ता और सीसा की मांग अधिक है और इनकी कमी का अनुभव होने लगा है।

ताँबा

मनुष्य आदिम काल से ही तांबा से परिचित रहा है। तांबे के साथ टिन मिश्रित करके कांस्य का निर्माण किया गया था, तांबे के मिश्रण से पीतल भी बनाया जाता है। जिसका उपयोग उपकरण, सिक्के आदि बनाने में किया गया। उन्नीसवीं सदी में विद्युत आविष्कार से तांबे के महत्त्व में वृद्धि हो गई जिसके कई कारण हैं। तांबा ताप एवं बिजली का सुचालक होता है और तथा रासायनिक क्षरण का अवरोधक है। इसके तन्मयता के गुण के कारण विद्युत उपकरणों में प्रयोग किए जाने वाले अत्यंत बारीक तान बनाना संभव होता है। आघात वर्धनीयता गुण के कारण इसे प्लेट तथा शीट के रूप में ढाला जा सकता है। इसके साथ ही इसका उपयोग एलॉय के रूप में अन्य धातुओं को मिलाने में किया जाता है। तांबा-समिश्र धातुओं का उपयोग प्रकाश, ऊष्मा, एवं शक्ति टेलीग्राफ, रेडियो, टेलीफोन, रेल उपकरण, हवाई जहाज, जल जहाज, घरेलू तथा रेफ्रिजरेटर उपयोग की अन्य चीजें तथा लड़ाई के सामान तक बनाने में किया जाता है।

तांबे का अयस्क कई युगों के शैलों में मिलता है। तांबा धातु लौह धातुओं से भी विषम समझी जाती है। यह चट्टानों की दरारों में मिलता है या समस्त चट्टान में बारीकी से मिश्रित होता है। परिणामस्वरूप उत्खनित तांबा-अयस्क में धातु की मात्रा अत्यधिक होती है। इस कारण तांबा प्रगालक संयंत्र खदानों के पास ही लगाये जाते हैं।

ताँबे का संचित भंडार-विश्व में तांबे के अनुमानित भंडार 56.6 करोड़ टन हैं। इसका 80 प्रतिशत से अधिक केवल दस देशों-चिली, संयुक्त राज्य, पूर्व सोवियत रूस, आस्ट्रेलिया, जाम्बिया, पेरू, जायरे, कनाडा, फिलीपींस और पोलैंड में संचित है।

ताँबे का उत्पादन-सन् 1991 में खदानों में तांबे का उत्पादन 8192 हजार टन था। चिली, संयुक्त राज्य अमेरिका और रूस मिल कर विश्व का आधा तांबा उत्पन्न करते हैं। इसके अलावा कनाडा, जाम्बिया, पेरू, पोलैंड, आस्ट्रेलिया, चीन, मैक्सिको, जायरे, पापुआ न्यूगिनी, इण्डोनेशिया, दक्षिण अफ्रीका और पुर्तगाल भी प्रमुख तांबा उत्पादक देश हैं।

संयुक्त राज्य अमेरिका- तांबा उत्पादन के मामले में विश्व में दूसरा स्थान अमेरिका का है तथा भंडार (900 लाख टन) में भी चिली के बाद दूसरे स्थान पर हैं। तांबे के क्षेत्र देश के पश्चिमी भाग में फैले हैं। अधिकांश अयस्क में धातु की उपलब्ध मात्रा औसतन 0.7 प्रतिशत है, फिर भी अत्यधिक माँग और ऊँचे मूल्य के कारण इनका उत्खनन होता है। तांबे का उत्पादन मिशीगन राज्य के व्हाइट पाइन क्षेत्र में प्रारंभ किया गया था। आधुनिक समय में प्रमुख उत्पादक ऊटाह राज्य में बिंघम तथा मैकगिल क्षेत्र, मोंटाना में बुट्टे क्षेत्र, एरीजोना राज्य में मोरेंसी, ग्लोबेमियामी, बिस्बी और एजो जिलों के क्षेत्र तथा नेवादा में ऐरिंग्टन तथा एरी क्षेत्र हैं। दक्षिण पूर्व में जार्जिया में कापर हिल क्षेत्र से भी उत्पादन होता है।

कनाडा-तांबा उत्पादकों में कनाडा चौथे स्थान पर है। सन् 1991 में विश्व का 9.7 प्रतिशत तांबा जहां उत्पन्न किया गया। यहां तांबे के संचय पूरे देश में फैले हुए हैं, परन्तु प्रमुख उत्पादक क्षेत्र दक्षिणी पूर्वी भाग में है। यहां चार प्रमुख उत्पादक क्षेत्र हैं- विशाल झीलों के उत्तर स्थित ओन्टारियो राज्य के सडबरी बेसिन की खदानों से पूरे देश का आधा तांबा प्राप्त होता है। उत्तर-पश्चिमी क्यूबेक की खदानों का दूसरा स्थान है। मैनी ओबा और सस्केचवान की सीमा पर स्थित लिन लान क्षेत्र तांबा उत्पादन का कनाडा का तीसरा प्रमुख केन्द्र है। चौथा क्षेत्र कोलम्बिया का है, जहां भविष्य की संभावनाएँ अधिक हैं।

तालिका विश्व में खदानों से ताँबा का भंडार एवं उत्पादन

क्षेत्र/देश	*भंडार (1990)*		*उत्पादन 1991*	
	लाख टन	*%*	*हजार टन*	*%*
विश्व	5660	100.0	8192.8	100.0
चिली	1200	21.2	1855.1	22.6
संयक्त राज्य अमेरिका	900	15.9	1631.1	19.9
भूतपूर्व सोवियत रूस	540	9.5	900.0 *	10.9
कनाडा	230	4.1	797.6	9.7
जाम्बिया	340	6.0	400.0	4.9
पेरू	320	5.7	399.1	4.9
पोलैंड	150	2.7	381.7	4.7

आस्ट्रेलिया	410	7.2	328.0	4.0
चीन			300.0	3.7
मैक्सिको			296.1	3.6
जायरे	300	5.3	250.0	3.0
पापुआ न्यूगिनी			204.5	2.5
इण्डोनेशिया			200.0	2.4
दक्षिण अफ्रीका			192.9	2.3
पुर्तगाल			157.3	1.9
फिलीपींस	1800	3.2	115.0	1.4
यूगोस्लाविया			110.1	1.3
ईरान			90.7	1.0
स्वीडन			80.5	0.9
भारत			59.1	0.7

* सन 1990 हेतु

स्रोत-भारतीय खनिज वर्ष पुस्तक 1992 तथा यू.एन. इण्डस्ट्रियल इयरबुक 1992.

मैक्सिको—यहां प्रतिवर्ष 296.1 हजार टन से ज्यादा तांबा का उत्खनन होता है। यहां का प्रधान तांबा उत्पादक क्षेत्र उत्तर-पश्चिमी मैक्सिको में संयुक्त राज्य के एरीजोना राज्य के तारतम्य में फैला है। उत्तरी भाग में टोर्रेअन के नजदीक कई छोटी खदानें हैं। मध्य देश में सैन लुइस पोटोसी की खदानें हैं। इनसे उत्पादन तुलनात्मक रूप से कम होता है।

पूर्व सोवियत रूस—रूस विश्व का (10.9 प्रतिशत) तीसरा वृहत्तम तांबा उत्पादक देश है। सोवियत रूस के विघटन के बाद कुछ संचित भंडार अन्य राज्यों के पास चले गये। देश का सबसे प्रमुख तांबा उत्पादक क्षेत्र बाल्कश झील के करीब मध्य कजाकिस्तान में स्थित है, जहां कौनराद और झेज्काजगान प्रमुख तांबा उत्पादक हैं। दूसरा स्थान यूराल प्रदेश का है। इनके अलावा उजबेकिस्तान, ट्रांस काकेशिया में अर्मीनिया से तांबा अयस्क का उत्खनन होता है। उत्तरी रूस में कोला प्रायद्वीप, उत्तरी यूराल तथा ताइमीर प्रायद्वीप नोरिल्स्क क्षेत्रों से भी अन्य खनिजों के साथ तांबा प्राप्त होता है।

दक्षिणी अमेरिका

चिली और पेरू विश्व के तांबा उत्पादक देशों में क्रमशः प्रथम और छठवें स्थान पर हैं। यहाँ उत्तरी पेरू से लेकर मध्य चिली तक एण्डीज पर्वत के पश्चिमी ढालों पर तांबा के भंडार संचित हैं। प्रथम विश्व युद्ध के बाद चिली में तांबा उत्पादन के मामले में तेजी से वृद्धि हुई। इस देश में एण्डीज के ढालों पर कई तांबे की खदानें हैं, परन्तु निम्न तीन अति मशीनीकृत खदानों से देश का 90 प्रतिशत तांबा उत्पन्न किया जाता है। सैंटियागो से दक्षिण एण्डीज में एल तेनिएन्त की खदानें हैं, जो चिली का एक-तिहाई तांबा उत्पन्न करती हैं। एल सेलवाडोर खदानों का उत्पादन में तीसरा स्थान है। इनके अतिरिक्त तटीय श्रेणियों तथा मरुस्थल के दक्षिणी भाग में अनेक छोटी-छोटी खदानें हैं।

पेरू में लीमा के उत्तर मध्य कार्डिलेरा में स्थित सेरोंड पास्को क्षेत्र तांबा का सर्वप्रमुख क्षेत्र रहा है। इसका भंडार समाप्तप्राय है। पश्चिमी कार्डिलेरा में कसपाल्का और मोरोकोका क्षेत्रों में भी तांबे का उत्पादन होता है। दक्षिणी पेरू के मरूस्थली क्षेत्र में टोक्वेपाला खदानों के खुलने पर देश के उत्पादन में काफी वृद्धि हुई है। उत्तरी भाग में क्वीरूविल्का क्षेत्र भी उल्लेखनीय है।

अफ्रीका

दक्षिणी अफ्रीकी के कई देश तांबे का उत्पादन करते हैं। कांगो-जाम्बेजी पठारों पर तांबा के कई क्षेत्र हैं जो जाम्बिया और जायरे में फैले हैं। ये दोनों देश तांबा उत्पादकों में विश्व के पांचवें और ग्यारहवें स्थान पर हैं। उत्तरी जाम्बिया से लेकर जेबरे के दक्षिणी भाग में स्थित कटंगा राज्य तक लगभग 450 किमी लम्बी विश्व की सबसे अधिक सम्पन्न तांबे की पेटी फैली है। जायरे के दक्षिणी पठारी भाग पर भी कई केन्द्र हैं जो जाम्बिया की अपेक्षा छोटे हैं। इनमें मुसोनोई, कमोटो, रूवे ककंडा और किपुशी माइन्स उल्लेखनीय हैं। ये केन्द्र जाम्बिया से लोबिटो जाने वाले रेल मार्ग पर हैं। इन देशों में तांबा के उत्खनन का विकास यूरोपीय लोगों द्वारा किया गया है, जिससे अब भी उत्पादित तांबे का अधिकांश भाग यूरोपीय देशों को जाता है। दक्षिणी अफ्रीका में तांबे की तीन प्रमुख खदानें-मेस्सिना, नवबीप और लाबोर्बा है।

एशिया

एशिया के दक्षिणी-पूर्वी भागों में सबसे ज्यादा तांबा का उत्पादन किया जाता

हैं। यहां चीन, इण्डोनेशिया, फिलीपींस, ईरान और भारत मुख्य उत्पादक है। चीन का उत्पादन में इस महाद्वीप में प्रथम स्थान है। यहां बड़े भंडार नहीं हैं। दक्षिणी और पूर्वी चीन में कई छोटे उत्पादक केन्द्र हैं। इनमें शाओं कुआन, वेनिंग हुइत्से, लिचियांग मुख्य हैं। पश्चिमी चीन में पाइचेंग तथा कुचे की खदानें हैं। दक्षिणी मंचूरिया से भी तांबा प्राप्त होता है। इंडोनेशिया में तांबे का उत्पादन सन 1991 में 200 हजार टन हुआ। जापान का उत्पादन पिछले वर्षों में गिरा है। जापान के उत्पादन क्षेत्र शिकोकू (बेरूसी) और होंशू (ओकायामा, एशियो, हितची, मियाको, इनावा, कोसाका, ओसरीजावा, कोजान आदि) द्वीपों पर फैले हैं। इन देशों के अतिरिक्त ईरान (तलमेस्सी-मेस्कानी) टर्की (मुर्गुल और एलाजिंग एर्गनी क्षेत्र), उत्तरी कोरिया (कप्स्नूप वेथा सोधुंग्नी) और मलेशिया में भी तांबा का उत्पादन होता है।

भारत-निकेल की तरह भारत में तांबा का उत्पादन नहीं के बराबर होता है। यहां विश्व का केवल 0.7 प्रतिशत तांबा धातु का उत्पादन होता है। पिछले वर्षों में भारत का उत्पादन बढ़ा है। तथापि यहां आज भी मांग की अधिकता के कारण आयात होता है। इसमें तांबा, तांबा मिश्रित धातुओं और स्क्रेप तांबा सम्मिलित हैं। परिणामस्वरूप देश के कई भागों में तांबे की खोज की जा रही है। वर्तमान अन्वेषण के अनुसार 32.5 करोड़ तांबा अयस्क होने का अनुमान है जिससे 32.1 लाख टन धातु प्राप्त हो सकती है। अनुमानित तांबा अयस्क के भंडार का 33.8 प्रतिशत झारखण्ड (सिंहभूम), 29.5 प्रतिशत मध्य प्रदेश (बालाघाट) और 28.0 प्रतिशत राजस्थान (झुंझुनू, अलवर, सिरोही और भीलवाड़ा) में संचित है। इनके अतिरित्त कर्नाटक, गुजरात, महाराष्ट्र, उड़ीसा और आंध्र में भी तांबे के भंडार हैं।

यूरोप

दक्षिणी स्पेन में तांबे का उत्पादन बहुत पहले से हो रहा है। वर्तमान समय में पोलैंड, पुर्तगाल, यूगोस्लाविया और स्वीडन में तांबे का उत्पादन उल्लेखनीय है। पोलैंड में लेग्निका तथा लूबिन, पूर्वी यूगोस्लाविया में मजदनपेक तथा स्वीडन में बोलीडेन क्षेत्र तांबा उत्पादन के मुख्य केन्द्र हैं। इनके अतिरिक्त बुल्गारिया, रोमानिया, नार्वे, फिनलैंड और स्पेन में भी तांबा का उत्पादन उल्लेखनीय है।

तांबे का अन्तर्राष्ट्रीय व्यापार

औद्योगिक रूप से महत्त्वपूर्ण होने के कारण तांबे का अन्तर्राष्ट्रीय बातार गर्म रहता है। सन 1992 में निर्यात किए गए तांबा अयस्क एवं सार का मूल्य 407

करोड़ डालर था। निर्यातकों में चिली, इण्डोनेशिया, कनाडा, पापुआ न्यूगिनी, संयुक्त राज्य और पुर्तगाल आस्ट्रेलिया, फिलीपींस, पेरू और मैक्सिको उल्लेखनीय रहे हैं। तांबे के आयातकों में जापान सबसे आगे है जिसने विश्व के कुल आयात का 54.2 प्रतिशत तांबा आयात किया। इसके साथ ही जर्मनी, ब्राजील, स्पेन कनाडा, फिलीपींस, कोरिया गणतंत्र, चीन, फिनलैंड और संयुक्त राज्य अमेरिका अन्य उल्लेखनीय आयातक देश हैं।

टिन

टिन या रांगे के उपयोग का ज्ञान कांस्य युग से है जब इसे तांबे के साथ मिश्रित करके कांसा तैयार किया जाता था। आजकल इसका प्रयोग विभिन्न कामों में किया जा रहा है। इसका सबसे बड़ा आक्सीजनीकरण और जैविक तथा अजैविक अम्लों से प्रभावित न होना है। यह बहुत मुलायम होता है और कम ताप पर पिघल जाता है। इसकी आसानी से अत्यन्त पतली चादरें बनाई जा सकती हैं। इसका सबसे ज्यादा प्रयोग टिन प्लेट बनाने में किया जाता है, जिसे कलई करना कहते हैं जिससे भोज्य सामग्री बन्द करने के डिब्बे बनाये जाते हैं। टंकण अक्षरों की ढलाई, टांका, मोटर, वायुयान तथा विद्युत उद्योगों तथा विभिन्न प्रकार के रसायन बनाने में भी इसका इस्तेमाल होता है। अलौह धातुओं में मिश्रित करके रसायन बनाने में भी इसका उपयोग होता है। अलौह धातुओं में मिश्रित करने और लौह इस्पात उद्योग में पूरक के रूप में भी इसका उपयोग उल्लेखनीय है।

टिन का संचय-टिन प्रमुखतः रंगा पत्थर में मिलता है। यह मूलतः ग्रेनाइट या शिष्ट जैसी रूपान्तरित चट्टानों में शिराओं की संख्या पर्याप्त हो जिससे चट्टानों से सीधे रांगा प्राप्त किया जा सके। ऐसे जमावों को लोड या वेन निक्षेप कहते हैं। विश्व का अधिकांश टिन इन रांगायुक्त चट्टानों के अपरदन और निद्वक्षेपण से प्राप्त जलोढ़ निक्षेपों से प्राप्त होता है, इसे प्लेसर निक्षेप कहते हैं।

विश्व में टिन का अनुमानित भंडार 44.1 लाख टन है। इसका अधिकांश भाग दक्षिण-पूर्वी एशिया के देशों में संचित है। इस क्षेत्र में मलेशिया, इण्डोनेशिया, थाइलैंड और म्यांमार मुख्य हैं। पूर्वी एशिया में चीन, रूस के पूर्वी साइबेरिया के क्षेत्र स्थित हैं। एशिया से बाहर दक्षिणी अमेरिका में ब्राजील और बोलीविया, आस्ट्रेलिया और अफ्रीका में नाइजीरिया और जायरे के टिन भण्डार भी उल्लेखनीय हैं।

टिन का विश्व में उत्पादन-विश्व में टिन का प्रधान उत्पादक क्षेत्र दक्षिणी-पूर्वी एशिया है। यहां थाइलैंड, मलेशिया, चीन और इण्डोनेशिया वृहत

उत्पादक देश हैं। इनके अलावा आस्ट्रेलिया, पेरू, कनाडा, पुर्तगाल, जायरे और ब्रिटेन गौण उत्पादक हैं।

चीन-आज के समय देश टिन का अग्रणी उत्पादक देश है। टिन के भण्डार दक्षिणी-पूर्वी चीन में हैं। युनान प्रान्त के कोचिउ और प्रमुख उत्पादक क्षेत्र हैं। इनके अथवा हिवान, तिएन चंग, झुचिन, तायु और यांग्लोचीह क्षेत्रों में भी टिन का उत्पादन होता है।

मलेशिया-संसार का चौथा टिन उत्पादक है, जहां से संसार का लगभग 11.7 प्रतिशत टिन मिलता है। टिन तटीय जलोढ़ मैदानों और घाटियों में पाया जाता है जहां मध्यवर्ती पर्वतीय क्षेत्रों से अपरदित होकर आया है। अधिकतर उत्पादन पश्चिमी तीन राज्यों, सेलांगर, पेराक और पहांग से प्राप्त है। अतटीय क्षेत्रों से भी उत्पादन होता है। कुछ रांगा पत्थर का ही निर्यात होता है लेकिन अधिकतर टिन गलाने के बाद निर्यात किया जाता है। गलाने के कारखाने पेनांग, सेलांगर (मलाया) और सिंगापुर में स्थित हैं।

थाइलैंड-संसार में छठा टिन उत्पादक देश है। यहां टिन की सवा छः सौ से ज्यादा खदानें हैं। यहां के उत्पादक क्षेत्रों में फांगग, फुकेट, पा, रनोंग, टाकुआ प्रचुआप खिन-खान, तरबन, कंचेनवरी आदि प्रमुख हैं। टिन गलाने का कारखाना फुकेट में स्थित है।

विश्व में टिन का विवरण
(हजार मीट्रिक टन में)

देश/क्षेत्र	*भंडार (धातु में)*	*प्रतिशत*	*उत्पादन 1990*	*1991*	*% 1991*
विश्व	**4410**	**100.0**	**215.5**	**176.6**	**100.0**
मलेशिया	**1110**	**25.2**	**28.5**	**20.7**	**11.7**
थाईलैंड	**270**	**6.4**	**14.6**	**10.9**	**6.2**
इण्डोनेशिया	**680**	**15.4**	**31.3**	**30.0**	**17.0**
चीन	**400**	**9.1**	**42.0**	**43.0**	**24.3**
पेरू			**5.1**	**6.6**	**3.7**

पुर्तगाल	70	1.6	1.4	3.1	1.8
रूस	200	4.5	13.0		6.0
बोलीविया	140	3.2	17.2	16.8	9.5
आस्ट्रेलिया	310	7.0	8.0	5.5	3.1
जायरे	20	0.5	1.6	1.8	1.0
दक्षिण अफ्रीका			1.1	1.0	0.6
ब्राजील	650	14.7	39.1	29.3	16.6
ब्रिटेन	90	2.0	3.4	2.3	1.3
कनाडा	60	1.4	2.8	2.7	1.5

* सन 1990 हेतु

स्रोत-भारतीय खनिज वर्ष पुस्तक 1992 तथा यू.एन. इण्डस्ट्रियल इयरबुक, 1992.

इण्डोनेशिया-उत्पादन की दृष्टिकोण से चीन के बाद इण्डोनेशिया का स्थान है। टिन का उत्पादन सुमात्रा से पूर्व स्थित बिलिटन बंग्का, और पुलाव, सिंगकेप द्वीपों पर होता है।

भारत-भारत में टिन के संचय का पता हाल ही में चला है। परिणामस्वरूप कुछ वर्ष पूर्व ही टिन का उत्पादन शुरू हुआ। टिन के भंडार मध्य प्रदेश के बस्तर जिले तथा उड़ीसा के कोरापुट जिले में मिले हैं। अनुमानित भंडार 2.9 करोड़ टन है। टिन अयस्क का उत्पादन सन 1988-89 में 25 टन से बढ़कर सन 1990-91 में 174 टन हो गया है। इसका 90 प्रतिशत मध्य प्रदेश (बस्तर) में पाया जाता है।

पूर्व सोवियत रूस-विश्व में रूस टिन का सातवाँ उत्पादक देश बन गया है। रूस में टिन उत्पादन में प्रगति नवीन है। द्वितीय विश्व युद्ध के कुछ पूर्व ब्लाडीवोस्टक के उत्तर में टिन के संचय का पता लगा और उत्पादन प्रारम्भ किया गया। आजकल में यहां टिन उत्पादन के पांच प्रमुख क्षेत्र हैं- 1. ब्लाडीवोस्टक प्रदेश- खुस्ताल्निय, कोम्सोमोलस्क, और ओब्लुच्ये 2. याना नदी बेसिन- बर्खोयान्स्क, देपुताल्स्की, एगे खाया क्षेत्र, 3. बैकाल झील प्रदेश- शिर्लोवाया, खापचेरांगा, गोरा, ओलोव्यान्नाया क्षेत्र, 4. पूर्वी वाइबेरिया चोन्स्काया, यागोदूनोथे और उस्त ओंचुंग तथा 5. मध्य

साइबेरिया-चर्दोयाक क्षेत्र। टिन के सांद्रण संयंत्र तो खदानों के पास हैं लेकिन टिन प्रगालक संयंत्र सिर्फ नावोसिविस्क (मध्य साइबेरिया) में लगाया गया है।

बोलीविया-टिन उत्पादन के मामले में बोलीविया का स्थान दक्षिणी अमेरिका में प्रथम एवं विश्व में पांचवां है। टिन के संचय पूर्वी एंडीज में ओरूरों से दक्षिण पोटोसी होते हुए अर्जेन्टाइना की सीमा तक लगभग 150 मील चौड़ी पट्टी में फैले हैं। टिन का पिंड बनाकर ब्रिटेन, संयुक्त राज्य और यूरोपीय देशों को पेरू तथा चिली के बन्दरगाहों से निर्यात किया जाता है। कुल निर्यात मूल्य का दो-तिहाई टिन से मिलता है।

आस्ट्रेलिया-यह टिन उत्पादन में पिछले दशकों में तेजी से विकास किया है। सन 1991 में विश्व का 3.0 प्रतिशत टिन यहां उत्पन्न किया गया जो 1980 के बाद निरंतर कम होता गया। सबसे मुख्य उत्पादक क्षेत्र क्वींसलैंड प्रान्त में टाउन्स विले से उत्तर हर्बर्टन क्षेत्र है। इसके अतिरिक्त न्यू साउथ वेल्स में टोंगा, कोंडोबोलिऩ और अर्डलेथन, पश्चिमी आस्ट्रेलिया में पिलबरा और ग्रीन बुशेस तथा तस्मानिया में भी टिन के संचय हैं।

अफ्रीकी देश-अफ्रीका में टिन के बहुत से छोटे उत्पादक देश हैं। इनमें जायरे, दक्षिणी अफ्रीका, रूआण्डा तथा जिम्बाब्वे प्रमुख नामीबिया नाइजीरिया और बुरूंडी छोटे उत्पादक देश हैं। कई अन्य देश भी टिन का उत्खनन करते हैं। जायरे यहां का सबसे बड़ा उत्पादक है।

टिन का अन्तर्राष्ट्रीय व्यापार-पूर्व सोवियत रूस को छोड़कर टिन के प्रधान उपभोक्ता इसके उत्पादन के ख्याल से महत्वपूर्ण नहीं है। इसीलिए टिन का बड़े पैमाने पर व्यापार होता है। इस व्यापार को संतुलित बनाने के कई प्रयास किये गये हैं। जिनमें अंतिम प्रयास 1961 की जुलाई में द्वितीय अन्तर्राष्ट्रीय टिन समझौता है जो छः उत्पादक और 12 उपभोक्ता देशों द्वारा तय किया गया है। इस समझौते के अन्तर्गत अधिक उत्पादन होने पर उत्पादकों को कोटा निश्चित किया गया है। यह भी उल्लेखनीय है कि टिन का व्यापार स्थायी सा हो गया है। तकनीकी विकास के कारण कई कार्यों में लगने वाली मात्रा बहुत कम हो गई है। निर्यात एक तिहाई अयस्क के रूप में तथा दो-तिहाई धातु के रूप में होता है। सन 1992 में 137.6 करोड़ डालर का टिन का निर्यात व्यापार हुआ। प्रमुख निर्यातक सिंगापुर, मलेशिया, चीन, इण्डोनेशिया, सं.राज्य, ब्राजील, बोलीविया और मुख्य हैं। सं.रा., जापान, जर्मनी, हांगकांग तथा ब्रिटेन सहित सभी पश्चिमी यूरोपीय देश मुख्य आयातक हैं। कोरिया गणतंत्र, कनाडा और भी बड़े आयातकों में हैं।

सीसा

सीसा भी एक प्राचीन धातु है और इसका उत्पादन शुरू से ही होता आ रहा है और आधुनिक समय में परिवहन, संचार और ऊर्जा के उत्पादन में इसकी महत्वपूर्ण भूमिका है। यह नरम, भारी, तन्य और घातवर्ध्य होता है। अन्य धातुओं के साथ आसानी से मिल जाता है और क्षरण का अवरोधक होता है। यह अधिक ताप पर उबलता है, लेकिन न्यूनताप पर भी पिघल जाता है तथा सौर अथवा अन्य लघुतरंग विकिरण के लिए अप्रवेश्य होता है।

सामान्यतः सीसा और जस्ता साथ-साथ पाये जाते हैं, लेकिन अलग भी पाये जाते हैं। इसके साथ सोना, चांदी, तांबा तथा अन्य खनिज मिलते हैं। सीसा के प्रमुख स्रोत सेरूसाइट (कार्बोनेट) गैलिना (सल्फाइड) तथा ऐंग्लेसाइट (सल्फेट) है।

सीसा का विश्व उत्पादन-संसार में सीसा (धातु) का उत्पादन सन् 1953 में 2010 हजार टन से बढ़कर 1991 में 2895.4 हो गया है। संयुक्त राज्य अमेरिका विश्व में सबसे बड़े उपभोक्ता के साथ उत्पादन में द्वितीय स्थान पर है और आस्ट्रेलिया प्रथम स्थान पर (तालिका)। चीन, रूस, पेरू और कनाडा सहित छः देश विश्व का तीन-चौथाई सीसा उत्पन्न करते हैं। इनके अतिरिक्त उत्तरी कोरिया, मैक्सिको, स्वीडन और यूगोस्लाविया बड़े उत्पादक तथा दक्षिण अफ्रीका, स्पेन, मोरक्को, बुल्गारिया, भारत, ग्रीस आयरलैंड अन्य प्रमुख उत्पादक हैं।

उत्तरी अमेरिका-संयुक्त राज्य का सापेक्षिक महत्व कम होता जा रहा है फिर भी उत्पादन के दष्टिकोण से यह दूसरे स्थान पर है। यहाँ सर्वाधिक उत्पादन दक्षिण-पूर्वी मिसौरी राज्य में लेट और बोनेतेरे रॉक के नजदीक स्थित सीसा पेटी से होता है। इडाहो में स्थित कूद द अलेन क्षेत्र और ऊटा तथा कोलोरेडो राज्यों से सीसा पाया जाता है।

कनाडा का उत्पादन (235.0 हजार टन) में पांचवां स्थान है। ब्रिटिश कोलंबिया के दक्षिण-पूर्वी भाग के पर्वतीय भाग से अधिकतर सीसा पाया जाता है। न्यूफाउंडलैंड, यूकोन और मैनीटोबा से भी सीसा का उत्पादन होता है। यहां भी पिछले दशक में उत्पादन कम हुआ है।

रूस में मुख्य सीसा उत्पादक क्षेत्र पूर्वी कजाकिस्तान में अल्टाई पर्वतीय क्षेत्र है। दूसरे क्षेत्रों में उत्तरी काकेशस उत्तरी तदझिकिस्तान तथा सुदूर पूर्व में सिखोता पर्वतीय क्षेत्र प्रमुख हैं। सन 1990 में यहा का कुल उत्पादन 450 हजार टन था लेकिन मध्य एशिया के गणराज्य रूस से अलग हो गये हैं। इसलिए यहां का सम्मिलित उत्पादन सन 1990 के बाद होता है।

आस्ट्रेलिया-आस्ट्रेलिया विश्व में एक बड़ा सीसा उत्पादक हैं। यहां सीसे का बड़ा संचयन उत्तर-पश्चिमी क्वींसलैंड के ईसा माउंट तथा यू साउथ वेल्स के ब्रोकेन पहाड़ी क्षेत्र में स्थित हैं। तस्मानिया में रोबेरी क्षेत्र से भी इसका उत्पादन होता है।

लैटिन अमेरिका-लैटिन अमेरिका में पेरू के मध्य-पश्चिमी भाग में जस्ते और तांबे के साथ सीसे की भी खदानें हैं। इनमें पास्को, आलोरोया, हुआको, हुआ कावेलिका, लीमा आदि मुख्य उत्पादक क्षेत्र हैं।

मैक्सिको में सीसा की कई खदानें हैं, इनमें से प्रमुख चिहुआनहुआ, जकाटेकास तथ्सस सान लुइस प्रदेशों में स्थित हैं। लैटिन अमेरिका के छोटे उत्पादकों में अर्जेन्टाइना, बोलीविया और ब्राजील हैं।

एशिया- सीसा उत्पादन के ख्याल से एशिया महाद्वीप बहुत महत्वपूर्ण क्षेत्र नहीं है।। हाल ही में चीन का उत्पादन (380 हजार टन) बढ़ा है। यहां मंचूरिया का फुशुन क्षेत्र प्रमुख है। उत्तरी कोरिया (120 हजार टन) में जापान, लोनगान में होंश में कैमिओका और मिगयागी तथा म्यांमार में बान्विन क्षेत्र प्रमुख हैं। भारत (1991 में 155.9 हजार टन) का उत्पादन तेजी से बढ़ा है। यहां प्रमुख क्षेत्र राजस्थान के उदयपुर और आंध्र के गुंटूर जिलों में मौजूद हैं।

विश्व में सीसा का विवरण (हजार टनों में)

क्षेत्र/देश	*सीसा*		*जस्ता*	
	1980	*1991*	*1980*	*1991*
विश्व	3518	2898.4	5761	6594.1 *
संयुक्त राज्य अमेरिका	549	465.9	335	517.8
रूस	528	450 (1990)	785	750 (1990)
आस्ट्रेलिया	395	542.0	494	919.0
कनाडा	274	235.0	895	1148.2
पेरू	189	203.0	487	623.0
चीन	155	380.0	160	650.0
मैक्सिको	146	157.9	238	304.1
मोरक्को	130	70.6		26.8
यूगोस्लाविया	119	90.0	100	75.0

बुल्गारिया	116	40.6	87	39.1
उ. कोरिया	100	120.0	140	200.0
स्पेन	77	45.7	168	261.2
स्वीडन	72	87.0	167	157.5
पोलैंड	59	4.7	180	144.7
आयरलैंड	59	39.9		187.5
दक्षिण अफ्रीका		76.3		66.6
जापान	45	18.3	238	133.0
ग्रीस		31.7		30.0
भारत		45.1		155.9
ब्राजील		9.2		135.0
बोलीविया		20.8		129.3

स्रोत-यू.एन. स्टेटिस्टिकल इयर बुक, 1981 तथा इण्डस्ट्रियल इयरबुक 1992.
* पूर्व सोवियत रूस रहित

यूरोप- विश्व में यूरोप एक ऐसा महाद्वीप है जहां सीसा का उत्पादन पर्याप्त मात्रा में होता है। यूगोस्लाविया में जेटोवा, तथा सवाक, बुल्गारिया में रूदोजेम क्षेत्र, स्पेन में कोर्डोबा, मुर्सिया तथा जाएन क्षेत्र, स्वीडन में सैस्बर्गेट खानें ऊपरी आयरलैंड और साइलेशिया का उत्पादन प्रमुख है। ग्रीस, बुलगारिया, चेकोस्लावाकिया, इटली और पोलैंड में भी इसका उत्पादन किया जाता है। अफ्रीका में दक्षिण अफ्रीका, नामीबिया, मोरक्को का स्अुमेव और जाम्बिया का ब्रीकेन पहाड़ी क्षेत्र भी प्रमुख हैं। जायरे की किपुसी जस्ता की खदानों से भी सीसा मिलता है।

सीसे का अन्तर्राष्ट्रीय व्यापार-सन् 1992 में लगभग 107 करोड़ डालर मूल्य के सीसा का निर्यात हुआ। विश्व के दस प्रमुख निर्यातकों में आस्ट्रेलिया, ब्रिटेन, कनाडा, बेल्जियम-लग्जेम्बर्ग, जर्मनी, फ्रांस मैक्सिको और संयुक्त राज्य अमेरिका प्रमुख हैं। आयतकों में भी ब्रिटेन, राज्य, संयुक्त कोरिया गणराज्य जर्मनी, और इटली मलेशिया, जापान, फ्रांस नीदरलैंड, और बेल्जियम-लग्जेम्बर्ग अन्य उल्लेखनीय निर्यातक देश हैं।

जस्ता

सीसे का जुड़वां खनिज जस्ता है। इसकी अनेक धातुओं से मिश्रित होने की

क्षमता और आक्सीजनीकरण-सह्य होने के कारण से ही यह महत्वपूर्ण खनिज समझा जाता है। इसका पतला आवरण चढ़ाकर एवं इस्पात की चादरें जस्तेदार लौह बनाई जाती हैं इन पर क्षरण तथा जंग का कम प्रभाव पड़ता है। डाइकास्टिंग मिश्र धातु के रूप में भी इनका उपयोग मुख्य है। इस तरह मिश्र धातुओं से मोटरगाड़ी और दूसरी मशीनों के छोटे पुर्जे बनाये जाते हैं। जस्ता और तांबा के मिश्रण से पीतल बनाया जाता है। यह एक लोकप्रिय धातु है। इसका सबसे ज्यादा उपयोग बर्तन बनाने में किया जाता है। छत की चद्दरें, तार, पाइप, बर्तनों के ऊपर लेपन, रंगादि, दवाइयाँ, मोटर उद्योग तथा शुष्क बैटरी उद्योग में भी इनका इस्तेमाल किया जाता है।

जस्ते का विश्व उत्पादन-सन् 1981 में खदानों से जस्ता धातु का उत्पादन 6594.1 हजार टन रहा। कनाडा सबसे बड़ा उत्पादक रहा। रूस, आस्ट्रेलिया, चीन, संयुक्त, पेरू राज्य, स्पेन और प्रधान जस्ता उत्पादक देश हैं। इनके साथ आयरलैंड, उत्तरी कोरिया, भारत, स्वीडन, ब्राजील, पोलैंड, जापान और बोलीविया मिलकर विश्व का 96 प्रतिशत से ज्यादा जस्ता उत्पन्न करते हैं। ईरान, फिनलैंड, यूगोस्लाविया, जायरे, होंडूरास, दक्षिण अफ्रीका, नामीबिया, इटली, ग्रीस चिली और बुल्गारिया में उत्पादन उल्लेखनीय रूप से होता है।

उत्तरी अमेरिका-विश्व का सिर्फ एक चौथाई जस्ता ही उत्तरी अमेरिका के देशों में पैदा किया जाता है। सन 1957-61 का औसत लगभग एक-तिहाई था। यहां अब कनाडा विश्व का बड़ा उत्पादक हो गया है। ब्रिटिश कोलंबिया के सीमा क्षेत्र की ही किम्बरले आदि खदानों से ज्यादातर जस्ता प्राप्त होता है।

संयुक्त राज्य अमेरिका का न सिर्फ सापेक्षिक बल्कि वास्तविक उत्पादन घट रहा है। सन 1920 में यहां विश्व के कुल जस्ता उत्पादन का 62 प्रतिशत उत्पादन किया गया लेकिन सन 1991 में सिर्फ 7.9 प्रतिशत ही। इस प्रकार अब यह विश्व में छठे स्थान पर आ गया है। वर्तमान समय में न्यूयार्क और टेनेसी राज्यों से अधिकांश जस्ता प्राप्त होता है। अन्य राज्यों में भी जस्ते की छोटी-छोटी खदानें हैं संयुक्त राज्य के उत्पादन घटने के साथ आयात पर निर्भरता बढ़ रही है। यह मैक्सिको कनाडा, और पेरू से आयात करता है।

मैक्सिको विश्व का सातवां जस्ता उत्पादक राष्ट्र है। अधिकतर उत्पादन उत्तरी तथा मध्य मैक्सिको में होता है। सैनफ्रांसिको, सान्ता बरबरा, डेल ओरा, फेसनिल्लो हिडाल्गो डेल पराल, तथा चरकास प्रमुख उत्पादक क्षेत्र हैं।

पूर्व सोवियत रूस-जस्ता उत्पादन के मामले में रूस में वृद्धि दर निरंतर घटती जा रही है। जस्ता के प्रमुख उत्पादक केन्द्र उत्तरीकाकेशस, पूर्वी कजाकिस्तान, और सुदूर पूर्व और मध्य यूराल में स्थित हैं। यूक्रेन में डोनबास क्षेत्र और ट्रांस बैकाल में

भी जस्ता का उत्पादन होता है। मध्य एशिया के राज्य के अलग होने के बाद यहां का उत्पादन और भी घट गया है।

आस्ट्रेलिया—विश्व के द्वितीय वृहत उत्पादक आस्ट्रेलिया का पिछले चार दशकों में जस्ते का उत्पादन बढ़ा है। यहां न्यू साउथ वेल्स का ब्रोकेन पहाड़ी तथा क्वींसलैंड का माउंट ईसा के सीसा-जस्ता क्षेत्र विश्व विख्यात है। तस्मानिया के राजबेरी सीसा खदानों से भी जस्ते का उत्पादन होता है।

यूरोप-सीसा की तरह जस्ता के क्षेत्र में भी यूरोपीय देशों का योगदान महत्त्वपूर्ण है। स्पेन का पहला स्थान है जहां उत्तरी भाग में स्थित सैटण्डर क्षेत्र प्रमुख हैं। आयरलैंड दूसरे स्थान पर है। पोलैंड चौथे स्थान पर है जहां अपर साइलेशिया में सीसा की तुलना में जस्ता का उत्पादन होता है। पिछले वर्षों में स्वीडन का उत्पादन स्पेन से कम हो गया है। जर्मनी का हार्ज पर्वत सीसा-जस्ता क्षेत्र काफी समय से विख्यात है। यूगोस्लाविया के सभी सीसा उत्पादक क्षेत्रों से जस्ता भी मिलता है। बुल्गारिया में भी जस्ता उत्पादन तेजी से बढ़ा है जहां रूडोजेम क्षेत्र में जस्ता और सीसा मिलता है।

एशिया-एशिया में उत्तरी कोरिया, चीन, जापान और भारत का उत्पादन प्रमुख है। जापान में होंशू द्वीप पर सीसे-जस्ते की कई खदानें हैं। चीन के उत्तरी भाग में हुलुताओं तथा दक्षिण पूर्व में सुंग पाई प्रमुख उत्पादक क्षेत्र हैं। पिछले कुछ दशकों में यहां भी वृद्धि हुई है और अब चीन एशिया का अग्रणी उत्पादक है। उत्तरी कोरिया के नाम्पओं क्षेत्र में उत्पादन होता है। ईरान, दक्षिणी कोरिया और टर्की में भी जस्ते का थोड़ा उत्पादन किया जाता है। भारत में 1991 में 156 हजार टन जस्ते का उत्पादन हुआ। पिछले कुछ दशक में यहां भी वृद्धि हुई है। उत्पादन का प्रमुख क्षेत्र राजस्थान राज्य के उदयपुर जिले में मौजूद है। यहां कुल संचय 390.34 मिलियन टन अनुमानित है। यहां राजपुरा-दरिबा और जावर क्षेत्र की खदानें प्रमुख हैं। अब देश जस्ते के लिए आत्मनिर्भर हो गया है।

अफ्रीका-अफ्रीका में सीसे के साथ ही जस्ते का उत्पादन होता है। जायरे में कटंगा तांबा क्षेत्र में जस्ता भी भिन्नता है। किपुशी खदानें प्रमुख हैं। जाम्बिया में ब्रोकेन पहाड़ी क्षेत्र, मोरक्को में अल आवेद, नामीबिया में वर्ग औकास, अल्जीरिया औ कांगो में भी जस्ता का उत्पादन किया जाता है। दक्षिण अफ्रीका इस महाद्वीप का बड़ा जस्ता उत्पादक है।

बॉक्साइट

एलुमिनियम धातु का प्रमुख स्रोत बॉक्साइट है। यह कोई एक विशुद्ध खनिज नहीं है अपितु क्ले की तरह कई एलुमिनियम ऑक्साइड्स का सम्मिश्रण होता है।

इसका निर्माण आर्द्र और गर्म दिशाओं में चट्टानों के अपक्षण और सतत निक्षालन से होता हे। गर्म आर्द्र दिशाओं में घुलनशील पदार्थ निक्षालित हो जाते हैं और आयरन ऑक्साइड एलुमिनियम हाइड्रोआक्साइड, अवशिष्ट के रूप में बचे रह जाते हैं। यदि अवशिष्ट में लोहे की मात्रा कम है तो वह मुख्यतः एलुमिनियम आक्साइड्स का संयोजन होगा, जिसे ही बॉक्साइट कहते हैं। इस तरह की निर्माण की प्रक्रिया के कारण बॉक्साइट उत्पादक मुख्य क्षेत्र उष्ण और उतोष्ण कटिबन्धों में मौजूद हैं। कुछ ऐसे बॉक्साइट के क्षेत्र हैं जहां भूगर्भिक समय में जलवायु आजकल की अपेक्षां ज्यादा आर्द्र रही है। जैसे कि संयुक्त राज्य के अरकंसास राज्य, हंगरी और यूगोस्लाविया, दक्षिणी फ्रांस के बॉक्साइट के भंडार। उत्पत्ति की इस प्रक्रिया के कारण बॉक्साइट के निक्षेप सतह पर अथवा सतह के अथव ही स्थित होते हैं।

बॉक्साइट का प्रमुख इस्तेमाल एलुमिनियम धातु प्राप्त करने के लिए होता है। भारत में इसके लिए 46 प्रतिशत से ज्यादा एलुमिनियम धातु वाले बॉक्साइट का उपयोग किया जाता है। यह उल्लेखनीय है कि बॉक्साइट के एलुमिनियम बनाने हेतु अधिक मात्रा में शक्ति की आवश्यकता होती है। अतएव यह उद्योग सस्ते शक्ति के साधन की उपलब्धि पर निर्भर होता है। लौह-इस्पात उद्योग में भी लौहन्स्थात की जगह धातुमल-शोधक के रूप में इसका उपयोग होता है। इसके अलावा उच्च तापमान उद्योग और रसायन उद्योग में भी बाक्साइट का प्रयोग होता है।

बॉक्साइट का भंडार-एलुमिनियम के बढ़ते अनेक उपयोगों की वजह से बॉक्साइट का उत्पादन भी तेजी से बढ़ा है। वृद्धि हुई 1953-55 का औसत उत्पादन 157.8 लाख टन था जो बढ़कर सन 1991 में 1047 लाख टन हो गया है। वर्तमान उत्पादन का 39.9 प्रतिशत आस्ट्रेलिया से प्राप्त होता है। गिनी, ब्राजील और जमाइका प्रमुख उत्पादक बने रहे। भारत, पूर्व सोवियत रूस के गणराज्य, यूगोस्लाविया, सुरीनाम, गायना, चीन और ग्रीस में भी उत्पादन विश्व के कुल उत्पादन 2.0 प्रतिशत से अधिक है। उपर्युक्त ग्यारह देश विश्व के 98 प्रतिशत बाक्साइट का उत्पादन करते हैं। ये प्रधान बॉक्साइट उत्पादक देश छः क्षेत्रों में स्थित हैं- 1. मध्य तथा दक्षिणी अमेरिका, 2. पश्चिमी अफ्रीका, 3. भूमध्यसागरीय यूरोप, 4. आस्ट्रेलिया, 5. भूतपूर्व सोवियत रूस का यूराल प्रदेश तथा पश्चिमी साइबेरिया और 6. दक्षिण पूर्वी एशिया।

आस्ट्रेलिया-बाक्साइट उत्पादन के मामले में विश्व में ऑस्ट्रेलिया भी एक महत्त्वपूर्ण राष्ट्र है। यहां से संसार का करीब 40 प्रतिशत बॉक्साइट मिलता है। यह प्रगति पिछले तीन दशकों में हुई है। सन 1960 में यहां करीब एक लाख टन ही उत्पादन था जो बढ़कर 1991 में 418 लाख टन हो गया है। आस्ट्रेलिया में विश्व के कुल अनुमानित संचय का 18.6 प्रतिशत बाक्साइट संचित है। यार्क प्रायद्वीप

पर स्थित बाइपा क्षेत्र प्रारम्भिक तथा बड़ा उत्पादक क्षेत्र है। इसके साथ आर्नेम लैंड के उत्तरपूर्वी छोर पर गोवा और पश्चिमी आस्ट्रेलिया में जर्राडाले क्षेत्रों में बॉक्साइट का बड़े पैमाने पर उत्खनन होता है। इन प्रमुख उत्पादक क्षेत्रों के अलावा पूर्वी आस्ट्रेलिया में कई छोटे क्षेत्रों-माउंट टेम्बोरिने, मास वेल, मिर्बू नार्थ में भी उत्खनन होता है। एलुमिनियम बनाने के निम्नलिखित कारखाने हैं–

बॉक्साइट का विश्व विवरण

देश/क्षेत्र	*भंडार (1990)*		*उत्पादन लाख टन*			
	अरब टन	*प्रतिशत*	*1953*	*1980*	*1991*	*%*
विश्व	23.2	100.0	153	899	1047	100.0
आस्ट्रेलिया	4.6	19.8		276	418	39.9
गिनी	5.9	25.4	3	138	171	16.3
जमाइका	2.0	8.6	12	123	116	11.1
ब्राजील	2.9	12.5		40	104	9.9
भारत	1.2	5.2	0.7	18	47	4.5
भूतपूर्व सोवियत रूस	0.3	1.3	10	46	42	
सुरीनाम	0.6	2.6	33	47	31	3.0
यूगोस्लाविया	0.4	1.7	5	31	27	2.6
चीन				15	26	2.5
गायना	0.9	3.9	34	24	22	2.1
ग्रीस	0.7	2.8	3	30	21	2.0
हंगरी	0.3	1.3	14	30	20	1.9
इण्डोनेशिया			1.5	12	12	1.1
मलेशिया			1.5	9	4	0.4

स्रोत-यूनाइटेड नेशन्स इयरबुक (1953 हेतु) यू.एस.बी.एम. मिनरल्स इयरबुक 1980 यथा इण्डियन मिनरल्स इयरबुक, 1980 में उद्धृत तथा यू.एन. इण्डस्ट्रियल इयरबुक 1991.

लैटिन अमेरिका-विश्व का 26.4% से अधिक बार्क्साइट मध्य तथा दक्षिणी अमेरिका के देशों में पैदा किया जाता है। जमाइका इस भाग का सबसे बड़ा उत्पादक है। यह द्वीप थोड़े ही समय में विश्व का तीसरा बड़ा उत्पादक देश बन गया है। प्रमुख उत्पादक क्षेत्रों में बेलमांट, स्पर ट्री, इवार्टन, किर्कवाइन, वूडसाइट ताकि सेंट फ्राँस उल्लेखनीय हैं। इवार्टन और किर्कवाइन में ऐलुमिना बनाने के कारखाने हैं जहां से यह संयुक्त राज्य को भेजा जाता है। सुरीनाम इस क्षेत्र का तीसरा और विश्व का (3 प्रतिशत) छठवां वृहत उत्पादक देश है। गायना का बाक्साइट उत्पादन में लैटिन अमेरिका में विश्व और चौथा में दसवाँ स्थान है। भंडार देमेरारा और बरबिस नदियों की घाटियाँ मौजूद हैं। इनमें क्वांक्वनी और मैकेंजी प्रमुख हैं। इसे जार्जटाउन में संशोधित कर प्रमुखतः कनाडा को बेच दिया जाता है। इस क्षेत्र का दूसरा बड़ा उत्पादक ब्राजील है। इस देश में विश्व के अनुमानित संचय का 10.3 प्रतिशत संचित है। इस प्रकार भंडार में यह विश्व का तीसरा बड़ा देश है। विश्व उत्पादन में इसका तीसरा स्थान है। प्रमुख संचय आमेजन बेसिन में है जिनमें ट्राम्बेटास निक्षेपों को बड़े पैमाने पर विकसित किया जा रहा है। पूर्व भाग पर रियो-द-जेनेरो और सैंटोस के प्रभाव क्षेत्रों में भी बाक्साइट का उत्खनन होता है। इस भाग में यूरो प्रेटो नोवा लीमा, और पोकोसडे कल्डास क्षेत्र प्रमुख हैं। सोरोकावा और सरामेन्हा में प्रगालक संयंत्र लगाये गये हैं।

संयुक्त राज्य अमेरिका-विश्व में एलुमिनियम का निर्माण उद्योग सबसे अधिक अमेरिका में है और यहां से सर्वाधिक ऐलुमिना धातु का उत्पादन होता है। यद्यपि एलुमिनियम के लिए यह पूरी तरह आयात पपर निर्भर करता है। संयुक्त राज्य में विश्व का मात्र 0.5 प्रतिशत बॉक्साइट पैदा किया जाता है। सन 1953-55 में यहां विश्व का 11 प्रतिशत बॉक्साइट पैदा किया जाता था। इस तरह सापेक्षिक महत्व बहुत कम हो गया। बॉक्साइट उत्पादक क्षेत्र अरकंसास राज्य में लिटिल रॉक से हाट स्प्रिंग को मिलाने वाली रेखा के दक्षिण पूर्व में स्थित है।

पश्चिम अफ्रीका-विश्व का 18% बॉक्साइट इस भाग से प्राप्त किया जाता हैं सिर्फ गिनी में विश्व का 16.3% बॉक्साइट का उत्पादन होता है। यहाँ कासा प्रमुख उत्पादक क्षेत्र है। किम्बों में एलुमिना प्लांट लगाया गया है। यह यूरोपीय देशों का निर्यातक है। इनके पड़ोसी देश सियरा लियोन में भी उत्पादन में भी बढ़ोतरी हो रही है। मोयम्बा यहां का प्रमुख क्षेत्र है। घाना के अवासी क्षेत्र में बॉक्साइट का उत्खनन होता है।

यूरोपीय उत्पादक-दक्षिणी तथा दक्षिणीपूर्वी यूरोपीय बॉक्साइट उत्पादक देशों में यूगोस्लाविया, ग्रीस और हंगरी प्रमुख है। ये देश मिलकर विश्व का 6.5% से

ज्यादा बॉक्साइट उत्पन्न करने हैं। यूगोस्लाविया में एड्रियाटिक तटीय भाग में रोविंजी, दिमस, निक्सिक और ओब्रोवाक क्षेत्र तथा आन्तरिक भाग में बोसंसका क्रूपा क्षेत्र से उत्पादन होता है। हंगरी में गांट, इस्झास्जेंटग्योगी तथा इलिम्बा प्रमुख उत्पादक क्षेत्र हैं। ग्रीस के भण्डार कोरिथ खाड़ी के उत्तर में मौजूद पहाड़ियों में हैं, जिनमें पर्नासस, एवोइया-एलेवसिस ताकि धिस्तोमन मुख्य है। इन देशों के अलावा रोमानिया में दोब्रेस्ती और दक्षिणी इटली में कोग्गिया और पुग्लिया क्षेत्रों से भी बॉक्साइट का उत्खनन का कार्य किया जाता है।

भूतपूर्व सोवियत रूस-इसका विश्व में बॉक्साइट के उत्पादन में सापेक्षिक महत्व कम होता जा रहा है। फिर भी विश्व में इसका पाँचवाँ स्थान है। रूस में बॉक्साइट के मुख्य क्षेत्र मध्य तथा दक्षिणी यूराल प्रदेश और लेनिनग्राड क्षेत्र में है। तिखविन, मास्को और यूक्रेन में भी बॉक्साइट के भंडार हैं। यहां बाक्साइट के अतिरिक्त अन्य कई खनिजों से ऐलुमिला मिलता है। इन खनिजों में और नेफेलिन प्रमुख नेफेलिन-सिनाइट हैं। नेफेलिन के जमाव कोला प्रायद्वीप, साइबेरिया के कई भागों और ट्रांससाइबेरिया में हैं।

भारत तथा दक्षिणी पूर्वी एशिया-चीन, भारत, मलेशिया और इण्डोनेशिया में बॉक्साइट का उत्पादन किया जाता है। भारत में बॉक्साइट के पर्याप्त भंडार (विश्व का 5.2 प्रतिशत) हैं। भारतीय भू-गर्भिक सर्वेक्षण विभाग के मुताबिक कुल संचय 252.5 करोड़ टन है। बॉक्साइट का संचय लेटेराइट से जुड़ा है। प्रमुख संचय प्रायद्वीपीय भाग के उच्च पठारी भाग में आवरण या समाच्छद के रूप में पाए जाते हैं। प्रमुख भण्डार झारखंड के पलामू और रांची जिले, गोवा के मोपा ओर परनेन क्षेत्रों, मध्य प्रदेश के सरगुजा, मंडला, शहडोल, बालाघाट और बिलासपुर जिले, महाराष्ट्र के कोल्हापुर, कोलाबा और तमिलनाडु, रत्नगिरि के मदुराई, नीलगिरि और सलेम, गुजरात के जामनगर के कच्छ जिले, कर्नाटक के बेलगांव तथा दक्षिण कनारा जिले, उड़ीसा के कालाहांडी, कोरापुट, संबलपुर, बोलनगिर और क्योंझर जिले, आन्ध्र के विशाखापट्टनम और उत्तर प्रदेश के बादा जिले में संचित है। सन 1990 में कुल भण्डार में से 66.8 करोड़ टन प्रमाणित, 55.0 करोड़ टन संकेतित ओर शेष 130. 7 करोड़ टन अनुमानित राशि है। सन 1990-91 में 49.1 लाख टन बॉक्साइट का उत्खनन किया गया। उत्पादन के मामले में उड़ीसा पहले नम्बर पर है। इसे साथ ही गुजरात, झारखंड, महाराष्ट्र और मध्य प्रदेश प्रमुख उत्पादक राज्य हैं। कुल उत्पादक के 92% (सन 1988-89 में 4487 हजार टन) का देश के अनेक उद्योगों में उपयोग हुआ।

चीन में विश्व का 2.5% बॉक्साइट का उत्पादन होता है। उत्पादक क्षेत्रों में हुनान गेचो और जेचवान प्रमुख हैं। इण्डोनेशिया में सुमात्रा से पहले विन्टम द्वीप और मलेशिया में रामुनिया खाड़ी क्षेत्र तथा सारावाक में सेमाटन क्षेत्रों में बॉक्साइट का उत्पादन होता है।

अधात्विक खनिज

वे खनिज जो न तो धातु हैं और न ही खनिज शक्ति के स्रोत हैं, अधात्विक खनिज कहे जाते हैं। इस वर्ग में औद्योगिक महत्व के कई खनिज आते हैं, जिनमें क्ले, चूना-पत्थर ताकि जिप्सम (सीमेंट तथा उर्वरक उद्योग), नमक तथा रासायनिक उर्वरकों के निर्माण में प्रयोग किये जाने वाले खनिज-नाइट्रोजन, फास्फेट, गंधक, पोटाश आदि मुख्य हैं। भवन निर्माण में इस्तेमाल किये जाने वाले तथा अन्य पत्थर भी इसी वर्ग में आते हैं।

उर्वरक उद्योग में उपयोग किये जाने वाले खनिज

रासायनिक उर्वरकों के निर्माण में फास्फेट, नाइट्रेट और पोटाश का प्रयोग किया जाता है। इन तीनों के प्राप्ति के अनेक स्रोत हैं जिनमें खनिज संख्या के रूप में उपलब्धि भी एक है।

नाइट्रेट-उर्वरकों में प्रयोग किये जाने वाले पदार्थों में नाइट्रोजन सबसे मँहगा है। इसकी प्राप्ति के तीन स्रोत हैं। वायुमंडल में नाइट्रोजन का अक्षुण्ण संचय है जिसे पौधों द्वारा ग्रहण योग्य रूप्र में बदला जाता है। इस रूपान्तरण की विधि के विकास के पूर्व चिली के मरुस्थल में मौजूद नाइट्रेट का ही इस्तेमोल नत्रजन उर्वरक बनाने में किया जाता था। नत्रजन के दूसरे स्रोत विटुमिनस कोयला और जीवित पदार्थ हैं।

प्राकृतिक नाइट्रेट के मामले में संसार में चिली का स्थान अग्रणी है। उत्तरी चिली में एंडीज और प्रशान्त तट के मध्य स्थित वर्षा-विहीन अटाकामा मरु क्षेत्र से सन् 1830 से नाइट्रेट का उत्पादन किया जा रहा है। प्रथम विश्व युद्ध के पहले तक नाइट्रेट की प्राप्ति का एकमात्र स्रोत था। इस युद्ध काल में नाइट्रोजन निर्माण की कृत्रिम विधियों का आविष्कार किया गया।

चट्टानी फास्फेट

चट्टानी फास्फेट मुख्यतः चूने के फास्फेट होते हैं। फास्फेट उर्वरक उद्योग का

कच्चा माल होने के साथ कई अन्य रासायनिक उद्योगों का भी कच्चा माल है। फास्फेट का महत्वपूर्ण स्रोत चट्टानी फास्फेट है। इनके अलावा इस्पात की भट्टी के स्लैग (धातुमल) तथा जैविका स्रोतों से भी फास्फेट प्राप्त किया जाता है। चट्टानी फास्फेट भी दो प्रकार के होते हैं- एपेटाइट जो प्रमुखतः आग्नेय चट्टानों में मिलता है तथा द्वितीयक संचय जिनकी उत्पत्ति स्थल एवं समुद्री जीवों के एकत्रण से हुई है। विश्व का अधिकांश उत्पादित फास्फेट द्वितीय प्रकार का है।

विश्व में उत्खनन-योग्य चट्टानी फास्फेट का अनुमानित भंडार 36.4 अरब टन है। इसका वितरण विश्वव्यापी है। अकेले मोरक्को तथा पश्चिमी सहारा में विश्व का 60 प्रतिशत भण्डार है। उत्तरी अफ्रीका में ट्यूनिमिया, अल्जीरिया और मिश्र में भी इसके भण्डार हैं। संयुक्त राज्य अमेरिका में विश्व का 14 प्रतिशत तथा पूर्व रूस में 4 प्रतिशत भण्डार संचित है। दक्षिण अफ्रीका में भी भंडार विशाल है।

फास्फेट का विश्व उत्पादन-विश्व में फास्फेट का उत्पादन 1948 में 106 लाख टन से बढ़कर 1991 में 1573 लाख टन हो गया। संयुक्त राज्य बड़ा उत्पादक है (तालिका) तथा भूतपूर्व रूस, मोरक्को और चीन भी वृहत उत्पादक देश है। ट्यूनिशिया, टागों, दक्षिण अफ्रीका और जार्डन का फास्फेट उत्पादन महत्वपूर्ण है। अमेरिका में प्रमुख फास्फेट उत्पादक क्षेत्र दो भागों में बंटे हैं।। दक्षिणपूर्व में लोरिडा ओर टेनेसी राज्यों में और पश्चिमी भाग में इडाहो, मोंटाना, ऊटा और वायोमिंग राज्यों में फास्फेट का उत्खनन होता है। रूस में कोला प्रायद्वीप में ऐपेटाइट फास्फेट का प्रचुर भंडार है। इसके साथ ही कजाकिस्तान, मास्को क्षेत्र, यूक्रेन क्षेत्र तथा कई अन्य भागों में भी इसके भंडार हैं। मोरक्को में उत्तम कोटि के फास्फेट के भंडार एटलस पर्वत और अटलांटिक तट के मध्य स्थित हैं। यहां से उत्पादित फास्फेट कासाब्लैका से निर्यात किया जाता है। ट्यूनिशिया में शाट जेरिद से उत्तर में मफसा के निकट और अल्जीरिया में ट्यूनिशिया की सीमा पर तेबेस के निकट इसके भंडार हैं। टोंगों में अकौमापे तथा दक्षिणी अफ्रीका में फलबोबा और लांगेवान क्षेत्र तथा सेनेगल में तांबा क्षेत्र मुख्य हैं।

दक्षिण पूर्वी एशिया में चीन, उत्तरी कोरिया और भारत तथा पश्चिमी एशिया में जार्डन और इजराइल में भी फास्फेट का उत्पादन होता है। चीन के शान्तुंग अंतरीप के कुनमिंग क्षेत्र में उत्पादन होता है। जार्डन में तीन प्रमुख उत्पादक क्षेत्र हैं- अलरूसेफा, अलहसा और वदी अल अबयाद। इजराइल के भंडार लाल सागर और मृत सागर के मध्य स्थित नेगेव मरूस्थल में संचित हैं। इसका अनुमानित भंडार 30 करोड़ टन है। हिन्द एवं प्रशान्त महासागर के कुछ द्वीपों से भी फास्फेट का उत्पादन

प्रचुर मात्रा में होता है। इनमें वर्तमान समय में क्रिसमस आइलैंड तथा नउरू ही उल्लेखनीय रह गये हैं।

फास्फेट्स का विश्व विवरण (लाख टन)

क्षेत्र/देश	*1960*	*1970*	*1980*	*1990*
विश्व	407	816	1349	1572
भूतपूर्व रूस	60	178	260	335
संयुक्त राज्य	178	351	544	463
चीन	6	17	55	216
मोरक्को	75	114	188	214
जार्डन	4	9	42	59
ट्यूनिशिया	21	30	46	63
टोगो		15	29	23
दक्षिण अफ्रीका	3	17	32	32
इजरायल	2	9	26	24
ब्राजील	9	2	22	30
नउरू	12	22	20	9
क्रिसमस आइलैंड	2	10	17	
मिश्र	6	7	7	15
सेनेगल	2	10	13	21
भारत		2	5	6
सी।रया				16

स्रोत-नेशन्स इयरबुक सन1960 तथा 1970 हेतु, इण्डियन मिनरल्स इयरबुक 1980 इंडस्ट्रियल स्टैटिस्टिक इयर बुक 1991.

भारत में सन 1990-91 में फास्फोराइट और एपेटाइट का उत्पादन क्रमशः 15801 हजार टन तथा 645 हजार टन था। एपेटाइट का भंडार का अंदाजतन 132.

9 लाख टन है तथा फास्फोराइट का भंडार 1151.7 लाख टन 711.3 लाख टन ही प्रमाणित तथा 99.8 लाख टन ही उर्वरक लायक है। फास्फोराइट का सबसे अधिक भंडार राजस्थान (6.8 करोड़ टन) में है। इसके बाद मध्य प्रदेश और उत्तरप्रदेश है। एपेटाइट के भंडार में पश्चिमी बंगाल (1 करोड़ टन) सबसे आगे है। झारखंड आन्ध्र प्रदेश और तमिलनाडु के भंडार भी प्रमुख है। एपेटाइट का उत्पादन पश्चिम बंगाल में पुरुलिया और आन्ध्र प्रदेश में विशाखापट्टनम जिले में होता है। फास्फोराइट के उत्पादन में राजस्थान प्रथम तथा उत्तरप्रदेश, मध्य प्रदेश क्रमशः दूसरे एवं तीसरे स्थान पर है। राजस्थान में उदयपुर, छतरपुर मध्य प्रदेश में झाबुआ, उत्तरप्रदेश में देहरादून, और ललितपुर एवं टेहरी गढ़वाल जिलों में फास्फोराइट का उत्पादन होता है। सन 1989-90 में 2455 हजार टन एपेटाइट तथा फास्फोराइट का इस्तेमाल हुआ। इसलिए 97 प्रतिशत का इस्तेमाल उर्वरक उद्योग में हुआ। इसके लिए 28 लाख टन फास्फोराइट आयात किया गया।

फास्फेट का व्यापार-फास्फेट व्यापार की प्रधान वस्तु है। इसका कारण है कि अधिकतर उत्पादक देश विकासशील देश हैं तथा यूरोप के विकसित देशों में इसकी कमी है। मात्र पूर्व सोवियत रूस और संयुक्त राज्य इस दृष्टिकोण से गरीब आत्म-निर्भर हैं। ज्यादातर निर्यात यूरोपीय देशों (50.3 प्रतिशत) से हुआ। जर्मनी, संयुक्त राज्य और स्वीडन बड़े निर्यातक तथा इजराइल, ट्यूनिशिया, जापान, ब्रिटेन और बेल्जियम प्रमुख निर्यातक हैं। फास्फेट का सबसे बड़ा आयात यूरोपीय देशों में किया जाता है। इनमें भी फ्रांस, जर्मनी और संयुक्त राज्य प्रमुख और इटली, ब्रिटेन, डेन्मार्क, टर्की, बेल्जियम, स्पेन आक्र कनाडा उल्लेखनीय निर्यातक देश हैं।

पोटाश

पोटाश का उपयोग रासायनिक उद्योगों तथा विस्फोटक, साबुन, दियासलाई, कांच, रंग, दवाईयाँ, कागज, फोटोग्राफिक पदार्थ आदि बनाने में होता है। वर्तमान समय में पोटाश का सबसे ज्यादा प्रयोग उर्वरक बनाने में किया जा रहा है।

पोटाश प्राप्त करने के लिए चार प्रधान स्रोत हैं- 1. वानस्पतिक पदार्थ, जैसे चुकन्दर का अपशिष्ट, लकड़ी की राख, सूर्यमुखी का तना आदि, 2. जीवीय पदार्थ, जैसे ऊन धोने से, 3. लौह और सीमेंट उद्योगों से प्राप्त गैसें और 4. लवण-जल तथा खारे पानी की झीलों के जमाव जिसमें अनेक लवणों के साथ पोटेशियम खनिज भी पर्याप्त मात्रा में पाये जाते हैं। ये अन्य कई घुलनशील खनिजों के साथ पाए जाते हैं। भूगर्भिक काल में विश्व के कुछ भागों में जलवायु इस तरह की थी कि छिछलें

समुद्रों का बड़े पैमाने पर वाष्पीकरण हुआ। इस प्रक्रिया के लगातार होने पर जिप्सम और विधि लवणों की पर्तें ज्यादातर गुंबद के रूप में बदल गई हैं।

पोटाश का विश्व भंडार-विश्व में पोटाश का अनुमानित भंडार 30.5 अरब टन है। इसमें सिर्फ पूर्व सोवियत रूस में ही 22.3 अरब टन भंडार है। इसके साथ ही कनाडा, इजराइल, जार्डन और ब्राजील, सं. राज्य में भी पोटाश का प्रचुर भंडार है। फ्रांस, स्पेन, ग्रेट-ब्रिटेन और इटली में भी पोटाश का संचय हैं।

पोटाश का विश्व उत्पादन-पोटाश के उत्पादन में तीव्रता से वृद्धि हुई हैं सन 1948 में यह 35 लाख टन था जो बढ़कर सन 1990 में 282 लाख टन हो गया है। दस देश प्रमुख उत्पादक रहे हैं। पूर्व सोवियत रूस विश्व का 32% पोटाश उत्पन्न कर प्रथम स्थान पर रहा। कनाडा विश्व में एक, चौथाई से ज्यादा पोटाश उत्पन्न करता है संयुक्त राज्य अमेरिका, जर्मनी, और फ्रांस भी बड़े उत्पादक देश हैं।

पोटाश विश्व विवरण (लाख टनों में)

क्षेत्र/देश	*1960*	*1971*	*1980*	*1990*
विश्व	97.6	205	282	282
कनाडा		35	73	73
पूर्व रूस	12.5	54	80	90
संयुक्त राज्य	23.9	23	22	21
जर्मनी	39.9	54	61	48
इजरायल	0.8	6	8	13
फ्रांस	19.4	20	19	14
स्पेन	2.9	5	8	8
ब्रिटेन			3	5
यूक्रेन				6

नोट : चीन को छोड़कर

स्रोत-यू.एन. इण्डस्ट्रियल स्टेटिस्टिक्स इयरबुक 1960 तथा 1970 हेतु इण्डस्ट्रियल स्टेटिस्टिक्स इयरबुक 1991 तथा इण्डियन मिनरल्स इयरबुक 1980.

सोवियत कालीन रूस में अनेक स्थानों पर पोटाश पाया जाता था। जिनमें पश्चिमी यूराल में सोलिकामक क्षेत्र सबसे वृहत है। द्वितीय विश्व युद्ध के उपरांत कारपोरियन क्षेत्र में पोटाश का उत्पादन शुरू किया गया। इनके अतिरिक्त कजाकिस्तान, तुर्कमीनिया और एम्बा क्षेत्र भी प्रमुख हैं। अब ये स्वतंत्र गणतंत्र हो गए हैं।

कनाडा के सस्केचवान राज्य में सस्केतून क्षेत्र में पोटाश के पर्याप्त भंडार विद्यमान हैं। डेवोनियन युग का यह भंडार अपेक्षतया तुलनात्मक रूप से है। संयुक्त राज्य पोटाश उत्पादन में विश्व में चौथे स्थान पर है। यहाँ पोटाश का उत्पादन प्रथम विश्व युद्ध के दौरान और फ्रांस से आयात बन्द हो जाने के कारण शुरू किया गया। नेब्रास्का का सैंड पहाड़ी क्षेत्र और कैलिफोर्निया की सियर्ल्स झील पोटाश उत्पादन के प्रधान क्षेत्र थे। लेकिन आधुनिक समय में न्यू मैक्सिको का कार्ल्सवाद क्षेत्र प्रमुख उत्पादक है। इस भूगर्भिक संरचना का विस्तार टैक्सस राज्य में भी है। वायोमिंग और ऊटा राज्यों में भी पोटाश के भंडार हैं।

सन् 1930 के पूर्व विश्व का 90% पोटाश जर्मनी और फ्रांस में उत्पन्न किया जाता था, लेकिन अब इनका हिस्सा सिर्फ 28.4% रह गया है। हार्ज पर्वत का भंडार प्रमुख है जिसका फैलाव उत्तर-पश्चिम में हनोवर क्षेत्र और दक्षिण-पश्चिम में थूरिंजिया तक है। सैक्सोनी में भी वृहत भंडार है। फ्रांस के भंडार ऊपरी राइन घाटी में मल्हाउस के निकट स्थित हैं। स्पेन के पोटाश के भंडार उत्तर-पूर्व में स्थिर हैं।

भारत में (सोकर झील) लद्दाख और कच्छ क्षेत्र में लवण जल मौजूद है लेकिन इनका दोहन नहीं होता। भारत के राजस्थान प्रदेश के बीकानेर एवं जैसलमेर जिलों में पोटाश का भण्डार मिला है। कई दूसरे क्षेत्रों में भी अन्वेषण किया गया है, लेकिन अभी तक पोटाश का उत्पादन नहीं होता। सभी मांग आयात द्वारा पूरी की जाती हैं।

पोटाश का व्यापार-पोटाश के प्रमुख निर्यातक जर्मनी, कनाडा, फ्रांस, स्पेन और इजरायल, हैं। आयातकों में संयुक्त राज्य, ब्रिटेन, जापान, बेल्जियम-लक्जेम्बर्ग, नीदरलैंड्स और भारत प्रमुख हैं।

अन्य खनिज

गंधक-गंधक एक बहुउपयोगी पदार्थ है। इसका इस्तेमाल कई प्रकार के उद्योगों में किया जाता है।•इससे बने सल्फ्यूरिक एसिड का उपयोग अमोनियम सल्फेट और सुपर फास्फेट्स जैसे उर्वरक बनाने में किया जाता है। कई दूसरे रासायनिक उद्योगों में सल्फ्यूरिक एसिड का उपयोग किया जाता है। सल्फर डाइआक्साइड का उपयोग कागज उद्योग में किया जाता है। इनके अलावा दवाइयाँ,

एवं कृत्रिम रबड़ कृत्रिम रेशे बनाने, वस्त्र उद्योग, कीटाणुनाशक पदार्थ बनाने, पेट्रोलियम शोधन, रंग दियासलाई एवं वार्निश बनाने में भी गन्धक का उपयोग होता है।

उद्योगों में प्रयोग किये जाने वाले गन्धक के तीन मुख्य स्रोत हैं-1. प्राकृतिक गन्धक, 2. सल्फाइड अयस्कों-पाइराइट-चाल्कोसाइट, स्फैराइट तथा गैलिना से तथा 3. तेल शोधक तथा गैस संशोधक संयंत्रों में उत्रोत्पाद के रूप में मिलता है। संसार में ज्यादातर गन्धक लौह पाइराइट तथा प्राकृतिक गन्धक से प्राप्त होता है। प्राकृतिक गन्धक पूरी तरह शुद्ध होता है और उसके उपयोग के बाद अपशिष्ट पदार्थ नहीं बचता। प्राकृतिक गन्धक का उत्खनन अनेक देशों में किया जाता है, लेकिन अधिकतर संयुक्त राज्य और मैक्सिको की खाड़ी क्षेत्र से प्राप्त होता है। आयरन पाइराइट से गन्धक प्राप्त करने के उपरांत अपशिष्ट पदार्थों की समस्या रहती है। अन्य कई सल्फाइड अयस्कों से भी गंधक प्राप्त किया जाता है। इस प्रकार गंधक के विभिन्न स्रोतों की वजह से उसकी कमी होने की आशंका नहीं है।

गन्धक के भंडार-विभिन्न स्रोतों के कारण कुल भंडार का अनुमान मुश्किल है। संयुक्त राज्य अमेरिका के खनिज ब्यूरो ने संसार के कुल सल्फर संसाधन का अंदाजा 350 करोड़ टन लगाया है। पूर्व सोवियत रूस में सबसे ज्यादा भंडार 75 करोड़ टन है। ईराक द्वितीय स्थान पर है। देशों में पोलैंड, कनाडा, चीन, स्पेन, संयुक्त राज्य, सऊदी अरब और मैक्सिको मुख्य हैं (तालिका)।

गन्धक का विश्व उत्पादन-संसार में सन् 1980 में सभी प्रकार के गन्धक का उत्पादन 560.8 लाख टन था जो घटकर सन् 1990 में 143 लाख टन रह गया है। पोलैंड सबसे मुख्य उत्पादक रहा है। सोवियत रूस, संयुक्त राज्य, मैक्सिको चीन कई प्रमुख गन्धक उत्पादक देश हैं। जापान, कनाडा, स्पेन, जर्मनी, इटली नार्वे, और साइप्रस में भी गन्धक का उत्पादन उल्लेखनीय है (तालिका)।

संयुक्त राज्य प्राकृतिक गंधक का प्रमुख उत्पादक है। यहाँ टैक्सास और लुइसियाना राज्यों के न्यू आर्लिएंस से लेकर रियो ग्रांडे नदी तक के तटीय मैदानों में स्थित लवण गुंबदों से देश का अधिकांश गन्धक प्राप्त होता है। रूस में यूराल प्राकृतिक सल्फर तुर्कमीनिया, और बोल्गा क्षेत्रों में तथा पाइराइट्स के रूप कजाकिस्तान, यूराल, करेलिया क्षेत्रों में पाया जाता है। कनाडा में एलबर्टा राज्य में कालगार्ली और एडमॉटन क्षेत्रों में गन्धक मिलता है। पोलैंड के दक्षिणी भाग में दमोब्रजेग और रोजडल क्षेत्रों, जापान में होंशू द्वीप पर यानाहारा और आकिता और होकैडो पर शिमोकवा क्षेत्रों से गन्धक का उत्पादन होता है। मैक्सिको में भी संयुक्त राज्य के तारतम्य में तटीय

क्षेत्र से सल्फर मिलता होता है। चीन के दक्षिणी हिस्से में स्थित कुआंग तुंग क्षेत्र उल्लेखनीय हैं। फ्रांस के दक्षिणी-पश्चिमी भाग में स्थित लेक क्षेत्र यहाँ सल्फर का मुख्य स्रोत है।

गंधक का विश्व विवरण

क्षेत्र/देश	*भंडार*		*उत्पादन लाख टन*	
	करोड़ टन	*%*	*1980*	*1990*
विश्व	350	100.0	560.8	142.7
संयुक्त राज्य	23	6.6	118.4	37.3
पू.सो. रूस	75	21.4	109.0	30.0
कनाडा	33	9.4	74.1	
पोलैंड	30	8.6	48.5	46.6
जापान	2	0.6	29.0	
मैक्सिको	12	3.4	25.5	14.5
चीन	25	7.1	23.0	3.2
फ्रांस	2	0.6	20.8	
जर्मनी	3	0.9	18.0	
स्पेन	30	8.6	12.4	
ईराक	50	14.3		8.0
सऊदी अरब	13	3.7		

स्रोत-यू.एन. इण्डस्ट्रियल स्टेटिस्टिक्स इयरबुक तथा भारतीय खनिज वर्ष पुस्तक, 1980 तथा 1992

भारत में प्राकृतिक सल्फर के भंडार नहीं हैं। पाइराइट्स तथा पेट्रोलियम प्रयोगशालाएं गन्धक के प्रमुख स्रोत हैं। सन् 1990-91 में कुल पाइराइट्स का उत्पादन 105.5 हजार टन था। समस्त उत्पादन झारखंड के रोहतास जिले के अमझोर क्षेत्र में हुआ करता है। सन् 1989-90 में दुबारा प्राप्त गन्धक का उत्पादन 10775

टन था। इनके साथ जिंक और तांबा के प्रगालक कारखानों के उत्पादन के रूप में सल्फ्यूरिक एसिड भी मिलता है। गंधक का सर्वाधिक उपयोग सल्फूरिक एसिड बनाने में किया जाता है। देश में सल्फ्यूरिक एसिड बनाने के 108 कारखाने हैं जिनकी सालाना क्षमता 56 लाख टन की है।

जिप्सम

लवणयुक्त जल के वाष्पीकरण के द्वारा जिप्सम का उत्पादन किया जाता है। यह तीन स्रोतों से प्राप्त किया जाता है—प्राकृतिक खनिज के रूप में, समुद्री पानी के वाष्पीकरण के द्वारा और फास्फोरिक एसिड बनाते वक्त उप-उत्पाद के रूप में। दुबार प्राकृतिक खनिज जिप्सम कई रूपों में पाया जाता है। इस प्रकार को ऐलाबास्टर कहते हैं जिसका प्रयोग सजावट के लिए किया जाता है। दूसरा प्रकार सेलिनाइट कहा जाता है लेकिन सार्वभौमिक रूप 'जिप्सम रॉक' है जो कुछ फुट से सैकड़ों फुट मोड़ी परतों के रूप में मिलता है। जिप्सम का सबसे ज्यादा उपयोग पेरिस प्लास्टर के रूप में किया जाता है। जिप्सम को ताप पर कई घंटों तक गरम किया जाता है। इस प्रक्रिया को निस्तापन कहते हैं। इससे चूर्ण में प्राप्त पदार्थ ही पेरिस का प्लास्टर कहलाता है। इसका विविध रूपों में भवन निर्माण में उपयोग किया जाता है। जिप्सम को पीस कर मिट्टी की अम्लीयता कम करने के लिए प्रयोग किया जाता है। इसका अधिकांश उपयोग सीमेन्ट बनाने में होता है।

जिप्सम का विश्व उत्पादन-संसार में जिप्सम का पर्याप्त भंडार (लगभग 260 अरब टन) है, किन्तु इसका बहुत ही असमान वितरण है। अपितु संसार के विभिन्न देशों में इसका उत्पादन होता है। सन् 1990 में जिप्सम का कुल उत्पादन 1036. 7 लाख टन था। संयुक्त राज्य अमेरिका संसार का 14.4 प्रतिशत जिप्सम उत्पादन कर पहले स्थान पर रहा। ईरान, चीन, जापान, कनाडा, पूर्व सोवियत रूस, फ्रांस, स्पेन और मैक्सिको कई बड़े उत्पादक देश हैं। जर्मनी, ब्रिटेन, भारत और इटली भी प्रत्येक संसार का 1 से 4 प्रतिशत जिप्सम उत्पन्न करते हैं (तालिका)।

संयुक्त राज्य में जिप्सम के कई संचय हैं जो दक्षिणी भाग को छोड़कर सभी ओर फैले हैं। प्रमुख उत्पादक राज्य मिशीगन, कैलीफोर्निया, टैक्सास, आयोवा, नैवादा और न्यूयार्क हैं। प्रचुर मात्रा में उत्पादन के बावजूद भी भारी मात्रा में जिप्सम आयात करना पड़ता है। कनाडा के जिप्सम के भंडार अटलांटिक तटीय क्षेत्र में हैं जहां नोवा स्कोसिया मुख्य उत्पादक हैं।

जिप्सम का विश्व विवरण (लाख टनों में)

देश/क्षेत्र	*1976*	*1980*	*1990*	*%*
विश्व	661.1	710.1	1036.8	100.0
कनाडा	60.0	42.1	82.0	7.9
संयुक्त राज्य	108.7	111.5	148.8	14.4
फ्रांस	66.3	59.9	58.0	5.6
जापान	50.6	65.0	63.5	6.1
स्पेन	41.7	55.0	76.7	7.4
भू.पू. रूस	49.9	59.0	47.2	4.6
ब्रिटेन	33.5	32.7	39.9	3.8
ईरान	56.0	35.4	80.0	7.7
चीन	10.0	20.0	104.2	10.1
पश्चिमी जर्मनी	21.0	22.5	21.7	2.1
इटली	15.0	16.4	12.5	1.2
मैक्सिको	14.1	17.1	60.0	5.8
आस्ट्रेलिया	9.4	12.9	18.8	1.8
पोलैंड	12.5	13.0	7.5	0.7
आस्ट्रिया	7.7	8.3	7.5	0.7
भारत	7.3	8.7	16.6	1.6
थाइलैंड			57.5	5.5
मिश्र	7.4	6.9	12.8	1.2

स्रोत-इण्डियन मिनरल्स इयरबुक 1980 तथा यू.एन इण्डस्ट्रियल इयरबुक 1991.

भारत में जिप्सम की गुणवत्ता अच्छी नहीं है। यहां जिप्साइट किस्म का जिप्सम मिलता है। जिप्सम का कुछ अनुमानित भंडार 23.9 करोड़ टन है, लेकिन उत्खनन योग्य भंडार बहुत सीमित है। जिप्सम के संचय कई राज्यों में पाए गए हैं, किन्तु जम्मू

कश्मीर और राजस्थान आगे हैं सन् 1990-91 में भारत में जिप्सम का उत्पादन 130 हजार टन था, जिसका 96 प्रतिशत राजस्थान से प्राप्त हुआ। बाकी जम्मू, तमिलनाडु, काश्मीर, गुजरात और उत्तरप्रदेश से प्राप्त हुआ। राजस्थान में गंगानगर, नागौर, बाड़मेर, बीकानेर और पाली जिले जिप्सम उत्पादक हैं। तमिलनाडु, गुजरात, महाराष्ट्र और कर्नाटक के समुद्र तटीय क्षेत्रों के लवण क्यारियों से भी जिप्सम प्राप्त किया जाता है। इनके अतिरिक्त देश के उर्वरक के कारखानों में उप-उत्पाद के रूप में फास्फोजिप्सम प्राप्त किया जाता है। सन् 1990 में इसका उत्पाद 16.6 लाख टन था।

भारत में जिप्सम के मुख्य ग्राहक सीमेंट और रासायनिक उर्वरक उद्योग हैं। सन् 1989-90 में 2684.8 हजार टन जिप्सम का उपयोग उद्योगों के द्वारा किया गया, जिसका 80.5 प्रतिशत सीमेंट और 12.9 प्रतिशत उर्वरक उद्योगों में उपयोग किया गया। जिप्सम का उपयोग पेरिस प्लास्टर, अमोनियम सल्फेट उर्वरक बनाने और बंजर भूमि के सुधार में किया जाता है।

4

विनिर्माणी उद्योग

निर्माण उद्योग का अर्थ

कच्चे माल से जीवन उपयोगी वस्तुओं का निर्माण जिन मशीनों के सहायता से किया जाता है उन्हें विनिर्माण उद्योग कहते हैं। लौह-धातु को गलाकर और शोधकर उससे लोहे के लट्ठे, पाइप, चादर, यन्त्र इत्यादि बनाना, अथवा रुई से सूत कात कर उसका कपड़ा बुनना, या रबर के रस को पकाकर उसके ट्यूब, टायर आदि बनाना। किसी कच्चे माल का जितना ज्यादा निर्माण-प्रक्रम होगा, उतना ही ज्यादा उसकी मूल्य में वृद्धि होगी, जैसे—धातु से बनी घड़ियों का।

इसलिए निर्माण उधोग में तीन विशेषताएँ होती हैं—

(1) किसी एक वस्तु का रूप-आकार परिवर्तित कर दूसरी वस्तु बन जाती है, यथा—लकड़ी का रूप बदलकर फर्नीचर बन जाता है, या लोहे का रूप बदलकर यन्त्र बन जाता हैं

(2) निर्माण द्वारा वस्तु अथवा पदार्थ का उपयोग बदल हो जाता है, जैसे कि खेत में उगी हुई कपास निर्माण के बाद कपड़ों के रूप में पहनी जाती है।

(3) निर्माण द्वारा पदार्थ की मूल्य वृद्धि और गुण-वृद्धि हो जाती है, जैसे कि लोहे की मोटरकार या घडी बनाने पर, अथवा एलुमिनियम का वायुयान बनाने पर धातु के मूल्य में सैंकड़ों गुना बढ़ोतरी हो जाती है।

विनिर्माणी उद्योगों के कच्चे माल और तैयार माल

विनिर्माणी उद्योग में इस्तेमाल किये जाने वाले पदार्थ या तो अपनी प्राकृतिक दशा में होते हैं, जिनको कच्चे माल कहते हैं, यथा—किसी धातु की अयस्क (ore), लकड़ी, कपास, ऊन, आदि या वे अंशतः संसाधित (Party processed) पदार्थ होते हैं; जैसे—इस्पात जिससे यन्त्र और कल-पुर्जे बनाये जाते हैं, या चिरी हुई लकड़ी जिससे कागजी-लुग्दी बन जाती है, या कपास का धागा जिससे वस्त्र बुना जाता है।

गौरतलब है कि किसी एक उद्योग का परिष्कृत उत्पाद दूसरे उद्योग के लिए कच्चा माल हो सकता है। उदाहरणार्थ बॉक्साइट कच्ची धातु से एलुमिनियम की सिल्लियाँ बनती हैं, इस एलुमिनियम से बिजली, तार के उपकरण आदि बनाये जाते हैं। इसी प्रकार लकड़ी से लुग्दी बनती है और लुग्दी से कागज बनता है जो मुद्रण उद्योग में काम आता है। लेटेक्स से रबड़ की सिल्लियाँ तथा चादरें बनायी जाती हैं जो वाहनों के टायर तथा ट्यूब बनाने में प्रयुक्त होती हैं।

निर्माण उद्योगों के प्रकार

कच्चे माल से परिष्कृत सामग्री बनाने के तीन स्तर होते हैं—

1. शिल्प उद्योग—मिट्टी से मूर्तियाँ, बर्तन आदि बनाना, लकड़ी से फर्नीचर आदि बनाना, धातुओं से बर्तन, मूर्ति सजावट की वस्तुएँ, आदि बनाना, चमड़े से बेल्ट, जूते आदि इस्तेमाल करने योग्य वस्तुएँ बनाना शिल्प उद्योग के कुछ एक उदाहरण हैं। इनमें शिल्पकार स्वयं कच्चा माल क्रयकर तैयार माल बनता है, किसी मध्यस्थ व्यापारी की आवश्यकता नहीं होती।

2. कुटीर उद्योग—इन्हें घरेलू उद्योग भी कहते हैं। इनमें ज्यादातर मध्यस्थ व्यापारी शिल्पकारों को कच्चा माल देकर परिष्कृत सामग्री तैयार कराते हैं व बाजार में बेचते हैं। गुड़ व कपड़ों, खण्डसारी की रंगाई व छपाई, हथकरघों, हौजरी से वस्त्र बनाना, साबुन, तेल पेरना, पुस्तकें छापना, आदि ऐसे ही उद्योग हैं। सामान्यतः कुटीर उद्योग में 20 से कम मजदूर होते हैं।

3. फैक्ट्री उद्योग—फैक्ट्री उद्योग में यन्त्रीकरण होता है, जिससे कोयला, तेल, विद्युत आदि से शक्ति-चालित मशीनों का प्रयोग होता है, व मजदूरों की नौकरी संगठित आधार पर होती है। किसी फैक्ट्री में मजदूरों की संख्या एक दर्जन से कई हजार तक हो सकती है, यन्त्रीकरण और स्वचालन प्रमुख विशेषता है।

निर्माण उद्योगों की स्थिति के कारक

निर्माण उद्योगों की स्थिति पर अनेक तरह के भौतिक, राजनीतिक, आर्थिक, ऐतिहासिक और व्यक्तिगत कारकों का प्रभाव पड़ता है—

1. भौगोलिक कारक (Geographical factors)—निर्माण उद्योगों की स्थिति को छाँटने में मुख्य प्रभाव भौगोलिक कारकों का होता है, जिनमें (1) श्रम संभरण, (2) परिवहन, (3) बाजार, (4) जलपूर्ति (5) कच्चे माल, (6) शक्ति संसाधन, मुख्य हैं।

2. आर्थिक कारक (Economic factors)—फैक्ट्री की स्थापना के लिये—(i) भूमि, (ii) पूँजी, (iii) प्रबन्ध, (iv) संगठन, (v) उद्योग उपक्रमी (entre-preneur) या उद्यमकर्ता जरूरी होते हैं। बैंकों की सुविधा, बीमा की सुविधा, आदि भी पूँजी के प्रमुख अंग हैं।

3. टेक्नोलॉजी—विज्ञान और इन्जीनियरिंग में कुशल होना का भी निर्माण उद्योग में आवश्यक है।

4. राजनीतिक कारक—निर्माण उद्योगों को प्रोत्साहन देने की सरकारी नीति का, आयातकरों (import duty) और निर्यातकरों (export duty) की दरों, देश के विभिन्न क्षेत्रों में औद्योगिक सन्तुलन आदि की नीति का प्रभाव, उद्योगों की छांट व स्थापना पर होता है।

5. ऐतिहासिक कारक—जैसे किसी क्षेत्र में कोई उद्योग विकसित हो जाने के उपरांत अन्य नये उद्योगों का उस क्षेत्र की ओर आकर्षित होना।

6. व्यक्तिगत कारक—कभी-कभी कोई व्यक्ति सिर्फ अपनी इच्छापूर्ति के लिए ही किसी ऐसे स्थान पर उद्योग की स्थापना कर देता है, जहाँ भौगोलिक कारकों की सुविधाएँ नहीं होती हैं, और वहाँ ईंधन, कच्चे माल, पूँजी आदि को लगाकर जो उत्पादन किया जाता है उसे भी दूरस्थ बाजार में भेजा जाता है। उदाहरणार्थ, वस्त्रों की सिलाई की मशीनों को निर्मित करने वाली फैक्टरियों की स्थापना, बिस्कुट बनाने, अथवा साबुन बनाने की फैक्टरियों की स्थापना अपने इच्छित स्थान पर कर ली जाती है।

स्थिति के भौगोलिक कारक

1. कच्चे माल (Raw materials)—निर्माण उद्योगों की सबसे पहली जरूरत कच्चे माल की होती है जिसका रूप और उपयोग परिवर्तित कर गुण-मूल्य में वृद्धि की जाती है। कच्चे माल की सुलभता उद्योग के स्थानीयकरण का मुख्य

कारक हैं। जिन उद्योगों के कच्चे माल भारी वजन के होते हैं। यथा—लौहा गलाना, सीमेंट, ईंटें बनाना, आदि, ऐसे उद्योग कच्चे माल की प्राप्ति के समीप ही स्थापित किये जाते हैं। कच्चे माल की प्राप्ति की सुविधा के ख्याल से ही कानपुर तथा आगरा में चमड़ा उद्योग लगाया गया है। विकारी (perishable) व विनष्टशील पदार्थों के उद्योग भी कच्चे माल के समीप ही स्थापित किये जाते हैं, जैसे दूध से मक्खन व पनीर बनाना, फलों की डिब्बाबन्दी व मांस उद्योग।

जो कच्चे माल, हल्के व मूल्यवान होते हैं उनके उद्योगों की स्थापना परिवहन लागत को सहन करते हुए दूर के क्षेत्रों में सम्भव है। औषधियाँ, विद्युत उपकरण, वस्त्रों की सिलाई, आदि ऐसे ही उद्योग हैं।

आधुनिक युग में तकनीकी सुधार की वजह से कच्चे माल का सघन उपयोग होने लगा है फलस्वरूप उद्योग की स्थापना में कच्चे माल की प्राप्ति का महत्त्व कम हो गया है।

2. शक्ति संसाधन (Power resources)—सभी निर्माण उद्योग किसी न किसी शक्ति साधन पर आश्रित रहते हैं। कोयला, खनिज-तेल, प्राकृतिक गैस, जल-विद्युत और अणुवीय-शक्ति, ये औद्योगिक शक्ति के साधन हैं। भारी उद्योगों में, जैसे लौह-इस्पात उद्योग में कोकिंग-कोयले की बड़ी मात्रा जरूरी होती है, इसलिए लौह-इस्पात उद्योगों की स्थिति कोयले की खानों के निकट होती है।

ब्रिटेन में अधिकतर निर्माण उद्योग उन इलाकों में स्थापित किये गये हैं जहां कोयला की खाने अधिक मात्रा में मौजूद हैं।। पश्चिमी जर्मनी का रूर कोयला-क्षेत्र, पूर्वी जर्मनी का सेक्सनी कोयला क्षेत्र, रूस में मास्को-तुला क्षेत्र, दोनेत्ज बेसिन, यूराल क्षेत्र, कज़बास क्षेत्र और कारागैन्दा क्षेत्र कोयले क्षेत्र, ऐप्लेशियन कोयला क्षेत्र और झील प्रदेश निर्माण उद्योगों में विकसित हो गये हैं। चीन के शान्सी, मुकडेन, शैन्सी आदि कोयला क्षेत्रों में निर्माण उद्योग स्थित हुए हैं। भारत में भी टाटा नगर, बोकारो, भिलाई, आसनसोल, दुर्गापुर, सिंदरी आदि औद्योगिक केन्द्रों की स्थिति कोयला क्षेत्र में है।

वृहत् मात्रा में सस्ती विद्युत-शक्ति की जरूरत के कारण विद्युत् रासायनिक (electro-chemical) और विद्युत्-धात्वीय (electro-metallurgical) उद्योगों की स्थिति फ्रेंच स्कॉटलैंड, आल्पस तथा जापान के पर्वतों पर भी संभव हो सकी है। कनाडा के ऑण्टेरिया प्रान्त में सस्ती जल-विद्युत की प्राप्ति के कारण एलुमिनियम उद्योग, कारबाइड उद्योग आदि का केन्द्रीकरण हुआ है। लकड़ी से कागज की लुग्दी बनाने और अखबारी कागज़ बनाने के उद्योग में भी बड़ी मात्रा में जल-विद्युत् जरूरी होती है।

विद्युत-शक्ति से उद्योगों के विकेन्द्रीकरण में सहायता मिलती है, इसलिए कोयला क्षेत्रों में निर्माण उद्योगों की अनावश्यक सघनता-वृद्धि अवरूद्ध गई है। जिन क्षेत्रों में कोयला नहीं हैं, उनमें जलविद्युत अथवा अणुवीय विद्युतशक्ति के द्वारा निर्माण उद्योगों का संचालन हो रहा है। जापान में विदेशों से आयातित कच्ची लौह-धातु, बॉक्साइट, रबड़, ऊन आदि के आधार पर विविध उद्योग जलशक्ति से चलाए जाते हैं। भारत में भी अधिकांश उद्योग उन्हीं इलाकों में लगाये गये हैं जहां कोयला परमाणु शक्ति या पानी प्रचुर मात्रा में उपलब्ध है।

3. श्रम संभरण Labour supply)—यद्यपि निर्माण उद्योगों में यन्त्रीकरण और स्वचालन (automation) की बढ़ोतरी होती जा रही है, फिर भी उद्योगों में मजदूरों की बड़ी संख्या में आवश्यकता होती है।

श्रम दो प्रकार का होता है, दक्षतापूर्ण श्रम और सामान्य श्रम। अधिकांशतः निर्माण उद्योग ऐसे होते हैं जिनमें सबसे ज्यादा कार्य मशीनों द्वारा किया जाता है, उनमें किसी दक्षता की आवश्यकता नहीं होती; इस प्रकार के निर्माण उद्योग ज्यादातर बड़े नगरों में अवस्थित हो जाते हैं, जहाँ श्रमिक पर्याप्त संख्या में मिल जाते हैं। परिवहन की सुविधाओं,यथा रेल-गाड़ियों, बसों, मोटरगाड़ियों ने श्रमिकों ने गमनागमन में बहुत सहायता पहुँचायी है, निकटस्थ गाँवों से नगरों का श्रम संभरण होता रहता है।

कुछ उद्योगों में कुशल श्रमिकों की जरूरत होती है, जैसे काँच, इलैक्ट्रॉनिक्स, रेडियो, टेलीविजन, ट्रांजिस्टर, आदि निर्माण उद्योगों में बढ़ते हुए यन्त्रीकरण और बढ़ती हुई परिवहन-सुविधाओं के कारण श्रमिकों का आवागमन और स्थानान्तरण वृद्धि होती जा रही है, जिससे श्रम संभरण की समस्या का समाधान होता जा रहा है।

4. बाजार—उद्योगों के स्थानीयकरण के कारक के रूप में बाजार का महत्त्व प्रतिदिन बढ़ता जा रहा है। सामान्यतः उद्योग वहीं स्थापित होते हैं जहाँ परिवहन सुविधाएँ पर्याप्त स्थानीय बाजार उपलब्ध करा सकती हैं। पेय पदार्थ, विकारी (विनष्टशील) भोज्य पदार्थ जैसे उद्योग बाजारोन्मुख हैं, क्योंकि अगर इनकी जल्दी बिक्री नहीं होती तो इनकी कीमत तीव्रता से गिरने लगती है। उत्पादन प्रक्रिया में भार वृद्धि होने वाले उद्योग, यथा—फर्नीचर, मोटर गाड़ियाँ, सीमेन्ट, आदि, उद्योग भी बाजारोन्मुख होते हैं।

वर्तमान समय में उद्योगों का संकेन्द्रण उन क्षेत्रों में होता है, जहाँ से उन्हें प्रादेशिक व राष्ट्रीय बाजार की पहुँच हो। अर्थात् जहाँ जनसंख्या की खरीदने की क्षमता अधिक होती है वहाँ उद्योगों का संकेन्द्रण होता हैं

जो वस्तुएँ हल्की परिवहन अथवा कम भारी और ऊँचे दामों की होती हैं, उनका बाज़ार बहुत बड़ा होता है, और अन्तर्राष्ट्रीय व्यापार में उनकी प्रमुखता होती है। यथा कि सूती वस्त्र, ऊनी रेशमी,वस्त्र या कृत्रिम वस्त्र, मशीनें, ट्रेक्टर, मोटरकार, औजार, बिजली का सामान, रासायनिक पदार्थ, कागज़, प्लास्टिक का सामान, बिसात खाने का सामान, घड़ियाँ, मीटर, कैमरे, रेडियो, टेलीविजन-सेट, स्टेशनरी, पुस्तकें, चित्र, फोटो फिल्में, औषधियाँ, श्रृंगार-सामग्री, जूते, खिलौने, वायुयान, युद्ध सामग्री, जलपोत इत्यादि वस्तुओं का मूल्य नियंत्रण अंतर्राष्ट्रीय बाजार के द्वारा होता है। इनके आयात-निर्यात पर भी अन्तर्राष्ट्रीय सम्बन्धों का तथा सरकारी नीतियों का असर पड़ता हैं

5. परिवहन (Transport)—कच्चे माल को फैक्ट्री तक लाने हेतु और सजायी हुयी सामग्री को बाजार तक पहुँचाने के लिये, सस्ता और गतिवान परिवहन भी औद्योगिक वृद्धि के लिये अधिक आवश्यक है। परिवहन-लागत किसी निर्माण उद्योग की स्थिति को निश्चित करने में महत्त्वपूर्ण कारक है। इसलिए सड़कों के पर्याप्त जल का, रेलमार्गों, नहरों और वायुयानों का उद्योगों की स्थिति पर गहरा असर रहता है।

जल-परिवहन सबसे सस्ता होता है। फ्रांस, पश्चिमी जर्मनी, बेल्जियम, पूर्वी-जर्मनी, पूर्व सोवियत संघ आदि में नदियों और नहरों द्वारा परिवहन से औद्योगिक विकास और व्यापार में मदद मिली है। जर्मनी की मिडलैंड केनाल, ब्रिटेन की मानचेस्टर शिप केनाल, रूस की डोन-वोल्गा कैनाल का अधिक महत्व है। संयुक्त राज्य झीलों के तट और दूरी-केनाल इसके प्रत्यक्ष प्रमाण है कि औद्योगिक केन्द्रों का स्थापन जलमार्गों के नजदीक हुआ है।

उत्तरी अटलांटिक महासागरीय परिवहन का प्रभाव तो इतना विस्तृत है कि विश्व के दो बड़े औद्योगिक क्षेत्र इसके दोनों तटों पर बसे हैं।

रेलमार्गों का प्रभाव औद्योगिक स्थिति पर बहुत गहरा प्रभाव तो इतना विस्तृत है कि विश्व के दो बड़े औद्योगिक क्षेत्र इसके दोनों तटों पर बसे हैं।

औद्योगिक क्षेत्रों पपर रेलमार्गों का भी प्रभाव पड़ता है। जिन क्षेत्रों में नदियाँ ओर नहरें नहीं होती हैं, उनमें मोटर-मार्ग और रेलमार्ग ही परिवहन के आधार होते हैं। पूर्व सोवियत संघ में, साइबेरिया और मध्य-एशिया में औद्योगिक केन्द्रों का विकास ट्रांस-साइबेरियन रेलवे और ट्रांस-केस्पियन रेलवे के साथ-साथ हुआ है। यूरोपीय रूस के तो सभी औद्योगिक केन्द्र रेलमार्गों से सम्बन्धित हैं। रूस सोवियत संघ में काले सागर के बन्दरगाह और सुदूरपूर्व में ब्लादिवोस्तोक बन्दरगाह अपने पृष्ठ

प्रदेशों से रेलमार्गों द्वारा जुड़े हैं। जर्मनी, बेल्जियम, फ्रांस, ब्रिटेन, कनाडा, संयुक्त राज्य अमेरिका, भारत, जापान, चीन और आस्ट्रेलिया के बन्दरगाह रेलमार्गों द्वारा अपने पृष्ठ प्रदेशों से सम्बन्धित हैं। इन रेलमार्गों के सहारे औद्योगिक केन्द्र विकसित हो गये हैं। इसीलिए यह कला अतिशयोक्ति नहीं होगी कि रेलमार्गों और उद्योगों में परस्पर संबंध है।

6. जलीय संसाधन की पूर्ति (Water supply)—किसी निर्माण उद्योग की स्थिति पर पानी की प्राप्ति का भी प्रभाव होता है। लौह-इस्पात, ऊनी वस्त्र, सूती वस्त्र, रासायनिक उद्योगों, कागज की लुग्दी, और कागज बनाने में बड़ी मात्रा में पानी की जरूरत होती है। क्योंकि इन सभी उद्योगों के लिए पानी की अत्यन्त जरूरत है। अणुवीय विद्युत्-शक्ति के प्रयोग में शीतलीकरण के लिये भारी मात्रा में जल की आवश्यकता होती है। इस प्रकार निर्माण उद्योगों की स्थिति जल संसाधन की पूर्ति के साथ जुड़ी होती है।

7. अन्य भौगोलिक कारक—अन्य भौगोलिक कारक जो निर्माण उद्योग की स्थिति पर अपना प्रभाव डालते हैं, (i) भूमि का ठोसपन, (ii) उपयुक्त जलवायु (iii) फैक्टरी के अवशिष्ट पदार्थ (waste) या रद्दी माल को कहीं पर ढेर लगाने की जल-प्रवाहित करने की सुविधा और (iv) वातावरण की उपयुक्तता है।

स्थिति के आर्थिक कारक

औद्योगिक विकास में पूंजी एक महत्त्वपूर्ण कारक है। कम पूँजी वाले लोग अधिकांशतः स्थानीय आधार पर उद्योगों की स्थापना करते हैं। बड़े पूँजीपति देश के विभिन्न भागों में, अपनी सुविधाओं के तथा भौगोलिक कारकों और राजनीतिक कारकों के अनुसार उद्योगों में पूँजी लगाते हैं।

अन्तर्राष्ट्रीय बैंकिंग के विकास के द्वारा पिछड़े हुए देशों में भी औद्योगिक स्थापनाओं के लिये पूँजी प्राप्त होती रहती है, जिससे हल्की ब्याज की दरों पर औद्योगिक ऋण मिल जाते हैं। संयुक्त राज्य अमेरिका, पश्चिमी ब्रिटेन, जर्मनी, पूर्व सोवियत संघ, जापान आदि विकसित देशों ने विकासशील देशों में अपनी पूँजी देकर उद्योगों की स्थापनाएँ कराई हैं।

भारत में सरकारी तथा गैर सरकारी दोनों ही क्षेत्रों में उद्योगों के विकास हेतु पर्याप्त पूँजी की व्यवस्था की गई है। भारतीय पूँजीपतियों के अलावा विदेशी पूँजीपतियों को भी अपने कारखाने भारतीय सहकारिता द्वारा स्थापित करने की सुविधाएँ दी गई हैं। अन्तर्राष्ट्रीय बैंक में भी ऋण लेने की व्यवस्था की गई है।

जिन देशों में पूँजी का बाहुल्य हैं, उनमें औद्योगिक विकास उच्चश्रेणी का हुआ है; व भविष्य में भी उनकी अधिकाधिक उन्नति की सम्भावनाएँ हैं। संयुक्त राज्य, पश्चिमी जर्मनी, पूर्व सोवियत संघ, ब्रिटेन, और जापान इसके उदाहरण हैं।

टेक्नोलॉजी : स्थिति में महत्त्वपूर्ण कारक

विज्ञान, इंजीनियरिंग और टेक्नोलॉजी की आवश्यकता भी पूरी महत्ता रखती है। विकासशील देशों ने विकसित देशों से विज्ञान और टेक्नोलॉजी में मदद ली है। पूर्व सोवियत संघ, ब्रिटेन, जर्मनी, फ्रांस आदि के विकासशील देशों के इंजीनियरों और वैज्ञानिकों को अपनी संस्थाओं में प्रशिक्षण दी है और दे रहे हैं।

स्थिति में राजनीतिक कारक

निर्माण-उद्योगों की स्थिति पर प्रभाव डालने वाले प्रमुख राजनीतिक कारक अग्रांकित हैं–

(i) औद्योगिक प्रोत्साहन की सरकारी नीति; (ii) आयात और निर्यात शुल्क दरें (Tariffs), जिनके द्वारा देश के उद्योगों को संरक्षण मिल जाता है, और वे विदेशी प्रतिस्पर्द्धा (competition) में ठहर सकते हैं; (iii) अन्तर्राष्ट्रीय सम्बन्ध व अलग-अलग देशों के साथ व्यापारिक समझौते और नीतियाँ; (iv) देश के भीतर विभिन्न प्रान्तों में सन्तुलित अर्थव्यवस्था के विचार से पिछड़े हुए क्षेत्रों में निर्माण उद्योगों की स्थापना के लिये सरकारी प्रोत्साहन और ऋण के द्वारा पूँजी आदि की व्यवस्था, (v) निर्माण उद्योगों पर नियन्त्रण की नीति; (vi) किन्हीं विशेष उद्योगों का विकास और स्थायित्व के लिये उनका सरकारी संरक्षण; (vii) किन्हीं उद्योगों को अनुदान या अनुपूर्ति (subsidy) का दिया जाना; (viii) उत्पादन करों व आय-करों की दरें; (ix) एकाधिकार (monopoly), पेटेण्ट-रजिस्ट्रेशन, आदि की नीतियाँ और सरकारी नियम; (x) सम्पत्ति अधिकार तथा राष्ट्रीयकरण नीति; (xi) पूँजीपतियों और मजदूरों के मध्य झगड़ों के निबटारे; (xii) श्रमिकों का प्रशिक्षण, श्रमिक संगठनों और गिल्ड-यूनियनों की मान्यता के नियम; (xiii) औद्योगिक रिसर्च को प्रोत्साहन; (xiv) सुरक्षा और शान्ति-व्यवस्था आदि ऐसे राजनीतिक कारक हैं जो निर्माण उद्योगों की स्थापना, विकास और स्थायित्व पर अपना प्रभाव डालते हैं। इनको सोच-विचार कर ही **उद्योग-उपक्रमी** या **उद्यमकर्ता** (entrepreneure) लोग अपनी **पूँजी, प्रबन्ध** और **संगठन** को किन्हीं उद्योगों में, और किन्हीं क्षेत्रों में लगाने का बीड़ा उठाने को तैयार होते हैं। कुछ निर्माण उद्योगों को सरकार स्वयं चलाती है,

उनकी स्थिति में आर्थिक, राजनीतिक कारकों का विचार होता है, तथा कुछ निर्माण उद्योगों को सुरक्षा और सैन्य शक्ति के ध्येय से स्थापित किया जाता है।

स्थिति के ऐतिहासिक कारक

(i) कोई औद्योगिक क्षेत्र जो बेहद समय से अपनी औद्योगिक विकास के लिए प्रसिद्ध हो चुका है, नये उद्योगों को आकर्षित कर लेता है; यथा कि जर्मनी के रूर क्षेत्र में व ब्रिटेन के लंकाशायर क्षेत्र में बहुत से नये-नये उद्योगों की स्थापना होती चली गई है। (ii) किसी भी देश में बाहर से आये शरणार्थियों के द्वारा भी किसी नये उद्योग की स्थापना करना। (iii) जड़त्व (inertia) का भी प्रभाव होता है। जो उद्योग किसी कच्चे माल अथवा ईंधन मिलने की सुविधा के कारण एक बार कहीं चालू कर दिये गये थे वे उद्योग उन कच्चे मालों या ईंधन की सुविधा खत्म होने के बाद भी उन जगहों पर चलते हैं।

स्थिति के व्यक्तिगत कारण

कहीं-कहीं पर ऐसे भी देश हैं जो सिर्फ व्यक्तिगत कारणों से ही किसी निर्माण उद्योगों की स्थापना हो जाती है; जैसे कि राजस्थान के पिलानी में बिड़ला परिवार के उद्योगपतियों का जन्म हुआ था और वे अपनी जन्मभूमि को भी शिक्षा-विज्ञान-संस्कृति व उद्योग का एक केन्द्र बनाना चाहते थे; इसलिए राजस्थान के **पिलानी** क्षेत्र में कुछ उद्योगों की स्थापना बिड़ला परिवार ने की है। **संयुक्त** राज्य के हैनरीफोर्ड ने **डैट्राइट** को पसन्द किया और वहाँ मोटर कार फैक्टरी की स्थापना कर दी। ब्रिटेन में लार्ड नफील्ड ने ऑक्सफोर्ड के निकट **काउले** स्थान पर मोटरकार निर्माण उद्योग की स्थापना सिर्फ इस कारण से की थी कि ऑक्सफोर्ड में उनका जन्म हुआ था। संयुक्त राज्य में **अल्वानी** नगर में कमीजों और काछों का विशाल निर्माण उद्योग सिर्फ इसलिए स्थापित और विकसित हो गया कि वहाँ पर एक स्थानीय व्यक्ति ने सर्वप्रथम बिना कॉलर की कमीज का आविष्कार किया था। संयुक्त राज्य में **रोचेस्टर स्थान** पर **कोडक** का कारखाना ट्रॉय में कमीजों और कॉलरों का निर्माण उद्योग इस तरह से व्यक्तिगत कारण के उदाहरण हैं।

फैक्टरी स्थिति के सिद्धान्त

व्यापारिक निर्माण उद्योग में कुछ ऐसे भी कारखाने जो (i) कच्चे मालों को

एकत्रित करके; (ii) उनके रूप बदल कर उनकी उपयोगिता और मूल्य में वृद्धि करते हैं तथा (iii) उस उत्पादित सामग्री को बाजार में तथा उपभोक्ताओं तक पहुँचाते हैं, उन्हें फैक्टरी की संज्ञा दी गई हैं।

फैक्टरियों के वर्ग—किसी भी कारखाने अर्थात् फैक्टरी की स्थिति (location) को निर्धारित करने वाले कारकों में कच्चे माल की ईंधन, सप्लाई और शक्ति के साधन, श्रम-सम्भरण, बाजार और परिवहन के स्रोत प्रमुख हैं। एक आदर्श निर्माण क्षेत्र उसे कहा जाता है जिसमें उपरोक्त पाँचों आवश्यकताओं की पूर्ति वहाँ के कारखानों को प्राप्त होती हो। लेकिन ऐसी आदर्श स्थिति की छाँट करते समय यह सोचना जरूरी होता है, कि उसके लिये ज्यादा महत्त्वपूर्ण कारक कौन-सा है और वह कहाँ उपलब्ध हो सकता है। इस विचार के अनुसार फैक्टरियों को चार प्रमुख भागों में बाँटा गया है:—

(1) बाजार-प्रधान फैक्टरी (Market-oriented factory),
(2) श्रम-प्रधान-फैक्टरी (Labour-oriented factory),
(3) शक्ति-साधन-प्रधान फैक्टरी (Power-oriented factory)
(4) कच्चा माल-साधन फैक्टरी (Raw-material oriented factory).

अर्थशास्त्रियों व भौगोलिकों ने 20वीं सदी में उद्योगों के स्थानीयकरण के सिद्धान्त प्रस्तुत किए। **एल्फ्रेड वेबर** (Alfred Weber), **टॉर्ड प्लैन्डर** (Tord Palender), **एडगर हूवर** (Edger Hoover), **ऑगस्ट लॉश** (August Losch), **वाल्टर इजार्ड** (Walter Isard), आदि अर्थशास्त्रियों तथा **जार्ज रेनर** (George Renner), **ई. एम. रॉस्टन** (E. M. Rawston), **एलेन प्रेड** (Allen Pred), **डी. एम. स्मिथ** (D. M. Smith), आदि भूगोल-वेत्ताओं ने उद्योगों के स्थानीयकरण के भिन्न-भिन्न सिद्धान्त प्रस्तुत किए। इनमें वेबर, लॉश तथा ईजार्ड के सिद्धान्त प्रमुख हैं।

वेबर का न्यूनतम लागत स्थापना सिद्धान्त

सबसे पहले जर्मन अर्थशास्त्री **एलफ्रेड वेबर** ने 1909 में उद्योगों के स्थानीयकरण का सिद्धान्त प्रकाशित किया, जिसे विद्वानों ने 'न्यूनतम लागत स्थापना विचारधारा' (Least Cost Location School) कहा है। वेबर ने अपने सिद्धान्त में कच्चे व तैयार माल पर परिवहन मूल्य को प्राथमिकता दी है उसके बाद उन्होंने श्रम लागत तथा समूहन (agglomeration) के प्रभाव को प्रदर्शित किया है।

सिद्धान्त के लिये वेबर ने निम्नलिखित मान्यताओं का सहारा लिया–

(1) कच्ची सामग्री कुछ निश्चित क्षेत्रों में प्राप्त होती है।

(2) प्रत्येक उद्योग का एक असीमित बाजार होता है व प्रत्येक उद्योग की पूर्व स्पर्द्धा मिली होती है। उसे एकाधिकार की सुविधा प्राप्त होती है।

(3) श्रम की उपलब्धता निर्धारित क्षेत्रों में सीमित होती है व श्रम भिन्न-भिन्न मजदूरी पर असीमित मात्रा में उपलब्ध है।

(4) परिवहन भाड़ा दूरी तथा भार में विकास के साथ बढ़ता है।

(5) जिस क्षेत्र में उद्योग की स्थापना करनी है वहाँ जलवायु, स्थलाकृति, तकनीकी दक्षता सभी कुछ समुचित रूप से उपलब्ध है व वह क्षेत्र एक राजनीतिक सत्ता के अन्तर्गत में है।

उद्योग के स्थानीयकरण में परिवहन लागत का प्रभाव

वेबर ने उद्योग के स्थानीयकरण हेतु परिवहन लागत को प्रमुख निर्णायक कारक माना है। उद्योग की स्थापना हेतु वह एक जगह का चयन करता है जहाँ कच्ची सामग्री तथा तैयार माल पर काम परिवहन लागत आती है। इसके लिये वह स्थानीयकरण त्रिभुज (location triangle) का इस्तेमाल करता है जिसमें C उत्पादित वस्तु का बिन्दु है व A व B क्रमशः कच्चे माल की उपलब्धता के बिन्दु हैं। ये दोनों कच्चे माल की अशुद्धता में उद्योग की स्थापना उस स्थान पर होगी जहाँ कुल टन माल पर परिवहन खर्च सबसे कम हो।

अगर कच्चे माल की संख्या दो से अधिक है या तैयार माल का बाजार एक जगह से अधिक है तो उद्योग की स्थापना इसी विधि द्वारा चतुर्भुज अथवा पंचभुज के अन्दर स्थानीयकरण भार के आधार पर होगी।

इसके अलावा वेबर ने कुछ अन्य स्थितियों में भी उद्योग की स्थापना के लिए विचार किया है–

अगर उद्योग के लिए केवल एक ही कच्चा माल जरूरी है व बाजार भी एक ही है तो उस उद्योग की स्थापना की निम्न चार सम्भावनाएँ हो सकती हैं–

(1) अगर कच्चा माल सभी जगह मिलता है तो उद्योग बाजार में स्थापित क्योंकि इस बिन्दु पर परिवहन खर्च नहीं करना पड़ेगा।

(2) यदि कच्चा माल स्वच्छ है व एक ही स्थान पर मिलता है तो उद्योग कच्चे माल के स्रोत या बाजार बिन्दु पर स्थापित हो सकता है।

(3) अगर उद्योग में सभी जगह सुलभ पदार्थ तथा शुद्ध पदार्थ दोनों का प्रयोग कच्चे माल के रूप में करना है तो उद्योग बाजार के नजदीक स्थापित होगा जिससे उत्पादनकर्ता को अतिरिक्त परिवहन खर्च नहीं देना पड़ेगा।

(4) अगर उद्योग कुल पदार्थ (gross materials) का कच्चा माल प्रयोग में लाता है तो उद्योग की स्थापना कच्चे माल के समीप होगी, क्योंकि उत्पादन प्रक्रिया में मिश्रित कच्चे माल का गैरजरूरी भार में कमी हो जाती है।

यदि उद्योग हेतु दो या अधिक कच्चे माल के स्रोत तथा बाजार बिन्दु है तो उद्योग के स्थानीयकरण की निम्नलिखित सम्भावनाएँ होंगी–

(1) अगर दोनों कच्चे माल सभी जगह सुलभ हैं तो उद्योग बाजार बिन्दु पर स्थापित होने पर कोई परिवहन खर्च नहीं होगा।

(2) यदि दोनों कच्चे माल शुद्ध हैं लेकिन सर्वत्र उपलब्ध नहीं हैं, तो भी उद्योग बिन्दु पर स्थापित होगा लेकिन वहाँ पर परिवहन खर्च कम होगा।

(3) यदि दोनों कच्चे माल मिश्रित पदार्थ हैं व निश्चित जगह पर हैं तो उद्योग की स्थापना स्थानीयकरण त्रिभुज (locational triangle) द्वारा तय की जा सकती है।

वेबर के कथानुसार उद्योग किन दशाओं में बाजार उन्मुख (market oriented) या कच्चे माल उन्मुख (raw material oriented) होगा। इसके लिए वेबर ने उद्योग के पदार्थ सूचकांक का प्रयोग किया है–

$$\text{पदार्थ सूचकांक} = \frac{\text{कच्चे माल का भार}}{\text{उत्पादित वस्तु का भार}}$$

अगर कच्चा माल शुद्ध है तो उसका पदार्थ सूचकांक एक होगा। परन्तु कच्चा माल के अशुद्ध होने पर उसका पदार्थ सूचकांक एक से अधिक होगा। यदि किसी उद्योग का पदार्थ सूचकांक एक से अधिक होता है तो वह उद्योग बाजारोन्मुख होगा।

उद्योग के स्थानीयकरण में श्रम का प्रभाव

वेबर का मानना था कि किसी भी प्रकार के उद्योगों की स्थापना में महदूरी लागत एक महत्त्वपूर्ण कारक है।। उसके अनुसार उद्योग की स्थापना न्यूनतम परिवहन लागत वाले बिन्दु से हटकर भी सम्भव है, लेकिन शर्तों के अनुसार कि सस्ते श्रम द्वारा परिवहन कीमत में वृद्धि की क्षति पूर्ति हो सके। इस सिद्धान्त को वेबर ने आइसोडेपेन (isodapanes) की मदद से प्रस्तुत किया है।

ऑगस्ट लॉश का बाजार क्षेत्र सिद्धान्त

जर्मन अर्थशास्त्री ऑगस्ट लॉश (1954) ने वेबर के 'न्यूनतम लागत स्थापना सिद्धान्त' को अमान्य करते हुए उद्योगों के स्थानीयकरण में मांग (demand) को प्रमुखता देकर उपरोक्त सिद्धान्त का प्रतिपादन किया। उनके अनुसार उद्योग की स्थापना उस जगह पर सही है जहाँ उद्योग की अधिकतम आमदनी हो।

अपने सिद्धान्त को सिद्ध करने के लिए लॉश ने एक चौड़ी समतल भूमि की कल्पना की जहाँ (i) किसानों की जनसंख्या समान रूप से वितरित हो (iii) औद्योगिक कच्चे माल को समान रूप से बाँटा जा सके, (ii) सभी दिशाओं में परिवहन किराया समान हो, , तथा (iv) हर किसान के पास विस्तृत कृषि फार्म हो, सभी लोग एक भी ज्ञान, रुचि तथा आर्थिक मौके रखते हों। ऐसी स्थिति में अगर किसान किसी भी फसल का अतिरिक्त उत्पादन करता है तो उद्योग की स्थापना का संतुलित रूप कायम होगा।

वाल्टर इजार्ड का प्रतिस्थापन विश्लेषण सिद्धान्त

इजार्ड (1956) ने उद्योगों के स्थानीयकरण में परिवहन कारक को सर्वोपरि मानते हुए श्रम, भूमि, पूँजी एवं स्वामित्व कारकों को शामिल किया है। सबसे पहले उद्योगपति यह देखता है कि उस स्थान पर उत्पादन कारकों में से कौन से कारक अधिक लाभकारी हैं व श्रम को पूँजी उपलब्धता अथवा भूमि उपलब्धता द्वारा किस सीमा तक प्रतिस्थापित किया जा सकेगा। वेबर की भांति इजार्ड ने भी स्थानीयकरण त्रिभुज द्वारा कम परिवहन लागत बिन्दु प्राप्त करने का प्रयास किया है।

स्मिथ (D. M. Smith, 197) ने उद्योगों के स्थानीयकरण में बताया है कि किसी भी उद्योग की स्थापना भिन्न-भिन्न जगहों पर करने पर उत्पादन लागत अलग आती है। हर स्थान पर स्थानीय मांग की भिन्नता के कारण उद्योग द्वारा प्राप्त लाभांश भी अलग होता है। अतः कुल मिलाकर कहा जाय तो उद्योगों की स्थापना उसी स्थापना पर करना चाहिए जहां कुल पूँजी निवेश से कुल लाभांश अधिक-से-अधिक प्राप्त होता है।

5

लौह इस्पात उद्योग

लौह-इस्पात का महत्त्व

अगर कहा जाय कि आधुनिक सभ्यता लौह-इस्पात के आधार पर खड़ी है तो अतिश्योक्ति नहीं होगी। वर्तमान औद्योगिक सभ्यता में लोहा और इस्पात केन्द्रीय भूमिका निभा रहे हैं। इनके बिना किसी भी तरह के भारी उद्योगों की स्थापना नहीं हो सकती। अगर मनुष्य की सभ्यता में से लौहा-इस्पात को निकाल दिया जाए तो इस पृथ्वी पर जीवन-निर्वाह करने वाली समस्त मानव जाति पुनः आदिम कालीन जंगली सभ्यता में प्रवेश कर जायेगी। मानव जाति की वर्तमान और भावी समृद्धि लोहे और इस्पात पर निर्भर करती है; इसलिये किसी देश की आर्थिक विकास की नाप इस पैमाने से की जा सकती है कि उस देश में इस्पात निर्माण की मात्रा कितनी है। शान्तिकाल और युद्धकाल दोनों में ही राष्ट्रीय क्षमता का सूचक इस्पात निर्माण है। जिस देश में इस्पात निर्माण का अभाव है उस देश की एक शक्तिशाली राष्ट्र बनने की सम्भावना ना के बराबर है।

विश्व में अलग-अलग धातुओं का जितनी मात्रा में उत्पादन होता है, उसका लगभग 90% भाग लौहा उत्पादन है। वर्तमान की 'अन्तरिक्ष-दौड़ में' कुछ हल्की धातुएँ, जैसे एलुमिनियम आदि अधिक उपयोग में आती जा रही हैं; फिर भी लोहे

की कठोरता, प्रबलता, चिरस्थायित्व, लचीलेपन और सस्तेपन के गुणों के कारण कोई अन्य धातु लोहे की जगह नहीं ले सकती। लोहे को सरलतापूर्वक किन्हीं विशेष गुणों और विशेष आकृतियों में परिवर्तित किया जा सकता है।

इस्पात उद्योग का विकास

लोहे के औजारों का प्रयोग तो प्राचीन काल से होता आ रहा है। भारत में लगभग 1000 ई. पूर्व लोहे का आविष्कार हुआ और उसी समय लोहा से इस्पात बनाने की विधि भी विकसित कर ली गयी। तब इस प्रक्रिया में ईंधन के रूप से लकड़ी का इस्तेमाल हुआ करता था। ईसा से पहले मोहन जोदड़ो और हड़प्पा काल में भारत में इस्पात बनता था, जब यूरोपीय देशों, फ्रांस, जर्मनी, ब्रिटेन आदि के लोग जंगली सभ्यता का जीवन व्यतीत करते थे। ईसा पूर्व बौद्धकालीन इस्पात की वस्तुएँ भारत में मिलती हैं। यूरोप के लोगों से बहुत पहले भारतवासी इस्पात बनाने लगे थे, इसका एक जीता जागता प्रमाण नई दिल्ली के कुतुबमीनार के समीप स्थित लौह-स्तम्भ सम्राट चन्द्रगुप्त (सम्भवतः समुद्रगुप्त) के राज्यकाल में स्थापित किया गया था, जो 1600 वर्षों की धूप-वर्षा-पाला सहकर वर्तमान समय में भी जंगरहित है। चीन में भी प्राचीन काल से लौह-इस्पात निर्माण होता रहा है। यूरोपीय देशों में इस्पात निर्माण अब से 1300 वर्ष पूर्व शुरू हुआ था। पन्द्रहवीं सदी में जर्मनी में सर्वप्रथम धमन भट्टी (blast furnace) बनाई गई थी, जिसमें लकड़ी का कोयला इस्तेमाल होता था। कोक का प्रयोग उन्नीसवीं शताब्दी में आरम्भ हुआ था। उसके बाद से यूरोपीय देशों जर्मनी, स्वीडन, फ्रांस, बेल्जियम और ब्रिटेन में बहुत तीव्रता के साथ इस्पात उद्योग में उन्नति हुई। बीसवीं सदी में संयुक्त राज्य अमेरिका व रूस में भी इस्पात निर्माण में आश्चर्यजनक वृद्धि हुई। जापान, चीन, भारत में भी इस्पात निर्माण की उत्तरोत्तर वृद्धि हुई।

इस्पात की विभिन्न किस्में

इस्पात की कई किस्में होती हैं, जिनमें विभिन्न गुण होते हैं। कच्चे लोहे (pig iron) में कार्बन तथा अन्य मिस्र धातुएँ (alloys) मिलाकर इस्पात (steel) बनाया जाता है। उदाहरणार्थ, (i) मैंगनीज मिलाने से इस्पात कठोर व घर्षण रोधी हो जाता है, जिससे खनन यंत्र, भारी मशीनें तथा विद्युत-मशीनें बनती हैं। (ii) क्रोमियम मिलाने से जंग रोधी इस्पात बन जाता है। (iii) निकिल मिलाने से बहुत ही कठोर अम्ल रोधी और उच्च ताप पर इस्पात बनता है, जिसकी बॉल-बेरिंग्स, आर्मर प्लेट्स आदि बनते हैं। (iv) कोबाल्ट मिलाने से ऐसा कठोर इस्पात बन जाता है

कि उससे विभिन्न प्रकार का औजार बनाया जाता है। जिससे धातु से काटी जाए। (v) मैंगनीज, निकिल और क्रोमियम मिलाने से स्टेनलैस स्टील बन जाता है। (vi) टंगस्टन् और वेनेडियम मिलाने से तेज वेग से काटने वाले औजारों का इस्पात बनता है। (vii) मोलिब्डेनम व वेनेडियम मिलाने से प्रबल और प्रत्यास्थ इस्पात बनता है, जो कम्पन अथवा प्रघात को सहन कर सकता है। उससे स्वचालित वाहनों के गीयर और धुरे बनते हैं। (viii) कुछ अन्य धातुओं के मिस्रण से लचकदार इस्पात बनता है, जिससे फ़नर (जैसे—घड़ियों और मीटरों के फ़नर) कमानियाँ, लीवर, स्प्रिंग्स, आदि का निर्माण किया जाता हैं।

इस्पात निर्माण की प्रक्रियाएँ

साधारण इस्पात निर्माण की 4 प्रक्रियाएँ होती हैं—

(1) लौह-अयस्क को पिघला कर कच्चा लौहा बनाना।

(2) कच्चे लोहे को स्वच्छ और सुधारना।

(3) कच्चे लोहे से स्क्रेप तथा मिस्र धातुएँ मिलाकर इस्पात निर्मित किया जाता है।

(4) इस्पात को रोलिंग मिल के बेलनों में बेलना, गढ़ना, ठप्पों में काटना, ढ़ालना आदि।

लोहे की कच्ची धातु अर्थात कोक, अयस्क, चूने के पत्थर और रद्दी लोहे (स्क्रेप) को भट्टी में डालकर, कोक की आग में दहकाया जाता है; इस प्रक्रिया से लौहा और मैल (slag) पिघल कर अलग हो जाते हैं; कार्बन-डाइ-ऑक्साइड आदि गैसें बाहर निकल जाती हैं। इस तरह कच्चा लौहा शेष बचता है। कच्चे लोहे में थोड़ा अयस्क, चूना, स्क्रेप, पत्थर और मिस्र धातु मिलाकर इस्पात भट्टी में पिघलाते हैं, तब उनमें इस्पात बनता है।

कच्चे लोहे से ढलाई के द्वारा चूल्हे, गटर-नालियाँ, लोहे की पाइप आदि बनाये जाते हैं। लोहे से इस्पात बनाकर गर्डर, रेल की पटरियाँ, लोहे के लट्ठे, सरिये, लोहे की पटरियाँ, चादरें, पत्तियाँ एंगिल आयरन, प्लेट, ट्यूब, कमानियाँ, रॉड, स्प्रिंग्स, तार, टिन-प्लेट, आदि बनायी जाती है।

इस्पात निर्माण के कच्चे माल

इस्पात उद्योग में कच्चे मालों का उपभोग अधिक मात्रा में होता है। इसमें प्रयुक्त होने वाले कच्चे माल निम्नलिखित हैं—

भारी मात्राओं में प्रयुक्त होने वाले कच्चे माल

1. शीतल जल—भट्टियों में अधिक मात्रा में ठंडे पानी की आवश्यकता होती है। इसलिये इस्पात निर्माण की मिलें अधिकतर नदियों के किनारे, झील तटों पर, समुद्री तटों पर होती हैं।

2. तप्त वायु—एक टन इस्पात निर्मित करने हेतु चार टन हवा की आवश्यकता होती है, जो 815°C (150°F) तक गर्म की गई हो।

3. कोक—एक टन इस्पात निर्मित करने के लिये दो मीट्रिक टन कोक की जरूरत होती है, जिसको 3 मीट्रिक बिटुमिनस कोयले से तैयार किया जाता है। इसलिए इस्पात निर्माण की मिलें अधिकांशतः कोयले की खानों के निकट अवस्थित होती हैं।

4. लौह-अयस्क (Iron-ore)—लौह-अयस्क को गलाकर कच्चा लोहा और फिर कच्चा लोहा से इस्पात का निर्माण होता है। विदेशों से सस्ते महासागरीय परिवहन के जरिए लौह-अयस्क को आयात करके इस्पात मिलों को भेजा जाता है। संयुक्त राज्य में सुपीरियर झील के पश्चिम में स्थित लौह-खानों से अयस्क को झील-परिवहन द्वारा पूर्व में स्थित इस्पात केन्द्रों तक लाया जाता है। जापान की इस्पात मिलों को लौह-अयस्क भारत से आयात किया जाता है। ब्रिटेन की इस्पात मिलें स्वीडन और स्पेन से अयस्क का आयात करती हैं।

5. फ्लक्स पत्थर (Flux)—चूने के पत्थर अथवा डोलोमाइट को भट्टी में डालकर लोहे में से गंदगी (slag) को पृथक किया जाता है।

6. रद्दी लौहा (Scrap iron)—साधारणतः कच्चे लोहे (pig iron) के साथ रद्दी लोहे (स्क्रेप) को इस्पात भट्टी में डालकर पिघलाया जाता है। रद्दी लोहे में इस्पात मिलों की कतरनें, मशीनों को बनाने वाली मिलों की छीलनें, कतरनें, खरादों के चूरे, पुरानी टूटी-फूटी मशीनें, रेल के रद्दी डिब्बे, पुरानी मोटर गाड़ियाँ, जंग खाई हुई लोहे की वस्तुएँ, पुरानी गली हुई कनस्तर, चादरें, रद्दी कल-पुर्जे, जलपोतों और युद्ध सामग्रियों के रद्दी भाग होते हैं।

लौह-मिस्र धातुओं (ferro-alloys) का उपयोग करके इस्पात के अन्दर, कठोरता, लचीलापन, जंग-रोधन आदि पैदा किये जाते हैं। मैंगनीज, क्रोमियम, निकिल, कोबाल्ट, टंगस्टन, मॉलिब्डेनम, वेनेडियम आदि ऐसी ही धातुएँ हैं।

इस्पात निर्माण के प्रक्रम

प्रागैतिहासिक काल से लेकर अब तक इस्पात निर्माण के तरीकों में कुछ सुधार होते रहे हैं। जो अग्रांकित हैं—

1. मूषा प्रक्रम– खड़िया मिट्टी, चिकनी मिट्टी और ग्रेफाइट के बड़े पात्र में पिटवां लोहे (wrought iron) को रखकर भट्टी में गलाया जाता है एवं पिघले हुए लोहे में कार्बन व मिस्र धातुएँ मिलायी जाती हैं। यह पुराने तरीके का, धीमा और अधिक व्यय का प्रक्रम है, लेकिन इससे निर्मित इस्पात सबसे उत्तम किस्म का होता है।

2. बेसेमर प्रक्रम–बड़े पैमाने पर इस्पात बनाने का यह प्रक्रम 19वीं सदी के मध्य में प्रारम्भ हुआ था। इसमें कोयले का खर्चा कम होता है और शीघ्र ही इस्पात बन जाता है। लेकिन इस विधि के द्वारा कच्चे लोहे में से फॉस्फोरस अलग नहीं होता। इसलिए इस्पात घटिया किस्म का होता है।

3. खुली भट्टी प्रक्रम–यह अधिक खर्चीला है, लेकिन इसमें उच्च श्रेणी का इस्पात बनता है। इस प्रणाली में कच्चे लोहे के साथ रद्दी लोहे का अधिक इस्तेमाल किया जाता है। विश्व में यह सर्वाधिक प्रचलित विधि है।

4. बेसिक प्रक्रम–यह बेसेमर प्रणाली का एक सुधरा हुआ रूप हैं, जिसमें कच्चे लोहे से फॉस्फोरस को अलग कर दिया जाता है। जर्मनी, ब्रिटेन और फ्रांस में इसी विधि से इस्पात तैयार किया जाता है। लेकिन यह इस्पात उत्तम कोटि का नहीं होता है।

5. विद्युत आर्क भट्टी–कोयले के अभाव में विद्युत भट्टियों द्वारा इस्पात निर्माण होता है। इस विधि का प्रयोग जापान, फ्रांस, स्वीडन और इटली में ज्यादा होता है। भारत के कर्नाटक में भद्रावती इस्पात केन्द्र व राउरकेला इस्पात केन्द्र में जल-विद्युत का दिन-प्रतिदिन प्रयोग होता है। रूस में भी इस्पात केन्द्रों में विद्युत भट्टियों का इस्तेमाल हो रहा है।

6. आधुनिक विकास–द्वितीय विश्व युद्ध के पश्चात् इस्पात निर्माण के तरीकों में सुधार हुए हैं। (i) ऑस्ट्रिया का **लिंज्र डोनाविज्र प्रक्रम,** (ii) जर्मनी का **रोटर प्रक्रम,** (iii) स्वीडन का **काल्डो प्रक्रम** और (iv) ब्रिटेन का **स्प्रे-स्टील प्रक्रम** उल्लेखनीय है।

लौह-इस्पात निर्माण केन्द्रों का स्थितिकरण

लौहा-इस्पात निर्माण केन्द्रों की स्थिति (location) को निश्चित करने वाले कारक वे ही होते हैं जो सामान्यतः अन्य निर्माण उद्योगों की स्थिति को निर्धारित करते हैं। संक्षेपतः ये कारक निम्नवत हैं–

1. भूमि का विस्तृत क्षेत्र–जिस पर लोहे की झोंका भट्टियों, कोक भट्टियों गोदामों और कारखानों की इमारतों व मजदूरों की बस्तियों की स्थापना हो सके व

धातु-मैल (slag) का ढेर लगाने हेतु और परिवहन के साधनों के लिए पर्याप्त भूमि हो।

2. कच्चे माल—जिनमें (i) शीतल जल, (ii) तप्त वायु, (iii) कोक, (iv) लौह-अयस्क, (v) फ्लेक्स पत्थर, (vi) स्क्रेप मुख्य हैं। थोड़ी मात्रा में, (vii) मिस्र धातुओं का भी प्रयोग होता है; आधुनिकता प्रक्रमों में ऑक्सीजन गैस को भट्टियों में झोंका जाने लगा है। पानी की आवश्यकता अधिक मात्रा में होती है।

3. बाजार, 4. परिवहन के साधन, 5. पूँजी, 6. श्रम सम्भरण और 7. सरकारी नीति आदि अन्य कारक हैं, जो इस्पात केन्द्रों की स्थिति को निश्चित करते हैं। इनका विस्तृत विवरण पिछले अध्याय में किया जा चुका है।

संसार में लौह-इस्पात उत्पादन

विश्व में लौह-इस्पात के उत्पादन में प्रमुख स्थान (i) रूस, (ii) संयुक्त राज्य अमेरिका, (iii) जापान, (iv) पश्चिमी जर्मनी, (v) ब्रिटेन, (vi) चीन, (vii) इटली, (ix) बेल्जियम, (x) पोलैण्ड, (xi) चेकोस्लोवाकिया, और (xii) कनाडा का है। भारत, स्वीडन, ऑस्ट्रेलिया और रोमानिया अन्य उत्पादक हैं।

विश्व में इस्पात पिण्ड का वार्षिक उत्पादन (लाख मीटरी टन)

देश	*उत्पादन*	*%*	*देश*	*उत्पादन*	*%*
चीन	1151	15.5	ब्राजील	249	3.3
जापान	785	10.6	कोरिया	229	3.1
सं. रा.अमेरिका	496	6.7	यूक्रेन	210	2.8
रूस	372	5.0	भारत	200	2.7
जर्मनी	3.4	4.1	फ्रांस	134	1.8

नीदरलैण्डस, लक्जेमबर्ग, पूर्वी जर्मनी, दक्षिणी ब्राजील, अफ्रीका, आस्ट्रेलिया, मैक्सिको और हंगरी, छोटे-छोटे राज्य हैं, जो 50 लाख मीट्रिक टन से 100 लाख मीटरी टन तक इस्पात वर्ष पर्यन्त बनाते हैं।

पूर्व सो. संघ में इस्पात उत्पादन

इस्पात उत्पादन के मामले में विश्व में पूर्व सोवियत संघ का स्थान महत्त्वपूर्ण है। प्रमुख उत्पादक युक्रेन (दोनबास), मास्को क्षेत्र और कज़बास प्रदेश हैं।

1. यूक्रेन प्रदेश (दोनबास प्रदेश)—इसकी स्थिति सबसे उत्तम है, यह पूर्व सोवियत संघ का सबसे बड़ा और पुराना लौह-इस्पात निर्माण का क्षेत्र है। इस प्रदेश में इस्पात उद्योग की समस्त सुविधायें मौजूद हैं—(1) कोकिंग कोयले की वृहत मात्राएं दोनेत्ज़ बेसिन कोयला क्षेत्र से प्राप्त होती हैं। (ii) लौह अयस्क **क्रिवोई रॉग** से तथा **कर्च** प्रायद्वीप से मिलता है, जिसमें 60% से 70% लौहांश है। (iii) मैंगनीज के निक्षेप **निकोपोल** में है। (v) नीपर नदी पर **ज्ञापोरोझये** स्थान पर बड़ा जल विद्युत केन्द्र है। (vi) कच्चे तथा तैयार माल के परिवहन हेतु रेलों का जाल बिछा हुआ है और जल परिवहन के लिये नीपर, दोनेत्ज और दोन जैसी नदियों व अजोव सागर और काला सागर हैं। (vii) इस प्रदेश में बहुत से वृहत नगर हैं, जिनमें भारी उद्योग, रेलवे, उद्योग, इन्जीनियरिंग उद्योग आदि हैं। इसीलिए यह इस्पात का एक मुख्य बाजार भी है।

उपरोक्त सुविधाओं के कारण यूक्रेन प्रदेश में दो प्रकार के इस्पात केन्द्र स्थापित हो गये हैं—

(a) कोयला क्षेत्रों पर अवस्थित केन्द्र—लौह इस्पात की सर्वाधिक मिलें दोनेत्ज़ कोयला क्षेत्रों पर अवस्थित हैं, जिनमें **दोनेत्सक** (पुराना नाम स्तालिनो), **माकीब्का, वारोशिलोव्स्क, लुगान्स्क, येनाक्रेवा** आदि हैं। इन क्षेत्रों में इस्पात मिलों, धमन-भट्टियों और इन्जीनियरिंग के कारखानों का अधिक मात्रा में संकेन्द्रण हो गया है। इस प्रदेश को **पूर्व सो. संघ का 'रुर-क्षेत्र'** कहा जा सकता है।

(b) लौह-अयस्क क्षेत्र—लौह-अयस्क क्षेत्रों में, **क्रिवोय रॉग, निकोपाल, कर्च** आदि केन्द्र स्थित हैं।

(c) मध्यवर्ती क्षेत्रों में—लोहे और कोयले के मध्य क्षेत्रों में, **झदानोव, तगान रॉग** आदि केन्द्र हैं। नीपर नदी पर **ज़ापोरोझये, नीपरो-पोत्रोवस्क, नीपरोदझरझिन्स्क** आदि केन्द्र हैं, जिनमें विद्युत-भट्टियों द्वारा इस्पात का निर्माण किया जाता है।

यूक्रेन की इस्पात मिलों में रूस का लगभग 50% इस्पात निर्माण होता है। स्थानीय इंजीनियरिंग उद्योगों की माँग पूर्ति के अलावा यहाँ का लौहा व इस्पात मास्को क्षेत्र और लेनिनग्राद क्षेत्र के उद्योगों को भी भेजा जाता है। संयुक्त राज्य के पिट्सबर्ग क्षेत्र और झील केन्द्रों की अपेक्षा यूक्रेन प्रदेश और यूराल प्रदेश से भी कच्चा लौहा प्राप्त होता है। (ii) कोक और कोयला दोनेत्ज़ बेसिन से दोन नदी और वोल्गा नदी के जल मार्गों से होता है।

इस क्षेत्र के मुख्य इस्पात केन्द्र **तुला, लिप्ऐत्सक, व्यकसा, कुलेबाकी, गोर्की, पेक्लोव, मास्को** आदि हैं। वोल्गा नदी पर **वोल्गोग्राद** उच्चश्रेणी के इस्पात का केन्द्र है।

3. यूराल प्रदेश—इस देश में (i) उच्चकोटि का लौह-अयस्क है, और (ii) मैंगनीज, क्रोमियम, निकिल आदि मिस्र धातुएँ हैं (iii) पुराने इस्पात केन्द्रों में लकड़ी के कोयले का इस्तेमाल होता है (vi) कोकिंग कोयला कारागैन्दा कोयला क्षेत्रों (1,000 किमी दूर) तथा कज़नेत्स्क क्षेत्रों (2,240 किमी दूर) से आता है। (v) यूराल नदी के पानी का उपयोग किया जाता है।

बड़े इस्पात संयंत्रों का विकास **मैगनितोगोर्स्क, निझनीतागिल, चेल्याबिन्स्क, स्वर्दलोव्स्क, सेरोव** आदि में हुआ है। मैगनितोगोर्स्क रूस का सर्वाधिक बड़ा इस्पात केन्द्र हैं, जहाँ आधे दर्जन से भी अधिक दैत्याकार धमन भट्टियाँ और दो दर्जन से भी अधिक खुली भट्टियाँ निर्मित होती हैं।

यूराल देश में 8 समाकलित इस्पात काम्पलैक्स (Integrated steel complexes) हैं जिनमें उत्तम कोटि के इस्पात और लौह-मिस्र धातुओं का निर्माण होता है। इस प्रदेश में अनेक यन्त्र निर्माण और इंजीनियरिंग उद्योग अवस्थित हैं। **पर्म, अलापायेवस्क व ओरस्क** भी बड़े केन्द्र हैं। यूराल के उत्तम लौह-अयस्क को रेलों द्वारा कारागैन्दा और कज़बास (कज़नेत्स्क) कोयला क्षेत्रों को भेजा जाता है। इसीलिए **यूराल-कारागैन्दा कम्बाइन** तथा **यूराल-कज़बास कम्बाइन** क्षेत्र विकसित हो गये हैं, जो एक दूसरे के साथ कोयला एवं लौह—अयस्क का आदान-प्रदान करते हैं।

4. कज़नेस्त्स्क बेसिन (कज़बास प्रदेश)—यह क्षेत्र अल्ताई पर्वतों के उत्तर में, तोमस्क के दक्षिण में स्थित हैं। यहाँ लौह-इस्पात उद्योग कोयला क्षेत्रों पर आधारित है। यहाँ उत्तम कोयले के भण्डार दोनेत्ज़ बेसिन से भी ज्यादा बड़े हैं। यहाँ से कोयले को रेलमार्ग के द्वारा यूराल प्रदेश में लौहा केन्द्रों तक भेजा जाता है व वापस लौटती हुई रेलगाड़ियों से यूराल का लौह—अयस्क मंगाया जाता है। कोयले और अयस्क के आदान-प्रदान से कज़नेत्स्क प्रदेश में भी इस्पात उद्योग की स्थापना हुई। उसके बाद यहाँ **गोरनाया शोरया** क्षेत्र में लौह-अयस्क के भण्डार प्राप्त हुए। **नोवोकज़नेत्स्क** इस प्रदेश का प्रमुख इस्पात केन्द्र है, जहाँ समकालीन इस्पात संयंत्र स्थापित है। अन्य इस्पात केन्द्र **माजुल्सकीय, उसा, नोवोसिबिर्स्क, तुरोचाक, कामेन** आदि हैं। साइबेरिया के विकास हेतु कज़बास प्रदेश के इस्पात संयंत्रों का प्रमुख योगदान है। यहाँ पर यन्त्र-निर्माण उद्योग और बहुत से इंजीनियरिंग उद्योग विकसित हो गये हैं।

5. काकेशस प्रदेश—काकेशस में भी अधिक मात्रा में उद्योगों की स्थापना हुई। यहाँ जेस्ताफ़ोनी मुख्य इस्पात केन्द्र हैं। यहाँ चिआतुरा से लौह-अयस्क प्राप्त किया जाता है। लौह-इस्पात के केन्द्र **दाशकेज़ान** व ट्रांसकाकेशिया का **रुस्तावी**

है। इन केन्द्रों में जल-विद्युत इस्पात भट्टियाँ है। जोर्जिया में **तिबलिसी** इस्पात केन्द्र हैं।

6. पूर्व सोवियत संघ में अन्य इस्पात क्षेत्र—प्रादेशिक विकास हेतु, भिन्न-भिन्न क्षेत्रों में इस्पात केन्द्रों की स्थापना हुई है , जो निम्नवार हैं— **(i) लेनिनग्राद** प्रदेश में काला प्रायद्वीप के लौह-अयस्क तथा पेचोरा बेसिन के वोरकुला क्षेत्र से प्राप्त कोयले का प्रयोग करने वाले **चेरेपोवेत्स** और **लेनिनग्राद** इस्पात केन्द्र हैं। (ii) **कारागैन्दा** के कोयला क्षेत्र पर आधारित **सोलोनिचकी** और **बरनोल** इस्पात केन्द्र हैं। (iii) उजबेकिस्तान में **ताशकन्द** और **बोगोवात** इस्पात केन्द्र; (iv) कजाकिस्तान में **तेमीर-त्तान** केन्द्र; (v) बेकाल झील प्रदेश में **चेरेमखोवो, ताइशेत** और **पीतरोवस्क,** (vi) निचली आमूर घाटी में **कोमसोमोल्स्क** केन्द्र और (vii) पेसिफिक तट पर **ब्लादिवोस्तोक** इस्पात केन्द्र।

संयुक्त राज्य अमेरिका में लौह-इस्पात उत्पादन

लौह-इस्पात के उत्पादन के ख्याल से विश्व में संयुक्त राज्य अमेरिका दूसरे स्थान पर है। यहाँ इस उद्योग के लिये निम्नांकित सुविधायें प्राप्त हैं—

प्रमुख सुविधायें—संयुक्त राज्य अमेरिका में लौह-इस्पात उद्योग का भारी संकेन्द्रण देश के पूर्वी भाग में हुआ है, जो देश का प्रमुख औद्योगिक निर्माण प्रदेश है। इस प्रदेश में लौह-इस्पात के संकेन्द्रण और विकास के लिये 5 प्रमुख सुविधायें हैं—(i) **एप्लेशियन कोयला क्षेत्र** से कोकिंग कोयला मिल जाता है। (ii) सुपीरियर झील के पश्चिम-दक्षिण में स्थित लोहे की बड़ी-बड़ी खानों **(मेसाबी, वरमिलियन, कुयूना, गोजेबिक, मारक्वेट** और **मेनोमिनी** की खानों) **से लौह-अयस्क** आता है। (iii) **बड़ी झीलों,** नाव्य नदियों और नहरों के द्वारा बहुत **उत्तम और सस्ता परिवहन** होता है, जो कोयले और लोहे जैसी भारी पदार्थों के लिये पूर्ण उपयुक्त है। (vi) इस प्रदेश में **रेलमार्गों और सड़कों का** जाल बिछा हुआ है। (v) इस प्रदेश में बढ़ता हुआ औद्योगिक बाजार है, जिसके विभिन्न कारखानों में लौह-इस्पात की खपत बनी रहती है।

संयुक्त राज्य अमेरिका का लौह-अयस्क निर्माण के केन्द्र 6 प्रमुख क्षेत्रों में स्थित हैं—

(1) बरमिंघम क्षेत्र—अलाबामा राज्य में।

(2) मध्य एटलांटिक तट—न्यू इंग्लैण्ड से वर्जीनिया तक।

(3) पश्चिमी तटीय क्षेत्र—सीएटिल, सेन फ्रांसिको और लॉस ऐंजिल्स।

(4) पिट्सबर्ग—यंग्सटाउन क्षेत्र।

(5) शिकागो—गैरी क्षेत्र, मिशीगन झील के दक्षिणी भाग में।

(6) इरी क्षेत्र—ड्रेटायट से बफ़ैलो तक।

1. शिकागो-गैरी क्षेत्र—संयुक्त राज्य के इस्पात उत्पादन में पहला स्थान शिकागो-गैरी क्षेत्र का है, जो ग्रेट-ब्रिटेन या फ्रांस के पूरे उत्पादन से भी अधिक इस्पात का निर्माण करता है। यहाँ संयुक्त राज्य का 35% इस्पात बनता है।

शिकागो-गैरी में इस्पात केन्द्र की स्थिति सर्वोत्तम है—(i) इनसे कोयले और लोहे के भण्डार बराबर दूरी पर हैं; (ii) झील परिवहन द्वारा लौह-अयस्क आता है; (iii) चूना पत्थर निकटवर्ती मिशिगन राज्य से प्राप्त होता है; (vi) इस्पात की माँग का बाजार बिल्कुल निकट है; (v) स्वच्छ पानी झील में मिलता है; (vi) शिकागो रेलमार्गों के मिलने का सबसे बड़ा केन्द्र है।

इस क्षेत्र के प्रमुख इस्पात केन्द्र **शिकागो, गैरी, इण्डियाना हार्बर, जोलिएट, मिलवाकी** और **सैंट लुई** हैं। इस क्षेत्र में निर्मित इस्पात का इंजीनियरिंग उद्योगों, रेलवे उद्योगों, कृषि-यन्त्र निर्माण, जलपोत निर्माण व अन्य निर्माण-उद्योगों में प्रयोग किया जाता है।

2. पिट्सबर्ग-यंग्सटाउन क्षेत्र—इस क्षेत्र के तीन भाग हैं—(i) **पिट्सबर्ग क्षेत्र,** जिसमें ओहियो नदी, मोनोंगहेला नदी और अलधेनी नदी की घाटियों में इस्पात निर्माण की मिलें अवस्थित हैं; ये मिलें पिट्सबर्ग से 65 किमी की दूरी के भीतर हैं। (ii) **यंग्सटाउन क्षेत्र,** जिसमें यंग्सटाउन से 50 किमी की दूरी तक शेनांगों और माहेनिंग नदियों की घाटियों में इस्पात मिलें अवस्थित हैं। (iii) **जोहन्सटाउन क्षेत्र,** जो कोनेमाघ नदी की घाटी में कोयले की खानों के निकट स्थित हैं; यहां कोयले का खनन सुविधाजनक हो गया है क्योंकि नदी के सहायक धाराओं के कारण कोयला की परतें कटी हुई अवस्था में है।

संयुक्त राज्य अमेरिका का 1/3 इस्पात उत्पादन इस क्षेत्र में होता है, जो पश्चिमी जर्मनी के रूर क्षेत्र के समान है। इसको प्राप्त होने वाली सुविधाओं में उत्तरी अपलेशियन का कोयला, सुपीरियर झील से आया लौह-अयस्क, अलघेनी, मोनोंगहेला, कम्बरलैंड, आदि नदियों का पानी स्थानीय चूना पत्थर और निकटवर्ती बाजार हैं। मुख्य इस्पात केन्द्र **पिट्सबर्ग, यंग्सटाउन, ह्वीलिंग, हंटिंगटन, आयरनटन, पोर्ट्समाउथ** आदि हैं।

द्वितीय महायुद्ध काल से पिट्सबर्ग की महता कुछ कम होने लगा है, और इस्पात उद्योग के केन्द्र पश्चिम तथा दक्षिण की ओर विकसित हो रहे हैं, जिनमें

जोहन्सटाउन, कारनेगी, ब्रडोक, हंटिगटन, मुनहॉल और **आयरनटन** प्रमुख हैं।

3. झील तटीय क्षेत्र—(i) **इरी झील** के तट पर लगभग 12 इस्पात केन्द्र हैं। इन इस्पात केन्द्रों को विशेष सुविधा यह है कि ये लौह-अयस्क (ore) के तुलनात्मक निकट हैं, यद्यपि ये कोयले की खानों से दूर हैं। लौह-अयस्क से लदे जलपोत सीधे झोंका-भट्टियों पर जाकर कच्ची धातु उतारते हैं; कोयला रेल-मार्गों के द्वारा पहुँचता है।

इस क्षेत्र के मुख्य इस्पात केन्द्र **बफ़ैलो, क्लीवलैंड, इरी, टोलेडो** और **लोरेन** हैं। **बफ़ैलो** कई रेलमार्गों का आकिगिी स्टेशन है जो कोयला लाते हैं; यह न्यूयार्क राज्य की बार्ग केनाल (नहर) पर स्थित है, न्याग्रा प्रपात से जल-विद्युत प्राप्त करता है, व सैंट लारेन्स समुद्री मार्ग से लाभान्वित होता है। यहाँ पर्याप्त चौरस भूमि और आवश्यक सस्ता जल मिल जाता है। इसकी स्थिति—निम्न झीलों और पूर्वी तट के बीच होने के कारण, यह केन्द्र (बफैलो) इन दोनों बड़े बाजारों को इस्पात सप्लाई करता है। **क्लीवलैंड,** कोयला क्षेत्रों के अपेक्षाकृत तुलनात्मक रूप से है; यह एक महत्त्वपूर्ण बाजार क्षेत्र के बीच में हैं, तथा कुयाहोगा नदी के द्वारा बड़ी झीलों के विशाल जलपोतों के परिवहन का लाभ उठाता है। **लोरेन** में ज्यादा सस्ती भूमि, अधिक जल पूर्ति, ब्लेक स्थिर द्वारा अधिक परिवहन और टैक्सों की नीची दर है। **डेट्रायट** संयुक्त राज्य के दो सबसे बड़े इस्पात उपभोक्ता केन्द्रों में से एक है। यहाँ मोटरकार निर्माण उद्योग में इस्पात की बड़ी खपत होती है। (ii) **डयूलथ** की स्थिति सुपीरियर झील के दक्षिणी-पश्चिमी तट पर है जो अलाभप्रद है। यह केन्द्र कोयला खानों से सर्वाधिक दूर है, लेकिन लौह-अयस्क के निकट है। जो जलपोत लौह-अयस्क लेकर इरी झील क्षेत्र को जाते हैं वे लौटती बार खाली आने के बदले कोयला ले जाते हैं। लेकिन यह केन्द्र बाजारों से बहुत दूर होने के कारण अधिक विकसित नहीं हो सका है और मुख्य रूप से पेट्रोलियम के पाइपों का निर्माण करता है।

4. मुख्य एटलांटिक समुद्र तटीय प्रदेश— न्यू इंग्लैंड राज्य से वर्जीनिया तक विस्तृत यह महत्त्वपूर्ण और विकासशील इस्पात क्षेत्र है। मुख्य निर्माण केन्द्र **बीथिल-हैम** मोनोंगहेला, **स्पैरोज़ पोइण्ट, मोरिसविले** (ट्रेंटन के समीप), **केम्डेन** (डेलावेयर नदी पर), **ईस्टन** और **फिलिप्स वर्ग** हैं।

ये इस्पात केन्द्र—(i) ज्वार-भाटे के जल के निकट अवस्थित हैं; (ii) यहाँ परिवहन की सबसे उत्तम सुविधायें हैं; (iii) नगरों और औद्योगिक केन्द्रों के वृहत बाजार के निकट हैं; (iv) कोयला और चूना पत्थर इसी क्षेत्र में मिल जाते हैं; तथा (v) विदेशों से लौह-अयस्क आयात करने की सुविधायें हैं। इन केन्द्रों को लौह-अयस्क

(धातु) मुख्य रूप से **लैब्रेडोर** (कनाडा), **वेनेजुएला, ब्राजील, पेरु, चिली, अल्जीरिया** और **दक्षिणी अफ्रीका** से आयात होते हैं; यद्यपि सुपीरियर झील प्रदेश का अयस्क भी थोड़ी मात्रा में इस्तेमाल किया जाता है। (vi) पूर्वी औद्योगिक प्रदेश से रद्दी इस्पात (स्क्रेप) भी वृहत मात्रा में मिल जाता है; इससे उत्पादन खर्च कम आता हैं।

स्पैरोज़ पोइण्ट अमेरिका का सबसे बड़ा इस्पात केन्द्र इस्पात केन्द्र स्पैरोज़ पाइंट है। इस केन्द्र में सिर्फ और सिर्फ ज्वारभाटे के पानी का इस्तेमाल किया जाता है। **स्पैरोज़ पोइण्ट** और **बीथिलहेम** को लौह-अयस्क अधिकतम वेनेजुला से कोयला पश्चिमी वर्जीनिया और पैंसिलवेनिया से, व चूना-पत्थर पश्चिमी हैनावर से प्राप्त होता है। निर्मित इस्पात पूर्वी तटीय नगरों, मैक्सिको खाड़ी के तेल-क्षेत्रों, पेसिफिक तटीय केन्द्रों और लैटिन अमेरिका को सीधा जलपोतों द्वारा पहुँच जाता है। **मोरिसविले** केन्द्र डीलावेयर नदी तट पर स्थित सबसे नवीन तरीके का समाकलित संयंत्र है, जिसे दो सुविधायें—(i) वृहत बाजार की निकटता और (ii) जल परिवहन द्वारा प्राप्त अयस्क की हैं।

इन एटलांटिक तटीय इस्पात केन्द्रों की स्थिति भविष्य के लिये और भी ज्यादा लाभप्रद है; क्योंकि जब सुपीरियर झील प्रदेश का उत्तम लौह-अयस्क खत्म हो जायेगा, तो विदेशों से आयात किये गये अयस्क का इस्तेमाल करने वाले ये पूर्वी केन्द्र झील तटीय केन्द्रों से अधिक महत्त्वपूर्ण होंगे। तटीय स्थिति का यह लाभ भी है कि इन केन्द्रों की उत्पादित सामग्री को सस्ते और सरल परिवहन द्वारा वृहत और औद्योगिक बाजारों को व विश्व के अन्य भागों को भेजा जा सकता है।

5. दक्षिणी इस्पात-क्षेत्र—(i) संयुक्त राज्य के दक्षिणी इस्पात केन्द्रों में अलबामा राज्य कास **बरमिंघम** सर्वाधिक विशाल और महत्त्वपूर्ण केन्द्र है। इसकी स्थिति अद्वितीय है। यहाँ चारों चीनें कच्चे माल, कोयला, लौह-अयस्क और चूना-पत्थर इसी क्षेत्र में मिलते हैं। उत्तम अयस्क वेनेजुएला से प्राप्त होता है। इन कच्चे मालों की निकटता के कारण परिवहन-लागत बहुत कम रहती है। मजदूर भी सस्ते मिलते हैं। इसीलिए बरमिंघम सारे संयुक्त राज्य अमेरिका में सबसे सस्ता इस्पात निर्माण करता हैं किन्तु इस क्षेत्र में कोई उत्तम औद्यागिक बाजार नहीं है, इसलिए बाजारों तक इस्पात पहुँचाने में परिवहन लागत ज्यादा होती है, जिससे इस्पात के मूल्य में वृद्धि हो जाती है। द्वितीय महायुद्ध के बाद से दक्षिण में इस्पात का बाजार बढ़ रहा है, जिसका लाभ बरमिंघम की इस्पात मिलों को होता है। (ii) **टेक्सास** राज्य में **हाउसटन** और **डैंगरफील्ड** मुख्य रूप से इस्पात केन्द्र हैं। यहाँ कच्चे माल और बाजार एक दूसरे के निकट हैं। डैंगरफील्ड में इस्पात की पाइपों

का उत्पादन मुख्य है, जो तेल और गैस क्षेत्रों में उपयोग की जाती हैं। इन केन्द्रों में इस्पात निर्माण द्वितीय विश्व युद्ध के समय में शुरू हुआ था। इसके पश्चात् से खाड़ी और दक्षिण-पश्चिम में उद्योगों का विकास होने से इस्पात के बाजार में उन्नति हुई है।

6. पश्चिमी क्षेत्रों में इस्पात केन्द्र—प्रशान्त महासागरीय तट में उद्योगों के विकास हेतु और युद्धनीतिक विचार से, इस्पात निर्माण के कुछ केन्द्र संयुक्त राज्य के पश्चिमी भाग में विकसित हुए हैं। प्रमुख केन्द्र (i) **प्यूएबलो** और **डेनवर** (कोलोरेडो में), (ii) **प्रोवो** और **जेनेवा** (उटाह में), (iii) **टेकोमा** (वांशिगटन में), तथा (vi) **सेन फ्रांसिको, लॉस एंजील्स** और **फोण्टाना** (केलीफोर्निया में) हैं।

इन केन्द्रों की स्थिति (location) दो प्रकार की है—

(1) जमीन के आन्तरिक भागों में स्थित **प्यूएबलो** तथा **डेनवर** को कोयला पश्चिमी कोलोरेडो से और लोह-अयस्क व्योमिंग से प्राप्त किया जाता है। **प्रोवो** और **जेनेवा** को कोयला उटाह के पूर्वी भाग से और अयस्क दक्षिणी-पश्चिमी भाग से आता है।

(2) प्रशान्त तट पर स्थित **सेन फ्रांसिको, लॉस एंजील्स** और **फोण्टाना** का विकास द्वितीय विश्व युद्ध के तहत हुआ था। इन केन्द्रों में लौहा और कोयला उटाह से आते हैं। रद्दी इस्पात तो एटलांटिक तटीय क्षेत्र से ही पनामा नहर के मार्ग में आता है।

पश्चिमी केन्द्रों में बने इस्पात स्थानीय बाजारों में, कृषि-यन्त्र-निर्माण, रेलवे खनन-उद्योग व इंजीनियरिंग उद्योगों में खपत हो जाती है। पश्चिमी क्षेत्रों का कुल उत्पादन सभी संयुक्त राज्य के इस्पात उत्पादन का 10% से कम होता हैं।

ग्रेट-ब्रिटेन में इस्पात उत्पादन

ब्रिटेन में भी लौह-अयस्क से कच्चा लोहा और कच्चा लोहा से इस्पात तैयार करने की परंपरा प्राचीन काल से चली आ रही है। वहां भी लौह-अयस्क गलाने के लिए लकड़ी के कोयले का प्रयोग होता था। अठारहवीं सदी तक ब्रिटेन में बहुत कम मात्रा में लौहा उत्पादन होता था। किन्तु औद्योगिक क्रान्ति होने पर लोहे की माँग में वृद्धि हुई। उस समय कोक (coke) कोयले से लौहा गलाने की विधि प्रयोग में आयी; और डीन के वनों से प्राप्त होने वाली लकड़ी के कोयले पर आधारित जो लौहा-संगलन उद्योग वील्ड (Weald) क्षेत्र में स्थापित था, वह स्थानान्तरित होकर कोयले की खानों के निकट अवस्थित हो गया।

रेलवे इंजन के आविष्कार और प्रथम लोहे के जलपोत के निर्माण में ब्रिटेन में लौहा और इस्पात उत्पादन में वृद्धि होती चली गई, और उन्नीसवीं सदी के मध्य में ब्रिटेन इस उद्योग में अग्रणी उत्पादक बन गया। ब्रिटेन की यह स्थिति लगभग 50 वर्षों तक रही। 20वीं शताब्दी के शुरुआत में संयुक्त राज्य उत्पादक हो गया; 20वीं शताब्दी के मध्य से पूर्व सो. संघ ने इस उद्योग में अग्रणी स्थान प्राप्त कर लिया ग्रेट ब्रिटेन में लौह-इस्पात उत्पादन के 9 मुख्य क्षेत्र हैं–

(i) दक्षिणी वेल्स। (ii) उत्तरी-पूर्वी क्षेत्र (टाइन, टीज़ और वीयर नदियों का क्षेत्र)। (iii) दक्षिणी यार्कशायर, शैफील्ड क्षेत्र। (iv) लिंकनशायर। (v) मध्य स्कॉटलैंड (कैरन घाटी और क्लाइड घाटी) क्षेत्र। (vi) मिडलैंड्स (मध्यवर्ती प्रदेश) या बर्मिंघम क्षेत्र। (vii) नॉर्थेम्पटनशायर। (viii) दक्षिणी लंकाशायर और डी-साइड। (ix) उत्तरी पश्चिमी तटीय क्षेत्र, कम्बरलैंड।

1. दक्षिणी वेल्स–ब्रिटेन का यह सर्वाधिक प्रमुख इस्पात उत्पादक क्षेत्र है, जहाँ ब्रिटेन का 25% उत्पादन होता है। इस्पात निर्माण के केन्द्र **कार्डिफ, स्वानसी, लानेले, पोर्ट टालबट, ऐब्ब वेल, मारगम, न्यूपोर्ट** आदि हैं।

कोयला दक्षिणी वेल्स की खानों से कोयले की प्राप्ति होती है। शुरू में लौह-अयस्क भी इस क्षेत्र में मिलता था, किन्तु वह समाप्त हो गया; उसके बाद से उत्तम श्रेणी का लौह-अयस्क स्पेन व उत्तरी अफ्रीका से आयात किया जाता है। केम्ब्रियन पर्वत से निकलने वाली नदियों से पानी मिलता है। ब्रिस्टल चेनल की समुद्री परिवहन की सुविधा भी यहाँ उपलब्ध है।

इस क्षेत्र में इस्पात की चादरें स्ट्रिप इस्पात, रोल्ड इस्पात, लौह-अयस्क के लट्ठे और बिलैट्स बनाये जाते हैं।

2. उत्तरी-पूर्वी तटीय क्षेत्र–ब्रिटेन का दूसरा बड़ा उत्पादक क्षेत्र टाइन, वीयर व टीज़ (Tees) नदियों की एश्चुअरी का है। इस प्रदेश में (i) उत्तम श्रेणी का कोकिंग कोयला **दक्षिणी डरहम** (Durham) क्षेत्र से आता है, जो 40 किमी से भी कम दूर है।

(ii) लौह-अयस्क (ore) **क्लीवलैंड** की पहाड़ियों से मिलता है। (iii) टाइन, टीज़ आदि नदियों का साफ व शुद्ध पानी मिल जाता है। (iv) चूना-पत्थर **वीयर घाटी** (Wear Valley) से व डोलोमाइट पत्थर पूर्वी डरहम से आते हैं। (v) उच्च श्रेणी का लौह-अयस्क स्वीडन तथा स्पेन से आयात किया जाता है। (vi) सस्ता जल परिवहन टीज़ नदी तथा समुद्र द्वारा प्राप्त होता है। (vii) जलपोत निर्माण उद्योग तथा रेलवे निर्माण उद्योग से स्थानीय बाजार में इस्पात की माँग बनी रहती है।

इस क्षेत्र में भारी इस्पात, प्लेट्स, गर्डर इस्पात के लट्ठे आदि बनाये जाते हैं जो जलपोत निर्माण रेलवे वर्क्स और इंजीनियरिंग उद्योगों में इस्तेमाल किये जाते हैं। मुख्य इस्पात निर्माण केन्द्र **मिडिलसबरो, रेडकार, स्किनिग्रोव, सीटॉन कैरयु, कॉनसैट, हार्टपुल, स्टॉकटन्, डालिंगटन** आदि हैं। इस क्षेत्र में लगी लागत 50 लाख मीटरी टन वार्षिक उत्पादन होता हैं

3. दक्षिणी यॉर्कशायर, शैफील्ड क्षेत्र—शैफील्ड दक्षिणी यॉर्कशायर के लौह-इस्पात उद्योग का मुख्य स्थान है। पहले यहाँ पर स्थानीय लोहे-अयस्क और वनों से लकड़ी का ईंधन मिलता था। यह भौगोलिक जड़त्व (inertia) का उदाहरण है। वर्तमान में **शैफील्ड** का इस्पात उद्योग मिडिल्सबरो और स्कनथोर्प से प्राप्त कच्चे लोहे पर आधारित है। **रोथरहेम** में लौह-संगलन भट्टियाँ भी हैं। यॉर्कशायर की खानों से कोयला मिलता है।

शैफील्ड का इस्पात उद्योग छोटे यन्त्रों, औजारों, कटलरी तथा तेज वेग से काटने से औज़ारों के निर्माण के लिये बहुत प्रसिद्ध हैं, किन्तु इसमें भारी सामान भी डॉन घाटी में बनाया जाता है, यथा—ढलवाँ इस्पात (alloy steel), पिट्वाँ इस्पात (forged steel), आर्मर प्लेट (armour plate) और मिश्रित इस्पात (alloy steel)। ग्रेट ब्रिटेन का 65% मिश्रित इस्पात शैफील्ड में निर्माण होता है। अन्य निर्माण केन्द्र **रोथरहेम** (भारी इस्पात) **स्टॉक्सब्रिज** आदि मुख्य हैं। **चेस्टरफील्ड** और **इल्केस्टन** में इस्पात की पाइपें व ट्यूब बनती हैं। इसके निकटवर्ती क्षेत्र में **लीड्स, लोमर, ब्रेडफोर्ड,** आदि मुख्य इस्पात केन्द्र हैं।

4. लिंकनशायर—इस क्षेत्र में (i) कोयला यॉर्कशायर क्षेत्र से आता है जो सिर्फ 250 किमी दूर है। (ii) निम्न श्रेणी के लौह-अयस्क के मोटे निक्षेप समीपवर्ती क्षेत्र में उपलब्ध हैं। (iii) पिनाइन पर्वत से निकली नदियों से पानी मिलता है। मुख्य इस्पात केन्द्र; **स्कन्थोर्प** और **फ्रोडिन्घम** हैं।

इस क्षेत्र में ब्रिटेन का 16% कच्चा लौहा और 12% इस्पात का निर्माण होता है। कच्चा लौहा अधिकांशतः शैफील्ड, स्टेफोर्डशायर और स्कॉटलैण्ड को भेज दिया जाता है।

5. मध्य स्कॉटलैण्ड—यह क्लाइड नदी की घाटी (clyde valley) और फर्थ-ऑफ-फोर्थ का क्षेत्र है। इस क्षेत्र में (i) कोयला, (ii) स्थानीय लौह-अयस्क, (iii) नदियों का जल मिलता है। अब स्थानीय लौह-अयस्क खत्म हो जाने के कारण स्वीडन और स्पेन से अयस्क आयात किया जाता है। (iv) जलपोत निर्माण उद्योग व इंजीनियरिंग उद्योग के लिये इस्पात की माँग की जाती है।

मुख्य लौह-इस्पात केन्द्र क्लाइड घाटी में और लेनार्कशायर कोयला क्षेत्र में स्थित हैं, जो **ग्लासगो, कैरन कोटब्रिज एअरड्री, मदरवैल, विशौ** आदि हैं, जहाँ अधिक मात्रा में इस्पात, जलपोत निर्माण का इस्पात गर्डर, फ्रेम, इस्पात प्लेट, पुल निर्माण के इस्पात आदि बनाये जाते हैं। **फालकर्क** में हल्के इस्पात की ढलाई होती है। मदरवैल के नजदीक **रोवेन्सक्रेग** में नये तरीके का समाकलित इस्पात संयंत्र है। **कैरन** ढलवाँ (casting) के लिये प्रसिद्ध है। द्वितीय विश्व युद्ध के बाद से विद्युत-भट्टियों द्वारा मिस्र-इस्पात (alloy steel) के उत्पादन में वृद्धि हो रही है।

6. मिडलैण्ड्स (मध्यवर्ती प्रदेश) या बर्मिंघम क्षेत्र—इस क्षेत्र में तीन उप-क्षेत्र शामिल हैं—(i) दक्षिणी स्टेफर्डशायर, जिसे 'ब्लेक कण्ट्री' (black country) भी कहते हैं। (ii) श्रोपशायर, जिसमें कोलबुकडेल, ओकेनगेट्स और लिल्लेशैल हैं। (iii) उत्तरी स्टेफोर्डशायर कोयला क्षेत्र।

'ब्लैक कण्ट्री' क्षेत्र में इस्पात निर्माण हेतु स्थानीय कच्चे लोहे के अलावा आयात किया हुआ कच्चा लौहा भी उपयुक्त होता है। मुख्य इस्पात केन्द्र **बर्मिंघम, बिल्स्टन, राउण्डओक, वेडनेसबरी** आदि हैं। इस क्षेत्र में विशेष उत्पादन ढलवाँ इस्पात, पिटवाँ इस्पात, टयूब फेब्रिकेशन्स का होता है। क्रेडले और हीथ में जंजीरों का निर्माण तथा उडले और **विलैनहॉल** ढलाई हेतु प्रसिद्ध हैं। **कवेण्ट्री** में मोटरकार का इस्पात बनता है।

श्रोपशायर के इस्पात केन्द्र **ओकेनगेट्स, शैल्टन** आदि हैं। मध्यवर्ती प्रदेश में इंजीनियरिंग उद्योगों के विस्तार के कारण इस्पात का विस्तृत बाजार है।

7. नॉर्थेम्पटनशायर—यह पूर्वी मध्यवर्ती प्रदेश है। यहाँ मुख्य इस्पात केन्द्र **बैलिंगबरौ, कैटरिंग, कौरबी** और **मैल्टन मौब्रे** हैं

8. दक्षिणी लंकाशायर और डी-साइड—इस क्षेत्र में ब्रिटेन का 9% इस्पात निर्माण होता है, जो मुख्य रूप से जलपोत निर्माण हेतु **बर्किनहैड** में प्रयुक्त होता है।

9. उत्तरी पश्चिमी तट—यहाँ कम्बरलैंड में मुख्य इस्पात केन्द्र **बकिंगटन** और **बैरो** हैं।

यूरोप के अन्य देशों में लौह-इस्पात का निर्माण

ब्रिटेन के साथ-साथ दूसरे यूरोपीय देशों में भी इस्पात उद्योगों के विकास में अन्य कारकों के साथ-साथ तात्कालीप परिस्थितियों की भी महत्त्वपूर्ण भूमिका रही है।। (i) यूरोपीय देशों में पारस्परिक युद्ध होते रहे हैं, (ii) राष्ट्रों की सीमायें स्थानान्तरित होती रही हैं, और (iii) आयात-निर्यात के करों व नीतियों के कारण

मुश्किलें हो रही हैं। पश्चिमी यूरोप का कोई भी देश लौह-इस्पात उद्योग में पूर्ण रूप से स्वावलम्बी नहीं है।

द्वितीय विश्वयुद्ध के बाद से पारस्परिक सहयोग सिद्धांत को अपनाया गया है। 1953 में यूरोपीयन कोयला-इस्पात कम्यूनिटी का गठन हुआ। 1957 में आयात-निर्यात करों व अन्य अवरोधों को हटाकर एक यूरोपीय साझा बाजार की स्थापना की गयी, जिससे सदस्य देशों में कोयले और लोहे के व्यापार के साथ-साथ अन्य वस्तुओं का भी खुला व्यापार होने लगा। पश्चिमी यूरोप के निम्न देश ब्रिटेन, फ्रांस, जर्मनी, इटली, बेल्जियम, स्पेन, पुर्तगाल, नीदरलैण्ड, लक्जमबर्ग, डेनमार्क आदि इस साझा मण्डी के सदस्य हैं।

कोयले और लौह-अयस्क अन्तर्राष्ट्रीय परिवहन व व्यापार से इस्पात उद्योग को बहुत अधिक प्रोत्साहन मिला है।

1. पश्चिमी जर्मनी—पश्चिमी जर्मनी में लौह-इस्पात निर्माण का सर्वाधिक सघन संकेन्द्रण रूर क्षेत्र में हुआ है। **रूर प्रदेश** (Ruhr), राइन की सहायक रूर नदी का बेसिन है। यह यूरोप का सर्वाधिक बड़ा लौह-इस्पात उत्पादक क्षेत्र है। इसकी विशेष सुविधायें निम्नवार हैं—

(1) रूर बेसिन में पश्चिमी यूरोप के सबसे वृहत और सबसे उत्तम प्रकार के एन्थ्रेसाइट और कोकिंग कोयले के भण्डार हैं। एम्स्चेर (Emscher) घाटी में भी कोयले के क्षेत्र स्थित हैं।

(2) स्थानीय लौह-अयस्क सीज घाटी (Sieg valley) के **पीने-साल्ज़गिटर** क्षेत्र से और दक्षिण के **बवेरिया** क्षेत्र में स्थित है और वहीं से आता है। शेष अयस्क यूरोप के दूसरे देशों से आयात किया जाता है।

(3) लॉरेन प्रदेश लक्जमबर्ग, स्वीडन व स्पेन से सर्वोत्तम लौह-अयस्क आयात किया जाता है।

(4) चूना पत्थर रूर के दक्षिण में स्थित पहाड़ियों से प्राप्त होता है।

(5) श्रेष्ठ व सस्ता जल-परिवहन राइन नदी, रूर नदी, लिप्पे केनाल, एम्स-डॉर्टमण्ड (EmsDortmund) केनाल तथा अन्य बहुत-सी नहरों में प्राप्त होता है। इन जलमार्गों के द्वारा स्वीडन व स्पेन का उत्तम लौह-अयस्क किरुना तथा गैल्लिवेयर बन्दरगाहों से चलकर सीधा रुर की मिलों में पहुँचता है।

(6) जर्मनी में यातायात की समुचित व्यवस्था उपलब्ध है। यहां सड़कों और रेलमार्गों का जाल बिछा हुआ है। लॉरेन और लक्ज़ेमबर्ग से लौह-अयस्क रेलों द्वारा लाया जाता है, जो वापसी में कोयले ले जाती हैं। इससे परिवहन लागत भी कम

लगती है। इसी प्रकार वे जलपोत जो स्वीडन और स्पेन) में लौह-इस्पात के निर्माण को प्रोत्साहन मिला है।

(7) पश्चिमी जर्मनी में महासागरीय मार्गों से भी वेनेजुएला, कनाडा, ब्राजील, पेरु, गिनी और सिअर्रा लिओन से लौह-अयस्क आयात किया जाता है।

रूर प्रदेश में लौह-इस्पात निर्माण के मुख्य केन्द्र **एऐसेन, डॉर्टमण्ड, ओबर-हॉसेन, डुसेलडोर्फ ब्रोचम, गेलसेनकिरचेन, डुइसबर्ग** आदि हैं। पश्चिमी जर्मनी का 90% इस्पात उत्पादन रूर क्षेत्र में होता है। रूर क्षेत्र के बाहर अन्य इस्पात निर्माण के केन्द्र **क्रेफ़ेल्ड ब्रीमेन, साल्ज़गिटर, हेनोवर, फ्रेंकफ़र्ट** आदि हैं।

2.फ्रेंका-बेल्जियम कोयला पेटी, साम्ब्रे म्यूज़ में इस्पात निर्माण—साम्ब्रेम्यूज बेसिन फ्रांस व बेल्जियम देशों में उपस्थित है। इस कोयला पेटी में, लौह-इस्पात निर्माण के मुख्य केन्द्र कोयला क्षेत्रों में स्थित हैं, जो (i) फ्रांस में **वेलेन्सिएन्नीज़, डिनाइन, हाउमोण्ट, डंकर्क, अंज़िन** आदि हैं; व (ii) बेल्जियम में **मोन्स, चोर्लेरॉय** और **लीज़** हैं।

स्थानीय कोयले की खानें बहुत अधिक गहराई तक खोदी जा चुकी हैं। इसलिए यहाँ पर ब्रिटेन व संयुक्त राज्य अमेरिका से कोयला लाया जाता है। पश्चिमी जर्मनी के रूर कोयला क्षेत्र में भी कुछ कोयला आयात होता है। लौह-अयस्क फ्रांस के लॉरिन क्षेत्र, लक्जेमबर्ग और नॉरमण्डी से आता है।

इस क्षेत्र में साम्ब्र और म्यूज नदियों के अलावा अन्य बहुत सी छोटी-छोटी नदियाँ और कई नहरें हैं, जिनसे कोयले व लौह-अयस्क, आदि का सस्ता परिवहन होता है। रद्दी लौहा इसी प्रदेश के उद्योगों से मिल जाता है। फ्रांस और बेल्जियम के औद्योगिक नगरों में यहाँ का सारा इस्पात खप जाता है।

3. लॉरेन-लक्ज़ेमबर्ग सार-प्रदेश—फ्रांस का लॉरेन क्षेत्र पूरे यूरोप का एक वृहत व मुख्य लौह भण्डार है, जहाँ बहुत उच्च श्रेणी का लौह-अयस्क मिलता है। वहाँ से फ्रांस के लौह खनन का 90% भाग प्राप्त होता है। फ्रांस में कोयला का उत्पादन नहीं के बराबर होता है, इसलिए यहां ब्रिटेन और जर्मनी से आयात किया जाता है।

सार कोयला क्षेत्र इसी प्रदेश में है, सार के कोयले का परिवहन मोसेल नहर द्वारा होता है। फ्रांस के लॉरेन क्षेत्र में इस्पात के मुख्य केन्द्र **मेट्ज, ब्रिये, नान्सी, थियोनविले** और **लोंगवे** हैं, जिनमें फ्रांस का 75% कच्चा लौहा (pig iron) और इस्पात उत्पादन होता है।

फ्रांस के मध्यवर्ती पठार के दो केन्द्र **ली-क्रियज़ोट** और **सेण्ट ऐटीन** हैं। यहाँ कोयला निकटवर्ती खानों से व लौह-अयस्क उत्तरी अफ्रीका से आता है। इस केन्द्र

में उच्च श्रेणी के इस्पात व युद्ध सामग्री का निर्माण होता है। जल-विद्युत का उपयोग भी भट्टियों में किया जाता है।

लक्ज़ेबर्ग में लौह-इस्पात के बहुत छोटे-छोटे केन्द्र हैं, जिनमें एस्च-सुर-अलज़ेट प्रमुख है।

सार बेसिन में लॉरेन के अयस्क से व स्वीडन से आयात किये गए अयस्क से इस्पात का निर्माण होता है।

4. नीदरलैण्ड्स—नीदरलैण्ड्स में लौह-इस्पात उत्पादन का एक वृहत् केन्द्र **इज्मुइदेन** है। कोयला लिम्बर्ग की खानों से प्राप्त होता है, किन्तु लौह-अयस्क स्वीडन व स्पेन से आयात किया जाता है।

5. इटली—इटली में भी फ्रांस की तरहकोयले का अभाव है और लौह-अयस्क थोड़े मात्रा में पाया जाता है। इसलिए यहां इन दोनों खनिज पदार्थों का आयात करना पड़ता है। इसलिए दोनों का आयात किया जाता है। रद्दी लौहा भी मुख्य रूप से आयात किया जाता है। इटली में सर्वाधिक बड़ी सुविधा जल-विद्युत की है। जनसंख्या भी अधिक है। इसलिए इस्पात की माँग रहती है। अयस्क के छोटे भण्डार ऐल्बा तथा सारडीनिया द्वीप में है। इस्पात निर्माण के प्रमुख केन्द्र उत्तर में **मिलान** और **जेनेआ** हैं। एपीनाइन्स पर्वत में नेरा नदी पर **तेरनी** केन्द्र में उच्च श्रेणी का इस्पात बनाया जाता है।

6. जैकोस्लोवाकिया—मुख्य इस्पात केन्द्र यहां **पिल्ज़ेन** के निकट **ओस्रावा** में है। कोयले की खानों की अधिकता इसी देश में है, लेकिन लौह-अयस्क रूस और पोलैण्ड से आता है। दूसरे केन्द्र **बोहुमिन, क्तार्विना** और **कोसिस** हैं।

7. पोलैण्ड—यहाँ इस्पात उद्योग साइलेशिया क्षेत्र से प्राप्त कोयले व रूस से आयात किये अयस्क पर निर्भर होते हैं। **कोटोविट्ज़ नोबाहुता, वारसा** और **ज़ेस्तोचोवा** प्रमुख केन्द्र हैं।

8. पूर्वी जर्मनी—यहाँ ओडर नदी पर स्थापित इस्पात केन्द्र **ईसेनहुटेन्सटाड** है।

9. स्वीडन—यहाँ लौह-अयस्क तो बहुत है, लेकिन कोयले की मात्रा है। यह ब्रिटेन व पोलैण्ड से कोयला मंगाता है। इस्पात केन्द्र **दन्नेमोरा** और **ग्रांगेज़बर्ग** हैं।

10. आस्ट्रिया—इसके प्रमुख इस्पात केन्द्र **डोनोविट्ज** और **लिंज़** हैं। हंगेरी व रोमानिया में भी लौह-अयस्क का आयात करके थोड़ा इस्पात बनाया जाता है।

एशिया में लौह-इस्पात उत्पादन : जापान

लौह-इस्पात के उत्पादन में जापान का विश्व में द्वितीय स्थान है। इसने अपने

उत्पादन की गति की इतनी तीव्रता बढ़ाई है कि ब्रिटेन, फ्रांस, पश्चिमी जर्मनी आदि को पीछे छोड़ दिया है।

जापान में लौह-अयस्क का अभाव है, और कोकिंग कोयले की भी कमी है; किन्तु वह इन कच्चे मालों का आयात करके व जल विद्युत् का उपयोग करके अधिक मात्रा में इस्पात का निर्माण करता है। (i) कोकिंग कोयला संयुक्त राज्य अमेरिका, कनाडा व आस्ट्रेलिया से आयात होता है। (ii) लौह-अयस्क भारत, मलेशिया और फिलीपाइन से और कम मात्रा में वेनेजुएला, पेरु और ब्राजील से आता है। (iii) रद्दी लौहा संयुक्त राज्य से आयात किया जाता है।

कच्चे मालों को आयात करने की सुविधा के कारण जापान में इस्पात केन्द्रों की स्थिति समुद्रतटीय क्षेत्रों में है। मुख्य इस्पात केन्द्र निम्नांकित हैं–

(1) यावाता-तोबाता उत्तरी क्यूशू में बड़ा औद्योगिक केन्द्र है। यहाँ पर उद्योगों में वृद्धि होती है, जिससे अन्य इस्पात केन्द्र **मोजी** और **शिमोनोसेकी** स्थापित हो गये हैं। दूसरा केन्द्र **नागासाकी** है।

(2) कोबे और **ओसाका** केन्द्र आन्तरिक सागर के पूर्वी सिरे पर हैं। अन्य केन्द्र **हिरोहिता, अमागासाकी, सकाई** और **वाकायामा** हैं।

(3) टोकियो-याकोहामा क्षेत्र होन्शू द्वीप के पूर्वी भाग में हैं। अन्य केन्द्र **कावासाकी** और **मित्जुए,** आदि हैं।

(4) मुरोरान केन्द्र होकेडो में है।

यद्यपि होन्शू में स्थापित केन्द्रों को जल-विद्युत शक्ति की सुविधा भी है, फिर भी यावाता प्रमुख इस्पात केन्द्र है, जहाँ जापान का 50% इस्पात निर्माण होता है।

जापान में इस्पात निर्माण की बढ़ोतरी से इंजीनियरिंग उद्योग, यंत्र निर्माण, जलपोत निर्माण, मोटरकार निर्माण, आदि उद्योगों का भी बहुत विकास हुआ है। अगर साइबेरिया को छोड़ दिया जाए तो पूरे एशिया में सबसे बड़ा औद्योगिक देश जापान है।

चीन में लोह इस्पात उत्पादन

साम्यवादी सरकार की स्थापना के बाद चीन में भारी उद्योगों के विकास पर सबसे अधिक बल दिया गया। 1953 में चीन में इस्पात उत्पादन में मात्रा की कमी थी, किन्तु 1973 तक इसका उत्पादन ब्रिटेन और पश्चिमी जर्मनी के बराबर हो गया। अब चीन संसार का वृहतम इस्पात उत्पादक देश है।

(i) चीन में उच्च श्रेणी के कोकिंग कोयले के बड़े भण्डार हैं, जिनका वृहत् जमाव क्षेत्र मंचूरिया, शैन्सी, शांसी, होनान और शान्टुंग और यांग्ट्सी की निम्न घाटी है।

(iii) लौह-मिस्र (ferro-alloys) दक्षिणी चीन में व अन्यत्र मिलता है।

चीन में लौह उत्पादन केन्द्र निम्नांकित हैं–

1. मंचुरिया में–चीन का सबसे प्रमुख इस्पात निर्माण केन्द्र **अन्शान** है। **अन्शान, फुशुन, पेन्शिहु** और **मुकडेन** केन्द्रों में चीन का 40% इस्पात का निर्माण होता है।

2. यांग्ट्सी घाटी में–मध्य चीन में इस्पात का प्रमुख केन्द्र मध्य यांग्ट्सी घाटी में **वुहान** है। वुहान के अलावा अन्य केन्द्र **मनशान, हूआंगशिन, शंघाई, हैंकाऊ** तथा **तायेह** हैं।

3. शान्सी में–यांगचुआन्, पाऔटाऔ, टिंटसिंन, पेकिंग, टॉनशान, शिहचिगशान्, में इस्पात, रोलिंग मिलें व मशीन उद्योग अवस्थित हैं। उत्तरी चीन का मुख्य इस्पात केन्द्र **पाओटो** हैं।

4. अन्य केन्द्र–चिचिआंग, केन्टन चुंगाकिंग, सिंगठाओ, हुआंगशी, चिनलिंग चेन (शाटुंग में) होते हैं।

चीन की इस्पात मिलें कोयला क्षेत्रों में अथवा उनके निकट अवस्थित हैं।

भारत में लौह इस्पात उत्पाद

भारत में लौह-इस्पात के प्रमुख केन्द्र झारखंड, उड़ीसा, पश्चिमी बंगाल, मध्य प्रदेश और कर्नाटक में हैं। इनमें प्रमुख केन्द्र अग्रांकित हैं–

(1) जमशेदपुर में टाटा आयरन एण्ड स्टील कम्पनी, खारकाई नदी के निकट।

(2) असानसोल-कुलटी-बर्नपुर में इण्डियन आयरन एण्ड स्टील कम्पनी।

(3) बोकारो–दक्षिणी झारखंड के कोयला क्षेत्रों में, दामोदर नदी तट पर अवस्थित है।

(4) दुर्गापुर–दामोदर घाटी में, पश्चिमी बंगाल में, झारखंड से कोयला व अयस्क प्राप्त करता है।

(5) भिलाई, मध्य प्रदेश में, कोरबा की कोयला खानों के निकट। भिलाई के लिये अयस्क राझारा से आता है।

(6) भद्रावती–कर्नाटक में लौह अयस्क मिलते है।

(7) राउरकेला, उड़ीसा में ब्राह्मणी नदी पर।

(8) अन्य केन्द्र **नेपुरिया, बेलूर, सीतारामपुर, आदि पश्चिमी बंगाल** में हैं।

(9) विशाखापट्टनम, सेलम, नेवैली आदि केन्द्रों में भी इस्पात निर्माण की शुरुआत हो गयी है।

अन्य देशों में लौह-इस्पात का उत्पादन

1. **कनाडा**—कनाडा में लौह-इस्पात के तीन प्रमुख केन्द्र हैं—

(i) **हेमिल्टन**—जो कि ऑन्टोरियो झील पर अवस्थित है। (ii) **साल्ट-सेन्ट-मेरी**—यह सुपीरियर व मिशिगन झील के बीच में स्थित है। (iii) **सिडनी**—जो नोवास्कोशिया प्रायद्वीप में स्थित है।

2. **ब्राजील**—इस देश में लौह-अयस्क के विशाल भण्डार हैं जो मिनास-गेराइस और बाहिया राज्यों में व रायो-डि-जेनेरो के उत्तर-पश्चिम में उपस्थित है। मुख्य इस्पात केन्द्र रायो-डि-जेनेरो के निकट वोल्ट-रेडोण्डा है।

3. **ऑस्ट्रेलिया**—आस्ट्रेलिया में लौह-अयस्क के विस्तृत भण्डार दक्षिणी आस्ट्रेलिया में है। न्यू केसिल के निकट उच्चश्रेणी का कोयला मिलता है। मुख्य इस्पात केन्द्र—(i) **पोर्ट वाराटाह,** (ii) **पोर्ट केम्बला** (सिडनी के समीप), **व्हियाल्ला** (स्पेन्सर खाड़ी पर) और (iv) **क्विनाना** हैं।

4. **अफ्रीका**—(i) दक्षिणी अफ्रीका संघ में **वेरीनिंगिग और प्रीटोरिया** में इस्पात का निर्माण होता है। (ii) रोडेशिया में इस्पात केन्द्र **क्यू-क्यू** (Que-Que) है। (iii) अल्जीरिया में **ओरान** जगह पर व मोरोक्को में **फ़ेदहाला** स्थान पर बहुत थोड़ा-थोड़ा लौहा-संगलन होता है।

लौह-इस्पात का व्यापार मुख्य रूप से स्थानीय होता है, इस्पात का इस्तेमाल यंत्र निर्माण, जलपोत, इंजीनियरिंग निर्माण आदि में हो जाता है।

सभी विकसित और विकासशील राष्ट्र अपने यहां इस्पात निर्माण में अधिक-से-अधिक वृद्धि करने के लिए प्रयत्न कर रहे हैं। विकसित देशों में रूस, संयुक्त राज्य अमेरिका मुख्य रूप से अपने यंत्र निर्माण उद्योगों की वृद्धि में लगे होने से इस्पात की बहुत थोड़ी मात्रा निर्यात करते हैं जापान व पश्चिमी यूरोपीय देशों से इस्पात का निर्यात किया जात: है।

इस्पात निर्यात करने वाले देशों में रूस, पश्चिमी जर्मनी, संयुक्त राज्य अमेरिका, ब्रिटेन, बेल्जियम, फ्रांस और ज़ैकोस्लोवाकिया मुख्य हैं।

इस्पात की मुख्य आयातक दक्षिणी एशिया, अफ्रीका और लैटिन अमेरिका के प्रमुख विकासशील देश हैं। भारत में भी इस्पात का आयात किया जाता है। यहां मुख्यतः जापान, रूस, जर्मनी और ब्रिटेन आदि देशों से इस्पात खरीदा जाता है।

6

वस्त्र उद्योग

वस्त्र निर्माण के रेशे

वस्त्र मनुष्य के आवश्यक आवश्यकताओं में से एक है। जैसे-जैसे सभ्यता का विकास होता गया वैसे-वैसे मनुष्य ने वस्त्र-निर्माण के उद्योग मे प्रगति की। प्रागैतिहासिक काल से ही भारत, मिस्र, चीन, बेबीलोन, पेरु, मैक्सिको आदि देशों में वस्त्रों का निर्माण होता चला आ है। इसका प्रारम्भ तो कुटीर उद्योग के रूप में हुआ था, और अब यह विश्व के मुख्य औद्योगिक देशों में उच्च् श्रेणी का विकसित उद्योग हो गया है।

वस्त्रों का निर्माण अनेक प्रकार के रेशों से होता है, यथा—(1) कृत्रिम रेशों के, नाइलोन, रेयन, टेरीलोन, आदि के वस्त्र; (2) पशुओं से प्राप्त रेशों से ऊनी अथवा रेशमी वस्त्र; (3) वनस्पति से प्राप्त रेशों में कपास से सूती, फ्लेक्स से लिनेन और जूट के वस्त्र; व (4) मिश्रित रेशों के वस्त्र, यथा रेयन-सूती, या रेयन-ऊनी, या सूती-ऊनी, या सूती-टेरीलीन या ऊनी-टेरीलोन के वस्त्र।

आधुनिक समय में वस्त्र उद्योग में सबसे ज्यादा कृत्रिम रेशों का उपयोग किया जा रहा है। फिर भी प्राकृतिक रेशों का अब भी प्रयोग जारी है। प्राकृतिक रेशों में सूती और ऊनी रेशे प्रमुख हैं। पुराने समय में भारत में सूती वस्त्र, मिस्र में लिनेन

(फ्लेक्स रेशे के) वस्त्र मेसोपोटामिया अर्थात् इराक में ऊनी वस्त्र और चीन में रेशमी वस्त्र कुटीर उद्योग द्वारा बनते थे। सत्रहवीं सदी में वस्त्रों के निर्माण का विकास यूरोपीय देशों में होने लगा।

सूती वस्त्र निर्माण उद्योग

सूती वस्त्र निर्माण का विकास

अनुमानतः वस्त्र बनाने का उद्योग सबसे पहले भारत में शुरू हुआ। शुरूआती दौर में कपास की रूई हाथ की तकली या चरखे पर कातकर सूत बनायी जाती थी फिर उससे सूती वस्त्र तैयार किया जाता था। परन्तु इस उद्योग का यथार्थ में विकास 18वीं सदी में हारग्रीव्ज, आर्कराइट, क्रोम्पटन, कार्टराइट आदि के द्वारा किए गए यांत्रिक चरखों और यांत्रिक करघों के आविष्कारों के पश्चात् हुआ था। सूती-मिल उद्योग का विकास ग्रेट ब्रिटेन में हुआ था। सन् 1793 में ह्विटने ने कपास को ओटने की मशीन (जिन) का आविष्कार किया। ब्रिटेन के लंकाशायर प्रदेश में सूत कातने और सूती वस्त्र बुनने की मिलों की स्थापना की गति तीव्रता से बढ़ती गयी। 19वीं सदी में सूती वस्त्र मिलों का प्रचार ब्रिटेन से यूरोप के अन्य देशों, संयुक्त राज्य और जापान में हो गया। 20वीं सदी में सूती मिलों का विकास रूस, भारत, चीन, मिस्र, ब्राजील, मैक्सिको आदि देशों में भी हो गया है।

सूती वस्त्र निर्माण के प्रक्रम

सूती कपड़ों के निर्माण में 5 प्रक्रम (processes) होते हैं—(i) कपास को ओटना, जिससे बिनोला और रेशा (रुई) अलग-अलग होती हैं, (ii) रुई को धुनना, (iii) धुनी हुई रुई को कातना, ताकि सूती धागा निकाला जा सके, (iv) बुनना, (v) बुने हुए वस्त्र की धुलाई, रंगाई, छपाई, उनको कलफ लगाना आदि। वर्तमान युग में ये सभी प्रक्रम शक्ति द्वारा चालित यन्त्रों से होते हैं, जिससे बड़े पैमाने पर वस्त्रों का उत्पादन होता है।

वस्त्र निर्माण केन्द्रों की स्थिति के कारण

1. कच्चा माल—प्रदेशों में कपास उत्पन्न नहीं होता है वहाँ आयातित रुई से सूती वस्त्र मिलों को चलाया जाता है। उदाहरणार्थ, ब्रिटेन में कपास बिल्कुल नहीं

उगती, फिर भी सूती वस्त्र मिलों के केन्द्र सर्वप्रथम ब्रिटेन में स्थापित हुए थे। जिन देशों में कपास की पैदावार होती है, उनमें सूती मिलों की स्थापना इसलिए लाभकारी होती है कि वहाँ कपास अथवा रूई के आयात का परिवहन खर्च कोई नहीं होता है, उदाहरणार्थ, संयुक्त राज्य अमेरिका में कपास की पेटी के पूर्वी भाग में व भारत के गुजरात-महाराष्ट्र क्षेत्र में सूती मिलों को रुई आयात नहीं करनी पड़ती, इसलिए परिवहन-लागत कम रहती है।

ब्रिटेन, पश्चिमी यूरोपीय देशों, यथा—फ्रांस, जर्मनी, पोलैण्ड तथा जापान, हांगकांग और संयुक्त राज्य के न्यू इंग्लैण्ड प्रदेश में कपास पैदा नहीं होता, फिर भी आयातित सूतों से मिलों द्वारा बड़े पैमाने पर सूती वस्त्र तैयार किये जाते हैं।

2. औद्योगिक शक्ति—कताई और बुनाई के कारखानों को चलाने के लिए कोयले अथवा जल-विद्युत् शक्ति की आवश्यकता होती है। आधुनिक समय में कोयले के बदले विद्युत-शक्ति का सर्वाधिक उपयोग किया जा रहा है। ब्रिटेन के लंकाशायर प्रदेश में कोयला मिलने के कारण, आयात की गई रुई से सूती वस्त्र मिलों की स्थापना हुई थी। संयुक्त राज्य के न्यू इंग्लैंड प्रदेश में सस्ती जल-विद्युत् मिलने के कारण, दक्षिणी राज्यों से रुई आयात करके कपड़ा मिलें स्थापित की गई थीं। भारत, इटली, जापान आदि देशों में भी बिजली से कारखाने चलते हैं।

3. जलपूर्ति—कपड़ों के उद्योगों में पानी की जरूरत भारी मात्रा में होती है। वस्त्रों की धुलाई, रंगाई, छपाई, कलफ, कराई आदि में शुद्ध पानी की जरूरत होती है, जो नदियों, स्रोतों, नलकूपों आदि से प्राप्त किया जाता है।

4. आर्द्रता—सूत की कताई और बुनाई में धागा न टूटे, इसके लिए वायुमण्डल में नमी की आवश्यकता होती है। अब कृत्रिम फुहारों के जरिए वायुमण्डल में नमी बनाई रखी जाती है।

5. श्रमिक, 6. परिवहन साधन, 7. बाजार और 8. पूँजी भी वस्त्र उद्योग के लिए जरूरी होते हैं।

संसार में सूत तथा सूती वस्त्र का उत्पादन

विश्व में लगभग 40 देशों में सूती वस्त्र के कारखाने हैं, किन्तु मुख्य उत्पादक देश भारत, रूस, चीन, संयुक्त राज्य, पोलैण्ड, जापान, ब्राजील, रोमानिया, पाकिस्तान, यूनाइटेड किंगडम, पूर्वी जर्मनी, हांगकांग, फ्रांस और यूगोस्लाविया हैं। विश्व में कुछ ऐसे देश भी हैं जहां कपास का आयात कर उससे सिर्फ सूत कातने का काम किया जाता है।

जापान, पश्चिमी जर्मनी, ब्रिटेन, फ्रांस, इटली, चेकोस्लोवाकिया, हांगकांग, पोलैण्ड आदि ऐसे ही देश हैं। रुई निर्यात करने वाले देश संयुक्त राज्य अमेरिका, भारत, रूस, ब्राजील, सूडान, पाकिस्तान आदि हैं।

रुई से सूती धागे का वार्षिक उत्पादन

देश	*उत्पादन (हजार मीटरी टन)*	*देश*	*उत्पादन (हजार मीटरी टन)*
चीन	5100	द. कोरिया	283
भारत	2076	जापान	183
सं. रा. अमेरिका	1980	रूस	175
पाकिस्तान	1440	मिस्र	168
टर्की	480	पोलैण्ड	98

सूती वस्त्र का वार्षिक उत्पादन

देश	*उत्पादन (दस लाख वर्ग मीटर)*	*%*	*देश*	*उत्पादन*	*% (दस लाख वर्ग मीटर)*
चीन	31091	42.2	जापान	917	1.2
भारत	19648	26.7	जर्मनी	489	0.7
सं. रा. अमेरिका	3740	5.1	चे. रिपब्लिक	337	0.5
इटली	1585	2.1	पाकिस्तान	333	0.5
रूस	1374	1.9	पोलैण्ड	295	0.4
विश्व	73605				

पूर्वी जर्मनी, पश्चिमी जर्मनी, फ्रांस, यूनाइटेड किंगडम, जापान, तथा चीन अपने देश में काते हुए सूत की कुछ मात्रा दूसरे देशों को निर्यात कर देते हैं, और शेष से सूती कपड़ा बुनते हैं। भारत में घरेलू सूत और आयातित सूत दोनों से ही सूती वस्त्र बड़े पैमाने पर तैयार किया जाता है।

भारत, चीन और रूस में ज्यादा जनसंख्या होने के कारण वस्त्रों की खपत ज्यादा है किन्तु ये देश कुछ सूती वस्त्र का निर्यात भी करते हैं। संयुक्त राज्य

अमेरिका, जापान, फ्रांस, पोलैण्ड, पश्चिमी जर्मनी, संयुक्त राज्य, बेल्जियम और इटली तो अधिकतर निर्यात के लिए ही कपड़ों का उत्पादन करते हैं।

चीन में सूती वस्त्र उद्योग

चीन में वस्त्र उत्पादन का विकास—चीन में सूती कपड़ों का उत्पादन कुटीर उद्योग व फैक्टरी उद्योग दोनों स्तरों पर होता है। सूती कपड़ें बुनने का कुटीर व्यवसाय चीन में भी भारत की तरह हजारों वर्षों से होता चला आ रहा है। परन्तु आधुनिक तरीकों से मिलों द्वारा सूती कपड़े निर्माण 1890 के बाद से आरम्भ हुआ है। चीन में सूती कपड़े के उत्पादन में वृद्धि के मुख्य कारण निम्न प्रकार हैं—

1. चीन में कपड़े बुनने का धन्धा बहुत प्राचीन काल से चला आया है। यहाँ कुशल व अर्धकुशल कारीगर सस्ते मिलते हैं। मिलों के लिए सस्ता महदूर यहां अधिक संख्या में उपलब्ध है।

2. कपास के उत्पादन में भी रूस और संयुक्त राज्य अमेरिका के बाद तीसरा स्थान चीन का ही है, जहाँ कच्चा माल भारी मात्रा में उपलब्ध रहता है।

3. चीन-जापान युद्ध-संधि (1894) के बाद जापान, जर्मनी, ब्रिटेन तथा संयुक्त राज्य अमेरिका ने चीन में यांग्ट्सी डेल्टा के समुद्र तटीय नगर शंघाई में अपनी-अपनी सूती वस्त्र मिलों की स्थापना की थी। प्रथम विश्व युद्ध और द्वितीय विश्व युद्ध में वस्त्रों की माँग में बढ़ोतरी के कारण उत्पादन वृद्धि को प्रोत्साहन मिला था। 1949 के बाद चीन में कम्युनिस्ट शासन स्थापित हुआ था। जिससे चीन के यन्त्रीकरण और उद्योग के विकास पर बहुत अधिक बल दिया गया था। इसलिए 1950 के बाद से सरकारी प्रोत्साहन द्वारा सूती वस्त्र उत्पादन में ज्यादा उन्नति होती रही है।

4. चीन की जनसंख्या संसार में सबसे अधिक है। उनके लिए कपड़े की जरूरत होने से सूती कपड़ों का घरेलू बाजार बहुत बड़ा है।

5. चीन में भी कुटीर उद्योग स्तर पर हथकरघों द्वारा सूती कपड़ों का उत्पादन होता है। चीन घरेलू माँग पूर्ति के अतिरिक्त अच्छी मात्रा में कपड़ों का निर्यात भी करता है।

6. चीन में कोयले के विशाल भंडार हैं, इससे फैक्ट्रियों और मिलों को औद्योगिक शक्ति मिलती है। यांग्ट्सी, ह्वांगहो आदि नदियों पर जल-विद्युत शक्ति का भी विकास किया गया है।

7. यहाँ पर नहरों और नदियों द्वारा जल-परिवहन की सुविधा है।

8. बाहर से आयात की गई कपास से भी सूती कपड़ों का उत्पादन किया जाता है।

चीन में सूती वस्त्र निर्माण के केन्द्र—सूती मिलों की सर्वाधिक संख्या शंघाई में है। कम्युनिस्ट शासन से पूर्व सूती मिलें मुख्य रूप से सन्धि पोताश्रयों (Treaty Ports) के समुद्र तटीय नगरों, **शंघाई, केण्टन, सिंगटाओं, टीन्टसिन** आदि में स्थापित थीं, किन्तु कम्युनिस्ट चीन में सूती वस्त्रों की मिलों की स्थापना आन्तरिक क्षेत्रों में, कपास उत्पादन के प्रान्तों में हुई है। पहला विश्व युद्ध के बाद (1919) तक तो चीन के कपड़े उद्योगों में बहुत धीमी वृद्धि हुई थी, क्योंकि–(i) देश में आन्तरिक अशान्ति थी; (ii) बाहरी देशों, ब्रिटेन और जापान से प्रतियोगीता थी, (iii) मशीनों और सज्जा की कमी थी, और (iv) परिवहन अविकसित दशा में था। इसलिए तव तक शंघाई में ही सूती वस्त्र निर्माण का विकास होता रहा। 1920 तक शंघाई में चीन के 80% सूती तकुवे थे।

1949 के आसपास अर्थात् द्वितीय विश्वयुद्ध की समाप्ति के बाद चीन की साम्यवादी सरकार ने इस उद्योग के विकास पर अपना ध्यान केन्द्रित किया। और आन्तरिक क्षेत्रों में सूती मिलों के केन्द्र विकसित किए गए हैं। यांग्ट्सी बेसिन में चीन के लगभग 50% सूती केन्द्र और लगभग 70% सूत और वस्त्र उत्पादित होता है। ह्यांगहो घाटी और उत्तर के वृहत् मैदान में भी सूती मिलों का विकास किया गया है। अपने देश की माँग-पूर्ति के बाद बचे हुए कपड़े को चीन निर्यात भी करता है।

इसलिए चीन में सूती कपड़े के उत्पादन केन्द्रों की स्थिति समुद्रतटीय व आन्तरिक दोनों वर्गों की है।

(i) समुद्रतटीय सूती वस्त्र उत्पादन केन्द्र मुख्य रूप से **शंघाई, केण्टन, सिंगटाओ, टीन्टसिन, शान्टुंग और मंचूरिया** का केन्द्र **डेअरिन** हैं। कपास उत्पादक प्रदेश, (ii) यांग्ट्सी घाटी, (iii) ह्यांगहो घाटी, (iv) उत्तरी वृहत मैदान के प्रान्त होनान, शेन्सी, हुपेह, जेचवान आदि प्रान्तों में आन्तरिक केन्द्र हैं, यथा—बुहान (हैन्काऊ), नानकिंग, चुंगकिंग, होनानफू, सिआन, चेंगचाऊ, काइफेग, ताइयुआन, पेकिंग, होफे में वस्त्र निर्माण होता है। (v) शान्टुंग प्रान्त में सिंगटाओ के अतिरिक्त आन्तरिक केन्द्र सिनन में तथा (vi) मंचूरिया के शेन्यांग केन्द्रों में भी कपड़े का निर्माण होता है।

भारत में सूती कपड़ निर्माण उद्योग

भारत में सूती वस्त्र कुटीर उद्योग (हथकरघों) और फैक्ट्री उद्योग (मिलों) दोनों तरह से किया जाता है।

भारत में सूत कातने और बुनने का उद्योग हजारों वर्षों से प्रचलित है, और भूतकाल में, ब्रिटिश राज्य से पूर्व, भारत अपने उत्तम, महीन और सुन्दर सूती कपड़ों के लिए विदेशों में बहुत अधिक विख्यात था। यहाँ घरेलू करघों पर सूती वस्त्र का निर्माण वृहत् मात्राओं में होता रहा है। अंग्रेजों के समय भारत में सूती वस्त्र उद्योग को व्यापक क्षति पहुँचायी गयी। यद्यपि आजादी के बाद इस उद्योग ने तेजी से विकास किया। वर्तमान में भारत संसार में सूती वस्त्र निर्माण में अग्रणी है, यहाँ घरेलू माँग-पूर्ति करने के बाद अतिरिक्त वस्त्र को बाहर निर्यात कर दिया जाता है।

भारत में सूती वस्त्र निर्माण के लिए सभी आवश्यक सुविधाएँ उपलब्ध हैं—

1. जनसंख्या घनत्व में भारत का स्थान विश्व में दूसरा है। लगभग 80 करोड़ आबादी के लिए वस्त्र-मांग द्वारा बहुत बड़ा बाजार उपलब्ध है।

2. संयुक्त राज्य अमेरिका व यूरोपीय देशों से कुछ धागे का आयात भी किया जाता है और उन्हें कपड़ों के निर्माण में उपयोग किया जाता है।

3. भारत में पुराने समय से ही कपड़े बुनने वाले उत्तम कारीगर अपनी कला-कौशल के लिये विख्यात रहे हैं। जनसंख्या बहुत ज्यादा होने से, मिलों के लिये सस्ते मजदूर भी बड़ी संख्या में हर क्षेत्र में मिलते हैं।

4. भारत में कपास का उत्पादन बड़ी मात्रा में काली मिट्टी के प्रदेश में व नदियों का मिट्टी के प्रदेशों में होता है। महाराष्ट्र, गुजरात, मध्य प्रदेश और आन्ध्र प्रदेश में, भारत की प्रमुख कपास उत्पादक पेटी है। पंजाब, पश्चिमी उत्तर प्रदेश व दक्षिणी-पूर्वी तमिलनाडु में भी कपास की पैदावार होती है। इन क्षेत्रों में स्थित वस्त्र मिलों को कच्चा माल निकट में ही मिल जाता है।

5. यहाँ परिवहन के लिये रेलों का जाल बिछा हुआ है। इसलिए बगैर कपास उत्पादक क्षेत्रों में भी, आयात की गई रुई से वस्त्र बुना जाता है।

6. कोयला झारखंड व मध्य प्रदेश की खानों से मिल जाता है। जल-विद्युत् भी ज्यादातर सभी क्षेत्रों में सूती मिलों को प्राप्त होते है।

7. संयुक्त अरब गणराज्य, संयुक्त राज्य अमेरिका, सूडान आदि से रुई का आयात (import) भी होता है।

लगभग 30% सूती वस्त्र का निर्माण तो कुटीर उद्योगों में हथकरघों द्वारा ही किया जाता है। हथकरघों द्वारा उत्पादित कपड़ों की मांग यूरोपीय देशों में अधिक है। इसलिए यहां से उन देशों को बड़े पैमाने पर निर्यात किया जाता है।

आरम्भिक केन्द्र, मुम्बई और अहमदाबाद—यद्यपि भारत में पहली सूती मिल की स्थापना बंगाल में हुई थी, परन्तु सूती मिलों का संकेन्द्रण सबसे पहले

मुम्बई के नगर और द्वीप में हुआ था, जहाँ 1854 में प्रथम सूती मिल की शुरुआत की गई थी। मुम्बई में सूती मिलों के विकास के अनेक कारण थे–

1. मुम्बई के बन्दरगाह कपास का निर्यात, उस ब्रिटिश शासन के समय, ब्रिटेन को हुआ करता था। इसलिए वहाँ सूती मिलों के लिये कपास उपलब्ध रहती थी।

2. मुम्बई के बन्दरगाहों के द्वारा कोयले और मशीनों का आयात होता था। ब्रिटेन, जर्मनी, अमेरिका आदि से मशीनें आयात करने की सुविधा थी। लम्बे रेशे की रुई का आयात मिस्र और सूडान से होता था। बाद में अमेरिका से भी लम्बे रेशे की रुई आयात किया जाने लगा।

3. मुम्बई की जलवायु में प्राकृतिक नमी रहती है; जो बारीक सूत कातने के लिये विशेष मदद करती है।

4. प्रारम्भ में कोयला दक्षिणी अफ्रीका (डरबन) से व ब्रिटेन से आता था; लेकिन 1915 में पश्चिमी घाट में टाटा जल-विद्युत् उत्पादन होने लगा। जल-विद्युत् का उपयोग मिलों में होता है।

5. मुम्बई का सम्बन्ध रेलमार्गों द्वारा भारत के अन्दरूनी भागों से और वस्त्रों के बाजारों से अच्छी तरह जुड़ा हुआ था।

6. मुम्बई के व्यापारियों को रूई के व्यापार का अच्छा अनुभव था, और विदेशी व्यापारियों से उनका सम्पर्क था।

7. मुम्बई एक व्यापारिक केन्द्र था, जिसमें पूँजीपति अथवा पारसी और खत्री व्यापारी रहते थे, व बैंकिंग और बाजार की पूरी सुविधायें थीं। आज भी मुम्बई भारत का सबसे प्रमुख व्यापारिक नगर है।

8. निकटवर्ती कोणकन, शोलापूर, सतारा आदि जिलों से सस्ते और कुशल मजदूर अधिक संख्या में मिल जाते हैं।

उपरोक्त विशेषताओं के कारण मुम्बई भारत का सर्वप्रमुख कपड़े निर्माण का केन्द्र हो गया है। वहाँ 65 से अधिक मिलें हैं।

अहमदाबाद की स्थिति साबरमती नदी पर है। यह भारत का दूसरा सबसे प्रमुख कपड़ों का निर्माण केन्द्र है। स्थानीय कारीगरों और गुजराती व्यापारियों के प्रयासों से अहमदाबाद मुम्बई के मुकाबले का सूती केन्द्र हो गया है, जो कपास पैदा करने वाले प्रदेश के बीच में स्थित है। घरेलू बाजार में भी अहमदाबाद में उत्पादित वस्त्रों की मांग अपेक्षाकृत अधिक है। बढ़िया कपास मिस्र और सूडान से मुम्बई के द्वारा आयात कर ली जाती है। 1859 में प्रथम बार मिल स्थापित हुई थी; वर्तमान में इस नगर में लगभग 73 मिलें हैं।

मुम्बई की मिलों से अहमदाबाद की मिलें छोटे आकार की हैं; परन्तु अहमदाबाद अधिक महीन सूत के लिये विख्यात है। मुम्बई भी निर्यात के लिये बारीक और उत्तम वस्त्र का निर्माण करता है।

आधुनिक में भारत में सूत कातने और सूती वस्त्र बुनने की 650 से ज्यादा मिलें हैं; जिनमें 180 लाख से अधिक तुकवे और 2.18 लाख से अधिक करघे हैं।

भारत के वर्तमान सूती वस्त्र केन्द्र—जल-विद्युत् उत्पादन व परिवहन के विकास के साथ-साथ भारत में सूती कपड़ों के उद्योगो का विकेन्द्रीकरण होता गया है। मुम्बई और अहमदाबाद के अलावा बहुत से नये केन्द्रों में सूती मिलें विकसित होती चली गयी हैं।

कपास के परिवहन से अधिक क्षति नहीं होती है; इसलिए बाजार, शक्ति, श्रमिक आदि अन्य कारकों के प्रभाव से दिल्ली, कोलकाता, कानपुर आदि गैर कपास उत्पादन केन्द्रों में भी सूती मिलों का विकास हुआ है, जो निम्नांकित आँकड़ों से स्पष्ट है—

1. कपास उत्पादक क्षेत्रों में गुजरात, आन्ध्र प्रदेश, महाराष्ट्र, तमिलनाडु, मध्य प्रदेश, कर्नाटक, पंजाब आदि में 78% मिलें हैं।

2. गैर कपास उत्पादक क्षेत्रों में, उत्तर प्रदेश, पश्चिमी बंगाल, दिल्ली, झारखंड, उड़ीसा केरल, राजस्थान, आदि में 22% मिलें हैं। इन गैर कपास के क्षेत्रों में कपड़ों की माँग की बहुलता है। भारत में सूती वस्त्र निर्माण की मिलें देश भर में बिखरी हुई होने पर भी उनकी सघनता के 5 प्रमुख क्षेत्र हैं—

1. पश्चिमी क्षेत्र—महाराष्ट्र-गुजरात के मुख्य सूती मिल केन्द्र, अहमदाबाद, मुम्बई, शोलापुर, नासिक, पूना, कोल्हापुर, जलगाँव, सतारा, हुवली, सूरत, भड़ौच, बलमोरिया, भावनगर, रसवारी, राजकोट, नडियाद, पोरबन्दर आदि हैं।

2. पूर्वी क्षेत्र—पश्चिमी बंगाल, उड़ीसा, झारखंड, असम के केन्द्रों में कोलकाता, हाबड़ा, रिसरा, बेलघरिया, शामनगर, सोदपुर, घूसेरी, सीरामपुर, सलकिया, पानीहाटी, पाल्टा, मोरीग्राम, फलेश्वर, भागलपुर, लिलुआ, पटना, गया, मुर्शिदाबाद, आदि केन्द्र हैं।

3. मध्य क्षेत्र—महाराष्ट्र-मध्य प्रदेश के प्रमुख सूती मिल केन्द्र नागपुर, अकोला, वर्धा अमरावती, ब्यावर, इन्दौर, उज्जैन, आमलनेर, वारांगल, भोपाल, हैदराबाद, सिकन्दराबाद, अनन्तपुर, रतलाम, पूर्वी गोदावरी, रामपुर, देवास, निमाड़, ग्वालियर, सतना, राजनन्द गाँव आदि केन्द्र हैं।

4. उत्तरी क्षेत्र—दिल्ली, बनारस, कानपुर, आगरा, मोदीनगर, बरेली, अलीगढ़, हाथरस, इटावा, रामपुर, मुरादाबाद, सहारनपुर, भिवानी, लुधियाना, अमृतसर, अम्बाला,

फगवाड़ा, जयपुर, कोटा, पाली, उदयपुर, श्रीगंगानगर, अजमेर, किशनगढ़, आदि क्षेत्र हैं, जो बाजारों के निकट हैं।

5. दक्षिणी क्षेत्र—कोयम्बटूर, सलेम, मदुराई, तिन्नेलवेली, तंजोर, चेन्नई, पेराम्बूर, गुन्टूर, त्रिचुगोड़े, बेलारी, बेलगाँव, देवनगरी, चीतलदुर्ग, मैसूर, त्रिवेन्द्रम, तूतीकोरिन, पांडीचेरी, तिरुचिरापल्ली, क्विलन, बंगलौर, रामनाथपुरम, अलवाये, काकीनाडा, आदि मुख्य केन्द्र हैं।

हथकरघों का उत्पादन—हथकरघों द्वारा कपास की रूई से सूत कातकर सूती वस्त्र बुनने की परंपरा भारत में प्राचीन काल से चली आ रही है। वर्तमान में भी मिलों के उत्पादन के अलावा हथकरघों से भी उत्तम प्रकार का वस्त्र बनाया जाता है। ब्रिटिश राज्य से पहले भारत अपने हथकरघों के उत्पादन के लिये विदेशों में अधिक प्रसिद्ध था। यहाँ से बहुत महीन सूती, मलमल व उत्तम डिजाइनों के रंगे-छाप वस्त्र विदेशों को निर्यात हुआ करते थे। ब्रिटिश राज्य काल में भारत के इस कुटीर उद्योग का बहुत ह्रास हुआ, क्योंकि ब्रिटेन की यह नीति थी कि वह भारत से कपास खरीदकर उसे ब्रिटिश मिलों में कात-बुनकर कपड़ों का निर्माण कर भारत में बेचता था। किन्तु महात्मा गाँधी के 'स्वदेशी' आन्दोलन के कारण भारतीय कुटीर वस्त्र उद्योग की फिर वृद्धि होने लगी। भारत के सूती वस्त्र उत्पादन का लगभग 30% भाग हथकरघों द्वारा उत्पादित होता है। हैंडलूम का उत्पादन घरेलू माँग-पूर्ति के अलावा विदेशी बाजारों में, संयुक्त राज्य अमेरिका, ब्रिटेन, पश्चिमी जर्मनी, फ्रांस, आदि देशों से अच्छा स्थान बनाता जा रहा है।

पूर्वी सोवियत संघ में सूती वस्त्र निर्माण

मिलों के द्वारा सूती कपड़ों का बुनने में पूर्व सोवियत संघ का तीसरा स्थान है, यद्यपि सूती धागा तैयार करने में दूसरा स्थान रखता है।

पूर्व सोवियत संघ में सूती वस्त्र निर्माण की सभी सुविधायें उपलब्ध हैं, यथा—

1. पूर्व सोवियत संघ विश्व का बड़ा कपास उत्पादक देश है।

2. कोयले के विशाल भण्डारों के अलावा वृहत् मात्रा में जल-विद्युत् शक्ति सूती मिलों को मौजूद है।

3. काकेशिया, रुस, मध्य एशिया आदि प्रदेशों में बड़ी आबादी होने की वजह से कपड़ों का बड़ा बाजार है।

4. उपरोक्त प्रदेशों में दक्ष और पर्याप्त संख्या में मजदूर मिलते हैं। सामूहिक उद्योगों की प्रणाली से खेती के कार्य से बचे हुए मजदूर उद्योगों में काम करते हैं।

5. ट्रान्स-साइबेरियन रेलवे, ट्रान्स-कैस्पियन रेलवे, ट्रान्स-काकेशियन रेलवे, यूक्रेन-मास्को-लेनिनग्राद रेलवे, यूराल रेलवे के अलावा छोटे-छोटे रेलमार्गों का निर्माण हो जाने से, कच्चे माल के क्षेत्रों, उत्पादन केन्द्रों और बाजारों का सम्बन्ध स्थापित हो गया है। बहुत से रेलमार्गों का विद्युतीकरण कर दिया गया है।

6. सूती कपड़ों का उद्योग की मशीनों का निर्माण मास्को, यूक्रेन, तुला, आदि क्षेत्रों में होता है।

7. पूर्व सोवियत संघ की आत्मनिर्भरता की नीति को अपनाने के बाद से विमान और टेक्नोलॉजी में बड़ी तीव्रता से प्रगति हुई है, उसी के साथ सभी उद्योगों का विस्तृतीकरण किया गया है। सूती वस्त्र मिलों की स्थापना बहुत से नये केन्द्रों में की गई है। पूर्व सोवियत संघ में वस्त्र निर्माण के प्रमुख क्षेत्र निम्नांकित हैं–

1. मास्का-इवानोवो प्रदेश–(i) मास्को-इवानोवो प्रदेश में 18वीं सदी के आकिर्गी वर्षों में ही सूत कातने और सूती वस्त्र बुनने की मिलें स्थापित हो गई थीं। इस प्रदेश के लिये तकरीबन आधी कपास ट्रांस-काकेशिया व मध्य एशिया के क्षेत्रों से आती थी और शेष आधी कपास उत्पादन को बढ़ाया गया, और द्वितीय विश्व युद्ध के बाद से पूर्व सोवियत संघ कपास की जरूरत पूर्ति में पूर्णतः आत्मनिर्भर हो गया है। इसलिए अब मध्य एशिया की कपास पूर्व सो. संघ के सभी सूती केन्द्रों को जाती है। (ii) इस मध्यवर्ती औद्योगिक प्रदेश में पुरानी मिलों का आधुनिकीकरण करके उनका विस्तार किया गया है। बहुत-सी नई मिलें स्थापित की गई हैं (iii) इस प्रदेश में सूती कपड़े की मशीनों का निर्माण भी होता है। (iv) मिलों को चालक शक्ति जल-विद्युत् या ताप-विद्युत् से मिलती है। (v) इस प्रदेश की जलवायु में पर्याप्त नमी है। (vi) स्थानीय उपभोक्ताओं का बाजार भी मौजूद है। (vii) उच्च श्रेणी की परिवहन सुविधायें हैं। (viii) यहाँ कुशल मजदूर भी मिल जाते हैं। (ix) औद्योगिक और तकनीकी विकास का स्तर उच्च होने की वजह से मास्को-इवानोवो प्रदेश में सूती वस्त्र निर्माण का सघन केन्द्रीकरण हुआ है।

इवानोवो को रूस **मैनचेस्टर** कहा जाता है। यह इस देश का सर्वाधिक महत्त्वपूर्ण सूत कातने व सूती वस्त्र का केन्द्र है। इवानोवो के चारों तरफ सूती मिलों के नगरों का एक घेरा विकसित हो गया है, जिसमें **योरोस्लाव, कोस्त्रोमोव, किनेशमा, शुया, कोवरोव, ओरे-खोवो-जुयेवो** आदि प्रमुख सूती केन्द्र हैं। मास्को क्षेत्र में **मास्को, नोगिन्सक, येगोरयेवस्क, पावलोवस्की-पोसाद, सेरपुरखोव, ग्लुखोवो** आदि सूती मिलों के केन्द्र हैं। इन केन्द्रों में रेयन, टेरीलीन, नाइलोन, कृत्रिम रेशों के कपड़ों का भी निर्माण होता है।

2. लेनिनग्राद क्षेत्र—इस क्षेत्र में भी सूती वस्त्र उद्योग का विकास उन्नीसवी सदी में हुआ। इसका दुबारा विस्तार किया गया है। प्रमुख केन्द्र **लेनिनग्राद, नार्वा** और **तल्लिन** हैं। इनमें ऊनी कपड़ों का निर्माण भी होता है। बाल्टिक सागर राज्यों में **रींगा** और **कौनास** वस्त्र केन्द्र हैं।

3. कालिनिन क्षेत्र—इसकी स्थिति मास्को के पश्चिम में है। प्रमुख सूती केन्द्र **कालिनिन् विशनीय, वोलोचेक** और **यार्तसेवो** है।

न्यू इंग्लैण्ड राज्यों में वस्त्र उद्योग उन्नति की भौगोलिक और आर्थिक सुविधायें थीं; जैसे—

1. इन पर्वतीय राज्यों में तीव्र बहने वाली नदियाँ हैं जो एटलांटिक में जाकर गिरती हैं। इन नदियों में जल-विद्युत् का उत्पादन होता है। तटीय परिवहन द्वारा पेंसिलवेनिया और पश्चिमी वर्जीनिया का कोयला भी सस्ते किराए में आता था।

2. संयुक्त राज्य के कपास उत्पादक दक्षिणी-पूर्वी राज्यों की कपास और रुई का जो निर्यात यूरोपीय देशों को होता था, वह ज्यादातर बोस्टन के बन्दरगाह से होता था, इसलिए इस क्षेत्र में कपास उपलब्ध रहती थी।

3. इस प्रदेश की जलवायु नम है, जो सूत कातने के लिये अनुकूल और जरूरी है।

4. शुरुआत में बसने के कारण इन राज्यों में वृहत् जनसंख्या थी, जिससे सूती वस्त्रों हेतु स्थानीय बाजार उपलब्ध था।

5. न्यू इंग्लैण्ड की रेतीली मिट्टी खेती के लिये काफी उपयुक्त हैं, इसलिए इस प्रदेश में श्रमिक बहुत मिलते थे।

6. न्यू इंग्लैण्ड के कुछ व्यापारियों ने विदेशी व्यापार में बहुत अधिक पैसा कमाया था। उन्होंने अपनी पूँजी से सूती मिलों की स्थापना कर दी।

7. जो लोग इस प्रदेश में यूरोप से आकर शुरू में बसे थे, उनमें से कुछ लोग कपड़ों का निर्माण और यन्त्र निर्माण में निपुण थे।

1. ह्रास के कारण—सन् 1924 में न्यू इंग्लैण्ड प्रदेश में संयुक्त राज्य के लगभग 50% सूती तकुवे थे, किन्तु अब इनकी संख्या कम होकर वर्तमान कताई की सिर्फ 5% रह गयी है, और सूती कपड़े के उद्योग की स्थानान्तरण दक्षिणी एप्लेशियन राज्यों को हो गया है। न्यू इंग्लैण्ड में सूती वस्त्र उद्योग के ह्रास के प्रमुख कारण हैं—(i) अत्यधिक सघनता और भूमि का बहुत अधिक किराया, (ii) श्रमिकों के ऊँचे वेतन, (iii) नगरीयकरण होने से ऊँचे कर, (iv) पुरानी मशीनें, (v) जल्दी प्रारम्भ करने के बाद प्रबन्ध में शिथिलता, (vi) दक्षिणी राज्यों में विशेष सुविधा की प्रतियोगिता आदि थे।

2. और 3, मध्य एटलांटिक राज्य—पेंसिलवेनिया के पूर्वी भाग, न्यूयार्क, न्यूज़सी।, फिलाडेलफिया, मेरीलैंड और वर्जीनिया राज्यों में—(i) बाजार, (ii) जल-विद्युत् शक्ति, (iii) श्रमिक पूर्ति, (iv) रेल परिवहन के विकास, (v) मशीन-फैक्टरियों की निकटता की वजह से वस्त्र निर्माण को प्रोत्साहन मिला था। यहाँ **फिलाडेलफिया** सबसे बड़ा केन्द्र है। **विलमिंगटन् जर्सी सिटी,जर्मन टाउन, हेरिसबर्ग, ट्रेंटन** और **बाल्टीमोर** अन्य प्रमुख उत्पादक केन्द्र हैं। इस प्रदेश में हौजरी, बनियान, मोजे, स्वेटर, मफलर, स्कार्फ, कच्छे आदि की बुनाई का विशेष वृद्धि हुई है। इन केन्द्रों में सिले हुए वस्त्रों की पोशाकें बनाने के उद्योगों का सबसे अधिक विकास हुआ है। पोशाक बनाने का सबसे बड़ा केन्द्र **न्यूयार्क** है।

वर्जिनिया में वस्त्र निर्माण के मुख्य केन्द्र **रिचमोण्ड, नारफ्रोक, लिंचबर्ग, रैले, ग्रीन्सबरो, डेनविले, चार्ल्स टन** आदि हैं। इन निर्माण केन्द्रों में अब कृत्रिम रेशों के वस्त्रों, टेरीलीन, नाइलोन आदि के वस्त्रों के उत्पादन में वृद्धि हो रही है।

4. दक्षिणी एप्लेशियन राज्य—यह सबसे बड़ा सूती उत्पादक प्रदेश है। उत्तरी केरोलिना, जोर्जिया दक्षिणी केरोलिना, टेनेसी और अलबामा राज्यों में सूत कातने और वस्त्र बुनने की मिलों का सघन संकेन्द्रण हुआ है। 1880 के उपरांत इस प्रदेश का विकास प्रारम्भ हुआ था; जिसके लिये विशेष सुविधायें निम्नांकित थीं—

1. दक्षिणी राज्यों में बढ़ती हुई जनसंख्या द्वारा सूती कपड़ों को स्थानीय बाजार मिल गया है।

2. पीडमॉण्ट क्षेत्र से सस्ते मजदूर मिल जाते हैं। ये श्रमिक सफेद और काले दोनों वर्गों के मिलते हैं। कृषि श्रम की तुलना में फैक्ट्रियों में इनको अच्छा वेतन मिल जाता है।

3. औद्योगिक और तकनीकी विकास व प्रगतिशील प्रबन्ध भी प्रमुख कारक हैं।

4. कोयला बरमिंघम क्षेत्र में मिलता है। पश्चिमी वर्जीनिया और केन्टुकी से कोयला मिलता है।

5. जोर्जिया, केरोलिना और टेनेसी राज्यों में सूत कातने और वस्त्र बुनने, रंगने, धोने आदि की मशीनों का निर्माण होता है। इसलिए नये-नये प्रकार की मशीनें इस क्षेत्र में मिलती रहती हैं।

6. एप्लेशियन पर्वत से निकलकर एटलांटिक में गिरने वाली तीव्र वाहिनी नदियों की प्रपात-रेखा (fall-line) पर बहुत से जल-विद्युत् उत्पादक केन्द्रों से सस्ती जल-विद्युत् प्राप्त की जा सकती है। टेनेसी घा टी में भी जल-विद्युत् मौजूद है।

7. संयुक्त राज्य की कपास उत्पादन की पेटी इसी प्रदेश में स्थित है। मिलों की स्थापना कपास उत्पादक राज्यों में हुई है।

8. परिवहन का विकास होने से उत्तर-पूर्व के बाजारों शिकागो, न्यूयार्क आदि में भी इस दक्षिणी प्रदेश के वस्त्र उत्पादन की पहुँच है। इस क्षेत्र में दक्षिणी अमेरिका के बाजार भी अपेक्षाकृत निकट हैं।

9. फैक्ट्रियों की इमारतों और अहातों के लिए विशाल जमीन है। जमीन के किराये सस्ते हैं। इस क्षेत्र में उद्योगों को आकर्षित करने हेतु उद्योगपतियों को प्रलोभन देने के लिये टैक्स कम लगाये गये हैं।

उत्तर की अपेक्षा में दक्षिणी प्रदेश में साधारण जीवन-स्तर नीचा है, जिसके कारण श्रमिकों का वेतन 30% कम रहता है।

दक्षिणी एप्लेशियन प्रदेश में सूती मिलें सारे पीडमॉण्ट क्षेत्र में फैली हुई हैं। सर्वाधिक संकेन्द्रण प्रपात-रेखा (Fall-line) के जल-विद्युत् उत्पादक केन्द्रों में हुआ है। **चारलोट्टे** (उत्तरी केरोलिना), **कोलम्बिया** (दक्षिणी केरोलिन), **ऑगस्टा** और **एटलान्टा** (जार्जिया) प्रमुख वस्त्र निर्माण केन्द्र हैं। प्रपात रेखा पर अन्य वस्त्र निर्माण केन्द्र **ग्रीन्सबरो, स्पार्टबर्ग, ग्रीनविले, कोलम्बस, मेकन** और **मॉण्टगोमेरी** हैं। टेनेसा घाटी में **नोक्सविले** और **चट्टानूगा** प्रमुख वस्त्र निर्माण केन्द्र हैं।

संयुक्त राज्य में सूत कातने (yarn) के 95% तकुवे दक्षिणी प्रदेश में हैं, और इस प्रदेश का 80% सूती वस्त्र निर्माण दक्षिणी एप्लेशियन राज्यों में होता है।

संयुक्त राज्य अमेरिका अपने सूती कपड़ों के निर्यात को बढ़ाने का प्रयास कर रहा है। भारत और जापान के उपरांत निर्यात में तीसरा स्थान संयुक्त राज्य का है, जो सूती कपड़ों का निर्यात मुख्य रूप से दक्षिणी अमेरिका के देशों को करता है।

जापान में सूती वस्त्र निर्माण

जापान में वस्त्र उद्योग का महत्त्व—सूती वस्त्र का निर्यात विश्व में सबसे अधिक जापान द्वारा होता है। यद्यपि उत्पादन के मामले में विश्व में इसका स्थान पांचवां है। जापान के सभी निर्यात का लगभग 30% भाग सूती वस्त्र का होता है। जापान विदेशों से कपास आयात करके, उसका वस्त्र बुनकर निर्यात करता है।

जापान में पहले सूती मिल 1868 में यानि भारत में प्रथम सूती मिल के 14 वर्ष बाद स्थापित की गई थी, किन्तु प्रथम विश्व युद्ध (1914) तक जापान का विकास बड़ा धीमा रहा था। प्रथम विश्व युद्ध काल में जापान ने बड़ी तीव्रता से प्रगति की और जापानी वस्त्र चीन, भारत और अफ्रीकी देशों के बाजारों में जा पहुँचे। इस उन्नति को निरन्तर जारी रखा गया और 1933 में जापान विश्व का सबसे पहला सूती वस्त्र निर्यातक हो गया।

द्वितीय विश्व युद्ध में जापान के उद्योगों को भारी क्षति का सामना करना पड़ा; इस युद्ध में जापान की लगभग 80% सूत कातने की मिलें भारी बमों की मार से समाप्त हो गई थीं। 1946 में जापानी उद्योग की बहुत ही दयनीय दशा थी। परन्तु जापान ने आश्चर्यजनक गति से अपने उद्योग का पुनर्निर्माण किया, और सिर्फ 8 वर्षों के अन्दर उसने अपनी फैक्ट्रियों को फिर बनाकर उनको आधुनिकतम मशीनों से संवार दिया। 1954 में जापान पुनः विश्व भर में सबसे बड़ा सूती वस्त्र निर्यातक बन गया; और उसके बाद वर्तमान में भी जापान अपनी उस स्थिति को बनाये हुए है, यद्यपि अब उसको चीन और भारत से अन्तर्राष्ट्रीय बाजार में प्रतिस्पर्द्धा करनी पड़ रही है।

जापान में कृषि योग्य भूमि का अभाव है और वहां अधिक आबादी है। इसलिए जापान ने उद्योग-धंधों के विकास पर सर्वाधिक जोर दिया। उद्योगों में वस्त्र निर्माण का अधिक महत्त्व है, क्योंकि वस्त्र निर्माण के विकास द्वारा ही जापान अपने देश की पिछड़ी आबादी को आधुनिक औद्योगिक और तकनीकी उन्नति की स्थिति में ले आया है।

आज जापान अपने सूती वस्त्र उत्पादन का लगभग 35% भाग निर्यात कर देता है।

जापान में वस्त्र निर्माण के विकास के कारक—कच्चे माल (कपास) की कमी में भी जापान ने वस्त्र निर्माण उद्योग में बहुत प्रगति की है, उसके मुख्य कारक निम्नवंत है—

1. बहुत अधिक संख्या में सस्ते श्रमिक, मौजूद होते हैं। इनमें अधिकतर दक्ष स्त्रियाँ होती हैं।

2. नवीन और आधुनिक प्रकार की मशीनें, एवं प्रबन्ध में उच्च श्रेणी की दक्षता होती है।

3. जापान में सस्ती जल-विद्युत् शक्ति का ज्यादा प्रयोग होता है। जापान की पर्वतीय जमीन पर तीव्रता से बहने वाली जल-धाराओं से सैकड़ों जगह विद्युत् उत्पादन होता है।

4. निर्माण की लागत और परिवहन-लागत कम रहती है, पूँजी पर ब्याज की दरें नीची रहती हैं।

5. चीन, संयुक्त राज्य अमेरिका, भारत और मैक्सिको से कपास का आयात होता है।

6. छोटे रेशे की भारतीय कपास को कातने हेतु उपयुक्त मशीन का आविष्कार

व स्वचालित 'तायोदा' करघे का प्रयोग, जिसके द्वारा प्रति मजदूर उत्पादन में पाँच गुना वृद्धि हो गयी है।

7. जापान की जलवायु में प्राकृतिक नमी है।

8. उद्योगों को सरकारी मदद।

9. अच्छे बन्दरगाहों से कपास आयात करने और उत्पादित वस्त्र निर्यात करने की सुविधाएँ उपलब्ध है।

10. सूती वस्त्र हेतु स्थापित बाजार उपलब्ध है। एशिया व अफ्रीका के देशों का बड़ा बाजार उपलब्ध है जहाँ जापान के सस्ते मूल्यों पर आधारित वस्त्रों की बहुत खपत है। जापान का वस्त्र दक्षिणी अमेरिका, यूरोपीय देशों और आस्ट्रेलिया को भी निर्यात होता हैं।

जापान में सूती वस्त्र के निर्माण केन्द्र—जापान कपास का आयात करता है। इसलिए कताई मिलें अधिकांशतः बड़े-बड़े पत्तनों में अवस्थित हैं। कताई मिलों के तीन प्रमुख क्षेत्र हैं :

1. किनकी प्रदेश—जिसमें मोसाका और कोबे प्रमुख केन्द्र हैं। ओसाका जापान का मेनचेस्टर कहलाता है।

2. क्वांटो प्रदेश—जिसमें टोकियो और याकोहामा प्रमुख केन्द्र हैं।

3. नागोया क्षेत्र—जिसमें नागोया के निकट बहुत से छोटे-छोटे केन्द्र हैं। वस्त्रों की बुनाई की मिलें देश के आन्तरिक क्षेत्रों में भी जगह-जगह बिखरी हुई और अवस्थित हैं। ये मिलें अधिकतर छोटे आकार की होती हैं, किन्तु इनमें आधुनिक तरीकों के स्वचालित करघे होते हैं, जो जल-विद्युत् से चलते हैं।

जापान की सूती मिलों के उत्पादन में विभिन्नता लाने की कोशिश होती रही हैं, जिससे बाजार में वे अधिक आकर्षक बनें। इसलिए जापान की छोटी मिलें ज्यादातर सूत के साथ कृत्रिम रेशों को मिलाकर कपड़ों का निर्माण करती हैं। जापान ग्राहकों की रुचि के अनुकूल और सस्ता माल उत्पन्न करने का प्रयास करता है, जिससे वह अन्तर्राष्ट्रीय बाजार में भारत, हाँगकाँग, ब्रिटेन, चीन और संयुक्त राज्य अमेरिका के साथ प्रतिस्पर्धा में ठहर सके।

यूरोप में सूती वस्त्र निर्माण

यूरोपीय देशों में सूती वस्त्र निर्माण की सुविधाएँ—यूरोप में सूती कपड़ों के निर्माण का उद्योग, ब्रिटेन के लंकाशायर क्षेत्र से लेकर, नीदरलैंड्स, बेल्जियम, पश्चिमी जर्मनी, स्विटजरलैंड, उत्तरी इटली, आस्ट्रिया और चेकोस्लोवाकिया होता हुआ

पोलैंड व पूर्वी जर्मनी तक फैला हुआ है। इनमें प्रमुख उत्पादक जर्मनी, इटली, फ्रांस, ब्रिटेन, स्पेन और पोलैंड हैं। इन देशों में सूती वस्त्र उद्योग के विकास हेतु निम्नांकित सुविधाएँ प्राप्त हैं–

1. तकनीकी और विज्ञान में अधिक ऊँचा विकास होने की वजह से श्रमिक बड़े निपुण हैं।
2. घरेलू बाजार के अतिरिक्त ब्रिटेन, फ्रांस, जर्मनी आदि को एशियाई और अफ्रीका देशों के बाजारों में माल बेचने की विशेष सुविधाएँ (मुख्यतः उनके उप-निवेशों में) मिलती रही थीं।
3. रेलमार्गों, परिवहन के साधनों और जलमार्गों का भी जाल-सा बिछा हुआ है।
4. यूरोप के इन देशों की मिलें आयात की गई कपास से सूत और कपड़ों का निर्माण करती हैं।
5. फैक्ट्रियों को चलाने हेतु कोयले का ताप विद्युत् अत्यधिक मात्रा में जल-विद्युत् शक्ति मौजूद है।
6. सूत बुनने,कातने और परिष्कृत करने की मशीनों का निर्माण इन्हीं देशों के अंदर होता है।
7. इन देशों की नमीयुक्त जलवायु सूती कपड़ों के उद्योग के लिए उपयुक्त है।
8. कपास आयात करने और सूती कपड़ों के निर्यात करने के लिए बहुत अच्छे बन्दरगाह हैं।

यूरोप में सूती वस्त्र निर्माण के मुख्य क्षेत्र निम्नांकित हैं–

पश्चिमी जर्मनी

पश्चिमी जर्मनी में उत्तम कोटि के सूती वस्त्र उद्योग स्थापित किये गये किन्तु उनका संकेन्द्रण 5 क्षेत्रों में विशेष तौर पर है।

1. उत्तरी पश्चिमी सीमा प्रदेश–जर्मनी का मुख्य सूती कपड़े का निर्माण क्षेत्र उच्च सीमान्त पेटी है। सूती निर्माण केन्द्र ग्रोनाऊ, बोलोल्ट, नॉदहोर्न, ओचत्रुप और रीन हैं। ब्रीमेन के बन्दरगाह द्वारा कपास संयुक्त राज्य व मिस्र से आयात की जाती है।

2. मुन्स्तर वेसिन–इस प्रदेश में मुन्स्तर बीलेफेल्ड, लिप्सटाट और पेदरबोर्न में सूती वस्त्र उत्पादन के अलावा लिनेन वस्त्र का निर्माण ज्यादा मात्रा में होता है।

3. वुप्पर घाटी—रुर के दक्षिण में वुप्पर नदी की घाटी में बारमेनएबरफेल्ड, जिसका आधुनिक नाम वुप्परटल है, प्रसिद्ध सूती वस्त्र निर्माण केन्द्र है। इस घाटी में रेयन वस्त्र निर्माण भी होता है।

4. राइन के पश्चिम में—राइन नदी के पश्चिम में रेशमी वस्त्र व ऊनी वस्त्र निर्माण का क्षेत्र है। इसमें मुन्चेन ग्लदेवाश, रिह्लोदूत, ग्रेवेन में सूती वस्त्र का निर्माण भी होता है।

5. बवेरिया में हॉफ, एरलान्गेन तथा **ऑग्सबर्ग** प्रमुख सूती केन्द्र हैं।

द्वितीय महायुद्ध के उपरांत से जर्मनी ने वस्त्र निर्माण उद्योग का पुनर्निर्माण किया है, जिसके कारण सूती, रेयन, ऊनी और नाइलोन के कपड़ों का उत्पादन में पहले से तीन गुनी वृद्धि हो गयी है। जर्मनी में वार्षिक सूती वस्त्र उत्पादन तकरीबन 946 मिलियन (दस लाख) वर्ग मीटर है।

इटली

इटली में सूती वस्त्र निर्माण का केन्द्र नदी के बेसिन में व आल्पस की घाटियों में स्थित हैं, जिनको जल-विद्युत् शक्ति बहुतायत से प्राप्त होती है।

प्रमुख सूती वस्त्र मिलान, बारगामों, कोर्ना, त्युरिन, वारेसे, जेनोआ, ब्रेस्सिया, वेरोना, उदाइन, मन्तुआ, पाविआ आदि हैं। इटली में उत्पादित सूती वस्त्रों में से सफेद रंग वाले सबसे ज्यादा दक्षिण अफ्रीका में निर्यात कर दिए जाते हैं। इटली में सूती कपड़ों का वार्षिक उत्पादन लगभग 1,633 मिलियन वर्ग मीटर है।

फ्रांस में सूती वस्त्र निर्माण

फ्रांस में सूती कपड़ों का निर्माण लगभग 841 मिलियन वर्ग मीटर है, जो ग्रेट ब्रिटेन, पश्चिमी जर्मनी के सूती वस्त्र उत्पादन के समान हैं।

फ्रांस में सूती वस्त्र मिलों के प्रमुख क्षेत्र निम्नांकित हैं—

1. उत्तरी पूर्वी कोयला क्षेत्र में प्रमुख सूती केन्द्र लिले, सेन्टक्वेंटिन, आमीन्स, टूरकोइंग, फोरमीज, रुबे और वेलेन्सीएन्नीज हैं।
2. वोस्गीस पठार के क्षेत्र में, अलसेस में मुलहाउस, कोलमार, नान्सी, बेलफोर्ट, एपिनाल, सेन्टडाइ और रिमायरमोण्ट हैं।
3. सीन नदी के मुहाने के पृष्ठ प्रदेश में रुऑं प्रमुख केन्द्र है।

कपास का आयात डन्कर्क और रुऑं के बन्दरगाहों से होता है।

ग्रेट ब्रिटेन में सूती वस्त्र निर्माण

आधुनिक तरीके से सूती वस्त्रों का उत्पादन 18वीं शताब्दी से ब्रिटेन में शुरू हुआ। उसका उत्पादन सभी देशों में अधिक था। उसकी प्रगति के कारण अग्रांकित थे–

1. पूर्ववर्ती आरम्भ।
2. ब्रिटेन में इंजीनियरिंग उद्योगों का विकास, जो कि जर्मनी और संयुक्त राज्य अमेरिका का भी अग्रणी रूप था।
3. कोयले के विस्तृत भण्डार, जो फैक्ट्रियों को औद्योगिक शक्ति सप्लाई करते थे।
4. जलवायु में प्राकृतिक आर्द्रता विशेषकर पिनाइन पर्वतों के पश्चिमी प्रदेशों में।
5. कपास का आयात मिस्र, भारत और सूडान से होता था और निर्मित वस्त्र इन एवं अन्य देशों को भी निर्यात करने की सुविधा थी।
6. अच्छे बन्दरगाह व सामुद्रिक शक्ति भी ब्रिटेन की प्रगति में सहायक थे। ब्रिटेन में सूती वस्त्र निर्माण का मुख्य प्रदेश लंकाशायर है।लंकाशायर प्रदेश की उन्नति के कारण निम्नांकित थे–

(i) लंकाशायर कोयला क्षेत्र से मिलों को कोयला प्राप्त होता है। (ii) पिनाइन पर्वतों से बहकर आने वाली जलधाराओं से पर्याप्त मात्रा में पानी की पूर्ति होती थी। (iii) लंकाशायर क्षेत्र में मशीनों का निर्माण भी होता था और सूत कातने व कपड़े बुनने की मशीनें इसी प्रदेश में मिलती थीं। (iv) लिवरपूल का उत्तम बन्दरगाह, मानचेस्टर शिपकेनाल द्वारा आन्तरिक क्षेत्रों से सम्बद्ध था। कच्चे माल को लाने वाले और उत्पादित वस्त्र को ले जाने वाले जहाँ सीधे कम्पनियों तक पहुँच जाते थे। (v) पश्चिमी पवनों द्वारा समुद्री जलवायु की नमी की उपस्थिति। (vi) सूती उद्योग से पूर्व जो लिनेन और ऊनी वस्त्र बुनने वाले जुलाहे इस क्षेत्र में रहते थे, वे सूती उद्योग में भी कुशल श्रमिक प्रमाणित हुए।

7. यूरोपीय देशों में पारस्परिक युद्ध होते रहे थे। ब्रिटेन इन युद्धों से बचा रहा। वहाँ उद्योंग, विज्ञान और तकनीकी का विकास होता रहा।
8. ब्रिटेन का साम्राज्य बहुत से देशों में फैला हुआ था। ब्रिटेन की प्रगति वस्त्र सामग्री का बाजार ब्रिटेन के अतिरिक्त भारत, बर्मा, मलाया, श्रीलंका, दक्षिणी अफ्रीका आदि देश भी थे।

लंकाशायर प्रदेश में विशेषीकरण—लंकाशायर प्रदेश में सूत कातने और कपड़े बुनने के क्षेत्रों का विशेषीकरण हो गया है। ज्यादा बारिश पाने वाले और ज्यादा नमी वाले केन्द्रों में कताई अधिक होती है; तथा तुलनात्मक रूप से कम वर्षा वाले केन्द्रों में बुनाई अधिकतम।

कताई केन्द्र—ओल्डम, बरी, बोल्टन, उडले, रोशडले, ले, स्टोकपोर्ट, प्रेस्टन, मानचेस्टर आदि में लगभग 90% कताई केन्द्र केन्द्रित है।

वस्त्र बुनाई आदि—मानचेस्टर सबसे बड़ा वस्त्र निर्माता है। अन्य केन्द्र **बर्नले, ब्लेक बर्न, विगन, रोशडेल, सेण्ट हेलेन्स, बर्केनहैड, स्टोकपोर्ट, चेस्टर, मेकलेसफ़ील्ड, प्रेस्टन, नेलसन, डारविन, एकरिंगटन, चोर्ले,** आदि हैं।

लंकाशायर से बाहर **नोटिघम** व **पेसले** केन्द्र प्रमुख वस्त्र निर्माणकर्ता हैं।

प्रथम विश्व युद्ध के प्रारम्भ तक ब्रिटेन विश्व में सर्वाधिक सूती मिल-वस्त्र निर्माण करता था। उसके बाद जापान, चीन, रूस, संयुक्त राज्य अमेरिका, जर्मनी, फ्रांस, आदि में सूती वस्त्र के निर्माण में वृद्धि होने लगी।

भारत जो ब्रिटिश वस्त्र का सबसे वृहत क्रय करने वाला आयातक था, अपने स्वतन्त्र आन्दोलन के पश्चात् सूती वस्त्र निर्माण में आत्मनिर्भर हो गया। इससे ब्रिटिश उद्योग को भारी हानि पहुँची। अब जापान, भारत, चीन आदि की प्रतिस्पर्धा की वजह से ग्रेट ब्रिटेन का सूती वस्त्र निर्माण घटकर सिर्फ 308 मिलियन वर्ग मीटर रह गया है।

अन्य देशों में सूती वस्त्र निर्माण

1. पोलैण्ड—पोलैण्ड में आयात की गई रुई से सूती वस्त्रों का निर्माण मुख्य रूप से **लोदूज** नगर में होता है, जो **'छोटा मानचेस्टर'** कहलाता है।

2. स्विट्जरलैंड—स्विटजरलैंड में जल-विद्युत् शक्ति की प्रचुर मात्रा उपलब्ध है। इस देश में सूती वस्त्र निर्माण के प्रमुख केन्द्र **ज्यूरिख, सेण्टगेंलेन, आरखाउ** और **ग्लारस** हैं।

3. बेल्जियम में **घैण्ट** तथा **ब्रूसेल्स** सूती वस्त्र निर्माण केन्द्र हैं।

4. स्पेन—स्पेन में **बारसीलोना** में सूती कपड़ों का निर्माण होता है।

5. पाकिस्तान—पाकिस्तान में कातने और बुनने का उद्योग घरेलू धन्धे के रूप में होता रहा है। कातने और बुनने की मिलों के केन्द्र **लाहौर, कराची** और **रावलपिण्डी** हैं।

6. हाँगकाँग—द्वितीय विश्व युद्ध के पहले इस क्षेत्र में निर्माण उद्योगों का विकास शुरू हुआ था। कम्युनिस्ट चीन से आये हुए शरणार्थियों के बसने के बाद हाँगकाँग में बेरोजगारी की समस्या ने अपना कदम रखे जिसकी समस्या का समाधान करने के लिये निर्माण उद्योगों का विकास किया गया जिनमें वस्त्र निर्माण भी महत्त्वपूर्ण है। हाँगकाँग का वस्त्र एशियाई, ब्रिटेन, अफ्रीकी, व यूरोपीय देशों को निर्यात किया जाता है।

7. ब्राजील, मैक्सिको, अर्जेण्टाइना, कनाडा, मिस्र, टर्की और ईराक में भी सूती मिलें स्थापित हैं, जो अपने देश की माँग-पूर्ति हेतु उत्पादन करने का प्रयत्न कर रहे हैं।

ऊनी-वस्त्र उद्योग

विश्व में ऊनी कपड़ों का उत्पादन थोड़ी मात्रा में होता है, जो सूती कपड़ों के उत्पादन के सिर्फ 15% के बराबर होता है। ऊनी वस्त्र का निर्माण ज्यादातर हथकरघों द्वारा कुटीर उद्योग के रूप में होता है। विश्व में भेड़ पालने और ऊन पैदा करने वाले देशों की आबादी बहुत थोड़ी है, जैसा कि आस्ट्रेलिया, अर्जेण्टाइना, न्यूज़ीलैंड, दक्षिणी अफ्रीका संघ, मध्य एशिया आदि की है। इसलिए इन ऊन उत्पादक देशों से ऊन की मांग की पूर्ति संयुक्त राज्य अमेरिका, जापान, पश्चिमी यूरोपीय देशों, सोवियत रूस आदि को हो जाती हैं।

ऊन उत्पादक प्रदेशों में, जैसे भूमध्यसागरीय बेसिन से लेकर मध्य चीन तक तथा पर्वतीय और पठारी प्रदेशों में ऊनी वस्त्र का उत्पादन मुख्य रूप से कुटीर उद्योगों के रूप में होता है।

मिलों के द्वारा ऊनी वस्त्रों का निर्माण मिलों के द्वारा किया जाता है और 75% मिल उत्पादन पूर्व सोवियत संघ, संयुक्त राज्य अमेरिका, ब्रिटेन, जापान, फ्रांस, पश्चिमी जर्मनी, पूर्वी इटली, जर्मनी, और बेल्जियम में होता है।

ऊनी वस्त्र निर्माण प्रक्रम

कपास के रेशे की अपेक्षा ऊन का ज्यादा निर्माण कठिन होता है। ऊनी वस्त्र निर्माण में दो प्रकार के प्रक्रम होते हैं—

(1) ऊन के अन्दर मैल-मिट्टी को निकालना और चिकनाई (ग्रीज़) को निकालना। साफ करने के पश्चात् ऊन का वज़न घटकर दो-तिहाई अथवा 60%

रह जाता है। साफ की हुई ऊन को धुनते हैं अथवा कंघा करते हैं। (2) दूसरे क्रम में धुनी हुई ऊन को बुनने, कातने और परिष्कृत करने की क्रियायें होती हैं।

ऊनी वस्त्रों के भेद

ऊनी वस्त्र मुख्य रूप से 4 प्रकार के होते हैं—

(1) मिश्रित (shoddy), जिसमें कुछ नई ऊन को उस ऊन के साथ मिश्रित किया जाता है, जो पुराने ऊनी कपड़ों में से निकाली जाती हैं।

(2) वर्स्टेड ऊनी वस्त्र (worsted cloth), जिसमें लम्बे रेशों का उपयोग किया जाता है, जैसे—सर्ज, वर्स्टेड, मेरिनो, होजरी, स्वेटर, कालीन, आदि।

(3) ऊनी (Woolen) वस्त्र, जिनमें छोटे रेशों का उपयोग किया जाता है, जैसे—ब्रॉडक्लॉथ, कश्मीरा, फ्लानेल, ट्वीड, कम्बल आदि।

(4) नमदा (felt), इसका निर्माण बिना बुनाई के ही, ऊन के रेशों को पीट-कूट कर और बेलनों में रोल कर किया जाता है।

ऊनी वस्त्र उद्योग की स्थिति के कारक

(1) ऊनी कपड़ों के निर्माण की स्थिति के लिए निम्नांकित दशायें जरूरी होती हैं— कच्चे माल अर्थात ऊन की सप्लाई चाहे वह स्थानीय क्षेत्रों से हो या आयात की गई ऊन से हो। क्योंकि ऊन का आयात बिना भार कम हो जाता है और यह हल्का कच्चा माल है, इसलिए ज्यादातर मिलें बाजारों के नजदीक हैं।

(2) स्वच्छ और हल्के पानी की वृहत मात्रा में आपूर्ति। ऊन को धोने, उसमें से चिकनाई निकालने, साफ करने, रंगने आदि के लिये पानी का होना आवश्यक है। हल्के जल की नदियों और जल धाराओं के तटों पर ही ज्यादातर ऊनी मिलें स्थापित हैं।

(3) इसमें कुशल श्रमिकों की विशेष जरूरत होती है। ऊनी उद्योग बहुत कठिन और सम्मिश्र होता है। इसके लिये अनुभव, प्रथा और तकनीकी दक्षता बड़े महत्त्वपूर्ण कारक होते हैं।

(4) औद्योगिक शक्ति के लिये, कोयला, अथवा पेट्रोलियम, या प्राकृतिक गैस, या जल-विद्युत का होना आवश्यक है।

(5) बाजार की समीपता—ऊनी वस्त्र मुख्य रूप से समशीतोष्ण जलवायु और शीतप्रधान जलवायु के देशों में पहने जाते हैं, इसलिए ऊनी वस्त्र के प्रमुख बाजार वे ही देश हैं।

विश्व में ऊनी वस्त्र निर्माणकर्ता प्रमुख देश पूर्व सोवियत संघ, संयुक्त राज्य अमेरिका, जापान, ब्रिटेन, फ्रांस, बेल्जियम, पूर्वी जर्मनी, पश्चिमी जर्मनी तथा अन्य यूरोपीय देश हैं। इस उत्तरी गोलार्द्ध के देशों में (i) सघन जनसंख्या, (ii) कुशल श्रमिकों की आपूर्ति, (iii) शक्ति संसाधन की उपलब्धता, (iv) मशीनों का निर्माण, (v) तकनीकी दक्षता, (vi) उच्च श्रेणी का परिवहन और (viii) पूँजी की उपलब्धि की वजह से, संसार में 94% ऊनी वस्त्र निर्माण मिल अवस्थित हैं।

दक्षिणी गोलार्द्ध के देश वृहत् ऊन उत्पादक देश हैं; किन्तु बाजार का अभाव होने की वजह से केवल 5% ऊनी वस्त्र निर्माण मिल इन देशों में हैं; और शेष सभी ऊन विकसित देशों को निर्यात कर दी जाती है।

संसार में विशुद्ध ऊनी धागे का उत्पादन (हजार मीटरी टन)

देश	*उत्पादन*	*देश*	*उत्पादन*
चीन	336	रूस	25
बेल्जियम	70	आस्ट्रेलिया	20
ग्रेट ब्रिटेन	62	रोमानिया	19
जापान	46	पोलैण्ड	17
टर्की	38	जर्मनी	17

विश्वभर में ऊनी वस्त्र का उत्पादन

(पूर्व) सोवियत संघ में ऊनी वस्त्र निर्माण

विश्व में सबसे अधिक ऊनी वस्त्र का उत्पादन पूर्व सोवियत संघ में होता है। यहां का अधिकांश उत्पादन घरेलू बाजार में ही खप जाता है। जो स्थानीय ऊन की सप्लाई के अतिरिक्त आस्ट्रेलिया से भी ऊन का आयात करता है। (पूर्व) सोवियत संघ में ऊनी कपड़े के निर्माण की मिलें 5 क्षेत्रों में स्थापित हैं।

1. **मास्को-इवानोवा क्षेत्र,** जो सूती वस्त्र निर्माण का सबसे प्रमुख क्षेत्र है। यहाँ प्रमुख उत्पादक केन्द्र **मास्को, ब्रयान्स्क, इवानोवा, रास्काज्रोवो, सुर्पुखोव** आदि हैं।

2. **मिन्स्क क्षेत्र,** जो लेनिनग्राद के दक्षिण में है।

संसार में ऊनी वस्त्र का उत्पादन

देश	*उत्पादन (दस लाख वर्ग मीटर)*	*%*	*देश*	*उत्पादन*	*% (दस लाख वर्ग मीटर)*
चीन	324		पोलैण्ड	31	
जापान	204		चैक (रिप०)	28	
रुस	45		जर्मनी	27	
फ्रांस	43		रोमानिया	16	
ग्रेट ब्रिटेन	34				

3. लेनिनग्राद क्षेत्र, लेनिनग्राद, नार्वा, तल्लिन आदि उत्पादन केन्द्र हैं।

4. यूक्रेना क्षेत्र में **लुगान्स्क, खारकोव, क्लित्सी, उलयानोवस्क, एन्जेल्स** तथा **ओरेनबर्ग** मुख्य ऊनी वस्त्र निर्माण केन्द्र हैं।

5. काकेशिया प्रदेश में **गोरी, नेविन्नोम्यूस्क, तबिलिसी, प्यातीगोर्स्क** आदि केन्द्रों में ऊनी वस्त्र का उत्पादन होता है।

6. यूराल क्षेत्र में **स्वर्डलोवस्क** प्रमुख निर्माण केन्द्र है।

7. अन्य केन्द्र मध्य एशिया तथा साइबेरिया में मुरगाव, फ्रुन्जे, आल्माआता, कुस्तज़ाय, सेमिपलातिस्क, उलान-उदे आदि भी ऊनी कपड़ों का उत्पादन करते हैं

सोवियत संघ में वार्षिक ऊनी वस्त्र निर्माण तकरीबन 8640 लाख वर्ग मीटर होते है।

जापान में ऊनी वस्त्र का निर्माण

द्वितीय विश्व युद्ध की बर्बादी के बाद जापान ने तीव्रता के साथ अपने निर्माण उद्योगों का विकास किया है। ऊनी वस्त्र के उत्पादन के मामले में भी जापान ने बहुत तीव्रता से विकास किया है। विश्व में इसका स्थान पांचवां है–

(1) ऊन का आयात आस्ट्रेलिया, अर्जेण्टाइना, न्यूजीलैंड, युरुग्वे, आदि से किया जाता हैं।

(2) दक्ष श्रमिक और उच्च्य श्रेणी की तकनीकी दक्षता।

(3) अधिक मात्रा में सस्ती जल-विद्युत् शक्ति।

(4) मशीनों का देश में निर्माण और

(5) विकसित अन्तर्राष्ट्रीय व्यापार।

ऊनी वस्त्र उद्योग के प्रमुख क्षेत्र—(i) **नागोया** प्रदेश, (ii) **ओसाका** क्षेत्र, (iii) **टोकियोयाकोहामा** क्षेत्र और **सैतामा** प्रीफेक्चर हैं।

यूनाइटेड-किंगडम में ऊनी वस्त्र निर्माण

ब्रिटेन में ऊनी वस्त्र उत्पादन के प्रदेश निम्नलिखित हैं—

1. यॉर्कशायर का वेस्ट राइडिंग क्षेत्र—पिनाइन पर्वत श्रेणी के पूर्व में वेस्ट राइडिंग क्षेत्र स्थित है। ब्रिटेन में जिस प्रकार सूती कपड़ों के निर्माण के लिए लंकाशायर प्रदेश प्रसिद्ध है उसी तरह ऊनी कपड़ों के निर्माण हेतु यॉर्कशायर का वेस्ट राइडिंग क्षेत्र प्रसिद्ध है। इस क्षेत्र में ब्रिटेन की लगभग 85% ऊनी मिलें अवस्थित हैं। इस क्षेत्र की मुख्य सुविधायें निम्नांकित हैं—

(1) क्षेत्र में हथकरघों से ऊनी वस्त्र कई सदियों से बुना जाता था।

(2) पिनाइन, पर्वतीय क्षेत्र से स्थानीय ऊन मिल जाते है, और लगभग 85% कच्ची ऊन विभिन्न देशों से, दक्षिणी अफ्रीका, आस्ट्रेलिया, अर्जेण्टाइना और न्यूजीलैंड से आती है।

(3) यार्कशायर की खानों से ऊन की फैक्ट्रियों को कोयला मिलता है।

(4) नम और ठण्डी जलवायु है, जिसके कारण यूनाइटेड किंगडम के निवासियों को ऊनी वस्त्रों की आवश्यकताएं रहती हैं अर्थात् वृहत बाजार है।

(5) पिनाइन पर्वतों से बहकर आने वाली नदियों (काल्डेर, कोलने, आयर आदि) से हल्के और साफ पानी की वृहत् मात्राएँ मिलती हैं।

(6) यहाँ कुशल फ्लेमिश जुलाहे हैं।

(7) परिवहन की सुविधायें; विशेषकर हम्बर और मरसी नदियों की एस्चुअरी द्वारा परिवहन होता है।

(8) निकटवर्ती क्षेत्र में ऊन की कताई, धुलाई, बुनाई आदि की मशीनों की स्थिति; ये समस्त सुविधाएँ महत्त्वपूर्ण हैं।

वेस्ट राइडिंग क्षेत्र में ऊनी उद्योग में ऊन कातने, बुनने आदि के केन्द्रों में विशेषीकरण हुआ है, जो निम्नवार हैं—

(1) **वर्स्टेड** (worsted) ऊनी कपड़ों के निर्माण के प्रमुख केन्द्र उत्तरी-पश्चिमी भाग में **ब्रेडफोर्ड, कीघले, हेलीफेक्स** और **शिपले** हैं।

(2) ऊनी वस्त्र निर्माण के विशेष केन्द्र दक्षिणी-पूर्वी भाग में स्थित **हर्डसफफील्ड डयूजबरी, बेकफील्ड, बाटले** और **मोर्ले** हैं।

(3) लीड्स में सिली हुई पोशाकों और ऊनी उद्योग की मशीनों का निर्माण भी होता है।

(4) कालीन निर्माण का विशेष केन्द्र **हेलीफेक्स** है, जहाँ रंग व कम्बल भी बनते हैं।

(5) कम्बलों का निर्माण **काल्डेर घाटी** के नगरों में होता है।

(6) ऊन को संवारने की (finishing) की फैक्ट्रियाँ मुख्य रूप से **ब्रेडफोर्ड** में हैं, जो वेस्ट राइडिंग क्षेत्र का सर्वप्रमुख व्यापारिक और प्रबन्ध केन्द्र हैं।

(7) मिश्रित (shoddy) व सस्ते मुंगो (Mungo) **वस्त्र** अर्थात नई ऊन के साथ पुराने कपड़ों में से निकाली ऊन मिलाकर वस्त्र बुनने के बाद **डयूजबरी** और **बाटले** हैं।

2. ट्वीड घाटी—दक्षिणी स्कॉटलैंड की **ट्वीड घाटी में गेलेशील्ज** में उच्च कोटि की सूटों का कपड़ा, **हॉविक** में बनियान, स्वेटर, मोजे आदि हौजरी के कपड़े तथा **पीब्ल्स, जैडबर्ग** और **सैलकर्क** में उच्च कोटि में ट्वीड वस्त्र और बुनी पोशाकें बनायी जाती है। **किल्म्मार्नोक** में कालीन बनते हैं। **डम्फ्रीज डनफ्रर्मलाइन** व **अल्लोआ** भी ऊनी वस्त्र निर्माण केन्द्र हैं।

3. पश्चिमी इंग्लैण्ड क्षेत्र—ब्रेडफोर्ड-ऑन-एवन, पश्चिमी इंग्लैण्ड, फ्रोम, स्ट्राउड केन्द्रों में चौड़ा वस्त्र **'ब्राडक्लाथ'** निर्मित होता है। **ब्रिटेन** में उच्चस्तर के कम्बलों का निर्माण होता है।

4. लीसेस्टर क्षेत्र में **हिंकले, न्यूनिआटन, लीसेस्टर** आदि ऊनी कपड़ों का निर्माण केन्द्र हैं।

इटली में ऊनी वस्त्र निर्माण

इटली में ऊनी वस्त्र केन्द्र (i) लोम्बार्दी मैदान में **वाल्दाग्नो, बीला, मिलान, नोवारा, अलेसान्द्रिया, स्चिओ, विकेंजा** आदि हैं। (ii) आल्पस की तलहटी में **लेक्को** और (iii) अपेनाइन क्षेत्र में **प्रातो** तथा **अरेज्जों** हैं। इटली में ऊनी कपड़े का वार्षिक उत्पादन लगभग 150 लाख वर्ग मीटर होता है, जो फ्रांस अथवा पश्चिमी जर्मनी के ऊनी उत्पादन से अधिक है।

फ्रांस में ऊनी वस्त्र निर्माण

फ्रांस के उत्तरी-पूर्वी भाग में ऊनी वस्त्र का निर्माण सबसे अधिक मात्रा में होता है। जो बेल्जियम में होकर पश्चिमी जर्मनी के वेस्टफेलिया क्षेत्र तक फैला है। यद्यपि

कुछ स्थानीय ऊन पिकार्डे, शेम्पेन व ईफेल के क्षेत्रों में मिल जाते है, फिर भी आस्ट्रेलिया व अर्जेण्टाइना से आयात किए गए ऊन ही यहाँ के वस्त्र उद्योग के आधार हैं। ऊनी मिलें विश्व भर में जगह-जगह बिखरी हुई हैं।

ऊनी वस्त्र उद्योग के प्रमुख केन्द्र पूर्वी क्षेत्र में **लिले, रुबे** और **टूरकोइंग** हैं, जो उत्तम श्रेणी के वस्त्र के लिये विख्यात हैं। अन्य ऊनी केन्द्र **फ़ूरमीज़, रीम्स, सेदान, मुलहाऊस** और **लोये** हैं। इनमें उत्तम ऊनी माल जैसे काश्मीर कालीनें व हौजरी के वस्त्र बने होते हैं।

बेल्जियम में ऊनी वस्त्र निर्माण

बेल्जियम का ऊनी उद्योग प्रदेश यथार्थ में फ्रांस के ऊनी प्रदेश का ही पड़ोसी क्षेत्र है। प्रमुख उत्पादक केन्द्र **कूर्टराय, वेविआर्स** और **माउसक्रोन** है।

पश्चिमी जर्मनी में ऊनी वस्त्र निर्माण

पश्चिमी जर्मनी में ऊनी कपड़ों का उद्योग फ्रांस या बेल्जियम की अपेक्षा अधिक विशाल क्षेत्र पर फैला हुआ है; किन्तु प्रमुख केन्द्र कोयला क्षेत्रों में स्थित हैं। कच्ची ऊन का आयात राइन नदी के मार्ग से होता है।

रुर क्षेत्र में, राइन के पूर्व में **वुप्परटल** सर्वाधिक बड़ा केन्द्र है; **राइन** के पश्चिम में **मुंचेन-ग्लेडवास** केन्द्र है। दूसरे ऊनी केन्द्र **आचेन, ऑग्सबर्ग, ढ्यूरेन, बारमेन, एबरफ़ेल्द** हैं। सीमा क्षेत्र में **ग्रोनाऊ, सासेनबर्ग** और **दूसेलदोर्फ** ऊनी वस्त्र निर्माण केन्द्र हैं।

पूर्वी जर्मनी में ऊनी वस्त्र निर्माण

दूसरे विश्व युद्ध के बाद जर्मनी का विभाजन हो गया। पूर्वी जर्मनी में वर्स्टेड व ऊनी वस्त्र निर्माण के केन्द्र **सेक्सनी में चेमनिज** व निम्न **लुतासिया** क्षेत्र में हैं।

यूरोप के अन्य देश जो ऊनी वस्त्रों का निर्माण करते हैं, **पोलैण्ड, नीदरलैण्डस, स्विटजरलैंड, आस्ट्रिया, हंगरी, येकोस्लोवाकिया, रोमानिया, युगोस्लाविया, बुल्गारिया** आदि हैं।

संयुक्त राज्य अमेरिका में ऊनी वस्त्र निर्माण

ऊनी वस्त्र के उत्पादन के ख्याल से विश्व में संयुक्त राज्य अमेरिका का स्थान

छठा है। ऊनी मिलें भी एप्लेशियन के पूर्व में उन्हीं क्षेत्रों में स्थित हैं, जिनमें सूती मिलें स्थित हैं। लगभग 60% ऊनी मिलें न्यूजीलैंड प्रदेश में हैं।

(1) न्यूजीलैंड राज्य में ऊनी वस्त्र निर्माण के प्रमुख केन्द्र **लारेन्स, प्रोविडेन्स व लाबेल हैं,** जो वर्स्टेड तथा ट्वीड्स श्रेणी के उत्तम वस्त्रों के लिये प्रसिद्ध है।

(2) **मध्य एटलांटिक** राज्यों में **फिलाडेलफ़िया** और **कोहोस** में लगभग 25% ऊनी मिलें हैं। इनमें कालीन भी बनते हैं।

(3). **दक्षिणी राज्यों** में पीडमाण्ट क्षेत्र में, सस्ते श्रमिकों, सस्ती जमीन, कम टैक्सों के कारण द्वितीय विश्व युद्ध के पश्चात् से ऊनी मिलें स्थापित हुई हैं। इस प्रदेश में संयुक्त राज्य का 15% ऊनी वस्त्रों का उत्पादन होता है।

संयुक्त राज्य में ऊनी वस्त्रों का वार्षिक उत्पादन लगभग 1,670 लाख वर्ग मीटर होता है।

कनाडा में ऊनी वस्त्र निर्माण

कनाडा में ऊनी वस्त्र निर्माण का क्षेत्र सेंट लारेन्स घाटी है, जिसमें मुख्य उत्पादन केन्द्र मॉण्ट्रियल, टॅरिन्टो और हेमिल्टन हैं।

भारत में ऊनी वस्त्र निर्माण

भारत में ऊनी वस्त्र का निर्माण सूती वस्त्र की तरह प्राचीन काल से ही हथकरघों के द्वारा होता रहा है। अब भी हिमालय के प्रदेशों में यथा–काश्मीर, हिमाचल प्रदेश, कुमाऊँ, गढ़वाल और अरुणाचल में हथकरघों द्वारा बुने गये ऊनी वस्त्र, पट्टे, लौही, दुशाले, कम्बल, कालीन, आदि बहुत लोकप्रिय हैं। राजस्थान के बीकानेर आदि क्षेत्रों में भी हथकरघों के द्वारा ही ऊनी वस्त्र बनाए जाते हैं। वाराणसी के निकट का क्षेत्र, भदोई तथा मेरठ, मुजफ्फरनगर के कुछ क्षेत्र कम्बलों की बुनाई के लिये लोकप्रिय हैं। पंजाब व हरियाणा में भी कुछ ऊन का कुटीर उद्योग है।

भारत में ऊनी वस्त्र मिलों के केन्द्र **अमृतसर, कानपुर, धारीवाल, इलाहाबाद, मुम्बई** और **बंगलोर** है। भारत में मिलों द्वारा ऊनी कपड़ों का निर्माण लगभग 1,500 लाख वर्ग मीटर वार्षिक होता है।

दक्षिणी महाद्वीप में ऊनी वस्त्र निर्माण

यद्यपि विश्व में भेड़ों पालन से ऊन उत्पादन करने वाले देश मुख्य रूप से

आस्ट्रेलिया, न्यूजीलैंड, अर्जेन्टाइना, दक्षिणी अफ्रीका, ऊरुग्वे, आदि हैं, लेकिन इन देशों में आबादी का घनत्व कम होने के कारण ये देश अपनी ऊन के सिर्फ 5% से ऊनी वस्त्र निर्माण करते हैं और 95% ऊन का निर्यात करते हैं।

रेशमी वस्त्र निर्माण

कच्चे रेशम का उत्पादन

विश्वभर में कच्चे रेशम का उत्पादन करने वाले मुख्यतः देश जापान और चीन हैं; अन्य रेशम उत्पादक देश भारत के पूर्व सोवियत संघ, इटली, दक्षिणी कोरिया, दक्षिणी फ्रांस व अन्य भूमध्यसागरीय प्रदेश और मध्य पूर्व के देश हैं।

विश्व में कच्चे रेशम का उत्पादन (लगभग प्रतिशत)

जापान	50%	दक्षिणी कोरिया
चीन	28%	इटली, फ्रांस, अन्य भूमध्यसागरीय प्रदेश तथा मध्य पूर्व के देश
पूर्व सोवियत संघ	6%	
भारत	6%	

चीन, जापान और इटली में अपने देश में पैदा किये गये रेशम के द्वारा वस्त्र बनाये जाते हैं; किन्तु वस्त्र बनाने के अतिरिक्त कुछ कच्चा रेशम संयुक्त राज्य अमेरिका व यूरोपीय देशों को निर्यात किया जाता है।

संसार में रेशमी वस्त्रों का निर्माण

चीन, जापान और भारत में रेशमी कपड़ों का निर्माण प्राचीन काल से होता आ रहा है। इनमें चीन अग्रणी रहा है। किन्तु फैक्ट्रियों में रेशमी वस्त्रों का निर्माण 20वीं सदी से प्रारम्भ हुआ है। इसके निर्माण का सबसे प्रमुख देश जापान है, किन्तु द्वितीय विश्व युद्ध में जापानी उद्योग को बहुत ही नुकसान का मुँह देखना पड़ा। रेशमी वस्त्रों के निर्माण के अन्य देश चीन, भारत, (पूर्व) सोवियत संघ, संयुक्त राज्य, फ्रांस, इटली आदि हैं।

कच्चा रेशम एक हल्का पदार्थ है, इसलिए इसका आयात करके रेशमी वस्त्रों का निर्माण उन क्षेत्रों में किया जाता है, जहाँ निर्माण की सबसे उत्तम दशाएँ उपस्थित

होती है। रेशमी वस्त्र निर्माण श्रम प्रधान (labour oriented) उद्योग है। यह उन क्षेत्रों में होता है जहाँ कुशल कारीगर मिलते हैं।

जापान में रेशमी वस्त्र निर्माण

जापान में रेशमी वस्त्र का निर्माण ज्यादातर कुटीर उद्योग के रूप में होता है, जो सम्पूर्ण देश में फैला हुआ है। जल-विद्युत् शक्ति और कुशल व सस्ते स्त्री-श्रमिक सभी क्षेत्रों में मौजूद हैं, फिर भी रेशमी उद्योग का अधिक संकेन्द्रण मध्य होंशू में हुआ है। मुख्य उत्पादक केन्द्र **कोबे, निगाता, याकोहामा, कनज़वा, गुम्मा, तोचिगी, नागोया** और फ़ुकई हैं। छोटी-छोटी फैक्ट्रियों से रेशमी कपड़े तैयार करने का उद्योग जापान के समस्त प्रदेशों में होता है।

रेशम के कोयों से रेशमी धागा अलग करने और बटने (रीलिंग) का धन्धा अधिकतर **ओकाया** व **नामोया** क्षेत्रों में है। इसके प्रमुख केन्द्र **नगानो, गुम्मा, यामानाशी, सैतामा, आयची, फ़ुकुशिया** और **यमागाता** हैं। सरकार इस उद्योग को विशेष मदद देती है।

चीन में रेशमी वस्त्र निर्माण

चीन में कुटीर उद्योगों के द्वारा रेशमी वस्त्र प्राचीन काल से तैयार होता रहा है। अब से दो हजार वर्ष पहले भी चीन का सुन्दर, रेशमी वस्त्र आठ हजार किमी लम्बे रेशम मार्ग (silk route) द्वारा यूरोपीय देशों में पहुँचता था।

चीन में रेशम का उत्पादन, क्यौंगस, क्वान्तुंग, आन्हवे, हुपे, हुनान, ज़ैचवान, होनान और शान्टुंग प्रान्तों में होता है।

रेशमी वस्त्र निर्माण के प्रमुख केन्द्र **हैंगचाऊ, यूसिह, हूचाऊ, रेफ़ू, जगताओ, सूचाओ, चुंगशुई, शुतांग, समशुई** और **नामोही** हैं।

सोवियत संघ में रेशमी वस्त्र निर्माण

रेशमी वस्त्र निर्माण में (पूर्व) सोवियत संघ का स्थान विश्व में तीसरा है। (पूर्व) सोवियत संघ में रेशमी वस्त्र निर्माण में मुख्य रूप से तीन प्रदेश हैं—

(1) मध्यवर्ती क्षेत्र में रेशमी वस्त्र निर्माण केन्द्र **मास्को, केलिनिन, इवानोवो, ब्लादिमिर** आदि हैं।

(2) मध्य एशिया में **बुखारा, समरकंद, मार्गेतन, ओश, लेनिनबाद, दुशाम्बे,**

आश्खाबाद, चारजऊ, नूखा, वितेवस्क आदि केन्द्रों में रेशमी वस्त्र उत्पादन होता है।

(3) ट्रांस-काकेशिया में **तबिलिसी, विलसी, बाकू, कुतैसी, क्रासनोदार, नेविन्निकोव** आदि प्रमुख रेशम उद्योग केन्द्र हैं।

संयुक्त राज्य अमेरिका में रेशमी वस्त्र का निर्माण

संयुक्त राज्य अमेरिका में जापान से कच्चे रेशम का आयात कर रेशमी वस्त्र का निर्माण होता है। विश्व में रेशम के आयात का 60% संयुक्त राज्य में आता है।

रेशमी वस्त्रों के निर्माण के प्रमुख क्षेत्र—(i) न्यूजर्सी में **पेटरसन** प्रसिद्ध केन्द्र हैं; (ii) न्यूयार्क नगर से 200 किमी तक की दूरी का क्षेत्र; तथा (iii) पेंसिलवेनिया में, **स्क्रान्टन, विलकेस बर्रे** और **ईस्टन** रेशमी वस्त्र का निर्माण केन्द्र हैं; (iv) **न्यूइंग्लैंड** में भी रेशमी वस्त्र के कारखाने हैं। संयुक्त राज्य में अब प्राकृतिक रेशम के बदले कृत्रिम रेशम यथा—रेयन, नाइलोन आदि का उत्पादन में वृद्धि हो गयी है और रेशमी वस्त्र उत्पादन घट गया है।

यूरोप में रेशमी वस्त्र निर्माण

यूरोप में रेशमी वस्त्र उत्पादन मुख्य रूप से इटली और फ्रांस में होता है। भूमध्यसागरीयय जलवायु के क्षेत्रों में कम रेशम उत्पादन होता है, किन्तु उसके द्वारा कच्चे माल की पूर्ति नहीं होती, अतः चीन, जापान और दक्षिणी कोरिया से कच्चे रेशम का आयात किया जाता है। यूरोप के प्रमुख उत्पादक देश निम्न हैं—

इटली—इटली में सस्ती जल-विद्युत् शक्ति, सस्ते और निपुण नारी-मजदूरों की वजह से रेशमी वस्त्र निर्माण छोटे-छोटे कारखानों में होता है। रेशमी वस्त्र निर्माण का विस्तृत उद्योग लोम्बार्डो के मैदान में स्थित है, जहाँ मिलान सबसे मुख्य उत्पादक केन्द्र हैं। **मिलान** केन्द्र बहुत प्राचीन है, और यहीं के मिलानीज़ श्रमिकों ने फ्रांस में जाकर रोन घाटी में फ्रांस के रेशम उद्योग की स्थापना की थी। मिलान के चारों ओर के क्षेत्र में रेशमी उद्योग के कई केन्द्र हैं, जिनमें **ब्रेसिया, कोमो** तथा **वरगामो** अधिक प्रसिद्ध हैं। अन्य रेशमी उद्योग केन्द्र **त्रेविग्लिआनों, त्रेन्ता** और पूर्वी तट पर **इयेसी** और **मेसेरता** हैं।

फ्रांस—फ्रांस की रीन घाटी में भूमध्यसागरीय जलवायु में शहतूत के पेड़ों के उपवनों में रेशम उत्पादन अधिक मात्रा में होता है। यहाँ श्रमिक आल्पस के पर्वतीय क्षेत्र से व मध्य पठार से आकर बस गये थें कच्चा रेशम इटली, जापान और लेवान्त

से प्राप्त है। कोयला सेन्ट एटीन की खानों से मिलता है। रेशमी वस्त्र उत्पादन का मुख्य केन्द्र **लाओन्स** है, जिसके निकटवर्ती क्षेत्र में अन्य छोटे-छोटे केन्द्र हैं

पश्चिमी जर्मनी—पश्चिमी जर्मनी में आयात किये गये रेशम से रेशमी वस्त्रों उत्पादन करने के राइन क्षेत्र में **क्रेफेल्ड, मुंचेन-ग्लेदबाश** और **रिह्योदत** विश्व प्रसिद्ध केन्द्र हैं।

ग्रेट-ब्रिटेन—ग्रेट ब्रिटेन में रेशमी वस्त्र उत्पादन बहुत से कस्बों में होता है, किन्तु इस उद्योग का क्षेत्र पूर्वी चेशायर है, जहाँ **मेक्क्लेसफील्ड, कोंगलेटन** और **लीक** प्रमुख केन्द्र हैं।

भारत में रेशमी वस्त्र निर्माण

भारत में रेशमी वस्त्र निर्माण के प्रमुख केन्द्र जम्मू काश्मीर, हरियाणा, पंजाब, उत्तर प्रदेश, पश्चिमी बंगाल, कर्नाटक, गुजरात और तमिलनाडु के विभिन्न क्षेत्रों में हैं।

(i) जम्मू-काश्मीर में श्रीनगर, उधमपुर, जम्मू, बारामूला, अनन्तनाग और रालसी रेशमी कपड़ों के निर्माण केन्द्र हैं। (ii) पंजाब में अमृतसर, लुधियाना और जालन्धर; (iii) उत्तर प्रदेश में वाराणसी, मिर्जापुर, (iv) झारखंड में भागलपुर, पटना, गया; (v) पश्चिमी बंगाल में मुर्शिदाबाद, बांकुरा, हावड़ा, बरहामपुर; (vi) गुजरात में अहमदाबाद, सूरत, भावनगर; (vii) महाराष्ट्र में नागपुर, पूना, शोलापुर, अम्बरनाथ; (viii) कर्नाटक में बंगलौर, बेलगाँव, मैसूर; (ix) आन्ध्र प्रदेश में चित्तूर, वारंगल, विशाखापट्टनम; (x) तमिलनाडु में सलेम, तिरुचिरापल्ली , कोयम्बटूर और पांडीचेरी रेशम कपड़ो का मुख्य निर्माण केन्द्र हैं।

भारत अन्दर से रेशमी कपड़ा का निर्माण श्रीलंका, पूर्वी अफ्रीका, हाँगकाँग, संयुक्त राज्य अमेरिका और पश्चिमी यूरोपीय देशों को होता है।

विश्व में रेशमी वस्त्र निर्माण (दस लाख वर्ग मीटर में)

देश	*उत्पादन (दस लाख वर्ग मीटर)*	*%*	*देश*	*उत्पादन*	*% (दस लाख वर्ग मीटर)*
चीन	4285	69.4	बुल्गारिया	26	0.4
रूस	148	2.4	अल्जीरिया	14	0.2
जापान	58	0.9	द. कोरिया	11	0.2

रोमानिया	56	0.9	स्लोवानिया	10	0.2
लिथुआनिया	36	0.6	स्विट्जरलैंड	3	
विश्व	6174	100.0			

कृत्रिम रेशों के वस्त्र

कृत्रिम रेखों के गुण—कृत्रिम रेशों से बने हुए कपड़े सूती, ऊनी अथवा रेशमी वस्त्रों की अपेक्षा ज्यादा टिकाऊ, मजबूत, कम क्रीज पड़ने वाले, पानी और आग के अधिक रोधी होते हैं। इनको किसी प्राकृतिक रेशे के साथ मिलाकर कपड़े बुने जा सकते हैं, यथा—रुई या ऊन या रेशम के साथ मिलाकर टेरीकॉट, टेरीवूल, आदि। इन रेशों को प्राकृतिक रेशों के ही समान लम्बा, महीन और मुलायम बनाया जा सकता है। इनको सूत अथवा ऊन की तरह किसी भी प्रकार से काटा, बाँटा और रंगा जा सकता है। अतः द्वितीय विश्व युद्ध के पश्चात् से कृत्रिम रेशों के कपड़ों का उत्पादन और उपयोग दिन-प्रतिदिन वृद्धि होती जा रही है। कुछ विशेष इस्तेमालों के लिए कृत्रिम रेशे से भी अधिक अच्छे होते हैं। इनके वस्त्र ज्यादा सुन्दर और सुखद होते हैं।

कृत्रिम रेशों के प्रकार

कृत्रिम रेशों के चार प्रकार के होते हैं—

1. **सैल्यूलोज से बने रेशे**—वनस्पति के पौधों से सैल्यूलोज निकाला जाता है और उससे रेयन एसीटेट आदि कृत्रिम रेशे बनाये जाते हैं। कृत्रिम रेशों में **रेयन** (rayon) सबसे अधिक महत्त्वपूर्ण होता है, जिसका निर्माण लकड़ी की लुग्दी से या कपास के बिनौलों की छीलन से सूती कपड़े बनते हैं।
2. **प्रोटीन से बने रेशे**—यथा मूँगफली की गिरी से बनाये गये रेशे, अथवा लेनिटॉल, मेरनिोबा आदि कृत्रिम रेशे।
3. **संश्लिष्ट रेशे**—ये कार्बन युक्त पदार्थों से, जैसे कोयला अथवा पेट्रोलियम के बनाये जाते हैं। इन रेशों में नाइलॉन, टेरीलीन, एक्रीलान, डेकरॉन, ओरलॉन, मेकलॉन, पेरलॉन, आदि होते हैं।
4. **संश्लिष्ट रेशे जो अकार्बनिक पदार्थों यथा**--चूना-पत्थर अथवा काँच से बनते हैं।

कृत्रिम रेशों के वस्त्र निर्माण उद्योग

रेयन व नाइलॉन दोनों ने ही असली रेशम के कपड़े के उद्योग को बहुत पीछे छोड़ दिया है। बहुत-सी रेशमी मिलें तो पहले ही कृत्रिम रेशा मिलों में बदल दी गई थीं और बहुत-सी अब बदली की जा रही हैं। इनके अलावा कृत्रिम रेशे-वस्त्रों की बहुत-सी नई मिलें स्थापित की जा रही है।

वर्तमान समय में विश्व के 30 से अधिक देशों में कृत्रिम रेशों का निर्माण होता है । इनमें संयुक्त राज्य अमेरिका, पूर्व सोवियत संघ, जापान, पश्चिमी जर्मनी, यूनाइटेड किंगडम, पूर्वी जर्मनी, चीन, इटली, फ्रांस, कनाडा और भारत प्रमुख उत्पादक देश हैं।

कृत्रिम रेशों के वस्त्र उत्पादन का सम्बन्ध अन्य प्रकार के वस्त्र उद्योगों के साथ रहता है, इसलिए पहला रेशम कारखाना सूती वस्त्र मिलों तथा ऊनी मिलों के केन्द्रों में स्थापित की गई थीं। आज कृत्रिम रेशों के उद्योग 'खुले पग' हैं। जहाँ भी शुद्ध जल की वृहत् मात्राएँ और विद्युत्-शक्ति मौजूद होती है, वहीं पर कच्चे माल मँगाकर रेशा-वस्त्र उद्योग स्थापित हो जाते हैं।

7

रासायनिक उद्योग

आधुनिक उद्योगों के विकास में रासायनिक उद्योगों का महत्त्वपूर्ण योगदान रहा है। इसलिए इन्हें 'कुंजी-उद्योग' (Key-industry) कहते हैं। दूसरे उद्योग अपनी विभिन्न जरूरतों को पूरा करने के लिए रासायनिक उद्योगों पर निर्भर करते हैं। आधुनिक काल को रासायनिक क्रान्ति का काल कहा जा सकता है, क्योंकि इस युग में रासायनिक खोजों, रासायनिक प्रयोगों और रासायनिक उत्पादनों ने निर्माण उद्योगों की इतनी तीव्रता से काया पल्टी है, कि संयुक्त राज्य अमेरिका, पूर्व सोवियत संघ, जर्मनी और जापान में 1965 की तुलना में 1990 में उत्पादन तीन गुना वृद्धि हो चुकी है।

रासायनिक उद्योगों के कच्चे माल

रासायनिक उद्योग में निम्नांकित सस्ते मूल्य वाले कच्चे मालों का इस्तेमाल करके तैयार मालों का निर्माण किया जाता है। (i) सभी जगह मिलने वाले वायु और जल; (ii) नमक, चूना और चूने का पत्थर, (iii) अकार्बनिक खनिज जैसे–पोटाश, फास्फेट, नाइट्रेट, गन्धक और लौहा-पाइराइट; (iv) कार्बनिक खनिज अर्थात् कोयला, पेट्रोलियम व प्राकृतिक गैस, (v) मक्का के डंठल, सोयाबीन और वृक्षों की लकड़ी, (vi) गौण कच्चे माल (secondary raw materials) जो उपरोक्त

पदार्थों को अन्य उद्योगों से प्राप्त हुए उपजात पदार्थों (by-products) के साथ मिलाकर तैयार किए जाते हैं, यथा—गन्धक का अम्ल या सोडा ऐश आदि। इन कच्चे मालों से लगभग 10,000 से भी अधिक तरह के तैयार मालों का निर्माण किया जाता है। रासायनिक उद्योग में प्रायः दो प्रकार की प्रक्रियाएँ होती हैं—

1. विश्लेषात्मक प्रक्रिया—जिसके द्वारा किसी कच्चे माल के तत्त्वों को अलग कर दिया जाता है; जैसे कि किसी खनिज कोयले का आयतन (distillation) करने पर उससे कोक, टोलूल, फिनोल, नेफ्थलीन, टार, अमोनिया, बैंजोल आदि अनेक उपजात पदार्थ (by-products) पैदा होते हैं।

2. संश्लेषण प्रक्रिया—जिसके द्वारा तत्त्वों को मिलाकर नए पदार्थ बनाए जाते हैं, जैसे कृत्रिम रेशे या कृत्रिम रबर, रेयन, प्लास्टिक्स आदि।

गंध का अम्ल अर्थात् सल्फ्यूरिक एसिड का निर्माण शुद्ध गंधक से अथवा लौह-पाइराइट से होता है। सोडा ऐश सामान्य नमक और चूने के पत्थर से बनाया जाता है।

रासायनिक उद्योग की शाखाएँ

वर्तमान रासायनिक उद्योग की 6 प्रमुख शाखाएँ हैं—

1. भारी रसायन—यथा—सल्फ्यूरिक एसिड, सोडा ऐश, कास्टिक सोडा, क्लोरीन, नाइट्रिक एसिड (सोडा अम्ल), एसेटिक एसिड, हाइड्रोक्लोरिक एसिड आदि।

2. विद्युत रसायन—जिसके तहत बहुत बड़ी मात्रा में जल-विद्युत की जरूरत होती है। नार्वे, स्विटजरलैंड, स्वीडन, पूर्व सोवियत संघ और अमेरिका आदि ने जल-विद्युत् पर आधारित विद्युत् रसायनों का विकास किया है। इसके उत्पादन में उर्वरक (fertilizers), नाइट्रेट, कार्बाइड, अमोनिया, काष्ठ लुग्दी (wood-pulp) आदि हैं।

3. पेट्रो रसायन—जो पेट्रोलियम अथवा प्राकृतिक गैस पर आश्रित होते हैं। इनके उत्पादन प्लांट तेल शोधक केन्द्रों के निकट स्थापित किए जाते हैं। इनमें प्लास्टिक्स, कृत्रिम रेशे, कृत्रिम रबर, खाद, विस्फोटक पदार्थ हैं।

4. हल्के रसायन—इनमें कोयले से कीटनाशक पाउडर, कार्बोलिक एसिड, विस्फोटक, रंग, टार, उर्वरक, कृत्रिम रेशे, कृत्रिम रबर आते हैं।

5. औषधीय रसायन—जिनमें दवाईयाँ तैयार की जाती हैं।

6. व्युत्पन्न रसायन—पेण्ट, चर्म-शोधक, काँच, साबुन, कागज आदि।

रासायनिक उद्योग की स्थिति

रासायनिक उद्योग की स्थापना हेतु दो बातों का विचार होता है। (i) उसकी स्थिति (location) किस प्रदेश में हो, व उस प्रदेश में भी उसकी (ii) स्थिति (site) किस जगह पर हो।

1. स्थिति

इसे निश्चित करने वाले कारक अधिकतर वे ही हैं, जो दूसरे उद्योगों के लिए आवश्यक होते हैं।

1. बाजार—रासायनिक उद्योगों के उत्पादनों को अधिकतर दूसरे उद्योगों का उपयोग करके अपने तैयार माल बनाते हैं। उदाहरणार्थ मुम्बई और अहमदाबाद की वस्त्र निर्माण करने वाली मिलों को धुलाई के लिए ब्लीचिंग पाउडर की व रंगाई हेतु भिन्न-भिन्न प्रकार के रंगों की आवश्यकता होने के कारण उन क्षेत्रों में ब्लीचिंग व रंगाई के रासायनिक पदार्थ बनाने के उद्योग की स्थाना हो गई। इस प्रकार दूसरे उद्योग रासायनिक उद्योग हेतु एक बाजार उपस्थित करते हैं; इसलिए अन्य उद्योगों के क्षेत्रों में ही रासायनिक उद्योग की स्थिति होती है।

2. कच्चे माल—कच्चा माल आसानी से खासकर नमक, कोयला आदि उपलब्ध होना चाहिए। चूने का फॉस्फेट, गंधक, पत्थर, पाइराइट आदि की प्राप्ति की सुगमता। चूँकि भारी रासायनों का उत्पादन तो लाखों टनों की मात्रा में होता है, इसलिए रासायनिक उद्योग अधिकतर कच्चे मालों के निकट अवस्थित किए जाते हैं।

3. सस्ता परिवहन—रासायनिक उद्योगों के कच्चे माल ज्यादातर भारी वजन के होते हैं, इसलिए उनके लिए सस्ते परिवहन की जरूरत होती है। जल-परिवहन सस्त होता है, इसलिए रासायनिक उद्योगों के कारखाने अधिकतर नदियों के किनारे और समुद्री तटों पर बसे होते हैं। उदाहरण के लिए संयुक्त राज्य अमेरिका में उत्तरी अटलांटिक तटवर्ती क्षेत्रों में, पश्चिमी जर्मनी में रूर की ओर फ्रांस में रोन घाटी में, राईन की घाटियों में, भारत में हुगली घाटी में, दामोदर घाटी में और बम्बई तट पर रासायनिक उद्योगों के प्लांट स्थापित हो गए हैं। रेलमार्गों की निकटता भी महत्त्वपूर्ण होती है।

4. ईंधन— कोयला अथवा पेट्रोलियम या विद्युत् सप्लाई की बड़ी जरूरत होती है।

5. उत्तम जल की सप्लाई—विशेषकर अम्लों (acids) को बनाने के लिए व ठंडा करने वाले कण्डेन्सरों के लिए बहुत मात्रा में जल मिलना चाहिए।

6. सरकारी नीति—सरकारी नीति का प्रभाव भी महत्त्वपूर्ण होता है। द्वितीय महायुद्ध से पूर्व जर्मनी में कृत्रिम पेट्रोल बनाने की प्लांट अधिक संख्या में इसलिए स्थापित हो गए थे कि सरकार पेट्रोल में राष्ट्रीय आत्मनिर्भरता चाहती थी। द्वितीय विश्वयुद्ध के बाद अमेरिका ने प्राकृतिक रबर पर निर्भर न होकर अपने उपयोग के लिए कृत्रिम रबर तैयार कर लिया। अनेक विकासशील देशों में भी विकसित राष्ट्रों से टैक्नॉलाजी में मदद लेकर रासायनिक उद्योग स्थापित करने का प्रयास किया जा रहा है।

2. स्थिति

रासायनिक उद्योग के कारखाना अथवा प्लांट की स्थिति निर्धारित करने के लिए निम्नांकित कारकों का प्रभाव पड़ता हैं—

(i) **सस्ती जमीन** पर्याप्त क्षेत्रफल में मिलती हो। साधारणतः एक प्लांट के लिए 500 एकड़ जमीन की आवश्यकता होती, (ii) **समतल प्रायः जमीन** जो अधिक न हो क्योंकि वहाँ वर्षा के जल या नदी के बाढ़ आने का भय हो, (iii) **शुद्ध वायु,** (iv) उत्पादन के बचे रद्दी माल या अवशिष्ट (waste) **पदार्थ को हटाने** की व्यवस्था, (v) उच्च स्तरीय प्रशिक्षण देने को **योग्य श्रमिकों** का मिलना, (vi) **उचित टैक्स,** (vii) कर्मचारियों के **निवास** हेतु आकर्षक दशाएँ, (viii) प्लांट से निकलती हुई अम्लीय गैसों के धुएँ से व अन्य विषैले पदार्थों से वनस्पति और मनुष्यों हेतु बस्तियों से पर्याप्त दूरी आदि।

एसिड्स (अम्लों) का उत्पादन

सल्फ्यूरिक एसिड

रासायनिक उद्योगों में सल्फ्यूरिक अम्ल का प्रयोग बड़े पैमाने पर होता है। इसके अभाव में समस्त निर्माण उद्योग शीघ्र ही निठल हो जाता है। इसलिए सल्फ्यूरिक एसिड को रासायनिक बैरोमीटर (chemical barometer) कहा जाता है, अर्थात् कौन-सा देश रासायनिक उद्योग में कितनी तरक्की कर रहा है, इसका अंदाजा वहाँ के सल्फ्यूरिक एसिड उत्पादन की मात्रा से हो जाता हैं।

सल्फ्यूरिक एसिड के प्रयोग

सल्फ्यूरिक एसिड का इस्तेमाल करने वाले उद्योगों के नामों की सूची बहुत लम्बी है। इसका अधिक प्रयोग—(i) लौहा इस्पात संयंत्रों में, (ii) रासायनिक द्रव्यों

के निर्माण में, (iii) कोयले के उपजात पदार्थों के निर्माण में, (iv) भिन्न-भिन्न धातुओं के शोधन में, (v) रेयन वस्त्र व अन्य वस्त्रों की मिलों में (vi) कागज के निर्माण में, (vii) पेन्ट व रंगों के निर्माण में, (viii) काँच बनाने में, (ix) उर्वरक फैक्ट्रियों में, (x) पेट्रोलियम शोधक संयन्त्रों, (xi) चमड़ा शोधन में, (xii) औषधियों इत्यादि के निर्माण में होता है। सल्फ्यूरिक एसिड दूसरे से बहुत अम्लों व क्षारों के निर्माण हेतु बहुत आवश्यक होता है। इसकी खपत निम्न प्रकार हैं–

उर्वरक उद्योगों में	25%
पेट्रोलियम शोधन में	20%
रासायनिक पदार्थों के निर्माण में	20%
अन्य उद्योगों में	35%

विश्व में सल्फ्यूरिक एसिड का वार्षिक उत्पादन (लाख मी. टन)

देश	*वार्षिक उत्पादन*	*देश*	*वार्षिक उत्पादन*
चीन	203	कनाडा	41
सं. रा. अमेरिका	107	जर्मनी	28
जापान	68	चिली	18
रूस	6	फिनलैंड	16
भारत	48	यूक्रेन	14

सल्फ्यूरिक एसिड का उत्पादन

सल्फ्यूरिक एसिड मुख्यतः गंधक, पाइराइट एवं ऑक्सीजन के सम्मिलित रूप से बनता है। सल्फ्यूरिक एसिड का निर्माण हेतु गंधक को गर्म करके अथवा पाइराइट को भूनकर सल्फर डाऑक्साइड गैस तैयार करते हैं, फिर इसमें ऑक्सीजन की मात्रा मिलाकर इसको ट्राईऑक्साइड बनाते हैं, तब वह पानी में घुलकर अम्ल का रूप ले लेती है। कुछ सल्फ्यूरिक एसिड सीसा व जस्ता धातुओं के गलाने पर उपजात के रूप में व तांबा धातु की भट्टियों से निकली गैसों से प्राप्त होता है। कोयले के उपजात व पेट्रोलियम शोधन के उपजात में भी सल्फ्यूरिक एसिड मिला होता है।

विश्व में सल्फ्यूरिक एसिड के सबसे बड़े उत्पादक देश क्रमशः संयुक्त राज्य अमेरिका व पूर्व सोवियत संघ हैं। पं. जर्मनी, ब्रिटेन, फ्रांस, चीन, जापान, कनाडा व इटली प्रमुख उत्पादक देश हैं।

नाइट्रिक एसिड

वायुमण्डल एक गैसीय आवरण है, और इसमें नाइट्रोजन गैस की मात्रा सर्वाधिक होती है। क्योंकि उससे नाइट्रिक एसिड बनाता हैं। इस अम्ल का इस्तेमाल सुपर फास्फेट उर्वरक के निर्माण में, रंग दवाईयों व विस्फोटक पदार्थों के निर्माण में होता है। संयुक्त राज्य, पूर्व सोवियत संघ, ब्रिटेन, जर्मनी व पोलैंड प्रमुख उत्पादक देश हैं।

_विश्व में नाइट्रिक एसिड का वार्षिक उत्पादन_

देश	*उत्पादन (दस लाख वर्ग मी.)*	*%*	*देश*	*उत्पादन (दस लाख वर्ग मी.)*	*%*
सं. रा. अमेरिका	85.5	41.3	चीन	6.7	3.2
कनाडा	10	5.0	जापान	6.6	3.2
बेलारूस	8.3	4.0	चेक (रि.)	4	1.9
बुल्गारिया	8.1	4.0	टर्की	2.2	1.0
विश्व	207	100.0			

क्षारों का उत्पादन

गंधक अम्ल के समान दूसरे महत्त्वपूर्ण रासायनिक पदार्थ क्षार होते हैं, जिनका इस्तेमाल रासायनिक उद्योगों में किया जाता हैं। इनमें प्रमुख तीन होते हैं–(i) सोडा ऐश (ii) कास्टिक सोडा और (iii) क्लोरीन।

1. सोडा ऐश

क्षारों में सबसे अधिक महत्त्वपूर्ण और सबसे सस्ता क्षार सोडा ऐश हैं। (i) कागज निर्माण, (ii) काँच निर्माण, (iii) साबुन, (iv) पेट्रोलियम शोधन, और (v) अन्य रासायनिक पदार्थों के निर्माण में इसका इस्तेमाल अधिक मात्रा में होता है।

_विश्व भर में सोडा ऐश का वार्षिक उत्पादन_

देश	*उत्पादन (दस लाख वर्ग मी.)*	*%*	*देश*	*उत्पादन (दस लाख वर्ग मी.)*	*%*
स. रा. अमेरिका	107	34.4	स्पेन	8	2.6

चीन	72	23.1	जापान	7.9	2.5
रूस	16.5	5.3	रोमानिया	5.4	1.7
जर्मनी	15	4.8	टर्की	4.8	1.5
भारत	15	4.8	यूक्रेन	3.6	1.2
विश्व	311	100.0			

संयुक्त राज्य अमेरिका में सोडा ऐश के उत्पादक क्षेत्र डेट्रायट, साइरेक्यूज, इरी झील का तट, वर्जिनिया, लुईसियाना आदि हैं। दूसरे प्रमुख उत्पादक देश पूर्व सोवियत संघ, चीन, इटली, फ्रांस, पश्चिमी जर्मनी व जापान हैं।

2. कास्टिक सोडा

कास्टिक सोडे का उपयोग—(i) साबुन बनाने में, (ii) कागज निर्माण में, (iii) काँच उद्योग में, (iv) तेल शोधन में, (v) पेट्रोलियम शोधन में और (vi) वस्त्र उद्योग में होता है। इसका निर्माण मुख्य रूप से साधारण नमक से होता है।

कास्टिक सोडा के निर्माता देश संयुक्त राज्य अमेरिका, पूर्व सोवियत संघ, पश्चिमी जर्मनी, चीन, फ्रांस, जापान, कनाडा और इटली हैं।

3. क्लोरीन

क्लोरीन का उपयोग मुख्यतः ब्लीचिंग पाउडर के रूप में कपड़ा धोने के लिए किया जाता है। इसको नगरों में पीने के पानी की सफाई के लिए उपयोग किया जाता है।

विश्व भर में कास्टिक सोडा का वार्षिक उत्पादन

देश	*उत्पादन (दस लाख वर्ग मीटर)*	*%*	*देश*	*उत्पादन*	*% (दस लाख वर्ग मीटर)*
सं. रा. अमेरिका	113	33.8	स्पेन	5.5	1.6
जर्मनी	35	10.5	बेल्जियम	5.4	1.6
कनाडा	10	3.0	मैक्सिको	4.3	1.3
जापान	9.2	2.7	स्वीडन	5.5	1.6

भारत	6.7	2.0	रोमानिया	2.5	0.7
विश्व	334	100.0			

4. अमोनिया

अमोनिया का उत्पादन वायुमण्डल की नाइट्रोजन की अधिक मात्राओं को हाइड्रोजन के साथ मिलाने से होता है। इसका बहुत-सा भाग का अमोनियम सल्फेट बनाया जाता है, उर्वरक के रूप में इसका सबसे अधिक इस्तेमाल होता है। शायद ही कोई उद्योग ऐसा हो जिसमें अमोनिया का कोई उपयोग न हो। सेनाओं के लिए विस्फोटक शस्त्र बनाने में भी अमोनिया का प्रमुख उपयोग है। संयुक्त राज्य में अमोनिया उत्पादन पश्चिमी वर्जीनिया, वर्जीनिया, मिसीसिपी, ओहियो व कैलिफोर्निया राज्यों में होता हे। पूर्व सोवियत संघ, ब्रिटेन, चीन, जर्मनी, जापान, भारत आदि में भी इसका उत्पादन होता है।

उर्वरक उद्योग

मनुष्य जाति के लिए उर्वरक एक महत्त्वपूर्ण साधन है। इसका सर्वाधिक उपयोग कृषि में होता है। विश्व की जन्संख्या लगभग 40 वर्षों में दोगुनी हो जाती है। दिन-प्रतिदिन बढ़ती हुई जनसंख्या को भोजन प्रदान करने के लिए खेती की जमीन का क्षेत्रफल इसी अनुपात में नहीं बढ़ाया जाना असम्भव है, क्योंकि खेती योग्य जमीन का क्षेत्रफल तो निश्चित है। जमीन को बढ़ना मनुष्य की शक्ति और कल्पना दोनों से बाहर है। इसलिए जमीन पर प्रति हैक्टेयर उपज को बढ़ाकर ही जनसंख्या को भोजन दिया जा सकता है।

कृषि-भूमि की उर्वरता को बनाए रखने के लिए मिट्टी को खाद अथवा उर्वरक देना जरूरी होता है। पौधे मिट्टी में से अपने पोषक तत्त्वों को ग्रहण कर लेते हैं, इन पोषक तत्त्वों में प्रमुख तत्त्व—(i) नाइट्रोजन, (ii) फॉस्फोरस, (iii) पोटाश व कैल्शियम होते हैं। इन पोषक तत्त्वों की मात्रा मिट्टी में पर्याप्त बनी रहे और बढ़ जाए?, इसके लिए जमीन को खादों अथवा उर्वरकों द्वारा पुष्ट बनाए रखते हैं। खादों की प्राप्ति पशुओं के गोबर, मूत्र, हड्डी, व वनस्पति के कम्पोस्ट से होती है। किन्तु आबादी बढ़ोतरी के अनुपात में खादों का उत्पादन बढ़ाना कठिन हो रहा है। इसलिए रासायनिक उर्वरकों का उपयोग व उत्पादन बढ़ाकर मनुष्य जाति को भोजन प्राप्त कराया जा रहा है।

जापान, संयुक्त राज्य अमेरिका, पश्चिमी जर्मनी, नीदरलैंड्स, ब्रिटेन, बेल्जियम, पूर्व सोवियत संघ आदि देशों ने उर्वरकों के इस्तेमाल के प्रति हैक्टेयर उपज को बहुत ऊँचा उठा दिया है।

रासायनिक उर्वरकों के उपयोग के लिए जापान सबसे ज्यादा है—वहाँ औसतन 100 किग्रा. उर्वरक प्रति हैक्टेयर देकर कृषि की जा रही है। पूर्व सोवियत संघ, भारत, जापान और चीन में रासायनिक उर्वरकों के उत्पादन को बढ़ाने हेतु बहुत सी जगहों पर संयंत्र स्थापित किए गए हैं। प्रमुख उर्वरकों का उत्पादन निम्नवार है—

नाइट्रोजन उर्वरक

नाइट्रोजन उर्वरकों के निर्माण हेतु दो तत्त्वों की जरूरत होती है—(i) नाइट्रोजन, जो पृथ्वी के विशाल वायुमण्डल से बिना किसी कीमत के निःशुल्क प्राप्त होती है, और (ii) चूने का पत्थर जिसके भण्डार बहुत जगह उपलब्ध हैं और जिसका मूल्य बहुत ही कम है।

वायुमण्डल से नाइट्रोजन प्राप्त करने हेतु इसके संयत्र को जल-विद्युत् की बहुत बड़ी मात्रा जरूरी होती है। अतः जिन देशों में जल-शक्ति का बाहुल्य है, उनमें नाइट्रोजन उर्वरक कम खर्चे में ही प्राप्त हो जाता है। इसको एनहाइड्रस अमोनिया कहते हैं। अन्य उर्वरक अमोनियम सल्फेट व अमोनियम नाइट्रेट होते हैं।

विश्व में नाइट्रोजन उर्वरक का वार्षिक उत्पादन

देश	*उत्पादन (दस लाख वर्ग मीटर)*	*%*	*देश*	*उत्पादन*	*% (दस लाख वर्ग मीटर)*
चीन	169	16.8	मिस्र	28	2.8
सं. रा. अमेरिका	152	15.1	बुल्गारिया	18	1.8
भारत	104	10.3	रोमानिया	17	1.7
यूक्रेन	64	6.4	नीदरलैंड्स	16	1.6
कनाडा	40	4.0	द. अफ्रीका	14	1.4

नाइट्रोजन उर्वरक उत्पादन

विश्व में नाइट्रोजन उर्वरक के वार्षिक उत्पादन की मात्रा लगभग 907 लाख

मीटरी टन है। पूर्व सोवियत संघ और पश्चिमी देशों में इसका उत्पादन बड़े पैमाने पर होता है। जापान और संयुक्त राज्य अमेरिका में भी इसके उत्पादन पर जोर दिया जाता है। संयुक्त राज्य में जोर्जिया, वर्जीनिया और केरोलिना इस उद्योग में केन्द्र हैं। पश्चिमी यूरोप में फ्लैंडर्स के मैदान, पेरिस बेसिन, रूर क्षेत्र, लन्दन क्षेत्र, बरमिंघम, व टीज घाटी में इसके उत्पादन केन्द्र हैं। भारत में गोरखपुर, दुर्गापुर, बरौनी, सिंदरी, नांगल, ट्रॉम्बे, नामरूप, अलवाय आदि केन्द्र प्रमुख हैं।

फॉस्फेट उर्वरक

फास्फेट उर्वरकों की सबसे ज्यादा मात्रा फास्फेट नामक चट्टानों से मिलती है। लौहा इस्पात की मिलों से धातु मैल (slag) के रूप में भी फॉस्फेट उर्वरक प्राप्त होता है। कार्बनिक फॉस्फोरस पशुओं के गोबर व ग्वानो (guano) पक्षी की बीट से मिलती है।

विश्व में फॉस्फेट चट्टानों के विशाल भण्डार है किन्तु वे सीमित प्रदेशों में स्थिति हैं। बड़े भण्डार पूर्व सो. संघ, संयुक्त राज्य, चीन और उत्तरी अफ्रीका में हैं। छोटै भण्डार पेरु, मिस्र, स्पेन और प्रशान्त महासागर के नाउरू द्वीप में हैं।

1. संयुक्त राज्य अमेरिका—विश्व के उच्चतम श्रेणी के 40% भण्डार संयुक्त राज्य में हैं, जो लगभग 2,000 वर्षों का उपयोग किए जा सकते हैं। सबसे बड़े जमाव तो बिल्कुल पश्चिम के भाग में हैं, किन्तु वे पूर्व के प्रमुख बाजारों से दूर होने के कारण परिवहन की लागत उसके मूल्य से 3 गुनी होती है। संयुक्त राज्य के उत्पादन का लगभग 70% फॉस्फेट फ्लोरिडा राज्य से प्राप्त होता है, जहाँ लगभग 20 खदाने हैं। टेनेसी राज्य की खदानों से निकाला जाने वाला फॉस्फेट कुछ घटिया किस्म का है।

संसार में फास्फेट उर्वरक का उत्पादन

देश	*उत्पादन (दस लाख वर्ग मीटर)*	*%*	*देश*	*उत्पादन*	*% (दस लाख वर्ग मीटर)*
सं. रा. अमेरिका	109	28.2	मैक्सिको	8.4	2.2
चीन	66	17.0	ट्यूनिशिया	7.9	2.0
भारत	31	8.0	यूक्रेन	6.8	1.8

रूस	17	4.4	मोरक्को	4.8	1.2
आस्ट्रेलिया	15	3.9	जापान	4.7	1.2
विश्व		387	100.0		

2. (पूर्व) सोवियत संघ—(पूर्व) सोवियत संघ में फॉस्फेट के बड़े-बड़े भण्डार है। कोला प्रायद्वीप के फास्फेट में लगभग 83% हड्डी-फास्फेट है, इनकी मात्रा 200 करोड़ टन है। मध्य और मास्को, दक्षिणी रूस में गोर्की, ब्लेकअर्थ व पश्चिमी प्रान्त क्षेत्रों में स्थित फॉस्फेट जमावों की मात्रा लगभग 600 करोड़ टन है। इनका वार्षिक उत्पादन 93 लाख मीटरी टन है।

3. पेरु—उत्तरी-पश्चिमी पेरु के मरुस्थल में लगभग 90 करोड़ टन फॉस्फेट है। इसको खोदकर निकालने के काम को जापान, कनाडा व संयुक्त राज्य अमेरिका से मदद मिलती है।

पोटाश उर्वरक

पोटाशियमयुक्त लवणों से पोटाश उर्वरक प्राप्त किया जाता है। पोटाश के जमाव कनाडा, पूर्व सोवियत संघ, पूर्वी व पश्चिमी जर्मनी, फ्रांस स्पेन और संयुक्त राज्य में हैं। सम्पूर्ण विश्व में पोटाश के भण्डार लगभग 410 करोड़ टन हैं, जो 5,000 वर्षों तक चल सकते हैं।

1. संयुक्त राज्य अमेरिका—संयुक्त राज्य अमेरिका में विश्व के पोटाश भण्डार का सिर्फ 1% है, किन्तु उसे खोद निकालने में यह विश्व में सबसे आगे है। विश्व के पोटाश उत्पादन का 7% संयुक्त राज्य में होता है, यहाँ प्रमुख उत्पादक क्षेत्र न्यूमैक्सिको राज्य में है।

2. (पूर्व) सोवियत संघ—विश्व के पोटाश का लगभग 34% उत्पादन (पूर्व) सोवियत संघ में होता है। इसके जमानव बहुत-सी जगह मिलते जा रहे हैं। यूराल पर्वत के पश्चिम में सोलिकाम्स्क क्षेत्र में लगभग 150 करोड़ टन पोटाश है। अन्य जमाव भी अभी तक खोजे जा रहे हैं।

3. कनाडा—सेसकेचवान प्रान्त में विश्व के सबसे धनी पोटाश भण्डार है, जो लगभग 64 करोड़ टन हैं और 800 वर्षों तक विश्व की माँग-पूर्ति कर सकते हैं। कनाडा से पोटाश मुख्य रूप से जापान को निर्यात होता है।

4. जर्मनी—मुख्य जमाव स्ट्रासफर्ट के पास पूर्वी जर्मनी में व हैनोवर के निकट पश्चिमी जर्मनी में है। वहां साधारण नमक प्रचुर मात्रा में पाया जाता है।

भण्डारों का अनुमान 200 करोड़ टन लगाया है। बड़े उत्पादक केन्द्र हैनोवर व वाचा के निकट हैं। जर्मनी में पोटाश की स्थिति घरेलू उपयोग व निर्यात दोनों के लिए बहुत ही उपयुक्त है। विश्व का 14% पोटाश उत्पादन जर्मनी में होता है।

5. फ्रांस—राइन घाटी में अलसेस क्षेत्र में फ्रांस-स्विस सीमा से 40 किमी. दूर 20 करोड़ टन पोटाश के जमाव हैं। मूलहाउस के उत्तर-पश्चिम में कुछ उत्पादन होता है।

विश्व में पोटाश उर्वरक का उत्पादन

देश	*उत्पादन (दस लाख वर्ग मीटर)*	*%*	*देश*	*उत्पादन*	*% (दस लाख वर्ग मीटर)*
कनाडा	80	29.0	बेलारूस	32	12.0
जर्मनी	33	12.1	स्पेन	8.7	3.2
सं. रा. अमेरिका	33	12.1	ग्रेट ब्रिटेन	6.1	2.2
विश्व	275	100.0			

विस्फोटक पदार्थ

विस्फोटक पदार्थों का इस्तेमाल शान्ति काल और युद्ध काल दोनों में काम में लिए जाते हैं। इनमें प्रमुख पदार्थ एसीटोन, टेट्रील, पिकरिक एसिड,डाइनेमाइट, नाइट्रो-सेलुलोज, नाइट्रोग्लिसरीन, नाइट्रिक एसिड आदि होते हैं। डाइनेमाइट के द्वारा पर्वतों और रेलमार्गों, कठोर चट्टानों को काट-काट कर सड़कों, सुरंगों आदि का निर्माण किया जाता है। कोलटार व पेट्रोलियम की गाद से टोलुएन बनता है, जिससे शक्तिशाली विस्फोटक टी. एन. टी. T.N.T.) का निर्माण होता है। विस्फोटक करने वाले रासायनिक उद्योगों को बस्तियों से दूर जंगलों में स्थापित किया जाता है।

इन केन्द्रों में प्लास्टिक्स, उर्वरक, अम्ल, पेट्रोकेमिकल उत्पादन, क्षार (alkalies), रंग-रोगन, कृत्रिम रबर, औषधियाँ, विस्फोटक पदार्थ, साबुन, काँच का सामान, विद्युतरोधी पदार्थ, श्रृंगार सामग्रियाँ आदि बनायी जाती हैं।

संयुक्त राज्य अमेरिका, कनाडा, (पूर्व) सोवियत संघ, जापान, जर्मनी, भारत, स्पेन, युगोस्लाविया आदि देश विस्फोटक पदार्थों के प्रमुख उत्पादक हैं।

काँच निर्माण

कच्चे माल

जिस बालू रेत में सिलिका की मात्रा ज्यादा व लोहे के ऑक्साइड और ऐलुमिना की मात्रा कम होती है, उस रेत को सोडा ऐश, चूने, लवण व नाइट्रेट आदि के साथ मिलाकर भट्ठी में पिघलाने से काँच बनता है। इसके पिघलने का तापमान 1400° से लेकर 1666° तक होता है। टूटे-फूटे काँच को भी साथ में गला लिया जाता है, इससे उत्पादन-लागत में कुछ कमी भी जाती है व पिघलने के समय में भी कुछ कमी हो जाती है। बहुत कम मात्रा में इस्तेमाल किए जाने वाले कच्चे मालों में पोटेशियम, बेरियम, सुहागा, कार्बोनेट, बोरिक एसिड, सुरमा (अंटीमनी), आर्सेनिक आदि हैं।

स्थिति के कारक

काँच निर्माण में कच्चे मालों का तो सिर्फ थोड़ा-सा असर होता है, क्योंकि कच्चे मालों का मूल्य तो उत्पादन लागत सिर्फ 10% से 15% तक होता है। बालू रेत, चूना, सोडा ऐश, लवण आदि सब सस्ते मूल्य के पदार्थ हैं। इसलिए काँच उद्योग के कारखानों की स्थिति को तय करने वाले प्रमुख कारक दो प्रकार के होते हैं—(i) बाजारों की निकटता (विशेषकर इसलिए कि काँच के सामान को पैक करने का खर्चा व परिवहन के भाड़े की दरें ऊँची होती हैं। (ii) ईंधन की सुलभता, विशेषतः प्राकृतिक और कृत्रिम गैस के मिलने की सुविधा प्राप्त होती है।। एक टन काँच के लिए 'डे टैंक' विधि से 4247.5 घन मीटर और 'पॉट फरनेस' विधि से 5663. 4 घन मीटर गैस की आवश्यकता होती है।

काँच के उपयोग

आधुनिक काल में अनेक प्रकार के काँच, पारदर्शी, अपारदर्शी, अल्प-पारदर्शी, कठोर-चटकदार, लचीले आदि बनाए जाते हैं। जिनके प्रमुख उपयोग निम्नांकित हैं—

1. पेय पदार्थों, यथा सोडा, औरेन्ज, सोडा वाटर, लैमन, शर्बत, कैम्पा कोला, लिमका, फलों के रस व अनेक प्रकार की सुराओं, मदिराओं आदि के लिए बोतलों का निर्माण।

2. मकानों की खिड़कियों, अलमारियों आदि में उपयोग होने वाला, शीशा, मोटर-गाड़ियों तथा रेलगाड़ियों की खिड़कियों में, वायुयानों की खिड़कियों में लगाने का काँच, प्रकाश की लालटेनों, झाड़फानूसों, बिजली के बल्बों व श्रृंगारिक सजावट का काँच।
3. दवाईयों को रखने की बोतलें, मर्तबान, शीशियाँ, डिब्बे अस्पतालों में काम आने वाले कुंडी आदि पात्र व चिकित्सा सम्बन्धी औजार जैसे पिचकारियाँ आदि।
4. मकान में भोजन सामग्री रखने के पात्र, भोजन परोसने व चटनी के पात्र, जल, दूध, खाने के पात्र, मुरब्बे, अचार, चाय आदि पीने के गिलास, सुराहियाँ, लोटे 'जग' आदि का निर्माण।
5. समांगी काँच (Optical glass) जिससे कैमरों के लैन्स, आवर्धक (magnifying) लैन्स व जलयानों, दूरबीनों के लैन्स, सूक्ष्मदर्शी लैन्स, सैनिकों आदि के लिए दूरदर्शी यन्त्रों के लैन्स आदि बनते हैं।
6. प्रयोगशालाओं में काम आने वाले काँच के यन्त्र, पिपेट, बोतल, बीकर, फ्लास्क, पाइप ट्यूब आदि। विकिरण (radiation) यन्त्र, विद्युतशालाओं में प्रयुक्त काँच की चादरें।
7. चादर-काँच जो इमारतों की दीवारों में लगाने, मेज आदि फर्नीचर में लगाने के काम आता है, दर्पण का काँच।

काँच का उत्पादन

काँच के मुख्य उत्पादक देश ब्रिटेन, बेल्जियम, रूस, संयुक्त राज्य अमेरिका, जर्मनी, जापान, चीन और भारत हैं।

1. संयुक्त राज्य अमेरिका—संयुक्त राज्य में काँच निर्माण का मुख्य केन्द्र ओहियो, पेन्सिलवेनिया, (पिट्सबर्ग) पश्चिमी वर्जीनिया और न्यूयार्क का है। दूसरा क्षेत्र इझिउयाना व इलिनोइस का है। ओकालाहोमा व टैक्सास में प्राकृतिक गैस बहुत अधिक सस्ती होने की वजह से वहाँ काँच का निर्माण होता है। यह उद्योग पूर्व में न्यूजर्सी में शुरू हुआ था। संयुक्त राज्य के उत्पादन का लगभग 45% पेय पदार्थों की बोतलें, मर्तबान आदि होते हैं।

2. जर्मनी—काँच उत्पादन में जर्मनी का द्वितीय स्थान है। इसके उत्पादन केन्द्र राइन-रूर क्षेत्र में हैं, जिनमें ऐसेन, गेलसेन-किरचरन, डुसलडोर्फ व कोलोन हैं। जर्मनी वैज्ञानिक काँच व 'आपॅटिकल ग्लास' हेतु विश्व में प्रसिद्ध रहा है। इसका बड़ा केन्द्र मेन्ज में है।

3. फ्रांस—चादर, काँच, रंगीन, खिड़कियों का काँच, काँच के बर्तन, भोजन, सामग्री के काँच-पात्र व श्रृंगारिक सजावट काँच हेतु फ्रांस प्रसिद्ध है। इसके केन्द्र लिले व लारैन क्षेत्रों में हैं। ऑप्टीकल ग्लास का प्रमुख केन्द्र पेरिस है।

4. बेल्जियम—बेल्जियम के लीज, एण्टवर्प, काँच उत्पादन केन्द्र और हाइनॉट प्रान्तों में स्थित हैं। खिड़कियों का काँच, भोजन के काँच-पात्र और दर्पण-काँच के लिए बेल्जियम अधिक प्रसिद्ध है। साम्बर घाटी में चार्लेराय क्षेत्र में प्लेट-ग्लास उत्पाद के केन्द्र हैं।

5. ब्रिटेन—ब्रिटेन में काँच उत्पादन के प्रमुख केन्द्र बरमिंघम, ब्रिस्टल, न्यूकेसिल और लन्दन हैं। लगभग हर प्रकार का काँच इन केन्द्रों में बनाया जाता है।

6. पूर्व सोवियत संघ—पूर्व सोवियत संघ में काँच निर्माण उद्योग तो बहुत प्राचीन है, किन्तु पंचवर्षीय योजनाओं के द्वारा इस उद्योग का बहुत विशाल विकास किया गया है। काँच निर्माण के प्रमुख केन्द्र लेनिनग्राड, ओरेल, स्मोलेन्स्क, वोलोगदा, कालीनिन आदि पश्चिमी रूस में हैं। लिकेनो व दुलेबो मध्य रूस में हैं। डोनबास में कोन्सतान्तिनोवा प्रमुख केन्द्र हैं। एशियाई रूस में, क्रास्नोयार्स्क और इर्कुटस्क काँच उत्पादक केन्द्र हैं।

7. जापान--बिजली के बल्ब, जापानी बोतलें, ट्यूब, चादर-काँच बहुत प्रचलित हैं। काँच के बर्तनों में भी अधिक गुणता होती हैं। जिनके बड़े फैन्सी डिजाइन होते हैं। काँच के रंग-रोगन, चित्रकारी के मामले में भी जापान प्रसिद्ध हैं। पिछले 25 वर्षों में ऑप्टिकल ग्लास के उत्पादन में जापान ने जर्मनी को भी संसार-बाजार की प्रतिस्पर्धा में पीछे छोड़ दिया है। अब कैमरों, सूक्ष्मदर्शक, दूरबीनों यंत्रों आदि के लैन्स जापान में शायद जर्मन से भी अच्छे निर्मित होने लगे हैं। प्रमुख उत्पादन केन्द्र टोकियो, ओसाका, नागोया, योकोहामा, तोबाता, मौजी और हिरोशिमा हैं। जापान का 50% उत्पादन ओसाका कोबे क्षेत्र में और 25% टोकियों में होता है।

8. भारत—भारत में काँच का उद्योग प्राचीन काल से चला आ रहा है। यहाँ समस्त प्रकार के काँच निर्माण केन्द्र निम्नांकित हैं—(i) कुटीर उद्योग के रूप में काँच निर्माण के केन्द्र उत्तर प्रदेश में फिरोजाबाद, एटा, फतेहपुर, शिकोहाबाद, सासनी आदि व कर्नाटक राज्य में बेलगाँव हैं। (ii) काँच की चादरें, खिड़की काँच आदि व अन्य सामान बनाने के कारखाने कोलकाता, गोहाटी, रामनगर, नैनी, रिसरा, दुर्गापुर, आसनसोल, बहजोई, अमृतसर, जबलपुर, मुम्बई, पूना, बड़ौदा, हैदराबाद, कोल्हापुर, बंगलौर आदि में स्थिति हैं।

सर्वाधिक कारखाने पश्चिमी बंगाल, उत्तर प्रदेश और महाराष्ट्र में हैं। देश में कुल लगभग 125 कारखाने हैं।

लुग्दी और कागज उद्योग

आधुनिक काल में कागज का अधिक महत्वपूर्ण वस्तु है। इसे 'सभ्यता की रीढ़' (Back bone of the Civilization) कह सकते हैं। अगर कागज को कम समय के लिए विश्व से अलग कर दें, तो विश्व की शिक्षा व सभ्यता काफी पिछड़ी अवस्था में पहुँच जाएगी। विश्व के इतिहास को जानने हेतु कागज की महता अधिक है।

सर्वमान्य राय है कि कागज का सबसे पहले प्रयोग चीन में शुरू हुआ। 1840 से पहले कागज कपास, कपड़े, स्पेन तथा लिनेन व उनके चिथड़ों से बनाया जाता था। 1840 के पश्चात् कागज बनाने में लुग्दी का उपयोग हुआ। लुग्दी से बनाने वाले कागज बहुत ही उत्तम कोटि का होता है। सर्वप्रथम लुग्दी से जर्मनी में 1840 में कागज बनाया गया। इसके बाद इसमें अन्य सुधार किए गए। 1880 में संयुक्त राज्य में लुग्दी से कागज बनाया गया। 1857 में इंग्लैंड में 'एस्पार्टो' (esparto) नामक घास से कागज बनाया गया, उसके बाद अन्य खोजें हुईं और वर्तमान भिन्न-भिन्न वृक्षों से लुग्दी बनाई जाती है व कागज का निर्माण होता है जो बहुत ही सुन्दर तथा टिकाऊ होता है।

वर्तमान युग में अधिकतर कागज लुग्दी से ही बनाया जाता है। उत्तर प्रकार का लगभग 95% कागज लुग्दी से ही बनता है। यह लुग्दी मुख्य रूप से स्प्रूस, हेमलाक, चीड़, फर, बर्च, पॉपलर, इत्यादि वृक्षों से बनाई जाती है। बैंक के नोट-पेपर बनाने में 'बाओबाब' (baobab) वृक्ष की छाल काम में आती है। बाँस तथा जूट के रेशों से भी कागज बनाया जाता है। वृक्षों के तनों को पीसकर महीन कर लिया जाता है और लुग्दी बनाई जाती है।

लुग्दी उत्पादन के लिए जरूरी परिस्थितियाँ

1. लुग्दी बनाने हेतु रासायनिक पदार्थों की आवश्यकता होती है, हड्डी का चूरा, चीनी मिट्टी, जिनमें कास्टिक सोडा, सोडा ऐश, क्लोरीन, फिटकरी और बिरोजा (resin) प्रमुख हैं।
2. विशाल क्षेत्र में वन होने चाहिए, जिससे लकड़ी की पूर्ति वर्ष पर्यन्त होती रहे।

3. इसके अतिरिक्त कागज निर्माण के कारखाने भी पास हों तो अधिक उत्तम है। क्योंकि लुग्दी जल्दी ही खराब होने वाला पदार्थ है।
4. कागज की खपत के बाजार भी पास हों तो अच्छा है।
5. परिवहन के उत्तम और सस्ते साधन जरूरी हैं।
6. लुग्दी के लिए पर्याप्त मात्रा में कोमल लकड़ी के वन होना आवश्यक है। कोमल लकड़ी के वृक्ष ठंडे और शीतोष्ण कटिबन्ध में उगते हैं। इसीलिए यह उद्योग भी शीत और शीतोष्ण जलवायु के देशों में स्थित है।
7. कुशल और सस्ता श्रम व उपयुक्त मशीनें बहुत ही जरूरी हैं।
8. साफ पानी की सुविधा होनी चाहिए। नदियों का पानी सबसे अच्छा होता है, क्योंकि (i) नदियों से स्वच्छ पानी पर्याप्त मात्रा में मिल जाता है, (ii) नदियाँ परिवहन में उपयोगी होती हैं, (iii) नदियों से ज़ल-विद्युत शक्ति मिल जाती है।

   कागज उद्योग के लिए पर्याप्त मात्रा में लुग्दी, स्वच्छ जल, सस्ती, जलविद्युत, उत्तम मशीनें कुशल तथा सस्ता श्रम, मार्ग क्षेत्रों की निकटता, सस्तापन, सुलभ, यातायात, पूँजी तथा सरकार की उदार नीति अति आवश्यक है।

मुख्य लुग्दी उत्पादक प्रदेश तीन हैं, (i) यूरोपीय देश, (ii) उत्तरी अमेरिका में कनाडा प्रदेश और संयुक्त राज्य, (iii) (पूर्व) सोवियत संघ। संयुक्त राज्य संसार में सबसे अधिक लुग्दी पैदा करता है। इसके बाद पूर्व सो. संघ, फिनलैंड, कनाडा, स्वीडन, नार्वे व पश्चिमी जर्मनी प्रमुख लुग्दी उत्पादक देश हैं। यान्त्रिक लुग्दी उत्पादक में कनाडा और (पूर्व) सोवियत संघ प्रमुख हैं।

विश्व में काष्ठ लुग्दी का उत्पादन

देश	*उत्पादन (दस लाख वर्ग मीटर)*	*%*	*देश*	*उत्पादन*	*% (दस लाख वर्ग मीटर)*
कनाडा	11,335	32.2	नार्वे	1534	4.3
सं. रा. अमेरिका	5398	15.3	जर्मनी	1220	3.5
फिनलैंड	3940	11.2	रूस	1025	2.9
स्वीडन	2959	8.4	फ्रांस	757	2.1

जापान	1674	4.7	न्यूजीलैंड	721	2.0
विश्व	35,301	100.0			

अधिकांश अखबारी कागज बनाया जाता है। यान्त्रिक लुग्दी उत्पादक अन्य देशों में संयुक्त राज्य फिनलैंड, नार्वे, स्वीडन और जापान प्रमुख हैं। रासायनिक लुग्दी के उत्पादन में संयुक्त राज्य और (पूर्व) सोवियत संघ प्रमुख उत्पादक हैं। अन्य उत्पादक देशों में कनाडा, फिनलैंड, स्वीडन, जापान व पश्चिमी जर्मनी प्रमुख हैं।

कागज निर्माण

कागज मुख्यतः लुग्दी से बनाया जाता है। कपड़े के चिथड़ों व लिनेन से भी कागज बनाया जाता है। सबसे पहले कागज चीन में बनाया गया था। इसके आविष्कार से पहले बेबीलोन, मैसोपोटामिया के निवासी मिट्टी की टिकियों पर लिखते थे। भारत में वृक्षों की छालों और ताम्रपत्रों पर लिखने का कार्य होता था। 105 ई. में चीन के एक विद्वान साइलून ने कपड़े के चिथड़ों से कागज बनाया था। उसी समय से कागज बनाने की विधि दूसरे देशों में, एशिया और अरब में होती हुई 900 ई. में यूरोप पहुँची। स्पेन और इटली में कागज का कारखाना 1150 में, फ्रांस में 1189 में, जर्मनी में 1291 में, और ब्रिटेन में 1330 में स्थापित हुआ था। लुग्दी से कागज बनाने की विधि जर्मनी में आविष्कृत की गई थी।

कागज उद्योग के लिए पर्याप्त मात्रा में लुग्दी, स्वच्छ जल, उत्तम मशीनें, सस्ती जलविद्युत, कुशल व सस्ता श्रम, माँग के क्षेत्रों की निकटता, सस्तापन, सुलभ यातायात पूँजी एवं सरकार की उदार नीति अति जरूरी है।

कागज का विश्व उत्पादन

कागज उत्पादन में संयुक्त राज्य, फिनलैंड, ब्रिटेन, चीन,पूर्व सो. संघ, कनाडा, जापान, अन्य यूरोपीय देश और भारत प्रमुख हैं।

विश्व का 95% कागज उपरोक्त देशों से प्राप्त होता है।

1. संयुक्त राज्य अमेरिका

अमेरिका के सर्वाधिक कागज पैदा किया जाता है। विश्व में इसका स्थान प्रथम है। यहाँ कागज का उत्पादन 180 लाख मीटरी टन वार्षिक है। इस देश का लुग्दी उत्पादन में विश्व में दूसरा स्थान है। 80% कागज रासायनिक लुग्दी से बनाया

जाता है, जो उत्तम प्रकार का कागज होता है। प्रमुख उत्पादक क्षेत्र (i) न्यू इंग्लैंड राज्य में मैसाचुसेटस व मेन, (ii) न्यूयार्क, (iii) विसकोन्सिन, (iv) मिशिगन बर्ग, (v) ओहियो व (vi) पेंसिलवेनिया राज्यों में हैं।

यहाँ लिखने के कागज का उत्पादन बहुत अधिक होता है। (i) पुस्तकों का कागज पेंसिलवेनिया, ओहिया में, (ii) मैसाचुसेटस, लिखने का कागज विस्कोन्सिन और पेंसिलवेनिया में, (iii) मिशीगन, गत्ता निर्माण ओहिया, लुइसियाना में, (iv) अखबारी कागज न्यूयार्क, वाशिंगटन, विसकोन्सिन, चिल्डर्सबर्ग, कालहादुन में बनता है। कार्ड बोर्ड दक्षिणी राज्यों में बनाया जाता है। संयुक्त राज्य में सस्ती विद्युत, सस्ता यातायात, अनेक नदियों से प्राप्त साफ पानी, पर्याप्त नर्म लकड़ी के वन की सुविधाएँ प्रापत हैं।

2. कनाडा

कागज उत्पादन में इस देश का तीसरा स्थान है अखबारी कागज के उत्पादन में इस देश का स्थान प्रथम है। अखबारी कागज यान्त्रिक लुग्दी से बनाया जाता है, कनाडा से यान्त्रिक लुग्दी और अखबारी कागज निर्यात भी किए जाते हैं। लुग्दी संयुक्त राज्य अमेरिका व ब्रिटेन को, और कागज एशियाई, अफ्रीकी देशों को निर्यात किया जाता है।

मुख्य रूप से उत्पादक केन्द्र क्यूबेक व ओंटेरियो, ब्रिटिश कोलम्बिया और न्यूफाउन्डलैंड हैं। अधिकतर निर्यात संयुक्त राज्य अमेरिका को होता है। कनाडा की प्रमुख सुंविधाएँ–(i) नर्म लकड़ी के वनों की विशाल निधि, (ii) शुद्ध-जल, (iii) सती जलविद्युत, (iv) सस्ता यातायात और (v) सरकारी उदार नीति हैं।

3. पूर्व सोवियत संघ

पूर्व सोवियत संघ में विश्व भर में सबसे अधिक विशाल क्षेत्र में शंकुधारी वृक्षों के जंगल हैं।, जो टैगा कहलाते हैं। इनमें प्रमुख वृक्ष पाइन, चीड, कैल, देवदारु, सनोबर, सिल्वरफर, सारपेन, स्प्रूस, लार्च आदि होते हैं। इन वनों में लुग्दी उत्पादन की प्रमुख सुविधाएँ निम्नलिखित हैं–

1. जल-विद्युत उत्पादन के विशाल शक्ति-गृह।
2. रासायनिक पदार्थों का भारी मात्रा में उत्पादन।
3. कोमल लकड़ी के विशाल वन।
4. नदियों के सहारे लुग्दी बनाने के कारखाने।

5. नदियों के द्वारा सस्ता परिवहन, अथवा लट्ठों को काटकर बर्फ पर डाल देते हैं, फिर ट्रैक्टरों द्वारा खींचकर फैक्ट्रियों तक लाते हैं।
लुग्दी और कागज के निर्माण में पूर्व सोवियत संघ का विश्व भर में प्रमुख स्थान हैं प्रमुख उत्पादन केन्द्र जल-विद्युत् केन्द्रों के निकट अवस्थित हैं।

4. जापान

कागज उत्पादन के मामले में विश्व में जापान का स्थान चौथा है। जापान में मजबूत कागज के बोरे बनाए जाते हैं। इनका प्रयोग धान भरने के लिए, व घरों की दीवालों, कागज का उपयोग जल प्रतिरोधक तिरपालों, छतरियों आदि में किया जाता है। यहाँ दो प्रकार का कागज बनाया जाता है।

1. कठोर कागज—जो मकानों की दीवारों, बोरों, छतरियों को बनाने में प्रयुक्त होता है। इसकी घरेलू खपत ज्यादा है।

2. नर्म कागज या लिखने का कागज—जापान में होकेडो व उत्तरी होंशु में लुग्दी बनायी जाती हैं। भिन्न-भिन्न पदार्थों के मिस्रण से कागज वैज्ञानिक तरीके से बनाया जाता है। कुछ लुग्दी विदेशों से (कनाडा, स्वीडन) से भी आयात की जाती है। यहाँ का (i) सस्ता श्रम, (ii) सस्ती विद्युत, (iii) उत्तम यातायात, (iv) उत्तम मशीनों इस उद्योग में बड़ी मददगार हैं।

5. ब्रिटेन

ब्रिटेन में सबसे अधिक उत्तम कोटि के कागज तैयार किये जाते हैं। यहाँ लुग्दी के अभाव को कनाडा, स्वीडन, नार्वे तथा बॉल्टिक देशों से आयात द्वारा पूरा किया जाता है। प्रमुख उत्पादक क्षेत्ररासेनडेल, सोमरसेट, केण्ट और हेम्पशायर हैं। यहाँ विशाल बाजारों की निकटता, साफ पानी की प्राप्ति सस्ता यातायात प्रमुख सुविधाएँ हैं।

विश्व में अखबारी कागज का वार्षिक उत्पादन

देश	*उत्पादन (लाख मीटरी टन)*	*देश*	*उत्पादन (लाख मीटरी टन)*
कनाडा	86	जर्मनी	16
द. रा. अमेरिका	65.4	फिनलैंड	14.8

जापान	32.8	रूस	11.8
स्वीडन	24.9	ग्रेट ब्रिटेन	10.2
कोरिया (रि.)	17.2	चीन	8.4

6. फिनलैंड

कागज उत्पादन में यह देश संसार में सातवाँ स्थान रखता है। यहाँ के बढ़िया कागज का उत्पादन 10 लाख मी. टन है व अखबारी कागज के उत्पादन में छठा स्थान है।

यूरोप के अन्य कागज उत्पादक देश नार्वे, जर्मनी, स्वीडन, आस्ट्रिया और चेकोस्लोवाकिया है। नार्वे और स्वीडन अखबारी कागज और लुग्दी के निर्यातक हैं। नार्वे के प्रमुख उत्पादक क्षेत्र ओसलो, फियोर्ड और स्कागेराक तटीय प्रदेश हैं। स्टावेन्जर और हागेसुण्ड इस उद्योग के प्रसिद्ध केन्द्र हैं।

7. चीन

विश्व में सबसे पहले चीन के कागज का निर्माण शुरू हुआ। बहुत पुराने समय से यहाँ उत्तम कागज व भूसे से घटिया कागज भी बनाया जाता है। चीन में अखबारी कागज भी बनाया जाता हैं। शंघाई क्षेत्र में कारखाने केन्द्रित हैं। उत्तरी चीन में भी कागज निर्माण कारखानें अवस्थित हैं।

8. दक्षिणी अमेरिकी देश

दक्षिणी अमेरिका में ब्राजील, अर्जेंटाइना व चिली में थोड़ी मात्रा में कागज निर्माण होता है। ये देश द. अमेरिका का 85% कागज बनाते हैं। ज्यादातर सभी देश अखबारी कागज का आयात करते हैं। ब्राजील अपनी कागज की माँग का 80% चिली और मैक्सिको 70% व अर्जेंटाइना 50% कागज खुद बनाते हैं। ये देश लुग्दी का आयात करते हैं। यहाँ गन्ने की खोई से भी कागज तैयार किया जाता है।

इसके अतिरिक्त अफ्रीकी, आस्ट्रेलियाई देशों में भी थोड़ी मात्रा में कागज पैदा होता है।

9. भारत

भारत में भी कागज पुराने समय से बनाया जाता है। यहाँ पर पहला कागज बनाने का कारखाना मद्रास के तंजौर जिले में स्थित तिरुवाकुर नामक स्थान पर

सन् 1816 में स्थापित किया गया। इससे पहले घरेलू ढंग से भारत में कागज का निर्माण किया जाता था। प्रमुख विकास 1950 से किया गया। यहाँ सवाई तथा भाबर से कागज निर्माण किया जाता है। लुग्दी के लिए बाँस का उपयोग किया जाता है। तथा कुछ काष्ठ लुग्दी भी प्रयोग की जाती है। यहाँ मुलायम लकड़ी कम मिलती है इसलिए अधिकतर कपड़े के चिथड़े से, कागज, कृषिकृत पदार्थों से बनाया जाता है। अच्छे कागज के लिए आयातित लुग्दी का उपयोग किया जाता है। अखबारी कागज भी माँग की तुलना में बहुत कम उत्पादित होता है, इसलिए अखबार कागज तथा लुग्दी कनाडा, स्वीडन इत्यादि से आयात करनी पड़ती है। भारत में 5 हजार वार्षिक उत्पादन क्षमता की लगभग 130 मिलें हैं। प्रमुख उत्पादक राज्य बंगाल, आंध्र प्रदेश, महाराष्ट्र, तमिलनाडु और झारखंड हैं। कागज बनाने में शहतूत, वैटल व युकलिप्टस की लकड़ी उपयुक्त पाई गई है। जरूरी रासायनिक पदार्थों में केवल गंधक तथा कास्टिक सोडा ही विदेशों से आयात किए जाते हैं।

कागज का विश्व व्यापार

संसार में कागज और लुग्दी का व्यापार प्रचुर मात्रा में होता है। आधुनिक सभ्यता महत्त्वपूर्ण वस्तु होने की वजह से इसका उपयोग दिनों-दिन बढ़ता जा रहा है। इसकी खपत भारत लगभग 1/2 किग्रा. प्रति व्यक्ति वार्षिक है, जबकि संयुक्त राज्य में 200, कनाडा में 130, ब्रिटेन में 70, डेनमार्क में 69, नीदरलैंड में 55, स्वीडन और नार्वे में 53, चीन में 1, पूर्व सोवियत संघ में 10 व जापान में 12 किग्रा. प्रति व्यक्ति है।

कागज निर्यातक प्रमुख देश—संयुक्त राज्य अमेरिका, स्वीडन, नार्वे, जापान, कनाडा, फिनलैंड व पूर्व सोवियत संघ हैं।

आयात देश—भूमध्य रेखीय देश, द. अमरीकी देश व अन्य एशियाई देश हैं, जिनमें पाकिस्तान, मलेशिया, ब्रह्मा, बांग्लादेश, इंडोनेशिया आदि हैं। अखबारी कागज के निर्यातक कनाडा, स्वीडन, नार्वे व फिनलैंड हैं। लुग्दी का निर्यात कनाडा, फिनलैंड व नार्वे करते हैं और लुग्दी का आयात संयुक्त राज्य अमेरिका, भारत और जापान करते हैं।

सीमेंट उद्योग तथा बनाने की विधि

यह इमारत बनाने का सर्वाधिक प्रचलित आधुनिक तरीका है। ऐसे प्रमाण

मिलते हैं, जिससे यह स्पष्ट होता है कि सीमेंट का उपयोग पुराने समय में भी होता था। रोमन काल में बनाई गई इमारतों, पुलों और सड़कों में इसका उपयोग होता था। इनमें कुछ इमारतें और पुल अब भी उपस्थित हैं। मध्य युग में सीमेंट बनाने के तरीकों को भुला दिया गया है। वर्तमान समय में 1756 में इंग्लैंड में 'रोमन सीमेंट' बनाने की कला का विकास हुआ किन्तु अब विश्व में 'पोर्टलैंड सीमेंट' का ही अधिक उपयोग होता है। पोर्टलैंड सीमेंट बनाने की विधि का आविष्कार 1824 में जोसफ एस्पडिन ने किया था।

सीमेंट बनाने हेतु एक विशेष प्रकार के चूनायुक्त पत्थर व चीक मिट्टी की बहुत जरूरत होती है। चूनायुक्त पत्थर, डोलोमाइट, खड़िया, साधारण चूने का पत्थर, मिट्ट संगमरमर, सेलखड़ी, समुद्री सीप इत्यादि पीस लिया जाता है। उसके बाद लगभग 1500° सेग्रे के ताप पर भट्टियों में भून लिया जाता है। यह भुना हुआ पदार्थ 'क्लिंकर' कहा जाता है। इसको पीसकर सेलखड़ी मिला दी जाती है। इस प्रकार सीमेंट बनकर तैयार हो जाता है। 100 मीट्रिक टन सीमेंट बनाने के लिए 160 मीट्रिक टन चूना तथा चीका मिट्टी 38 मीट्रिक टन कोयला व 4 मीट्रिक टन खड़िया मिट्टी की जरूरत पड़ती है। ये समस्त वस्तुएँ भारी होती हैं। इसलिए परिवहन की सुविधा की नजर से सीमेंट के कारखाने कच्चा माल के स्रोतों के समीप ही स्थापित किए जाते हैं।

विश्व वितरण

विश्व में प्रमुख सीमेंट उत्पादक देश संयुक्त राज्य अमेरिका, इटली, फ्रांस, रूस, पश्चिमी जर्मनी, ब्रिटेन, जापान आदि हैं। इनके अतिरिक्त बेल्जियम, भारत, चीन, कनाडा, नीदरलैंड, स्पेन इत्यादि देशों में भी सीमेंट बनाया जाता है। संसार के प्रमुख सीमेंट उत्पादक देश व उनका उत्पादन निम्नवार है—

पूर्व सोवियत संघ

सीमेंट उत्पादन में पूर्व सोवियत संघ का स्थान प्रथम है। यहाँ पर संसार का लगभग 14% सीमेंट निर्माण होता है। यहाँ सीमेंट उद्योग देश भर में कई स्थानों पर केन्द्रित है। सीमेंट एक भारी पदार्थ है।, इसलिए उपभोग के क्षेत्र में उत्पादन की व्यवस्था करने से बहुत-सा परिवहन खर्च बच जाता है। इसके अतिरिक्त सीमेंट उद्योग में प्रयुक्त होने वाले कच्चे माल के निक्षेप सभी देश में पाए जाते हैं।

सीमेंट उत्पादन (लाख मीटरी टन)

देश	उत्पादन	देश	उत्पादन
चीन	5117	टर्की	360
जापान	919	थाइलैंड	357
भारत	828	मैक्सिको	296
जर्मनी	372	स्पेन	278
इटली	337	रूस	266

सोवियत प्रशासन काल में इस उद्योग को प्रारम्भिक रूप से उन क्षेत्रों में स्थापित किया गया है। जहाँ नये उद्योग एवं भवनों के निर्माण का कार्य प्रारम्भ किया जा रहा था अथवा कच्चे माल की पूर्ण व्यवस्था थी। इसलिए उच्च स्तर पर सीमेंट का उद्योग मध्य एशिया, यूराल, कजाखिस्तान, मध्य चरनोजम और वोल्गा-ब्यात्का आदि क्षेत्रों में स्थापित किया गया। इनके अतिरिक्त पूर्वी व पश्चिमी साइबेरिया और सुदूर-पूर्व भागों में भी सीमेंट उत्पादन का कार्य आरम्भ किया गया है।

युद्धपूर्व स्थापित नोवोरोसिस्क और वोल्स्क कारखानों के विस्तार के अतिरिक्त ब्रयान्स्क प्रदेश, बेलारूस गणतन्त्र, आर्मीनियागणतन्त्र, नीप्रोपेट्रोव्स्क प्रदेश, नोवोसिबिर्स्क प्रदेश, मास्को प्रदेश, व प्राइमोर्ये क्षेत्र, आदि में सीमेंट उद्योग के विशाल कारखानों को स्थापना किया गया।

युद्ध के बाद सीमेंट उद्योग का अधिक विस्तार किया गया—लिथुआनिया गणतन्त्र (Lithuanian S.S.R), में अक्मयान्स्क (Akmyansk), जार्जिया (Georgia S.S.R.), में रुस्तावी (Rustavi), यूक्रेन गणतन्त्र में नोवो-आमव्रोसियेव्का और निकोलायेव (Nvo-Amvrosiyevka and Nikolayev), वोल्गा क्षेत्र (Volga areas), में उल्यानोव्स्क (Ulyanovsk), व सेरेब्रयाकोवो (Serebryakovo), उत्तरी काकेशस (North CAucasus), में नोवोरोसिस्क (Novorossisk), में कारादाग (Karadag), अजरबेजान गणतन्त्र (Azerbaizan S.S.R.) किर्किजिस्तान (Kirghizia) में कुरमेन्ती व कान्त (Kurmentey and Kant), कुवासाई (Kuvesai), कजाखिस्तान में चिम्कन्त, सेमीपलातिन्स्क, कुस्तानाई व कारागण्डा (Chimkent, Smipalatinsk Kustanai and Karaganda), उजबेकिस्तान (Uzbekistan) में साइबेरिया में क्रस्नोयास्क, तिमल्यूई, आंगार्स्क और आचिंस्क, (Krasnoyarsk, Timlyui, Angarsk and Achinsk) एवं यूराल प्रदेश (Ural) मे येमान्जेलिन्स्क स्टेर्लीटमक, ओर्स्क, नोवो-पाशिस्की, निझनी तागिल और मैगनीटेगोर्स्क

(Yemanzelinsk, Sterlitamak, Orsk, Novo-Pashiisky, Nizhny Tagil and Magnitagorsk) आदि केन्द्रों में नये तथा विशाल सीमेंट कारखानों को स्थापित किया गया है।

संयुक्त राज्य अमेरिका

सीमेंट उत्पादन में संयुक्त राज्य अमेरिका का तीसरा स्थान है। यहाँ विश्व का लगभग 7.3% सीमेंट तैयार किया जाता है। इस देश के 27 राज्यों में सीमेंट बनाने का उद्योग प्रचलित है। पैंसिलवेनिया, मिशीगन, न्यूयार्क, टैक्सास, कैलीफोर्निया और इण्डियाना राज्य मुख्य उत्पादन हैं। ये संयुक्त राज्य अमेरिका का आधा सीमेंट बनाते हैं। अन्य उल्लेखनीय उत्पादक इलीनोयस, ओहिया, अलबामा, आयोवा इत्यादि है। पेंसिलवेनिया राज्य की लीहाई घाटी सीमेंट उद्योग का प्रमुख क्षेत्र है। 1900 में इस क्षेत्र में संयुक्त राज्य अमेरिका का 70% सीमेंट बनाया गया किन्तु अब इस उद्योग का विस्तार अन्य राज्यों में हो जाने पर इसका महत्त्व कम हो जाता है, व अभी यहाँ देश का लगभग 16% सीमेंट बनाया जाता है। संयुक्त राज्य अमेरिका में लगभग 6.8 करोड़ मीट्रिक टन सीमेंट हर साल निर्मित किया जाता है।

जापान

एशियाई देशों में जापान सीमेंट का सबसे बड़ा उत्पादक देश है। इस देश में लगभग 7.0 करोड़ मीट्रिक टन सीमेंट का उत्पादन तैयार किया जाता है। यहाँ सीमेंट बनाने वाले 60 कारखाने हैं, जिनमें से 23 कारखाने हाँशू द्वीप पर स्थित हैं। क्यूश्यू द्वीप पर 13 होकेडो में 2 व शिकोकू में 2 कारखाने स्थित हैं। यहाँ देश की माँग से अधिक सीमेंट तैयार होता है। इसलिए यहाँ से सीमेंट का भी निर्यात होता है। यह संसार का द्वितीय वृहद् उत्पादक देश है तथा विश्व का 9.5% सीमेंट उत्पादन करता है।

चीन

चीन संसार का प्रमुख सीमेंट उत्पादक देश है। यह उद्योग प्रमुख रूप से मंचूरिया तथा शंघाई में केन्द्रित है।

यूरोपीय देश

पूर्व सोवियत संघ के अतिरिक्त शेष यूरोपीय मिलकर संसार का लगभग 30% सीमेंट निर्माण करते हैं। फ्रांस, स्पेन, पोलैण्ड, इटली, पश्चिमी, जर्मनी, रोमानिया, पूर्वी

जर्मनी, चेकोस्लोवाकिया, ग्रीस, यूगोस्लोवाकिया व बेल्जियम प्रमुख सीमेंट उत्पादक देश हैं।

इनके अतिरिक्त स्वीडन, आस्ट्रिया, हंगरी व नीदरलैंड आदि भी सीमेंट निर्माण में आश्रित हैं।

अन्य उत्पादक

टर्की, ब्राजील, भारत, कनाडा, आदि मध्य कोटि के उत्पादक देश हैं। इसके अतिरिक्त पाकिस्तान, बंगलादेश, कोरिया, वियतनाम, पेरु आदि छोटे उत्पादक हैं जिनका उत्पादन एक करोड़ मीटरी टन से कम हैं।

1. **ब्राजील**—यह तीन दक्षिणी महाद्वीपों का अधिक विशाल सीमेंट उत्पादक देश है। यहाँ पर लगभग 2 करोड़ मीटरी टन सीमेंट उत्पादन होता है, जो संसार का 2.6% भाग है। यहाँ पर अधिकांश कारखाने रायो-डी जेनेरो, सान्तो, साओपोलो व मीनासगेरास राज्यों में हैं।
2. **भारत**—भारत में यह उद्योग सन् 1904 में चेन्नई में आरम्भ किया गया था। 1947 में भारत में 18 कारखाने थे जो सन् 1900 तक 115 हो गए। आधुनिक समय में भारत में माँग से अधिक उत्पादन होता जा रहा है।
3. **टर्की**—यहाँ संसार का टर्की में सीमेंट उद्योग मुख्य रूप से इजमिर तथा इजमित के आस-पास केन्द्रित है।
4. **मैक्सिको**—देश के दक्षिणी तथा पश्चिमी भाग में सीमेंट के कारखाने स्थित हैं।

विश्व रासायनिक उद्योग

रासायनिक उद्योगों का विकास विश्व में उन क्षेत्रों में हुआ है जो औद्योगिक रूप से उन्नतिशील हैं। पूर्व सोवियत संघ, पश्चिमी जर्मनी, संयुक्त राज्य अमेरिका, यूनाइटेड किंगडम, फ्रांस, इटली, बेल्जियम, जापान, पूर्वी जर्मनी, नीदरलैंड्स आदि देशों में रासायनिक उद्योगों का महत्त्वपूर्ण विकास हुआ है।

रासायनिक उद्योग की कई शाखाएँ हैं—

1. भारी रासायनों का उत्पादन यथा—क्लोरीन, कास्टिक सोडा, हाइड्रोक्लोरिक एसिड और सल्फ्यूरिक एसिड।
2. कोलतार रसायनों का उत्पादन, यथा—विस्फोटक पदार्थ, रंग, रोगाणुनाशी, रेशे आदि।

3. पेट्रो-केमिकल उद्योग, यथा—आसतु (डिसटिलेट्स) गंधक, पेट्रोलियम, संश्लिष्ट रबर।
4. औषधीय निर्माण, यथा—औषधियाँ, ड्रम्स, विटामिन, लोशन आदि।
5. विद्युत रासायनिक उद्योग, यथा—कैलशियम-कारबाइड, काष्ठ-मण्ड, अमोनिया उर्वरक।
6. व्युत्पन्न रसायन निर्माण, जैसे—साबुन, पेण्ट, चर्मशोधक, कागज और काँच।

इन समस्त प्रकार के रासायनिक उद्योगों का विकास मुख्य रूप से संयुक्त राज्य अमेरिका, पूर्व सोवियत संघ व यूरोपीय देशों में हुआ है।

संयुक्त राज्य अमेरिका

प्राकृतिक संसाधनों में बहुत अमीर होने के कारण संयुक्त राज्य में पोटाश, नमक, गंधक, फॉस्फेट्स का बहुत उत्पादन होता है। इसके साथ कोयला, खनिज तेल, और प्राकृतिक गैस की विशाल मात्राएँ निकाली जाती हैं, जिससे उस देश के रासायनिक उद्योगों को अत्यधिक मदद मिली है। प्रथम विश्व युद्ध के पश्चात् से इन उद्योगों का तीव्रता से विकास हुआ है। संयुक्त राज्य में विश्व का 40% सल्फ्यूरिक एसिड का उत्पादन होता है।

संयुक्त राज्य में रासायनिक उद्योग सभी राज्यों में विशाल रूप से फैला हुआ है, परन्तु इसकी सघनता के तीन प्रमुख क्षेत्र हैं।

1. केलिफोर्निया क्षेत्र में सेन फ्रांसिस्को और लॉस एंजिलीस प्रमुख रसायन केन्द्र हैं। उत्तर-पूर्व की औद्योगिक पेटी में शिकागो-गेरी क्षेत्र, इरी झील तट, चेसापीक खाड़ी, पिट्सबर्ग-यंग्सटाउन क्षेत्र, डिलावेयर और पश्चिमी वर्जिनिया का कनव्हा घाटी में भारी रसायनों का विशेष रूप से उत्पादन होता है। खाड़ी तट के प्रदेश में भी रसायनों का विशेष उत्पादन होता है। द्वितीय विश्व युद्ध के पश्चात् इन दक्षिणी राज्यों में पैट्रोकैमिकल्स और संश्लिष्ट उर्वरकों के उत्पादन में महत्त्वपूर्ण बढ़ोतरी हुई है।
2. मैक्सिको खाड़ी का तटीय क्षेत्र जिसमें लुइसियाना और टैक्सास राज्यों के रसायन केन्द्र।
3. उत्तर पूर्व की निर्माण उद्योग पेटी, जिसमें न्यूयार्क, पिट्सबर्ग, बफैलो, सिन सिनाटी, सोलवे और फिलाडेलफिया प्रमुख रसायन केन्द्र हैं।
   न्यू इंग्लैंड प्रदेश में हल्के रसायनों का उत्पादन विशेष है। औषधियाँ, ड्रग्स,

फोटोग्राफी के रसायन और प्लास्टिक्स व अन्य हल्के रसायन भार में कम पर अधिक मूल्यवान होते हैं।

पूर्व सोवियत संघ

रसायन उत्पादन में पूर्व सोवियत संघ का द्वितीय स्थान है। प्लास्टिक्स, पेट्रो कैमिकल्स, सल्फ्यूरिक एसिड, सोडा ऐश, उर्वरक, विद्युत-रसायन, कृत्रिम रबर व अन्य रसायनों के प्रमुख क्षेत्र निम्नांकित हैं–

1. मध्य क्षेत्र में मास्को, कजान, गोर्की, नोमोस्कोर्स्क, वोस्क्रेसेन्स्क, दूझेरझिन्स्क और यारोस्लावल।
2. लेनिनग्राद क्षेत्र।
3. यूक्रेन क्षेत्र में कियेव, नीपरोझरझिंदस्क, खारकोव, वोल्गोग्राद, दोनेत्स्क, नीपरोपीत्रोवस्क, आदि।
4. साइबेरिया में केमरोवो, चेरेमखोवो, नोवोकजनेत्सक, उसोल्ये आदि रसायन केन्द्र हैं।
5. मध्य एशिया में चिरचिक और दझाम्बुल।
6. ट्रांस काकेशिया में माखचकाला, बाकू, किरोवाकान और येरेवान।
7. यूराल क्षेत्र में अल्गा, किरोवग्राद, मेदनोगोर्स्क, बेरेझनिकी और सोलिकाम्स्क केन्द्र हैं।

जर्मनी

यूरोपीय देशों में जर्मनी रासायनिक उद्योगों में सबसे अग्रणी है। यथार्थ में जर्मनी वर्तमान रसायन का प्रणेता देश है। रसायनिक उद्योगों की सघनता राइन घाटी में, मुख्य रूप से तीन क्षेत्रों में हैं–

1. रुर क्षेत्र में रुर, एसेन, कोलोन, लेवरकुसेन, डुसेलडोर्फ आदि रसायन केन्द्र हैं।
2. दार्मस्तादूत, फ्रेंकफर्ट क्षेत्र में फ्रेंकफर्ट-आम-मेन आदि केन्द्र हैं।
3. उत्तरी राइन क्षेत्र लुदविगशाफेन, हाइडेलबर्ग, मानहीम और स्टटगार्ट रसायन केन्द्र हैं।

गत 20 सालों में जर्मनी ने पेट्रोकेमिकल्स उद्योगों में बड़ी तीव्र गति से प्रगति की है। उपरोक्त के अतिरिक्त अपर सेक्सनी सर्वप्रमुख रसायन क्षेत्र है, जिसमें भिन्न-भिन्न प्रकार के रासायनिक उत्पादन क्षारों, अम्लों और संश्लिष्ट उर्वरकों की

प्रचुर मात्राएँ उत्पादित होती हैं। इन उद्योगों का आधार मेगडेबर्ग-लीपजिंग क्षेत्र में प्राप्त होने वाले लिगनाइट व पोटाश के भंडार हैं।

यूनाइटेड किंगडम (अन्य देश)

यूनाइटेड किंगडम में रसायन उद्योगों का उच्चतम विकास हुआ है। यद्यपि ग्रेट-ब्रिटेन के सभी क्षेत्रों में रसायन उद्योग फैले हुए हैं, फिर भी इनके सघन विकास के दो प्रमुख क्षेत्र हैं, जिनमें भारी रसायनों का निर्माण होता है।

1. टीज नदी की घाटी, जिसमें नमक और कोयले के वृहद् भण्डार हैं।
2. मरसी नदी की घाटी और निकटवर्ती दक्षिणी लंकाशायर उत्तरी चेशायर का क्षेत्र जिसमें नमक के निक्षेप हैं, समीप ही चूना पत्थर मौजूद है, जल मार्गों की भी सुविधा है।

(1) टीज की घाटी में, बिलिंघम और विल्टन केन्द्रों में भारी रासायन, प्लास्टिक्स, रेयन, संश्लिष्ट रेशों का उत्पादन होता है। हडर्सफील्ड में रंगों का निर्माण होता है, जिनकी माँग स्थानीय वस्त्रों के उद्योग में रहती है, यहाँ पेण्ट भी तैयार होता है। नॉरविच में भिन्न-भिन्न रसायन उद्योग हैं।

(2) मरसी क्षेत्र में रसायन के प्रमुख केन्द्र रुनकोर्न, वारिंगटन, नोर्थविच, विडनेस, मिडिलविच, सैंडवाच और विन्सफोर्ड हैं। पोर्ट सनलाइट में साबुन और सेंट हेलेन्स में काँच का निर्माण होता है।

3. स्कॉटलैंड में दु-आरडीयर क्षेत्र हैं। बरमिंघम, लन्दन लीड्स और ग्लासगो भी रासायनिक उद्योग केन्द्र हैं।
4. टाइन घाटी व एवन घाटी।

फ्रांस

फ्रांस में रसायन उद्योग के चार प्रमुख क्षेत्र हैं—

(i) बोर्डियो गारोन क्षेत्र, (ii) लियोन्स-मार्सेली क्षेत्र, (iii) लॉरिन क्षेत्र में नमक, कोयला और पोटाश मिलते हैं, जिनसे ब्लीचिंग रंग, रसायन, कार्बन आदि का निर्माण होता हैं, (iv) उत्तर-पूर्व में नॉर्द व पास-दे-केले का क्षेत्र।

इटली

घरेलू कच्चे मालों यथा—गंधक, चूना-पत्थर, सुहागा, मीथेन गैस, जैतून के तेल आदि का उपयोग करते हुए सस्ती जल-विद्युत की सहायता से रसायनों का निर्माण

होता है, जिनमें सल्फ्यूरिक एसिड, कृत्रिम रबर, उर्वरक, काँच, बोरिक एसिड, कारबाइड, कृत्रिम रेशे, सीमेंट आदि प्रमुख हैं। पो नदी के मुहाने पर पेट्रोकेमिकल्स उद्योग स्थित हैं। रसायन निर्माण के प्रमुख केन्द्र मिलान, फेरीरा, रावेन्ना, तेरनी और नेपल्स हैं।

(iv) जापान में रसायन उद्योगों की वृद्धि द्वितीय विश्व युद्ध के पश्चात् तीव्र गति से हुई है। रसायन उद्योगों के 6 प्रमुख क्षेत्र हैं—(i) होकेडो में सुन्गाव केन्द्र हैं, (ii) पश्चिमी होंशु में तोयमा, (iii) शिमोनोसेकी, जो होंशु-द्वीप के दक्षिणी-पश्चिमी सिरे पर हैं। निकट में क्यूशू का यवाता केन्द्र भी है। (vi) ओसाका क्षेत्र, (v) पूर्वी तटीय पेटी में टोकियो, (iv) नागोया क्षेत्र योक्काइची, नीहामा, फुशिकी, ओमुता।

भारत

भारत में रसायन उद्योग के प्रमुख केन्द्र सिंदरी, दुर्गापुर, जमशेदपुर, राउरकेला, भिलाई, नैवेली, विशाखापट्टनम, ट्रोम्बे, बड़ोदा, अहमदाबाद, कानपुर, कोटा, दिल्ली, अमृतसर, कोलकाता, अल्वाये, चेन्नई, बंगलौर, हैदराबाद, मैसूर आदि है। इन केन्द्रों में उर्वरक, सल्फ्यूरिक एसिड, सोडा ऐश, प्लास्टिक्स, काँच, सीमेंट, कृत्रिम रेशे, पेन्ट, रंग, औषधियों आदि का निर्माण होता है।

8

इंजीनियरिंग उद्योग

इन्जीनियरिंग उद्योग की शाखाएँ

इन्जीनियरिंग उद्योग वे होते हैं जिनमें धातुओं से यन्त्र और यन्त्र के कल-पुर्जे व औज़ार बनाये जाते हैं। जिन धातुओं का उपयोग किया जाता है, उनमें सर्वाधिक महत्त्वपूर्ण इस्पात हैं, यद्यपि अलौह धातुएँ, मुख्य रूप से एलुमिनियम और ताँबा भी कुछ उद्योगों में आवश्यक होते हैं।

इन्जीनियरिंग उद्योग की अनेक-शाखाएँ हैं; जिनमें निम्नलिखित 6 प्रकार के निर्माण किये जाते हैं:

(1) वस्त्र बुनने की मशीनों, खान खोदने की मशीनों, जमीन को काटने, खोदने, सड़क बनाने आदि की मशीनों का निर्माण।

(2) मशीनी उपकरणों का निर्माण जैसे—काटने, खरादने, रंदा करने, तोड़ने, कूटने-पीटने, बेलने, छिद्र करने, मरोड़ने, कसने आदि के औज़ार, जिनकी मदद से यन्त्र, मोटर गाड़ियाँ, रेल के इंजन, जलपोत व सभी प्रकार की मशीनें बनाई जाती हैं।

(3) बिजली के यन्त्रों, मुद्रण की मशीनों व घरेलू प्रयोग में काम आने वाले उपकरणों का निर्माण।

(4) कम्बाइन मशीनों, खेती यन्त्रों, ट्रेक्टरों, हैरो-यन्त्रों आदि का निर्माण।

(5) मोटर गाड़ियों, ट्रकों, रेल के इंजनों, साइकिलों और वायुयानों का निर्माण।

(6) जल-पोतों, पनडुब्बियों का निर्माण।

इंजीनियरिंग उद्योग की विशेषताएँ

(1) इंजीनियरिंग उद्योगों में साधारणतः बिजली की लागत कम ही होती है। इसलिए इंजीनियरिंग उद्योगों की स्थापना में जगह की अधिक महत्ता होती है।

(2) इंजीनियरिंग उद्योगों की आवश्यकताओं में सबसे प्रमुख आवश्यकता इस्पात की सप्लाई की होती है। इस्पात व अन्य धातुओं की आवश्यकता हर उद्योग के लिए अलग-अलग मात्राओं में होती है। उदाहरण के लिए किसी महासागरीय पोत के निर्माण के लिए इस्पात की अधिक मात्रा आवश्यक होती है और घड़ी या मीटर बनाने के लिए कम मात्रा। इसलिए इस्पात की सप्लाई का पोत-निर्माण उद्योग की स्थिति पर बहुत गहरा प्रभाव पड़ता है और घड़ी निर्माण के लिए इसका इतना प्रभाव नहीं पड़ता है।

(3) निर्माण के द्वारा पदार्थ के मूल्य में भारी बढ़ोतरी हो जाती है, जैसे कि किसी मोटरगाड़ी अथवा टाइप-राइटर या वायुयान के निर्माण में जितनी धातु का प्रयोग होता है, उस धातु के मूल्य की तुलना में इन निर्मित वस्तुओं का मूल्य बहुत अधिक हो जाता है।

(4) बहुत से इंजीनियरिंग उद्योगों में थोड़ी बहुत मात्रा में एकीकरण अथवा सज्जीकरण (assembling) होता है; जिनमें अन्य उत्पादकों द्वारा निर्मित कल-पुर्जों और हिस्सों को अन्य इकट्ठा किया जाता है।

(5) क्योंकि इंजीनियरिंग उद्योगों में कच्चे मालों व शक्ति-आपूर्ति की कम मात्राएँ जरूरी हैं, क्योंकि इनकी उत्पादित सामग्री के परिवहन में लागत अधिक लगती है। इसलिए ऐसे उद्योग बाजार के निकट स्थापित होते हैं, अर्थात् जिन क्षेत्रों में जिन मशीनों का उपयोग हैं, उन क्षेत्रों में मशीनों व मशीनी उपकरणों का निर्माण किया जाता है।

(6) इंजीनियरिंग उद्योगों में उत्पादित पदार्थों का आकार बढ़ जाता है; उनमें से कुछ टूटने वाले भाग होते हैं; इसलिए उनके रख-रखाव में बड़ी सावधानी बरतनी होती हैं, व उनका परिवहन अपेक्षाकृत जटिल और महँगा होता है।

1. कल-पुर्जों व मशीनों का निर्माण

मशीनी उपकरणों के निर्माण का उद्योग आकार में लघु होते हुए भी आधारभूत

महत्त्व का है। मशीनी उपकरणों के द्वारा ही दूसरी मशीनों का निर्माण होता है। मशीनी उपकरणों की मदद से मशीनों के ऐसे कल-पुर्जे निर्मित किये जाते हैं, जो परस्पर परिवर्तित किए जा सकते हों। मशीनी उपकरणों के द्वारा ही व्यापक मात्रा में उत्पादन सम्भव हो जाता है।

विभिन्न प्रकार की खराद-मशीनों (लेथों), प्रैस मशीनों, बरमों, छीलने-काटने-कतरने वाले औजारों, शेपरों व थ्रेडिंग मशीनों को बनाने के लिये—(i) उच्च श्रेणी के तथा अत्यन्त कठिन इस्पात की आवश्यकता होती है। (ii) इस उद्योग के लिये बड़े कुशल और तकनीकी कुशल श्रमिकों की आवश्यकता होती है; इसलिए ये उद्योग उन प्रदेशों में विकसित होते हैं, जो निर्माण उद्योगों में प्रौढ़ता प्राप्त कर चुके हैं।

मशीनी उपकरणों और मशीनों के प्रमुख निर्माणकर्ता देश निम्नलिखित हैं—

पूर्व सोवियत संघ

पूर्व सोवियत संघ मशीनी-उपकरणों और मशीनों के उत्पादन में विश्व में प्रथम स्थान रखता है। आधुनिक प्रकार के मशीन निर्माण में सोवियत संघ ने उच्च दक्षता प्राप्त कर ली है, तथा इसकी मदद से ही इस देश के वैज्ञानिकों व इन्जीनियरों ने अन्तरिक्ष में घूमने वाले कृत्रिम उपग्रहों (स्पूतनिकों) की एक शृंखला स्थापित की है।

पूर्व सोवियत संघ में सभी प्रकार की औद्योगिक मशीनों, वैज्ञानिक यन्त्रों, विद्युत् यन्त्रों, वेधशाला वायुयानों, खेती यन्त्रों व युद्ध सामग्री का निर्माण व्यापक पैमाने पर नयी टेक्नोलॉजी तरीकों से होता है।

पूर्व सोवियत संघ में मशीनी-औजारों व मशीनों के निर्माण क्षेत्र निम्नांकित हैं—

1. यूराल क्षेत्र में बड़े केन्द्र **ओर्स्क, चेल्याविबन्स्क, मेगनितोगोर्स्क, स्वर्डलाव्स्क, निझनी-तागिल, सेरोव, पर्म** आदि हैं।
2. मध्य क्षेत्र में औद्योगिक मशीनरी व अन्य प्रकार की मशीनों और उपकरणों के निर्माण के प्रमुख केन्द्र **मास्को, लिपेप्स्क, योरोस्लाव, गोर्की, कालिसिन, तुला, कर्स्क** और **वोरोनेझ** हैं।
3. यूक्रेन क्षेत्र में यह उद्योग बहुत से केन्द्रों में बिखरा हुआ है। वहाँ **कीएव, खारकोव, लवोव, ओदेसा, निकोलाएव, नीपरोपीत्रोवस्क किशिनेव, झदेनोव, लुगांस्क, रोस्तोव, दानेत्स्क** आदि प्रमुख केन्द्र हैं
4. वोल्गा घाटी में **बोल्गोग्राद सारातोव अस्याखां, क्विबीशेव** और **कजान** में मशीनी उपकरणों के उत्पादन में बढ़ोतरी की गई है।

5. ट्रांस काकेशिया में **त्बिलिसी** और **बाकू** में प्रमुख केन्द्र हैं।
6. (i) बेलोरूस में प्रमुख केन्द्र **मिन्स्क** हैं, अन्य केन्द्र **बितेब्स्क मोगिलेव, गोमेल** आदि हैं। (ii) बाल्टिक क्षेत्र में **रीगा, ताल्लिन, कालिनिनग्राद** और **सोवेत्सकी** मशीनी यन्त्रों के निर्माण केन्द्र हैं।
7. लेनिनग्राद क्षेत्र **लेनिनग्राद, पुश्किन, लुगा, पीतरोझावोद्स्क, वोल्खोव** और **नोवोगोरोद** केन्द्रों में मशीन निर्माण उद्योग स्थित हैं।
8. उत्तरी काकेशस में **क्रेस्नोदार, नोवोरोस्सियस्क, आर्मावीर, ग्रोज़्ने** और **माखचकाला** में प्रमुख केन्द्र हैं।
9. सुदूर पूर्व में खाबरोवस्क, कोमसोमोलस्क, ब्लादिवोस्तोक आदि प्रमुख केन्द्र हैं, जिनसे मशीनी उपकरणों व मशीनों का निर्माण होता है।
10. बेकाल क्षेत्र में चेरेमखोवो, इरकुतस्क व उलान उदे और
11. मध्य एशिया के **शानबे, फ्रन्जे, ताशकन्द, समरकन्द, आत्मा आता** आदि केन्द्रों में भी देश को संविधान लागू होने के पश्चात् से मशीनी उत्पादन का विकास किया गया है।
12. पश्चिमी साइबेरिया में सेमिपालातिन्स्क, बरनोल, नोवोसिबिर्स्क, बिधांस्क और तोमस्क में मशीनी उपकरणों का उत्पादन होता है।
13. कजाकिस्तान में **कारागैन्दा** और **सेलिनोग्राद** तथा

संयुक्त राज्य अमेरिका

संयुक्त राज्य अमेरिका में मशीनी उपकरणों का निर्माण मुख्य रूप से 7 क्षेत्रों में होता है– (i) न्यू इंग्लैंड का दक्षिणी भाग, (ii) न्यूयार्क का महानगरीय क्षेत्र, और (iii) इरी व ऑण्टेरियो झीलों के प्रदेश में बफैलो-रोचेस्टर क्षेत्र, (iv) क्वीवलैण्ड-पिट्सबर्ग क्षेत्र, (v) सिनसिनाटी-मिआमी घाटी, (vi) डेट्राइट टोलेडो क्षेत्र, जो मोटरगाड़ियों के निर्माण का भी प्रधान क्षेत्र है, (vii) शिकागो-मिलवाकी क्षेत्र।

इनमें बड़ी झीलों के तटीय केन्द्रों में संयुक्त राज्य का 60% मशीनी उपकरणों का निर्माण होता है। उपरोक्त सातों क्षेत्र उन बाजारों के पास हैं जिनमें अन्य प्रकार की मशीनों का निर्माण करने के लिए उपकरणों की माँग रहती है। संयुक्त राज्य से उपकरणों का निर्यात कनाडा, फ्रांस, ब्रिटेन, इटली आदि देशों को होता है।

पश्चिमी जर्मनी

जर्मनी में निर्मित मशीनी उपकरण विश्व भर में अपनी उत्कृष्टता के लिए

विख्यात हैं। जर्मनी में उच्च श्रेणी के कुशल श्रमिक हैं। औजार निर्माण का प्रमुख क्षेत्र रुर प्रदेश है, जिनमें (i) फ्रैंकफर्ट, (ii) राईन घाटी में स्थित, कोलोन, ऐसेन, डुसेलदोर्फ, (iii) दक्षिणी भाग में स्टटगार्ट और बर्लिन मुख्य निर्माण केन्द्र हैं।

यूनाइटेड किंगडम

ब्रिटेन भी पहले उपकरणों का प्रसिद्ध निर्माता था, किन्तु अब वह संयुक्त राज्य से आयात करता है। प्रमुख क्षेत्र (i) शैफील्ड में ब्रिटेन का 75% औजार निर्माण होता है, (ii) स्काटलैंड में ग्लासगो और (iii) मध्य क्षेत्र में बरमिंघम और कवेन्ट्री, (iv) लंकाशायर क्षेत्र में मानचेस्टर, (v) महानगर लन्दन में मशीनी उपकरणों के निर्माण उद्योग है।

अन्य देश

1. भारत—भारत में मशीनी उपकरणों का निर्माण, बंगलौर, अमृतसर, चंडीगढ़, जलाहाली, पिंजोर, अर्नाकुलम (केरल) कुकरपाली (आन्ध्र प्रदेश), राँची, दुर्गापुर और भोपाल में होता है। इनके अतिरिक्त मशीनों का निर्माण मुम्बई, कोलकाता, चेन्नई, कोयम्बटूर, दिल्ली, अहमदाबाद, कानपुर, फरीदाबाद (हरियाणा), लुधियाना आदि बड़े नगरों में भी विकसित हो रहा है।

2. जापान—जापान के औजार भी विदेश को व्यापक मात्रा में निर्यात होते हैं, औजार निर्माण के प्रमुख शहर कोबे, ओसाका, नागोया, केन्द्र टोकियो, योकोहामा, निगाता और कारत्सू है।

3. स्विट्जरलैण्ड—मशीनी-औजारों के लिए स्विटजरलैण्ड बहुत प्रसिद्ध है। स्विट्जरलैंड में सस्ती जलविधुत प्रचुर मात्रा में उपलब्ध है, और यहाँ के मजदूरों की कुशलता उच्च कोटि की है, इसलिए यह देश इस्पात का बाहर से आयात करके अपने देश में मशीनी-औजारों का निर्माण करता है। प्रमुख निर्माण केन्द्र ज्यूरिख है।

2. मोटर गाड़ी निर्माण-उद्योग

मोटर कारों, बसों, मोटर गाड़ियों, ट्रकों आदि के निर्माण में एकत्रीकरण अथवा सज्जीकरण (assembling) की तकनीकी होती है। मोटर गाड़ी के अनेक भाग विभिन्न प्रकार के निर्माण-उद्योग द्वारा निर्माण किया जाता हैं। उनमें इस्पात, रबर, चमड़े, वस्त्र, अलौह धातुओं, शीशे, प्लास्टिक्स, पेण्ट आदि का उपयोग किया जाता

है। इसलिए मोटर गाड़ी उद्योग में बहुत से निर्माण उद्योगों की निर्मित सामग्री का प्रयोग किया जाता है।

मोटर गाड़ियों के प्रमुख निर्मित देश संयुक्त राज्य अमेरिका, पश्चिमी जर्मनी, जापान, पूर्व सोवियत संघ, यूनाइटेड किंगडम, आस्ट्रेलिया, कनाडा और फ्रांस हैं।

संयुक्त राज्य अमेरिका

संयुक्त राज्य में मोटर गाड़ी उद्योग प्रमुख विनिर्माणी उद्योग है। अमेरिका का जनसंख्या घनत्व अधिक है, जिसकी क्रय-क्षमता ऊँची है, देश में सड़कों का जाल बिछा हुआ है, और मोटर निर्माण की समस्त सुविधाएँ मौजूद हैं। विश्व भर की लगभग 30% मोटर गाड़ियों का निर्माण इस देश में होता है।

1. डेट्रायट क्षेत्र—डेट्रायट नगर फोर्ड मोटर कम्पनी का केन्द्र है। जो विश्व भर में मोटर गाड़ी निर्माण का सर्वाधिक बड़ा केन्द्र है। यह नगर डेट्रायट नदी पर स्थित है, जो ह्यूरन झील की इरी झील से प्राप्त होती है। डेट्रायट के अतिरिक्त इस क्षेत्र में मोटर गाड़ी निर्माण के अन्य प्रमुख केन्द्र लानसिंग, फ्लिण्ट, पोटिआक और टोलेडो हैं। इन समस्त केन्द्रों में मोटर गाड़ियाँ, ट्रकें, भारी माल वाहक गाड़ियाँ, बसें, ट्रैक्टर आदि बनाए जाते हैं। मोटर-कार उद्योग में उपयोग किए जाने वाले सैकड़ों प्रकार के औजार, प्लास्टिक्स के बने हिस्से, तार, शीशे और रबर की वस्तुओं का निर्माण भी इन केन्द्रों में होता है।

2. शिकागो-गैरी क्षेत्र—यथार्थ में शिकागो-गैरी क्षेत्र को डेट्रायट की तुलना में ज्यादा सुविधाएँ प्राप्त हैं, और डेट्रायट का विकास तो हेनरी फोर्ड की व्यक्तिगत छाँट की वजह से हो गया है, वरन् भौगोलिक सुविधाओं के विचार से तो शिकागो-गैरी क्षेत्र डेट्रायट से अधिक उत्तम स्थिति में है। इस क्षेत्र में मोटर गाड़ियों के प्रमुख निर्माण केन्द्र शिकागो, गैरी, साउथबैंड, मुस्केगन और हार्टफोर्ड हैं।

3. मिलवाकी क्षेत्र में मोटर गाड़ी निर्माता केन्द्र मिलवाकी, केनोशा, वोकेगन, बेलोइट और लाकोसे हैं।

4. केलीफोर्निया में अनाहिम में मोटर गाड़ी निर्माण उद्योग का विकास हुआ है।

5. न्यूयार्क क्षेत्र में न्यूयार्क, न्यूजर्सी, फिलाडेलफिया और बाल्टीमोर में मोटरकार्र निर्माण उद्योग स्थित हैं।

6. इरी झील क्षेत्र में क्लीवलैंड सैंडस्को, बफैलों हैं।

7. इण्डियाना पोलिस क्षेत्र में इण्डियाना पोलिस प्रमुख केन्द्र हैं। अन्य केन्द्र कोनर्सविले, शैलबीविले, इवान्सविले आदि हैं।

पूर्व सोवियत संघ

पूर्व सोवियत संघ में बसों, ट्रकों, मोटर गाड़ियों, भारी सामान वाहनों आदि के निर्माण में द्वितीय विश्व युद्ध के पश्चात् से बहुत वृद्धि हुई है। मोटर गाड़ियों के प्रमुख निर्माण में, (i) वोल्गा क्षेत्र में वोल्गोग्राद और उल्यानोवस्क, (ii) मध्य क्षेत्र में मास्को, गोर्की, यारोस्लाव और पावलोवो (iii) साइबेरिया में नावोसिबिर्स्क और क्रेस्नोयार्स्क हैं (iv) यूराल क्षेत्र में चेलयाबिन्स्क व ओरस्क, (v) ओदेसा, यूक्रेन क्षेत्र में लबोव, नीपरोपीतरोझरझिन्स्क, (vi) काकेशिया में तबिलिसी, (vii) ट्रांस काकेशिया में बाकू, (viii) पश्चिमी-उत्तरी क्षेत्र में मिन्स्क, वितेबस्क, लेनिनग्राद।

पश्चिमी जर्मनी

पश्चिमी जर्मनी में भी द्वितीय विश्व युद्ध के बाद से मोटर कार निर्माण ने बहुत विस्तार किया गया है। यह उद्योग विश्व भर में फैला हुआ है। प्रमुख केन्द्र (i) राइन प्रदेश में दुसेलदोर्फ, कोलोन, रसैलहीम, (ii) ब्रीमेन और हेनोवर, (iii) दक्षिणी भाग में स्टटगार्ट और नूरेम्बर्ग हैं, (iv) मध्य में फ्रेंकफर्ट और केसेल। यूरोप के देशों की लगभग 45% मोटर गाड़ियाँ जर्मनी में बनी होती हैं। संयुक्त राज्य में जर्मनी की वोल्सबर्ग में बनायी मोटरें बहुत प्रसिद्ध हैं।

जापान

जापान में मोटर गाड़ी निर्माण में ग्रेट ब्रिटेन को पीछे छोड़ दिया है। जापान में द्वितीय विश्व युद्ध के पश्चात् से मोटर गाड़ी उद्योग में आश्चर्यजनक उन्नति हुई है। जापान विदेशों को मोटर गाड़ियों का निर्यात करता है। यहाँ पर सस्ते श्रमिकों के कारण उत्पादन लागत अपेक्षाकृत बहुत कम रहती है। इसलिए जापानी गाड़ियों की कीमत कम होती है। मोटर गाड़ी निर्माण के प्रमुख केन्द्र क्वागुची, याकोहामा, टोकियो, ओसाका, हिरोशिमा व कोरोमों हैं। जापानी उद्योग आधुनिक तरीदे का, कम्प्यूटर कण्ट्रोल का है। वहाँ हर फर्म अपनी गाड़ी के तमाम हिस्सों और पुर्जों का निर्माण स्वयं करती है। विदेशों में जापानी गाड़ियों की माँग अधिक है।

फ्रांस

फ्रांस भी मोटर गाड़ी के निर्माण हेतु प्रसिद्ध है। प्रमुख निर्माण केन्द्र विलिआंकोर्ट क्लेरमाण्ट, पोइसी, नान्तेरे, पिलन्स, मोण्ट, बिलिआर्ड, ली हेवरे व बोर्डियो हैं।

ग्रेट ब्रिटेन

मोटर गाड़ी के निर्माण उद्योग (i) पूर्व में ल्यूटन, लन्दन, ऑक्सफोर्ड, (ii) मध्य क्षेत्र में बरमिंघम, हेम्पटन, कवेन्ट्री, वोल्वर और (iii) पश्चिमी भाग में लिवरपूल, ग्लासगो, लीलैंड आदि में केन्द्रित हैं। कवेन्ट्री को ब्रिटेन का डेट्रायट कहा जाता है। नए केन्द्र लन्दन के निकट लोंगड्रिज, डागेनहाम और काउले हैं। स्काटलैंड में नवीन केन्द्र लिनवुड और बाथगेट हैं।

इटली

इटली के त्युरिन नगर में लेन्सिया और फिएट कारों के निर्माण केन्द्र स्थापित हैं। फिएट तो अन्तर्राष्ट्रीय व्यापार में इतनी विख्यात हुई है कि पश्चिमी जर्मनी, यूनाइटेड किंगडम और फ्रांस की प्रतियोगिता में फिएट कम्पनी द्वारा बनाई गई 'पीपिल्स कार' पूर्व सोवियत संघ को निर्यात किया गया है। यह फर्म कई प्रकार की गाड़ियाँ बनाती है, जिनमें भारी लॉरी व व्यापारिक वेन से लेकर छोटी गाड़ी तक शामिल होती है। इटली में मोटर कार उद्योग का दूसरा बड़ा केन्द्र मिलान है। अन्य कोमो, केन्द्र, मोदेना और इमोला हैं।

अन्य देश

बसों, मोटर गाड़ियों, ट्रकों आदि का निर्माण यूरोप के अधिकतर सभी देशों में होता है। कनाडा, दक्षिणी अफ्रीका संघ, आस्ट्रेलिया, ब्राजील और भारत में भी मोटर गाड़ियाँ निर्मित होती हैं।

1. ब्राजील में रायो-डि-जेनेरो, केम्पिनास और साओपोलो मोटर कार का निर्माण होता है।
2. आस्ट्रेलिया—जैटलैंड, सिडनी, मेलबोर्न में गीलोंग में मोटर कार निर्माण केन्द्र है।
3. भारत—भारत में मोटर कार, बसें, ट्रक आदि के प्रमुख केन्द्र कोलकाता, मुम्बई, चेन्नई और जमशेदपुर हैं। दिल्ली के निकट भी निर्माण केन्द्र बना रहे है।
4. कनाडा में मोटर कार निर्माण का प्रमुख केन्द्र विंजडजर है, व अन्य केन्द्र मॉण्ट्रियल और टोरण्टो हैं।
5. यूगोस्लाविया में जुबलिआना, मारीबोर और कार्लोवाक मोटर निर्माण केन्द्र हैं।

6. रोमानिया में बुकारेस्त।
7. हंगरी में बुडापोस्त।
8. पोलैंड में लुबलिन और वारसा।
9. चेकास्लोवाकिया में म्लादोबोलेस्लाव।
10. पूर्वी जर्मनी के प्रमुख निर्माण केन्द्र इसेनाच, बर्लिन और जिकाऊ हैं।

3. पोत निर्माण उद्योग

जल-पोत निर्माण एक बहुत ही बड़ा इंजीनियरिंग उद्योग है। यह उद्योग मुख्य रूप से उन देशों में विकसित है। (i) जो लोहे-इस्पात के मुख्य उत्पादक केन्द्र हैं, (ii) उनकी राष्ट्रीय सीमा का कोई भी भाग समुद्र तटीय होता है, (iii) अन्तर्राष्ट्रीय व्यापार करते हैं, (iv) जहाँ गहरा पानी हो। पोत वृहत आकार के होते हैं, और इनके निर्माण की तकनीक में भी प्रमुखता होती है।

पोत-निर्माण के लिए इस्पात की प्लेटों तक गर्डरों की बड़ी मात्राओं में जरूरत होती है। गत 50 वर्षों से पोतों के आकार में वृद्धि होती चली आ रही है, इसलिए पोत के निर्माण केन्द्र ऐसे तटों पर स्थापित किए गए हैं, समुद्र अधिक गहरा होता है, और इस्पात उत्पादन के क्षेत्र पास में होते हैं।

पोत-निर्माण करने वाले देश मुख्य रूप से जापान, यूनाइटेड किंगडम, पूर्व सोवियत संघ, पश्चिमी जर्मनी, संयुक्त राज्य, स्वीडन, फ्रांस, नीदरलैंड्स, इटली, चीन और भारत हैं। पुराने समय में कोयले के जहाज चलाये जाते थे, किन्तु द्वितीय विश्व युद्ध में पेट्रोल से चलने वाले जहाजों का निर्माण हुआ था। अब अधिकांश पेट्रोल का ईंधन उपयोग करने वाले जहाजों की संख्या ही ज्यादा है। सोवियत संघ और संयुक्त राज्य में तो कुछ जलपोत दैत्याकार बनाए गए हैं, जो आणविक शक्ति से चालित होते हैं। अणु शक्ति से चालित जहाजों का प्रयोग मुख्य रूप से सैनिक उद्‌देश्यों के लिए किया जाता है। कुछ जलपोत इतने वृहद् आकार के बने होते हैं कि वे महासागरों में वायुयानों के लिए अड्डा का काम करते हैं। अर्थात् उनके ऊपर बहुत से वायुयान रखे जाते हैं, वे वायुयान उन पोतों पर से ही उड़ानें भरकर वायुमण्डल में जाते हैं, और वापस लौटकर उन पोतों पर ही उतर जाते हैं, इसी तरह उन पोतों पर ही वायुयानों के भी दौड़-मार्ग (run-ways) बने हुए होते हैं। किन्तु थोड़े से पोत ही इतने बड़े आकार के बनाए गए हैं, जो अणु शक्ति चालित होते हैं। साधारण अन्तर्राष्ट्रीय व्यापार व महासागरीय परिवहन के लिए बनाए जाने वाले जलपोत ज्यादातर 5,000 टन की क्षमता से लेकर 20,000 टन तक की क्षमता के

होते हैं। सागर तटीय परिवहन के लिए, अर्थात् किसी देश के सागर तट पर एक पोताश्रय से दूसरे पोताश्रय तक व्यापारिक सामान ढोने अथवा यात्रियों को ले जाने के लिए छोटे आकार के पोत 1,000 टन से 5,000 टन की क्षमता के बनाए जाते हैं। छोटे आकार के पोत की संख्या ही अधिक होती है। पोत निर्माण उद्योग में बहुत-से दूसरे उद्योगों की उत्पादित सामग्री को इकट्ठा अथवा सुसज्जित (assemble) किया जाता है। बहुत से हिस्से भारी और वृहत् आकार के होते हैं। जो निकटवर्ती भारी इंजीनियरिंग के क्षेत्र से प्राप्त किए जाते हैं, किन्तु कुछ छोटे-छोटे भाग व कल-पुर्जे विशेष प्रकार के और बहुत कीमती होते हैं।

जापान में पोत-निर्माण

सम्पूर्ण विश्व में लगभग 40% पोत निर्माण जापान करता है। यहाँ इस उद्योग के विकास के प्रमुख कारण निम्न हैं–

1. उसके अपने राष्ट्रीय व्यापारी जहाजी बेड़े के द्वारा नए जहाजों की माँग व उन दूसरे राष्ट्रों की माँग जिनके जहाज द्वितीय विश्व युद्ध में बहुत बड़ी मात्रा में डूबो दिए गए थे।
2. सुसंगठित और दक्ष किन्तु बहुत सस्ते श्रमिकों की प्राप्ति।
3. पोत निर्माण के लिए उत्तम श्रेणी के पोताश्रय और खाड़ियाँ।
4. जापान ने भारत से लौह-अयस्क (ore) का आयात करके अपने देश में इस्पात निर्माण की मात्रा में कई गुना वृद्धि कर ली है। इस्पात मिलें पोत-निर्माण केन्द्रों के निकट अवस्थित हैं, जिसकी वजह से परिवहन लागत कम है और जापान में जहाज निर्माण के लिए अधिकाधिक मात्रा में इस्पात का निर्माण होता चला गया है।
5. जापान ने जलपोतों के निर्माण की नवीन प्रणाली और तकनीक का विकास किया था, जिसके द्वारा जलपोतों का निर्माण पुराने तरीके की तुलना में अधिक तीव्र गति से होने लगा था।
6. इसलिए डिलवरी की तारीखों पर पोतों का निर्यात करना आसान हो गया था। इससे व्यापार में वृद्धि हुई।
7. पोतों के नए-नए डिजाइन तैयार किए गए हैं।
8. डीजल तेज से चलने वाले पोतों और महापोतों के निर्माण पर विशेष ध्यान दिया गया है।

अब जापान ब्रिटेन की तुलना में 5 गुने पोत निर्माण करता है। निर्माण के प्रमुख क्षेत्र 4 हैं– (i) नागासाकी-शिमोनोसेकी क्षेत्र क्युशू द्वीप के

पश्चिमी तट पर है। (ii) हिरोशिमा क्षेत्र आन्तरिक सागर तट पर है। तामाशिमा भी एक निर्माण केन्द्र है। (iii) कोबे-ओसाका क्षेत्र जो आन्तरिक सागर तट पर है। (iv) योकोहामा क्षेत्र जो टोकियों के निकटस्थ है।

पूर्व सोवियत संघ

पूर्व सोवियत संघ की उत्तरी सीमा पर आर्कटिक सागर, पूर्वी सीमा पर प्रशान्त महासागर से मिले ओखोटस्क सागर और जापान सागर, व पश्चिम से काला सागर और बाल्टिक सागर हैं। इस प्रदेश में सभी प्रकार के पोतों निर्माण होता है। अधिकांशतः पोत पेट्रोलियम से चलने वाले हैं, किन्तु कुछ विशेष प्रकार के विशाल आकार के पोत अणुशक्ति द्वारा चालित हैं। उदाहरण के लिए उत्तर में आर्कटिक महासागर की बर्फ को तोड़ने वाले या अण्टार्कटिक महासागर के अन्वेषण करने वाले पोत अणुशक्ति द्वारा चलाए जाते हैं। कुछ अणशक्ति द्वारा चलने वाले विशालकाय युद्धपोत भी उदाहरण के तौर पर जाते हैं।

पूर्व सोवियत संघ में पोत निर्माण के केन्द्र (i) आर्कटिक महासागर के श्वेत सागर में आर्केन्जलस्क, (ii) बाल्टिक सागर तट पर तल्लिन, लेनिनग्राद, रीगा और कालिनीनग्राद, (iii) कालासागर पर ओदेसा, निकोलाएव, रोस्तोव और सेवोस्तोपोल, (iv) पैसिफिक तटीय क्षेत्रों में ब्लादिवोस्तोक और कोमसोमोलस्क, (v) आन्तरिक जलमार्गों के द्वारा परिवहन के लिए छोटे पोतों के निर्माण केन्द्र कास्पियन सागर पर बाकू और अस्त्राखां में, व वोल्गा नदी पर वोल्गोग्राद आदि में बनाए जाते हैं।

पश्चिमी जर्मनी में पोत-निर्माण

द्वितीय विश्व युद्ध के पश्चात् जर्मनी के सभी पोत मित्र राष्ट्रों को इस बहाने से मिल गए थे कि जर्मनी ने उनके पोतों को डुबोया था। इसके अतिरिक्त जर्मनी पर कठिन प्रतिबन्ध भी लगा दिए गए थे जिससे वह पोत-निर्माण नहीं कर सके। सन् 1951 में ये प्रतिबन्ध खुल गए। उसके उपरांत पश्चिमी जर्मनी ने तेज गति से पोत-निर्माण में वृद्धि की है। पोत-निर्माण के प्रमुख प्रांगण (याईस) हेमबर्ग, ब्रीमर, ब्रीमेन, हेवेन और कील हैं। कील में युद्ध पोतों का निर्माण केन्द्र भी है। पोत निर्माण के छोटे पोताश्रय एम्डेन, रेण्डजबर्ग, ल्यूबेक और फ्लेन्सबर्ग हैं। जर्मनी ने भी जापान की तरह डीजल से चलने वाले टैंकर पोतों का निर्माण किया गया है। राइन नदी पर स्थित डुईबर्ग और कोलोन में नदियों और नहरों के द्वारा आन्तरिक परिवहन के लिए बड़ी नौकाएँ निर्मित की जाती हैं।

संयुक्त राज्य अमेरिका

संयुक्त राज्य में लोहे-इस्पात के केन्द्र महासागरीय तट से कुछ.दूरी पर स्थित है। इसलिए परिवहन लागत में वृद्धि हो जाती है। इस देश में मजदूर भी महँगे हैं। इसलिए दूसरे देशों की प्रतिस्पर्धा में अमेरिकन पोत-निर्माण उद्योग को बनाए रखने के लिए अमेरिकी सरकार मदद देती है। पोत-निर्माण केन्द्र निम्नांकित हैं–

1. गल्फ के पोताश्रयों में न्यू हाउसटन, ओर्लियन्स, ब्यूमोण्ट में पोत-निर्माण होता है।
2. पश्चिमी तट पर पोर्टलैंड, सीएटिल, टेकोमा और सेनफ्रांसिस्को में पोत-निर्माण उद्योग हैं।
3. बड़ी झीलों के प्रदेश में झील तटों पर शिकागो, क्लीवलैंड, डेट्रायट और बफैलो में झीलों के द्वारा परिवहन हेतु पोत बनाए जाते हैं।
4. एटलांटिक तट पर न्यूयार्क, केमडन फिलाडेलफिया, बोस्टन, क्विन्सी, पोइण्ट, चेस्टर, स्परोज, न्यूजपोर्ट।

यूनाइटेड किंगडम

ग्रेट ब्रिटेन एक लम्बे समय तक अग्रणी पोत-निर्माता रह चुका है। उसकी प्रगति का प्रमुख काल 1890 से 1990 के बीच का था, जब वह सागर के व्यापारी बेड़े का 75% पोत निर्माण करता था। 1900 में भी वह विश्व का 60% पोत-निर्माण करता था। उसके पश्चात् ब्रिटेन का अन्तर्राष्ट्रीय व्यापार कम होने लगा और पोत-निर्माण भी कमी आती चली गयी। 1957 में जापान ने ब्रिटेन को पीछे छोड़ दिया।

यूनाइटेड किंगडम में पोत-निर्माण के प्रमुख क्षेत्र 5 हैं–

(i) मरसी नदी की एस्चुअरी में बर्किनहैड, (ii) उत्तरी-पूर्वी इंग्लैंड में राइन नदी की एस्चुअरी और वीयर व टीज नदियों की एक्चुअरीज (iii) क्लाइडसाइड (पश्चिमी स्काटलैंड में), (iv) पश्चिमी तट पर वारो और (v) उत्तरी आयरलैंड में बेलफास्ट। एबरडीन, साउथम्पटन, हल, लीय और डण्डी में छोटे-छोटे पोत और मत्स्य का निर्माण होता है।

अन्य यूरोपीय देश

1. **नार्वे**–स्तावन्गेर, ओस्लो और बर्जेन में पोत निर्माण का उद्योग है।
2. **स्वीडन**–उददेवल्ला पालमे और गोटेबर्ग में पोत का निर्माण होता है।

3. इटली—इटली में पोत-निर्माण के केन्द्र जेनोआ, तरन्तो, वेनिस, ला-स्पीजिया, त्रीस्त, सेवोना, रोम, नेपिल्स, मेसिना, पालर्मो आदि हैं।

4. नीदरलैंड्स—डच लोग बहुत समय से पोत निर्माता रहे हैं। आधुनिक युग में रोटरडम एम्स्टरडम और श्चूसडेन में पोत निर्माण के केन्द्र हैं नीदरलैंड्स ने पोतों की मरम्मत करने में प्रसिद्धि हासिल कर ली है।

5. फ्रांस—फ्रांस में पोत निर्माण प्रमुख क्षेत्र लॉयर नदी की एस्चुअरी है, जिसमें नान्टीज, सैंट नजायरे केन्द्र हैं। दूसरे केन्द्र मारसेली, लोरिएन्त, दंकर्क, ब्रेस्त और तूलोन हैं। जिसमें व्यापारी पोत का निर्माण होता है।

चीन

चीन में पोत निर्माण के प्रमुख केन्द्र शंघाई, टीन्टसिन और डेरिन है। हांगकांग में भी पोत की निर्माण होता है।

भारत

भारत में पोत निर्माण के प्रमुख केन्द्र कोचीन, विशाखापतनम, मुम्बई और गोआ हैं।

रेल इंजनों और गाड़ियों का निर्माण

यद्यपि मोटर गाड़ियों और वायुयानों के दिन-प्रतिदिन बढ़ते हुए उपयोग के कारण यात्रियों के लिए रेलगाड़ियों का महत्त्व कम होता जा रहा है, फिर भी माल ढोने के लिए रेल परिवहन का कुछ महत्त्व बना हुआ है।

संयुक्त राज्य अमेरिका

संयुक्त राज्य में विश्व की लगभग 30% रेलगाड़ियों का निर्माण होता है। रेल इंजन बनाने के तीन प्रमुख केन्द्र हैं—(i) शिकागो जो विश्व का सबसे बड़ा रेलवे स्टेशन भी है, (ii) ऐडीस्टोन (फिलाडेलफिया के निकट) स्थित है। (iii) स्केनेकटेडी, ये सभी केन्द्र इस्पात निर्माण केन्द्रों के निकट हैं।

रेल इंजन तीन प्रकार से बनाए जाते हैं—(i) भाप से चलने वाले, (ii) डीजल से चलने वाले और, (iii) विद्युत शक्ति से चलने वाले इंजन। वर्तमान में संयुक्त राज्य में डीजल से चलने वाले इंजन ही सबसे ज्यादा महत्त्वपूर्ण हैं। रेलवे द्वारा ढोये

जाने वाले माल का 80% और रेलवे यात्रियों का 82% परिवहन डीजल इंजनों के द्वारा होता है।

रेलगाड़ियों के डिब्बो व अन्य औजारो का निर्माण शिकागो, पीट्सबर्ग, डेट्रायट, फिलाडेल्फिया, सेंटलुई, क्लीवलैंड और न्यूयार्क में होता है।

पूर्व सोवियत संघ

विश्व में सबसे बड़ा और सभी देशों से ज्यादा लम्बा रेलमार्ग पूर्व सोवियत संघ में है। रेलवे इंजनों और रेलगाड़ियों के निर्माण केन्द्र—(i) यूक्रेन में लुगांस्क, ब्रयांस्क, चराजनोव और नीपरोपीतरोवस्क। (ii) मध्य क्षेत्र में कोलम्बा और वीरोशिलोवग्राद। (iii) उत्तर में लेनिनग्राद। (iv) यूराल क्षेत्र में निझनी तागिल और ओरस्क। (v) साइबेरिया में क्रास्नोयार्स्क और उलान उदे। (vi) मध्य एशिया में ताशकंद और फ्रुंजे हैं।

यूनाइटेड किंगडम

रेलवे रोलिंग स्टॉक का दूसरा सर्वाधिक बड़ा निर्माता ग्रेट ब्रिटेन है, जो भाप के इंजन और रेलगाड़ियों का मुख्य स्थान है। द्वितीय विश्व युद्ध के पश्चात् ग्रेट ब्रिटेन में उत्पादन कम होने लगा है, क्योंकि भारत को होने वाला निर्यात बन्द हो गया है। दक्षिणी अमेरिका और अफ्रीका के देशों को अब भी ब्रिटेन के इंजन और डिब्बे निर्यात किये जाते हैं।

ब्रिटेन में रेल इंजन और गाड़ियों के निर्माण केन्द्र क्रेवे, यॉर्क, स्विडन, ईस्टले एशफोर्ड (कैण्ट में) डर्बी, बरमिंघम, हार्विच और ग्लासगो हैं। ब्रिटेन में भी रेलों का विद्युतीकरण किया जा रहा है। विद्युत इंजनों के निर्माण केन्द्र स्टेफोर्ड प्रेस्टन, रगबी और मानचेस्टर हैं।

जापान

जापान में रेलवे स्टॉक निर्माण ने बड़ी तेजी से प्रगति की है। प्रमुख निर्माण केन्द्र टोकियो, ओसाका, नागोया, कोबे और हिरोशिमा हैं। अन्य केन्द्र हिती, निगाता, मितो, शिगा, क्वोतो आदि हैं। जापान में रेलों का विद्युतीकरण हो गया है।

अन्य देश

1. भारत—भारत में (i) रेलवे इंजन बनाने के प्रमुख केन्द्र चितरंजन,

जमशेदपुर और वाराणसी में हैं। (ii) रेलगाड़ियों का निर्माण बंगलोर, पेराम्बूर व बहुत-सी रेलवे वर्कशापों में होता है।

2. चीन—चीन में रेलवे उद्योग के केन्द्र टिन्टसिन, लिआओनिंग, शंघाई, चुंकिंग इत्यादि हैं।

3. इटली—इटली में त्यूरिन, जेनोआ, मिलान व गुनिओं में रेलवे इंजन निर्मित होते हैं।

4. फ्रांस—पेरिस, बिलिआन्कोर्ट, ली-क्रियोजोट और सेंट एटीन रेलवे निर्माण केन्द्र हैं।

5. पश्चिमी जर्मनी—पश्चिमी जर्मनी में रेलवे इंजन व गाड़ियों और उपकरणों के निर्माण केन्द्र म्यूनिख, कासेल, ऐसेन व एसिलिंगेन प्रमुख हैं।

वायुयान निर्माण उद्योग

वायुयान निर्माण उद्योग विकसित और धनी देशों में किया जाने वाला उद्योग है, विशेषतः उन देशों में जिनकी सैन्य शक्ति बलवान होती है। वायुयानों में बहुत से भागों और कल-पुर्जों को इकट्ठा किया जाता है। इनमें चार प्रमुख भाग होते हैं—(i) इंजन, (ii) वायुयान ढाँचे (फ्रेम), आदि। (iii) प्रोपेलर्स और (iv) यन्त्र जैसे गति नापने के मीटर रेडियो यन्त्र, वातानुकूलन यन्त्र आदि।

वायुयान उत्पादन करने वाले प्रमुख देश संयुक्त राज्य अमेरिका, फ्रांस, पं. जर्मनी, पूर्व सोवियत संघ, ग्रेट ब्रिटेन, कनाडा, इटली आदि हैं। वायुयान निर्माण के प्लांट की स्थिति पर लोहे-इस्पात का या बाजार का कोई असर नहीं पड़ता। इसके लिए खुली हुई जमीन और अच्छे मौसम की जरूरत होती है।

संयुक्त राज्य में वायुयान निर्माण

संयुक्त राज्य अमेरिका ही वायुयानों का सबसे निर्माता और प्रयोग कर्ता है। यहाँ की जनता अमीर है, और इसमें उच्च स्तरीय औद्योगिक उत्पादन क्षमता है। संयुक्त राज्य में अन्तर्राष्ट्रीय वायु परिवहन व आन्तरिक वायु परिवहन दोनों ही अच्छी तरह विकसित हैं। इस देश की सैन्य शक्ति भी बहुत बड़ी मात्रा में वायुयानों को उपयोग करती है। वायुयानों के इंजनों का निर्माण मशीनों के द्वारा होता है, और उनके ढाँचों का निर्माण मुख्य रूप से हाथों द्वारा होता है। प्रमुख निर्माण क्षेत्र निम्न हैं—

1. केलिफोर्निया में वायुयानों के निर्माण का सबसे बड़ा क्षेत्र है, सेन डीगो, जिसमें लॉस ऐंजिलीस, लौंग बीच और सान्ता मोनिका प्रमुख केन्द्र हैं। पूर्वी क्षेत्र से इंजनों से मंगाकर इन केन्द्रों में वायुयान तैयार किए जाते हैं।

द्वितीय विश्व युद्ध से पहले वायुयान निर्माण का केवल यही एक क्षेत्र था, किन्तु युद्ध काल में सैनिक महत्त्व के विचार से वायुयान निर्माण को देश के अन्दरूनी भागों में भी विकसित किया गया था। आधुनिक युग में वायुयान उद्योग का लगभग 30% निर्माण लॉस ऐंजिलीस और सान डिएगो में होता है। अब इन केन्द्रों में प्रक्षेपास्त्रों (missiles) का भी निर्माण होता है। इनके अतिरिक्त वायुयान उद्योग से जुड़े अन्य सहयोगी उद्योगों का, वैज्ञानिक यन्त्रों का और इलेक्ट्रोनिक्स के औजारों का निर्माण भी इन केन्द्रों में होता है।

2. टैक्सास का स्थान द्वितीय है। युद्ध काल में वायुयान उद्योग का विकास दो प्रमुख केन्द्रों डलैस व फोर्ट बर्थ में किया गया था। यहाँ की युद्ध नीति की अनुकूल स्थिति, उपयुक्त जलवायु और सामान्य कीमतों में पर्याप्त समतल जमीन की सुविधाएँ हैं।

3. सीएटल केन्द्र पश्चिमी तट पर उत्तरी भाग में है, जो सबसे बड़े आकार के बोइंग विमानों का निर्माणकर्ता है। यहाँ भारी वायुयानों का व लम्बी रेंज के प्रक्षेपास्त्रों का निर्माण होता है।

4. वायुयानों के इंजनों का निर्माण पूर्वी क्षेत्रों में किया जाता है। एटलांटिक तटीय केन्द्र बाल्टीमोर, इस्ट हारफोर्ड, फार्मिंग डेल, वुडरिज, न्यूजर्सी, लोंग आइलैंड व ट्रेन्टन हैं। इनमें इंजनों के अतिरिक्त वायुयानों के दूसरे यन्त्रों का निर्माण भी होता है।

5. (i) झीलों के क्षेत्र में डेट्रायट, मिलवाकी, शिकागो, क्लीवलैंड और बफैलो में वायुयान इंजनों और यन्त्रों के निर्माण केन्द्र हैं। (ii) झीलों के दक्षिण में सिनसिनाटी, मुस्केन, इण्डियानापोलिस, कोलम्बस और सेंट लुई में वायुयान उद्योग केन्द्र हैं। कन्सास राज्य में विचिता भी एक बड़ा केन्द्र है।

पूर्व सोवियत संघ में वायुयान निर्माण

द्वितीय सबसे विशाल वायुयान निर्माता देश पूर्व सोवियत संघ है। इस देश की जमीन का विस्तार पश्चिम से पूर्व को लगभग आधे ग्लोब में फैला है, इसका क्षेत्रफल सम्पूर्ण पृथ्वी के थलखंड से लगभग 1/7 के समान है, इसकी जमीन अधिकतर मैदानी हैं, व यह उच्च स्तरीय औद्योगिक प्रगति का देश है, इसलिए इस देश में वायुयान परिवहन के विकास की सभी सुविधाएँ प्रमुख हैं।

पूर्व सोवियत संघ में वायुयानों निर्माण के उद्योग के प्रमुख क्षेत्र निम्नांकित हैं—

1. मास्को-गोर्की क्षेत्र, जो भिन्न-भिन्न प्रकार के इंजीनियरिंग उद्योगों का और मुख्य रूप से मोटरकार निर्माण का प्रमुख क्षेत्र है।
2. यूक्रेन क्षेत्र में किएव व खारकोव दोनों ही वायुयान उद्योग के केन्द्र हैं। इस क्षेत्र में अन्य केन्द्र रोस्तोव, ताम्बोव, ओसियेन्को हैं।
3. यूराल क्षेत्र में स्वर्दलोवस्क, चेल्याबिन्स्क, क्वीबीशेव और पर्म में वायुयान उद्योग स्थापित हैं।
4. वोल्गा बेसिन में कजान एवं कोत्किन्स।
5. साइबेरिया में क्रेस्नोयार्स्क, नोवोसिबिर्स्क व
6. सुदूर पूर्व में कोमसोमोल्स्क और खावरोवस्क वायुयान उद्योग केन्द्र हैं।

वायुयान निर्माण एक कठिन और सूक्ष्म परख का उद्योग है। पूर्व सोवियत संघ ने नए-नए डिजाइनों के वायुयानों का आविष्कार किया है। इसमें बड़े निपुण श्रमिकों का योगदान होता है।

अन्य देश

1. ग्रेट ब्रिटेन—वायुयान निर्माण में ग्रेट ब्रिटेन बहुत दिनों तक अग्रणी रहा था। किन्तु आज के वैज्ञानिक उत्थान के युग में टेक्नोलॉजी इतनी तेज गति से विकसित हो रही है कि कोई वायुयान पूरा तैयार होकर जैसे ही फैक्ट्री से बाहर आता है कि तब तक किसी दूसरे नए डिजाइन का आविष्कार हो चुका होता है, और वह निर्मित वायुयान पुराने तरीके का माना जाता है। इस वजह से बहुमूल्य वायुयानों के निर्माण में पूँजी लगाने के बदले, ब्रिटेन ने 1957 से प्रक्षेपास्त्र (मिलाइल्स) बनाना प्रारम्भ कर दिया था।

ब्रिटेन में वायुयान निर्माण के केन्द्र—(i) वृहत-लन्दन क्षेत्र में, किंग्सटन, ल्यूटन, हैटफील्ड, हायेस, डागेनहास और वेब्रिज में स्थित हैं। (ii) मध्य क्षेत्र में कवेन्ट्री व वोल्वर हैम्पटन में, और (iii) दक्षिणी ब्रिटेन में साउथेम्पटन व ईस्ट कोव में वायुयान उद्योग हैं।

2. फ्रांस—फ्रांस में बोर्डियो, टुलहाउस, तालबेस और पेरिस वायुयान उद्योग केन्द्र हैं। उत्पादन की वृद्धि करने में विकास-लागत को घटाने करने के लिए ग्रेट-ब्रिटेन और फ्रांस ने परस्पर मिलकर वायुयान निर्माण योजना बनाई है।

3. जापान—जापान में वायुयान निर्माण के प्रमुख केन्द्र ताचिकावा, तनाका, मिताका, नागोया, गिफू, आकाशी और निशिंनोमिया हैं।

4. चीन–चीन में वायुयान निर्माण केन्द्र पेकिंग, शेनयांग, हार्बिन हैं।

5. आस्ट्रेलिया–आस्ट्रेलिया के दक्षिणी-पूर्वी तटीय क्षेत्रों में पैराफील्ड, मैलबोर्न, बैंक्सटाउन और ब्रिसवेन में वायुयान उद्योग अवस्थित हैं।

कृषि यन्त्रों का निर्माण उद्योग

कृषि फार्म के लिए ट्रैक्टर, फसल काटने के लिए हैरो यन्त्र व इकट्ठा करने की कम्बाइन मशीनें, फुहारों से सिंचाई करने वाले स्प्रिंक्लर, भूसा और अनाज अलग करने की थ्रेशर मशीन, और उपज को ढोने के लिए ट्रैक्टर के साथ जोड़ी जाने वाली ट्राली आदि का निर्माण पश्चिमी यूरोपीय देशों, जापान, चीन, पूर्व सोवियत-संघ, संयुक्त राज्य, भारत, आस्ट्रेलिया, कनाडा आदि देशों में होता है। खेती में यन्त्रों का उपयोग दिन-प्रतिदिन बढ़ता जा रहा है। पूर्व सोवियत संघ, संयुक्त राज्य और यूरोपीय देशों में तो खेती उद्योग का पूर्णतया यन्त्रीकरण कर दिया गया है।

पूर्व सोवियत संघ

कृषि यन्त्रों के उत्पादन में अब पूर्व सोवियत संघ विश्व भर में प्रथम स्थान रखता है। पूर्व सोवियत संघ में खेती के बहुत विशाल फार्म हैं, और सामूहिक खेती की जाती है। इस देश में समस्त खेती फार्मों का पूर्ण यन्त्रीकरण किया जा चुका है।

पूर्व सोवियत संघ में खेती यन्त्र निर्माण का उद्योग अधिकांशतः लौह-इस्पात निर्माण के क्षेत्रों में अवस्थित है। इनके बहुत से केन्द्र निम्नांकित हैं–(i) सुदूर पूर्व में त्याम्दा और खाबरोवस्क में खेती यन्त्रों का निर्माण होता है, जिनमें ट्रैक्टर, हार्वेस्टर, कम्बाइन थ्रेशर आदि का निर्माण वृहत् मात्रा में होता है, (ii) बेकाल के पश्चिम में चेरेमखोव और तायेशेत, और

(iii) मध्य एशिया में ताशकन्द और फ्रुंजे, (iv) कजाकिस्तान में कारागैंदा, (v) ट्रांस काकेशिया में बाकू, (vi) उत्तरी काकेशस में तबिलिसि, (vii) वोल्गा घाटी में वोल्गोग्राद, सारातोव कुईबिशेप, (viii) लेनिनग्राद, (ix) बेलोरूस में मिन्स्क, विलिनिअस व बाल्टिक क्षेत्र में रीगा, (x) पश्चिमी साइबेरिया में नोवोसिबिर्स्क, मिनुसिंस्क, प्रोकोपयेवस्क, बरनोल, (xi) यूराल क्षेत्र में चेल्याबिंसक, ओर्स्क, ओरेन बर्ग, यूराल, स्वर्दलोवस्क, निझनी-तागिल, पर्म, उफा, (xii) यूक्रेन क्षेत्र में जापोरोझे, किएव, खारकोव, नीपरोझरझिन्स्क, रोस्तोव, (xiii) मध्यवर्ती क्षेत्र में यारोस्लाव, ल्यूबर्त्सी, मास्को, गोकी।

पूर्व सोवियत संघ खेती के यन्त्रों का निर्यात करता है जो एशियाई और अफ्रीका देशों को जाते हैं। विश्व भर में सबसे बड़ा ट्रैक्टर उत्पादक केन्द्र पूर्व सोवियत संघ का चेल्याबिंस्क है।

संयुक्त राज्य अमेरिका

संयुक्त राज्य में खेती यन्त्रों के निर्माण केन्द्र मुख्य रूप से खेती क्षेत्रों और बाजारों के समीप स्थित हैं। इसकी मशीनरी भारी होती है और इसकी परिवहन लागत भी ऊँची होती है। खेती यन्त्र निर्माण के प्रमुख क्षेत्र निम्नांकित हैं।

1. शिकागो-मिलवाकी क्षेत्र, यह केन्द्र खेती यन्त्रों का सबसे बड़ा उत्पादक हैं। यथार्थ में इस क्षेत्र को 'उपकरण पेटी' (implement belt) का नाम दिया गया है। अमेरिकन खेती यन्त्र निर्माण का लगभग 75% उत्पादन इस क्षेत्र में होता है। इसके प्रमुख केन्द्र शिकागो, मिलवाकी, साउथबैड, रेसाइन, इण्डियानापोलिस, डेट्रायट, लुईविले, सोलाइनपिओरिया, स्प्रिंग फील्ड और रिचमोण्ड हैं। लुइविले में अमेरिका का सबसे बड़ा ट्रैक्टर कारखाना है। यह क्षेत्र गैरी आदि उत्पादन के केन्द्रों के निकट है, व कृषि क्षेत्रों के निकट है। यहाँ कोयला और प्राकृतिक गैस भी उपलब्ध है।

2. कैलिफोर्निया में खेती यन्त्रों के निर्माण के केन्द्र बेकर्सफील्ड, स्टॉकटन, फ्रेसनो, सेक्रामेन्टो, लॉसऐंजिलीस, सेन डीगो, सेन फ्रांसिस्को और सेनजोंस हैं। संयुक्त राज्य अपनी जरूरत पूर्ति के पश्चात् खेती यन्त्रों का कनाडा, आस्ट्रेलिया, अर्जेंटाइना, न्यूजीलैण्ड आदि देशों को निर्यात कर देता है।

3. न्यू इंग्लैंड में छोटे उपकरणों के उत्पादन में विशेषीकरण हो गया है।

जापान

जापान में खेती के फार्म बहुत ही छोटे आकार के होते हैं। उस देश में जमीन का अधिकांश भाग पहाड़ी है। और खेती योग्य जमीन सिर्फ 14% थल क्षेत्र पर है। जनसंख्या की सघनता अत्यधिक होने के कारण जापान छोटे-छोटे फार्मों पर सघन खेती करता है। अपने देश की जरूरतों की पूर्ति के लिए ट्रैक्टरों और छोटे कृषि यन्त्रों का आविष्कार किया है। धान बोने, रोपाई करने, जमीन जोतने, फसल काटने, धान कूटने, निराई-गुड़ाई करने आदि के हल्के यन्त्रों का निर्माण जापान में किया जाता है।

कृषि यन्त्रों के प्रमुख निर्माण केन्द्र वे ही हैं जिनमें अन्य प्रकार की मशीनरी का निर्माण किया जाता है।

(i) टोकियो-योकोहोमा क्षेत्र, (ii) कोबे-ओसाका क्षेत्र, (iii) नागोया क्षेत्र और (vi) हिरोशिमा क्षेत्र, (v) मत्सुयामा क्षेत्र, (vi) शिमोनोसेकी यवाता क्षेत्र व (vii) नागासाकी क्षेत्र में कृषि यन्त्र निर्माण उद्योग में वृद्धि हुई है। जापानी कृषि यन्त्रों का निर्यात एशियाईऔर अफ्रीका देशों को होता है।

यूनाइटेड किंगडम

द्वितीय विश्व युद्ध के बाद से ग्रेट ब्रिटेन में कृषि यन्त्र के निर्माण में विशेष वृद्धि की गई है। प्रमुख केन्द्र केवेन्ट्री, ग्रेन्सबरो, नॉरविच, डोगेनहाम, लीड्स, डोन्कास्टर, ग्रान्थम. नेवार्क, साउथेम्पटन और उट्टोजेटर हैं। अपने देश की 95% माँग पूरी करने के पश्चात् ग्रेट ब्रिटेन अपने कृषि यन्त्रों का निर्यात आस्ट्रेलिया, दक्षिणी अफ्रीका और दक्षिणी अमेरिका के देशों को कर देता है।

पश्चिमी जर्मनी

पश्चिमी जर्मनी में कृषि यन्त्रों का निर्माण रूर क्षेत्र में व राइन घाटी में होता है। ब्रीमेन, हेशोवर, रसेलहीम, दुसेलदोर्फ, कोलान, स्टअगार्ट और न्यूरेम्बर्ग प्रमुख निर्माण केन्द्र हैं।

कनाडा

कनाडा में कृषि यन्त्र निर्माण के कारखाने, टोरण्टो, ब्राण्टफोर्ड और वुडस्टाक में हैं। कनाडा की कुछ कम्पनियाँ ग्रेट ब्रिटेन आदि देशों में स्थापित हैं, जैसे कि फार्गूसन ट्रैक्टर कम्पनी।

भारत

भारत में कृषि यन्त्र निर्माण की फैक्ट्रियाँ हरियाणा, पंजाब, उत्तर प्रदेश और झारखंड में स्थापित हो गई है। भविष्य में भारत अपने देश की माँग के अनुसार ट्रैक्टरों व अन्य कृषि यन्त्रों का निर्माण करने लगेगा, उसके बाद वह आत्म-निर्भर हो जायेगा।

९

औद्योगिकीकरण : विज्ञान एवं तकनीकी

परिचय

आधुनिक युग में विज्ञान एवं तकनीकी का बहुत महत्वपूर्ण योगदान है। विज्ञान एवं तकनीकी के द्वारा मानव हर क्षेत्र में अभूतपूर्व प्रगति की है तथा मानव जीवन सुख-सुविधाओं से परिपूर्ण हो गया है। परिवहन, कृषि, काम्युनिकेसन्स, उद्योग आदि क्षेत्रों में मानव ने अभूतपूर्व प्रगति की है। यह क्रांतिकारी बदलाव तकरीबन सभी परंपरागत उद्योगों में देखा जा सकता है। नये उद्योगों का विकास हुआ तथा औद्योगिक प्रक्रिया अत्यन्त जटिल होती गई। आधुनिक उद्योगों के विकास के पहले धातु उद्योग, कपड़ा उद्योग, मिट्टी के बर्तन इत्यादि बनाने के उद्योग थे परन्तु आज के इन उद्योगों से वे अत्यधिक अलग थे। इनकी छोटी-छोटी इकाइयां थीं जो मानवीय अधिवासों में बिखरी थीं। निकट से प्राप्त प्राकृतिक संसाधनों का इस्तेमाल किया जाता था। औद्योगिक प्रक्रिया का मुख्य आधार मानवीय श्रम था। उत्पादित पदार्थ निकटवर्ती बाजारों में बिकता था। उत्पादन सीमित होता था जिसका मूल्य भी अधिक होता था।

यूरोप में 15वीं शताब्दी तक उद्योगों के विशिष्ट प्रदेश उभरने लगे थे परन्तु जैसा पहले बताया गया वे नगरों से पूरे छोटी मानवीय बस्तियों में बिखरे थे। उद्योगों के विकास की पृष्ठभूमि में अन्य विकास का भी अपना महत्व है। 16वीं शताब्दी से यूरोप और एशिया के बीच संपर्क बढ़ा और गर्म मसालों, कपड़े इत्यादि के व्यापार का विस्तार हुआ जिससे यूरोपीय देशों में पूंजी संग्रहित होने लगी। दूसरी ओर अमेरिका की खोज के बाद पेरू तथा मैक्सिको से चांदी का आगमन होने लगा। तीसरे, उत्तरी अमेरिका में कृषि के विकास से यूरोप में सस्ता अनाज आने लगा। इस व्यापार में भी पूंजी का संग्रह हुआ। इन सभी देशों, अमेरिका अथवा एशिया का बड़ा बजार यूरोप में विकसित होने वाले उद्योगों के लिए खुल गया। इसी दौरान समुद्री परिवहन भी ज्यादा विश्वसनीय होता गया। क्योंकि पहले के मुकाबले में बड़े तथा अच्छे जहाज निर्मित किए जाने लगे। इस तरह यूरोपीय देशों की व्यापारिक गतिविधियों में वृद्धि होती गईं। 16वीं शताब्दी में हुए युद्धों ने भी उद्योगों को प्रोत्साहन दिया। आयुध उपकरणों के लिए सल्फर की जरूरत होती थी जो यूरोप के लवण निक्षेपणों से मिलता था। टिन, लोहे और सीसे का उत्पादन तो होता था परंतु 16वीं शताब्दी के बीच से बड़े पैमाने पर तांबे तथा जस्ते का भी उत्पादन होने लगा। परिणामस्वरूप काफी मात्रा में पीतल बनाया जाने लगा जिसका उपयोग भी आयुध उपकरणों के लिए जरूरी था। इस तरह मिश्रित धातुओं के बनने से धातुओं की कई वस्तुएँ निर्मित की जाने लगीं।

कोयला उत्खनन उद्योग—आधुनिक उद्योगों के विकास से पहले कोयला सिर्फ घरों में ईंधन के रूप में, ईंट बनाने, शराब की भट्टियों में जलाने तथा रंगने के उपयोग में लाया जाता था और धातुओं को गलाने के लिए लकड़ी के कोयले का इस्तेमाल होता था। क्योंकि पत्थर के कोयले के रसायन गलाई गई धातु में मिलकर उसे कमजोर बना देते थे। परंतु जैसे ही धातुओं को, विशेष रूप से लोहे को गलाने तथा साफ करने के लिए खनिज कोयले का इस्तेमाल होने लगा, लौह उद्योग कोयला क्षेत्रों के समीप आकर्षित होने लगे जिससे कोयला उत्खनन उद्योग को प्रोत्साहन मिला।

प्रारम्भ में सतही उत्खनन होता था परंतु मांग के बढ़ने के साथ भूमिगत उत्खनन का विकास हुआ। इसमें अनेक मुश्किलें थीं, जैसे साफ हवा अन्दर पहुंचाना, प्रकाश करना, खदानों में रिसने वाले पानी को निकालना तथा कोयले को ऊपर लाना। बड़े स्तर पर उत्पादन के लिए उत्खनन तकनीकी को बेहतर करना भी आवश्यक था। साथ ही खदानों से कोयले को बाजारों तक पहुंचाना भी एक समस्या थी। इसके लिए नहरों का तथा समुद्री परिवहन का भी विकास हुआ।

कोयला उत्खनन उद्योग के विकास तथा कोयले के स्थानांतरण में भाप इंजन के आविष्कार से अत्यन्त सुविधा हुई। यह आविष्कार हकीकत में मशीनी युग का शुरुआत माना जाता है 19वीं शताब्दी के बीच तक स्टीम इंजन का इस्तेमाल कोयले को खदानों के ऊपर लाने में प्रयोग होने लगा। साथ ही सन 1815 में सेण्टी लैंप का खोज किया गया तथा स्टीफेंन्सन ने कोयला खदानों के योग्य इंजन निर्मित किया जो भूमिगत परिवहन के अनुसार था। 19वीं शताब्दी के बीच तक हवा के परिवर्तन द्वारा कार्य करने वाली कोयला काटने की मशीन भी बन गई जिससे कोयला उत्खनन आसान भी हुआ और ज्यादा उत्पादन भी होने लगा।

ग्रेट ब्रिटेन में कोयले का उत्पादन 1913 तक अपनी चरम सीमा तक पहुंच गया। देश का बाजार तथा समुद्री परिवहन व विदेशों के निर्यात से इस उद्योग को पनपने में सहयोग दिया।

लौह उद्योग-लौह अयस्क को गला कर लौहा निकालने का उद्योग काफी पुराना है परंतु इस उद्योग का वर्तमान रूप लौह उद्योग से अत्यन्त अलग है। लौह अयस्क में लौहा निकालते समय अन्य धातुओं को जो उसे कमजोर बनाती हैं, अलग करना मुश्किल कार्य था और जैसा कि पहले बताया गया, कोयले के कुछ रसायन भी लोहे में मिल जाते थे। उस समय लौहा उद्योग वनों से मिलने वाली लकड़ी पर निर्भर था तथा जल की उपलब्धता को ध्यान में रखते हुए उसको स्थापित किया जाता था। धमन भट्टियों के लिए जल से चालित मशीन का इस्तेमाल इस प्रक्रिया के लिए होता था। सन 1621 में डड्ले द्वारा यह दावा किया गया कि उसने ऐसी पद्धति की खोज की है जिससे खदान के कोयले का इस्तेमाल लोहा गलाने के लिए किया जा सकता है। परंतु वास्तव में खदान के कोयले का इस्तेमाल अब्राहम डरबी के कोकिंग कोल की खोज (1709) के बाद संभव हो सका।

स्टीम इंजन के आविष्कार एवं विकास में लौह उद्योग के विकास का भी प्रमुख महत्व है। स्तरीय लोहे के उत्पादन से ही स्तरीय स्टीम इंजन निर्मित हो सके। हेनरी कॉट ने रोलिंग पद्धति का आविष्कार किया जो ढले हुए लोहे से भिन्न पिटा हुआ लोहा निर्मित करने की पद्धति है। इसके बाद लोहे से इस्पात निर्मित करने की पद्धति का भी विकास हुआ जो लोहे से ज्यादा मजबूत मिश्रित धातु है। इसके उत्पादन से मशीनों के निर्माण, परिवहन साधनों, इमारती लोहे के उद्योग का अत्यधिक विकास हुआ।

ऊपर दिये गये उद्योग के विकास में कई अन्य आविष्कारों का प्रमुख योगदान है। टॉमस एवं मिलक्राइस्ट अथवा "बेसिक" प्रक्रिया के द्वारा निम्न श्रेणी

के अयस्क का इस्तेमाल होने लगा। इसमें अयस्क को साफ करने के लिए डोलोमाइट का इस्तेमाल होता है। बेसमेर पद्धति में पिघले लोहे में तेज हवा प्रवाहित की जाती है जिससे ऑक्सीजन के द्वारा इसके गैर जरूरी रसायन जैसे कार्बन, सिलिकॉन तथा मैंगनीज इत्यादि जल जाते हैं और इस्पात बन जाता है। ओपेन हर्थ विधि में खुली भट्टी में लौह अयस्क, पुराने लोहे तथा चूने को तेल अथवा कोयले से गर्म करते हैं इसमें हवा फेंकी जाती है जिससे इस्पात तथा तलछट अनेक सतहों पर अलग-अलग हो जाती हैं। ऊपर दी गई विधि के मुकाबले में ओपेन हर्थ विधि से ज्यादा उत्तम इस्पात बनता है। इन प्रक्रियाओं के अपनाने से इस्पात का मूल्य तकरीबन आधा हो गया।

गिल क्राइस्ट प्रक्रिया से ऐसे लौह अयस्क का भी इस्तेमाल होने लगा जिसमें फास्फोरस का मिश्रण हो। ऑक्सीजन तथा डोलोमाइट के संयोग से इस्पात में फास्फोरस नहीं रहता तथा तलछट में निकल जाता है।

इंजीनियरिंग उद्योग- औद्योगिक विकास का एक प्रमुख पक्ष है मशीनों का निर्माण और इसमें भी तकनीकी ज्ञान का महत्त्वपूर्ण योगदान है। औद्योगिक क्रांति के पूर्व इंजीनियरिंग उद्योग पनचक्की, पवन चक्की बनाने, सड़कें तथा नहर बनाने, नाव बनाने इत्यादि तक सीमित था। जेम्स वॉट द्वारा स्टीम इंजन के आविष्कार से इस उद्योग का तेजी से विकास हुआ। विशेषता यह थी कि इस इंजन का इस्तेमाल मशीनों को चलाने के लिए होने लगा। सन 1815 के बाद स्टीम का प्रचलन काफी बढ़ गया। तब भी 1833 तक ब्रिटेन के कपड़े के आधे कारखानों में ही इसका इस्तेमाल होता था। जैसे-जैसे यह मशीन विश्वसनीय होती गई इसके प्रचलन में वृद्धि होती गई।

इस उद्योग के विकास में दक्ष मजदूरों का भी काफी अभाव था। उनको प्रशिक्षण देने के पश्चात् भी मशीनों को बनाने के औजार भी विकसित नहीं हुए थे। उस दौरान प्रत्येक कारीगर को मशीन के लिए पेंच, नट, बोल्ट आदि स्वयं बनाने पड़ते थे तथा एक पुर्जे का पेंच या नट-बोल्ट मशीन के दूसरे हिस्से में नहीं लग सकता था। ब्रिटेन के हेनरी मैन्डस्ले नामक कंपनी ने न सिर्फ स्टीम इंजन, ब्लॉक बनाने की मशीन, लकड़ी काटने, आटा पीसने की मशीन, जलपोतों की मशीन बनाने के उद्योग विकसित किए, साथ ही ऐसे नट बोल्ट इत्यादि भी बनाए जाने लगे जो मशीन के कुछ पुर्जों में फिट सकते हों।

खनिज तेल तथा उसके उत्पाद-खनिज तेल का प्रथम कुआं सन 1859 में बनाया गया। शुरू में खनिज तेल को संशोधित करके ज्यादा मात्रा में तेल प्राप्त होता

था। यह समय 1960 से 1900 तक रहा। परंतु क्रैकिंग पद्धति के विकास से 1939 में गैसीलीन का उत्पादन होने लगा। इस पद्धति से ऊष्मा तथा दबाव के द्वारा भारी हाइड्रोकार्बन हल्के हाइड्रोकार्बन में बदल जाते हैं जो कि धीरे-धीरे परिवहन का आधार हो गया। आज जल, सड़क तथा वायु परिवहन का आधार यही गैसोलीन है। इस तरह खनिज तेल के उत्पादों में मात्रात्मक तथा गुणात्मक सुधार हुआ। खनिज तेल का यह व्यापक इस्तेमाल इंटर्नल कंबश्चन इंजन के आविष्कार के बिना असंभव था। अब पोलिमेराइजेशन तथा हाइड्रोजेनेशन की पद्धतियों का भी विकास किया गया है।

सूती कपड़ा उद्योग—यूरोप में ब्रिटेन तथा दूसरे देशों में सूती कपड़ा उद्योग के व्यापक स्तर पर विकास से पूर्व ऊनी कपड़ा बनाने का गृह उद्योग था। इसलिए कुशल श्रम की एक परंपरा भी थी। समुद्री परिवहन के विकास के बाद भारत से यूरोपीय देशों को बड़ी मात्रा में रेशमी तथा सूती कपड़ा निर्यात होने लगा। 17वीं शताब्दी में यूरोप में इस आयात पर आपत्ति होने लगी तथा 1701 में एक एक्ट के द्वारा भारतीय कपड़े के आयात पर प्रतिबंध लगा दिया गया। हमारे देश में उस समय कपड़े का सारा उद्योग हस्त चालित तकुए तथा करघे पर श्रमिकों द्वारा किया जाता था तथा स्थानीय बाजार एवं निर्यात के परिणामस्वरूप यह उद्योग हमारे देश का एक महत्वपूर्ण उद्योग था। उस समय चौड़े कपड़े को बुनने के लिए दो-तीन श्रमिकों को एक साथ करघे पर कार्य करना पड़ता था। बरी नामक स्थान के जॉन के ने सन 1733 में लाइंग शटल का आविष्कार किया। इस आविष्कार से न केवल बुनने की पद्धति को तीव्र किया जा सका अपितु कारीगरों की संख्या भी कम की जा सकी। सन 1738 में जॉन वियाट तथा वेमिस पॉल ने कातने की तथा आर्कराइट के वॉटर फ्रेम के आविष्कार ने कपड़ा उद्योग के विस्तार में मदद की। इस पद्धति से सूत उत्पादन बढ़ाया जा सका तथा मजदूरों की संख्या में कमी की गई। उस काल में हुए तकनीकी विकास की प्रमुख मुश्किल यह थी कि कभी सूत कातने की प्रक्रिया में सुधार होता था तो कभी बुनने की। इस प्रकार सूती कपड़े के उत्पादन में संतुलन नहीं रह पाता था। एक अन्य प्रमुख बदलाव कपड़े के कारखानों के स्थानीकरण में हुआ। पहले यह कारखाने नदियों के पास स्थापित थे। परंतु कोयले के इस्तेमाल के साथ ये कोयला क्षेत्रों में केंद्रित होते गये। साथ ही छोटी-छोटी इकाइयों के स्थान पर बड़े कारखाने स्थापित होते गये। इस प्रकार यह उद्योग कुटीर उद्योग से फैक्टरी उद्योग हो गया।

हाथ करघा से बुनाई लम्बे समय तक चलती रही परंतु पावरलूम का प्रचलन बढ़ता गया तथा सन 1789 में करघे स्टीम इंजन से चलाए जाने लगे। ईस्ट इंडिया

कंपनी तथा उसके बाद ब्रिटिश साम्राज्य के विस्तार के साथ ब्रिटेन तथा अन्य देशों को विस्तृत बाजार मिलता गया जिसने इस उद्योग के विस्तार में विशेष मदद की। सन 1870 तक सूती कपड़ा ब्रिटेन का मुख्य निर्यात हो गया। 19वीं शताब्दी के तृतीय चरण में सूती कपड़े के उद्योग में फिर से विस्तार हुआ। सन 1861-65 तक अमेरिका में गृह युद्ध के कारण कपास के आयात में रुकावट हुई साथ ही यूरोपीय देशों में भी इस उद्योग का मशीनीकरण हुआ, जिससे वहां का बाजार भी सीमित हो गया तथापि भारत, चीन, जापान तथा पश्चिमी एशिया को सूत का निर्यात होता रहा। जिससे धीरे-धीरे इन सभी प्रदेशों में सूती कपड़ा उद्योग चलता रहा। परंतु अमेरिका इत्यादि देशों ने अपना उद्योग स्थापित किया।

सूती कपड़े के उद्योग के विकास के पश्चात् भी लम्बे समय तक ऊनी कपड़ा स्थानीय छोटे-छोटे केंद्रों में बनता रहा और यह प्रवृत्ति 18वीं शताब्दी के अंत तक रही। परंतु प्राकृतिक शक्ति के इस्तेमाल होने पर यह भी जल केन्द्रों के निकट केंद्रित होता गया। ब्रिटेन में यार्कश्यर में सन 1787 में ऊनी कपड़े का प्रथम कारखाना स्थापित किया गया। कार्टराइट ने सन 1790 में ऊन को धुन कर साफ करने की मशीन की खोज की जिससे इस उद्योग के विकास में मदद मिली।19वीं शताब्दी की शुरुआत में इस उद्योग की सभी प्रक्रियाएँ मशीन से होने लगी थीं परंतु उस शताब्दी के बीच तक ऊनी कपड़े की बुनाई हाथ करघे से होती रही।

वर्तमान शताब्दी का महत्वपूर्ण विकास कृत्रिम रेशे का उत्पादन है इसका आविष्कार डी कारडोनेट ने सन 1886 में किया था। इससे प्राकृतिक रेशों जैसे ऊन, कपास तथा रेशम पर निर्भरता समाप्त हो गई साथ ही उन प्रदेशों में जहां ये पदार्थ नहीं होते हैं कपड़ा विकसित हो सका जैसे जर्मनी, इटली, जापान। आज कपड़ा उद्योग स्वचालित मशीनों पर आधारित है तथा उन्हें प्राकृतिक शक्ति, मुख्यतः विद्युत से चलाया जाता है।

रासायनिक उद्योग—यह उद्योग एक काफी बड़े परिवेश का द्योतक है जिसमें रंगों से लेकर कृत्रिम रेशे तथा खनिज तेल उद्योग तक शामिल है। 18वीं शताब्दी के समय तक रसायनों तथा रासायनिक प्रक्रियाओं का समुचित ज्ञान वैज्ञानिकों ने प्राप्त कर लिया था तथा इसका इस्तेमाल धीरे-धीरे जर्मन वैज्ञानिकों के विशेष योगदान से होने लगा। वहां के लवण निक्षेपणों तथा बाद में ब्रिटेन के चेशायर क्षेत्र के लवण निक्षेपणों से विभिन्न रसायन निर्मित किये जाने लगे जिनका इस्तेमाल औद्योगिक प्रक्रियाओं में होने लगा। उदाहरण के तौर पर क्लोरीन से कपड़ा सफेद करने का काम होने लगा। वानस्पतिक रंगों की जगह पर रासायनिक रंगों से कपड़ा छापा तथा रंगा

जाने लगा। रासायनिक गोंद से रंग तथा रोगन निर्मित होने लगे। धातुओं को संशोधित करने के लिए भी रसायनिकों का इस्तेमाल होने लगा। कागज बनाने की प्रक्रिया में भी रसायनों का प्रमुख योगदान है।

गैस उद्योग में रासायनिक प्रक्रिया के योगदान से प्लास्टिक उद्योग का विस्तार हुआ एवं रासायनिक उर्वरक बनाये जाने लगे। प्रोटोग्राफी तथा चलचित्र उद्योग का आधार भी रासायनिक ज्ञान तथा तकनीकी का विकास है। तरल गैस के प्रयोग से रेफ्रीजरेशन प्रक्रिया का विकास हुआ जिससे खाद्य सामग्री के उद्योगों के विकास को बहुत मदद मिली। जैसा कि ऊपर बताया गया, पेट्रोलियम संशोधन उद्योग रासायनिक उद्योग का ही अंग है।

परिवहन के विकास में रबर के इस्तेमाल का प्रमुख महत्व है। बुल्केनाइज्ड रबर का आविष्कार 1855 में हुआ तथा सन 1888 में डनलप ने न्यूमेटिक टायर का आविष्कार किया। इसके पश्चात् साइकिल, मोटर, हवाई जहाज तथा ट्रैक्टर इत्यादि के टायर निर्मित होने लगे जिनसे परिवहन द्रुतगामी तथा आसान हो गया।

ऊर्जा के स्रोत तथा ईंधन

औद्योगिक क्रांति के प्रारम्भिक काल में इस भाग में जो महत्वपूर्ण विकास हुआ, वह था मानवीय शक्ति की जगह पर जल तथा खनिज कोयले के इस्तेमाल का। इसके लिये स्टीम इंजन के आविष्कार का विशेष महत्व था। इस दिशा में विद्युत का इस्तेमाल एक अन्य प्रमुख चरण था। जिससे औद्योगिक क्षेत्र जो पहले द्रुतगामी नदियों के तट पर थे फिर कोयला क्षेत्रों में केंद्रित हुए। वे फिर से विद्युत केंद्रों के समीप बिखर गये। सस्ती विद्युत शक्ति ने न सिर्फ औद्योगिक प्रक्रिया को सस्ता किया बल्कि उसे अधिक आसान बनाया। कोयले के उत्खनन, भंडारण एवं परिवहन की भी समस्या थी जबकि तारों के द्वारा विद्युत काफी दूर के क्षेत्रों को पहुंच सकती थी। ऐसे प्राकृतिक संसाधनों का इस्तेमाल भी संभव हुआ जहां सस्ता कोयला सरलता से उपलब्ध न हो सके। शुरू में तापीय विद्युत केन्द्र ही स्थापित हुए। सन 1884 में स्टीम टर्बाइन का आविष्कार हुआ। इसके पश्चात् जलविद्युत के केंद्रों के टरबाइन भी निर्मित होने लगे एवं विद्युत के स्रोतों में भी अभूतपूर्व विस्तार हुआ। इस में कोयला, खनिज तेल के साथ उद्योगों की शक्ति के लिए विद्युत का बड़े स्तर पर इस्तेमाल होने लगा है। आज विद्युत उपकरणों का भी एक बड़ा उद्योग विकसित हो गया है।

आणविक ऊर्जा इस क्षेत्र में एक अन्य नया चरण है। विकसित देशों में आणविक ऊर्जा से विद्युत उत्पादन शक्ति का एक नया स्रोत हो गया है। हमारे देश में आणविक विद्युत केंद्र कोटा, तारापुर और कालपक्कम में स्थापित किये गये हैं।

यातायात मार्ग तथा वाहन

मध्य युग में स्थानीय परिवहन का प्रमुख साधन सड़कें थीं परन्तु वे पक्की नहीं होती थीं। घोड़े या घोड़े गाड़ियों का इस्तेमाल होता था। नौगम्य नदियों में नावें भी यात्रियों एवं व्यापार के इस्तेमाल में आती थीं। तटवर्ती सागर, खाड़ियों तथा घिरे हुए समुद्र भी परिवहन मार्ग थे। परंतु नावें, पाल से तथा मल्लाहों द्वारा चलाई जाती थीं। जल परिवहन क्योंकि अपेक्षातकृत सस्ता था इसलिए काफी संख्या में नहरें भी बनाई गईं।

औद्योगिक क्रांति के युग में परिवहन में क्रांतिकारी विकास हुए। स्टीम इंजन के आविष्कार के पश्चात् रेल मार्ग बनाये गए। रेल सेवा से भारी मात्रा में भारी वस्तुएँ सस्ते दामों पर दूर तक ले जाई जा सकीं। इसलिए उद्योगों के लिए जरूरी वस्तुओं एवं उपकरणों को जुटाना आसान एवं सुलभ हो गया। जलयानों में स्टीम इंजन के इस्तेमाल से जल परिवहन सुरक्षित एवं द्रुतगामी हो सका एवं शक्तिशाली इंजनों के कारण बड़े आकार के जलयान निर्मित किए जाने लगे। इसलिए औद्योगिक माल के परिवहन को अत्यन्त सुविधा मिली। कम्बश्चन इंजन के आविष्कार के पश्चात् मोटर परिवहन विकसित हुआ। इंजनों में यह केवल यात्री वाहन के लिए उपयोग में आता था किंतु शक्तिशाली इंजनों के विकास के साथ मोटर वाहन माल ढोने का एक प्रमुख साधन हो गया। इस विकास के साथ सड़कों के जाल में विकास हुआ। साथ ही पक्की सड़कें निर्मित करने की तकनीक का विकास हुआ जिससे सड़क परिवहन अधिक सुविधाजनक एवं तीव्र हो सका। रेल एवं सड़क परिवहन के विकास का अगला चरण खनिज तेल एवं उसके पश्चात् रेल परिवहन में विद्युत परिवहन है। इन दोनों के फलस्वरूप स्थलीय परिवहन सुरक्षित, द्रुतगामी एवं सुविधाजनक हो गया है। तकनीकी विस्तार के इस पक्ष का पूरा लाभ औद्योगिक विकास को मिला।

औद्योगिक क्रांति

उपरोक्त विश्लेषण से यह स्पष्ट होता है कि यूरोप में एक ऐसा समय हुआ जिसमें विज्ञान के उपयोग से विभिन्न उद्योगों में तकनीकी विकास हुआ जिससे

उद्योगों तथा उनसे संबंधित आर्थिक कार्यों, मुख्यतः परिवहन में पहले विकास हुआ। इस काल को औद्योगिक क्रांति के नाम से जाना जाता है जो लगभग 1750 से 1850 तक माना जाता है। ऊपर लिखे विश्लेषण से यह भी स्पष्ट है कि उद्योगों के विविध पक्षों में हुए तकनीकी खोज असंबद्ध हैं, और अलग-अलग स्थानों में भिन्न-भिन्न वैज्ञानिकों की खोज के परिणाम हैं, परन्तु उनके उपयोग में उद्योगों से सम्पूर्णरूप से पूरे संसार में विकास हुआ। औद्योगिक क्रांति के प्रमुख स्तंभ निम्नलिखित हैं--

1. औद्योगिक क्रांति की एक मुख्य उपलब्धि मशीनों के द्वारा औद्योगिक प्रक्रिया को करना था। इसलिए मशीन निर्माण उद्योग तथा मशीनों को बनाने के औजारों का निर्माण था। इस क्रांतिकारी विकास का ही फल है कि आज असंख्य प्रकार की मशीनें बनने लगी हैं।
2. कपड़े के उद्योग का मशीनीकरण तथा प्राकृतिक शक्ति का उपयोग प्रारम्भ हुआ। इससे बड़े पैमाने पर उच्च स्तर का कपड़ा सस्ते दाम पर उपलब्ध हो सका। कृत्रिम रेशे के उद्योग से जनसाधारण को अच्छा तथा मजबूत कपड़ा प्राप्त हो सका तथा ऊन के कातने, काढ़ने, बुनने इत्यादि का कार्य मशीनों से होने लगा। इस तरह ऊनी कपड़े के परंपरागत उद्योग का भी मशीनीकरण हुआ।
3. लोहे को पिघलाकर शुद्ध करने की विधि के सुधार के परिणामतः बड़ी मात्रा में सस्ता लौहा तथा इस्पात प्राप्त हो सका जिससे विभिन्न प्रकार के उद्योगों का विकास शुरू हुआ। परिवहन उद्योग, मशीन उद्योग, पुलों और इमारतों, बांधों तथा जलपोतों का उद्योग के आधार यही धातु है। वास्तव में आधुनिक उद्योगों के जटिल तंत्र के मूल आधारों में से लौह इस्पात उद्योग एक है। यह इसीलिए है कि देशों के विकास के तुलनात्मक अध्ययन में लौह इस्पात का उत्पादन एक मापदंड है।
4. औद्योगिक क्रांति का आधार कोयला था। उनका इस्तेमाल न केवल स्टीम इंजन को चलाने के लिए अपितु लोहे इस्पात उद्योग में ईंधन के लिए, रेलों को चलाने तथा जलपोतों के लिए भी हुआ। आज भी कोयला विभिन्न उद्योगों को ऊर्जा, ईंधन तथा शक्ति प्रदान करता है।
5. कपड़े के इस वृहत उद्योग के साथ उसे सफेद करने, रंगने तथा छापने की विधियों का भी विकास हुआ। यह इस युग में रासायनिक ज्ञान के विकास में परिणामतः संभव हो सका। रासायनिक उद्योग का चहुमुखी विकास आज उनके उद्योगों का आधार है तथा असंख्य रसायन विविध आर्थिक

कार्यों यथा कृषि एवं औद्योगिक प्रक्रियाओं में बड़े पैमाने पर उपयोग में आते हैं।

6. औद्योगिक क्रांति का एक महत्वपूर्ण आधार था द्रुतगामी एवं सस्ता परिवहन तंत्र। नहरों, सड़कों, रेलों नदियों, तथा समुद्री परिवहन ने औद्योगिक कच्चे माल को इकट्ठा तथा बने हुए सामान को बाजार तक पहुंचाना संभव किया।

औद्योगिक क्रांति यद्यपि इंग्लैण्ड से शुरू हुई। लेकिन जल्दी ही इसका स्वरूप यूरोप तथा अमेरिका में भी उभरने लगा। यहां औद्योगिक विकास की प्रवृत्तियां इंग्लैण्ड से अलग नहीं थीं। केवल बाद के सालों में औद्योगिक प्रक्रियाएँ ज्यादा परिष्कृत होती गईं तथा उद्योग अधिक बड़े पैमाने पर व कहीं अधिक अच्छे ढंग से चलाये जाने लगे। उनका उत्पादन भी पहले से बेहतर हुआ एवं पहले की तुलना में औद्योगिक उत्पादों की गिनती व मात्रा में आशातीत वृद्धि हुई।

बीसवीं सदी में उद्योग-धन्धे

वैज्ञानिकों के अनुसार बीसवीं सदी में औद्योगिक क्रांति हुई। विज्ञान की बहुमुखी प्रगति के फलस्वरूप ऐसी वस्तुओं का निर्माण हुआ जिससे मानव जीवन सुख-सुविधा से परिपूर्ण हो गया तथा उद्योग-धन्धों का व्यापक विकास हुआ। बिजली के विभिन्न उपकरण, प्लास्टिक इलेक्ट्रॉनिक एवं कृत्रिम रेशे, स्पंज, रबर, टेलीविजन आदि इस औद्योगिक विकास के उदाहरण हैं। पूर्व शताब्दियों में विकसित उद्योगों में भी बदलाव हुए हैं। उनकी औद्योगिक पद्धति बेहतर एवं कुशल हो गई है। उत्पादन सस्ता, बेहतर और तेज गति से होने लगा है। विज्ञान एवं तकनीकी के योगदान के परिणामस्वरूप प्राकृतिक उत्पादों का स्थान कृत्रिम उत्पादों ने ले लिया है, जैसे—कृत्रिम रेशा, रबर, चमड़ा इत्यादि। परिणामतः प्राकृतिक उत्पादों पर निर्भरता कम हुई है। इस प्रकार बीसवीं सदी के औद्योगिक प्रवृत्तियों को संक्षेप में इस प्रकार कह सकते हैं :

1. विकासशील देश उपरोक्त प्रवृत्ति का उल्लेखनीय उदाहरण हैं। वर्तमान शताब्दी में विकसित देशों से विज्ञान तथा तकनीकी का आयात सदैव उपयोगी सिद्ध नहीं होती, तथापि एक बार तकनीकी परंपरा बनने पर स्थानीय जरूरत व अन्य कारकों की सुलभता के अनुकूल संशोधित एवं परिवर्तित तकनीकी विकसित होगी। इस तरह 20वीं शताब्दी में उद्योगों का विकास तृतीय दुनिया में भी हो रहा है। अर्जेन्टाइना, ब्राजील, भारत,

बंगलादेश, पाकिस्तान, कोरिया, चीन इत्यादि देशों ने इस ओर उल्लेखनीय उपलब्धि हासिल की है।

2. ऊर्जा तथा शक्ति के क्षेत्र में क्रांतिकारी विकास हुए हैं। आणविक शक्ति के इस्तेमाल विकसित हो गये हैं विशेषकर विद्युत उत्पादन के लिए, पूर्व शताब्दी तक औद्योगिक इकाइयां क्योंकि कोयले पर आश्रित रहती थीं इसलिए कोयला क्षेत्र औद्योगिक क्षेत्रों के रूप में विकसित हुए थे। शक्ति के लिए विद्युत के इस्तेमाल ने उद्योगों का उन क्षेत्रों में विकास संभव किया जहां औद्योगीकरण के अन्य कारक थे, परंतु शक्ति के साधन न होने से औद्योगीकरण असंभव होता था। खनिज तेल ने भी यही सुविधा प्रदान की। इसलिए आज के युग में विश्व के उन अनेक क्षेत्रों में उद्योग विकसित हो सके जहां पहले यह आर्थिक कार्य लगभग नहीं था।

3. अत्यन्त जटिल व कुशल औद्योगिक प्रक्रिया आज उद्योगों की एक और विशेषता है। इसके लिए परिष्कृत मशीनों व कुशल कारीगरों की जरूरत होती है। मशीनीकरण व स्वचालित प्रक्रिया के कारण औद्योगिक प्रक्रिया अपेक्षाकृत थोड़े मानवीय श्रम से संभव होती है परंतु ज्यादा कुशल तथा तकनीकी ज्ञानविदों की मांग बढ़ गई है। वर्तमान शताब्दी में दो विश्व युद्धों के कारण भी उद्योगों को असाधारण बढ़ावा मिला है। चिकित्सा, आयुध उपकरण एवं परिवहन उपकरण इत्यादि की असाधारण मांग हुई। विध्वंस के पश्चात् युद्ध से प्रभावित देशों में पुनर्निर्माण के लिए भी उद्योगों को ज्यादा उत्पादन करना पड़ा। भवन निर्माण, मुद्रण, फर्नीचर, सीमेन्ट, विद्युत उपकरण व कृत्रिम रेशे इत्यादि का उत्पादन मुख्य रूप से बढ़ा। 20वीं शताब्दी का सबसे महत्वपूर्ण उद्योग इलेक्ट्रॉनिक उद्योग है जिसके कारण दूरसंचार में क्रांतिकारी बदलाव हुए हैं। टेलीविजन, रेडियो, कम्प्यूटर, टेलीफोन इत्यादि इसी के उदाहरण हैं। पृथ्वी के कृत्रिम उपग्रहों तथा सुपरसोनिक वायुयान ने भी मानवीय तकनीकी के विकास को नई ऊँचाइयों तक पहुंचाया है।

4. औद्योगिक उत्पादन काफी बड़े स्तर पर होने लगा है। यह वस्तुओं के सस्ते मूल्य व विस्तृत बाजार के कारण संभव हुआ है। औद्योगिक उत्पादन की वस्तुएँ अब जनसाधारण को मिलने लगी हैं। जैसे ग्रामीण भागों म विद्युत उपकरण, ट्रान्जिस्टर, ट्रैक्टर, साइकिल, सिलाई मशीन, पम्पिंग सेट आदि साधारण तथा आज की वस्तुएँ हो गयी हैं।

5. उपभोक्ता सामग्री के उद्योग विकसित हो गये हैं जो पूर्व में नहीं जाने जाते थे। लकड़ी विद्युत उपकरण तथा प्लास्टिक की वस्तुएँ इसके प्रमुख उदाहरण हैं। इनके फलस्वरूप उत्खनन उद्योग का भी विकास हुआ है। खनिजों के नवीन क्षेत्र खोजे गये हैं तथा कृषि प्रदेशों का विकास हुआ है तथा उत्पादन दर में भी बढ़ोतरी हुई है। फलस्वरूप पहले की तुलना में अधिक औद्योगिक कच्चा माल मिलने लगा है।
6. पूर्व शताब्दी में सीमित उद्योगों का विकास हुआ है। वे ज्यादातर यूरोपीय देशों में विकसित हुए थे। इसके पश्चात् एंग्लो अमेरिकन एवं वर्तमान शताब्दी में संसार के विभिन्न देशों में ये उभर आए हैं। ऊनी कपड़ा, सूती, जलयान, लौहा-इस्पात उद्योग, मोटर उद्योग इसके अच्छे उदाहरण हैं। 20वीं शताब्दी औद्योगिक विकास की सदी है। इन विभिन्न उद्योगों ने मानवीय जीवन की मुश्किलों को कम करके सुख सुविधा सम्पन्न बनाया है। पृथ्वी के अनेक भागों के बीच दूरी कम की है एवं स्थानीय अथवा प्रदेशिक अर्थव्यवस्था को विश्व की अर्थव्यवस्था के स्तर पर पहुंचाया है। इससे अनेक देशों व प्रदेशों के बीच आदान-प्रदान एवं निर्भरता में वृद्धि हुई है।

10

विश्व के प्रमुख औद्योगिक प्रदेश

औद्योगिक प्रदेश वह क्षेत्र होता है जहां पर उद्योग-धन्धे श्रृंखलाबद्ध तरीके से केन्द्रित होते हैं तथा वह क्षेत्र देश की अर्थव्यवस्था को एक मजबूत आधार प्रदान करता है। किसी भी औद्योगिक प्रदेश की निम्नांकित विशेषताएँ होती हैं :

1. इस क्षेत्र में उद्योगों की संख्या ज्यादा और सघन होती है और निर्माण, उद्योगों की ही प्रधानता होती है जो आर्थिक क्रिया-कलापों को प्रभावपूर्ण बनाती हैं।
2. परिवहन के विशाल तथा विकसित साधनों का जाल बिछा होता है।
3. इस क्षेत्र में छोटे-बड़े कई नगर होते हैं। जनसंख्या विशाल होती है। निर्माण उद्योग ही उनका प्रमुख व्यवसाय होता है।
4. औद्योगिक समूह (industrial complex) व औद्योगिक भूदृश्य (industrial landscape) मिलता है।
5. बैंक व्यवस्था सुदृढ़ होती है।
6. सभी जगह चिमनियाँ, कारखाने, श्रमिकों के आवासों की पंक्तियाँ व सवारियाँ ही ज्यादा दृष्टिगोचर होती हैं। वहाँ श्रमिकों पर निर्भर व्यक्तियों के लिए भी रोजगार मौजूद होता है। अधिक जनसंख्या को काम देने की क्षमता होती है।
7. विभिन्न उद्योगों में अन्तर्सम्बद्धता होती है।

8. नगरों के बाहर जनसंख्या का घनत्व बहुत ही कम हो जाता है।
9. नगरीय आबादी ही ज्यादा होती है।

औद्योगिक प्रदेश का सीमांकन

औद्योगिक प्रदेशों के सीमांकन में औद्योगीकरण की मात्रा उसका स्तर व क्षेत्रीय विस्तार को आधार बनाया जाता है। औद्योगीकरण के स्तर का निर्धारण कारखानों की संख्या तथा सघनता, कर्मचारियों की संख्या तथा कुल जनसंख्या से इनका अनुपात, उत्पादन की मात्रा तथा मूल्य वृद्धि, परिवहन की सघनता व औद्योगिक शक्ति के उपभोग की मात्रा आदि मापक तत्त्वों के समन्वित प्रयोग किया जाता है। इस बात का ध्यान रखना आवश्यक है कि औद्योगिक भूदृश्य विकसित होने पर ही समान स्तर के क्षेत्र औद्योगिक प्रदेश की संज्ञा प्राप्त करेंगे। जब भूदृश्य पूर्णतः विकसित नहीं होता है तो उसे औद्योगिक केन्द्र अथवा क्षेत्र कहा जाता है।

औद्योगिक प्रदेश के गहन अध्ययन के निमित्त निम्नांकित प्रश्नों के उत्तर जरूरी होते हैं—

(i) आर्थिक तन्त्र में उद्योग का क्या महत्त्व है?
(ii) उद्योगों के परिमाण तथा मात्रा क्या है?
(iii) औद्योगिक संरचना कैसी है?
(iv) एक उद्योग की प्रधानता है या विभिन्न उद्योगों की।
(v) इस क्षेत्र का आपेक्षिक महत्त्व अन्य की अपेक्षा क्या है?
(vi) उद्योगों केन्द्रीकरण किस सीमा तक हुआ है?

औद्योगिक प्रदेशों के विश्लेषण के निमित्त औद्योगिक संरचना, स्थानीकरण की उपलब्धि, केन्द्रीकरण का स्तर तथा गुणांक व विशेषीकरण के गुणांक की जानकारी आवश्यक होती है।

औद्योगिक उन्नति के कारक

किसी देश की औद्योगिक वृद्धि के लिए कच्चा माल, व्यापक बाजार, शक्ति की सुविधा, कुशल तथा सस्ते श्रमिक, परिवहन के साधन, उपर्युक्त जलवायु, पर्याप्त पूँजी, सुव्यवस्था व सरकारी प्रोत्साहन जरूरी होते हैं।

विश्व के व्यापक औद्योगिक प्रदेश

संसार के उद्योगों के प्रादेशिक वितरण में बड़ी विषमता है। इसलिए विश्व स्तर

पर औद्योगिक प्रदेशों का सीमांकन बहुत मुश्किल है। फिर भी उद्योगों के केन्द्रीकरण के आधार पर विश्व के निम्न व्यापक औद्योगिक प्रदेश माने जाते हैं :

(अ) उत्तर अमेरिका का मध्य-पूर्वी भाग,

(ब) पूर्वी यूरोप तथा सोवियत संघ,

(स) पश्चिम तथा मध्य यूरोप,

(द) दक्षिणी तथा पूर्वी एशिया।

उपरोक्त व्यापक औद्योगिक प्रदेशों के अन्तर्गत छोटे औद्योगिक प्रदेश मिलते हैं। यथार्थ में व्यापक प्रदेश लघु प्रदेश के पारस्परिक संलग्नता से ही बने हैं। इसी वजह से व्यापक औद्योगिक प्रदेशों में उद्योग के परिमाण तथा गहनता में क्षेत्रीय भिन्नता मिलती है।

(अ) उत्तर अमेरिका का मध्य-पूर्वी भाग

यह प्रदेश मिसौरी व मिसिसीपी नदियों से लेकर एटलांटिक महासागर तट तक फला हुआ है जिनमें अपेलेशियन घाटियाँ, पश्चिमी जार्जिया तथा उत्तरी मध्य अलबामा के पर्वतपदीय पठार व कनाडा का पूर्वी भाग शामिल हैं। इस प्रदेश के सीमान्त पर सिनसिन्नाटी, इण्डियानापोलिस, बोस्टन, बाल्टीमोर, शिकागो, मिलवाकी नगर पड़ते हैं। इस प्रदेश में संयुक्त राज्य अमेरिका की आधी जनसंख्या निवास करती है और अधिक से अधिक देश की आमदनी इस प्रदेश से होती है। इसके कुल का दो-तिहाई इस्पात उत्पादन, 90 प्रतिशत ऑटोमोबाइल, 80 प्रतिशत पोशाक व 66 प्रतिशत रसायन तैयार होते हैं। इस प्रदेश में संयुक्त राज्य अमेरिका व कनाडा के 70 प्रतिशत कारखाने स्थित हैं। संयुक्त राज्य अमेरिका के कारखाने 76 प्रतिशत मजदूर व कनाडा के 90 प्रतिशत मजदूर इसी प्रदेश में हैं। इस प्रदेश में उत्पादन मूल्य का 80 प्रतिशत केन्द्रित है। संसार के कुल औद्योगिक उत्पादन का एक-चौथाई इस प्रदेश का हिस्सा है। इस प्रदेश में भारी उद्योगों की कमी है।

संयुक्त राज्य अमेरिका के निम्नांकित विशिष्ट लघु औद्योगिक प्रदेश हैं:

1. दक्षिण एवं पश्चिम के प्रदेश।
2. मध्य पश्चिम प्रदेश,
3. मध्य न्यूयार्क राज्य का प्रदेश,
4. दक्षिणी अपेलेशियन प्रदेश,
5. मध्य एटलांटिक महासागर तटीय प्रदेश,
6. न्यू इंग्लैंड प्रदेश,

1. न्यू इंग्लैंड औद्योगिक प्रदेश—यह प्रदेश मेन, न्यू हैम्पशायर, बरमांट, मेसाचुसेट्स, रोडआइलैण्ड व कानेक्टीकट राज्यों में फैला हैं। इस प्रदेश के आठ औद्योगिक उत्पादन—औद्योगिक तथा धातु निर्मित वस्तुएँ, विद्युत मशीनें, वस्त्र एवं पोशाक, मोटर, जलपोत, वायुयान, कागज के समान तथा प्रकाशन, रबड़, खाद्य पदार्थ तथा प्लास्टिक और चमड़े के सामान हैं। इसके अतिरिक्त लकड़ी, संचार यन्त्र, वैज्ञानिक उपकरण, घड़ी व शीशे के उद्योग भी स्थापित हैं। इस प्रदेश के पूर्वी भाग में वस्त्र एवं चमड़ा उद्योग की प्रधानता थी परन्तु अब विद्युत मशीनें व प्लास्टिक के काम अधिक हो रहे हैं। इस भाग का केन्द्र **बोस्टन** है। **बोस्टन** ऊन का सबसे बड़ा संचय केन्द्र है। **प्राविडेन्स, फालरिवर, न्यबेफार्ड** अन्य आद्योगिक केन्द्र हैं।

प्रदेश के पश्चिमी भाग में **हार्टफोर्ड, न्यूहैवेन, स्प्रिंगफील्ड, न्यूब्रिस्टल** औद्योगिक केन्द्र हैं। यहाँ धातु उद्योग मुख्य है। इस औद्योगिक प्रदेश की वृद्धि की वजह सबसे पहले उद्योगों का सूत्रपात, अधिक आबादी, पूँजी की उपलब्धता, जलशक्ति आदि हैं।

2. मध्य एटलांटिक तटीय औद्योगिक प्रदेश—इस प्रदेश में न्यूयार्क मेटोपोलियन, न्यूजर्सी, दक्षिणी-पूर्वी वर्जीनिया, पूर्वी पेन्सिलवेनिया, डीलावेयर व मेरीलैण्ड राज्य पड़ते हैं। यह इस देश का सबसे अधिक महत्त्वपूर्ण औद्योगिक प्रदेश है। जनसंख्या का घनत्व अधिक, बाजार एवं कुशल श्रमिकों की प्रचुर सुलभता, पत्तन की सुविधा, परिवहन साधनों की उपयुक्तता व भारी पूँजी उद्योगों के केन्द्रीकरण में सहायक सिद्ध हुई हैं। शक्ति तथा कच्ची सामग्री का अभाव है। इस वृहद् औद्योगिक प्रदेश में न्यूयार्क-न्यूजर्सी, डीलावेयर नदी की घाटी, पूर्वी पेन्सिलवेनिया, चेसपीक खाड़ी तक व दक्षिणी-पूर्वी वर्जीनिया उपप्रदेश हैं।

न्यूयार्क-न्यूजर्सी—यहाँ पोशाक, ताँबा गलाने, हल्की मशीनें, खनिज तेल साफ करने व माँस को डिब्बों में बन्द करने के कारखाने हैं। मानहट्टन द्वीप पर सबसे ज्यादा केन्द्रीकरण है जहाँ हल्के उद्योगों की प्रधानता है जिनको कम जगह की जरूरत पड़ती है। उत्पादन में ज्यादा श्रम व कम यान्त्रिक शक्ति का प्रयोग होता है। शृंगार सामग्री, मुद्रण यन्त्र, मोटरकार, विद्युत सामान, रसायन व अन्य उपकरणों के निर्माण उद्योग चलते हैं। **पैटरसन, पेजियाक** व **नेवार्क** में ऊन, कृत्रिम वस्त्र व बुने हुए कपड़ों के कारखाने हैं। वैज्ञानिक उपकरण सभी केन्द्रों पर निर्मित होते हैं। डीलावेयर घाटी में **फिलाडेलफिया** मुख्य केन्द्र हैं। यहाँ **कैम्डेन, मारिसबिले** व **ट्रेण्टन** अन्य औद्योगिक केन्द्र हैं। इन नगरों में विभिन्न प्रकार के उद्योग स्थापित हैं। इसमें खाद्य पदार्थ, मशीन, बिजली के सामान,

औजार, घड़ियाँ, ऊन के सामान, चमड़े का सामान, जलयान, रेलवे के सामान व रासायनिक पदार्थ के कारखाने चलते हैं। **फिलाडेलफिया** में विश्व में सबसे अधिक दरियाँ व कालीनें बनती हैं। यहाँ के जालीदार सूती कपड़े अधिक लोकप्रिय हैं। **कैम्डेन** में जलयान व **मारिसविले** में लौहा-इस्पात उद्योग चलते हैं।

पूर्वी पेल्सिलवेनिया क्षेत्र में सीमेन्ट, सिगार और ऊनी, लौहा एवं इस्पात एवं कृत्रिम वस्त्र के उद्योग चलते हैं। **बेथेलहम, स्टील्टन, विल्क्सबारे** व **रीडिंग** प्रमुख केन्द्र हैं। सिगार मुख्य उद्योग है। **स्पेरोज प्वाइन्ट** में जलपोत व **फार्मिंगडेल** में वायुयान बनते हैं। चेसपीक खाड़ी तट क्षेत्र में **बाल्टीमोर** प्रमुख केन्द्र है। यहाँ चीनी, धातुएँ, उर्वरक व रसायन बनते हैं। **वाशिंगटन** में छपाई एवं प्रकाशन प्रमुख उद्योग है। दक्षिणी-पूर्वी वर्जीनिया में **रिचमांड, हैम्पटन** एवं **पोर्टमाउथ** औद्योगिक केन्द्र हैं। **रिचमांड** में तम्बाकू के बने पदार्थ सबसे अधिक प्रसिद्ध हैं। अन्य नगरों में जलयान के पुर्जे बनते हैं।

3. दक्षिणी अपेलेशियन औद्योगिक प्रदेश—इस प्रदेश में उत्तर तथा दक्षिणी कैरिलोना, अलबामा, टेन्नेसी, जार्जिया, लुशियाना व अरकन्सास राज्य पड़ते हैं। इस प्रदेश में बिखरे केन्द्र हैं। यहाँ सूती वस्त्र, तम्बाकू के सामान, कागज, लकड़ी के सामान, पोशाक व खाद्य पदार्थों के कारखाने हैं। **बरमिंघम** व **बेसेमर** में लौहा-इस्पात और **अलकोआ** में एलुमिनियम धातु वाली फेक्ट्रियाँ स्थापित हैं। अन्य उद्योग उर्वरक, परिवहन सामग्री व वनस्पति तेल का निर्माण करते हैं। **चारलोट्ट, कोलम्बिया, अटलांटा, मैकन, आगस्ता** व **कोलम्बस** अन्य बड़े औद्योगिक केन्द्र हैं।

4. मध्य न्यूयार्क राज्य का औद्योगिक प्रदेश—त्रिनगर (अलबानी, ट्राय, सेनेकेटेडी) से बफैलो तक यह पेटी मोहाक घाटी, हड़सन-चैम्प्लेन घाटी व ओण्टेरिओ मैदान में फैली है। **रोचेस्टर** में सूक्ष्म उपकरणों के कारखाने केन्द्रित हैं। **बफैलो** में भारी धातु के उद्योग और **ट्राय** में पोशाक के कारखाने हैं। **सिरेक्यूज** में रासायनिक पदार्थ, **मासेना** में एलुमिनियम **सेनेकटेडी** में लोकोमोटिव रेल तथा विद्युत के सामान, अन्य नगरों में फोटो, चमड़े, शीशे व कागज की वस्तुएँ निर्मित की जाती हैं।

5. मध्य पश्चिम औद्योगिक प्रदेश—इसमें पश्चिमी पेन्सिलवेनिया, मिशिगन, पश्चिमी वर्जीनिया, ओहियो, इण्डियाना, दक्षिणी-पूर्वी विस्कासिन, मिसौरी व इलिनोइस राज्य पड़ते हैं। इसमें अनेक लघु प्रदेश मिलते हैं जिनमें पिट्सबर्ग-क्लीवलैण्ड प्रदेश, मिशिगन-ओण्टेरियो झील प्रदेश, सिनसिन्नाटी-इण्डियानापोलिस-कोलम्बस प्रदेश व मध्य मैदानी प्रदेश मुख्य हैं।

(क) पिट्सबर्ग-क्लीवलैण्ड प्रदेश के प्रमुख केन्द्र **पिट्सबर्ग, यंग्सटाउनल, ह्वीलिंग, क्लीवलैण्ड, जान्सटाउन, ऐक्रोन** व **ईस्ट लिवरपूल** हैं। इस प्रदेश की मुख्य विशेषताएँ निम्नांकित हैं :

(i) इस प्रदेश में **एकरन** विश्व का सबसे बड़ा रबड़ निर्माण केन्द्र है। ईस्ट लिवरपूल में मिट्टी के बर्तन बनते हैं।

(ii) उद्योग नदी-घाटियों में स्थित हैं। इसलिए परिवहन की सुविधा है। परन्तु नदी-घाटियों में समतल जमीन की कमी से कारखानों के विस्तार में बाधा आ गयी है। अधिक जनसंख्या व शुद्ध वायु के अभाव में स्वास्थ्य पर बुरा असर पड़ रहा है।

(iii) इसमें इस्पात एवं धातु उद्योगों की अधिकता है। रेलवे इंजन, वस्त्र, युद्ध सामग्री, काँच के सामान, मोटर, खेती यन्त्र रसायन, विद्युत उपकरण, वैज्ञानिक उपकरण, कागज व उपभोक्ता सामग्रियों के उद्योग भी चलते हैं।

(ख) मिशिगन-ओण्टोरिया झील प्रदेश में सभी संसाधन मौजूद हैं। इसमें **डीट्रायड** व **शिकागो** दो केन्द्र हैं। डीट्रायड क्षेत्र में परिवहन उपकरणों का निर्माण होता है। 90 प्रतिशत उद्योग मोटरगाड़ियों के पुर्जे, वायुयान के पुर्जे व जलयान बनाते हैं। प्राथमिक धातु निर्माण व विद्युत की मशीनें भी बनायी जाती हैं। **लांसिग, फ्लिंट, पोटियाक, टोलेडो** व **जैकसन** अन्य केन्द्र हैं। डीट्रायड नदी मार्ग विश्व का सबसे व्यस्त जलमार्ग है। शिकागो क्षेत्र में **मिलावाकी, ग्रीनवे, राकफोर्ड** एवं **साउथवेल्ड** औद्योगिक केन्द्र हैं। मशीनरी इस प्रदेश का प्रमुख उद्योग है। **गैरी** से **शिकागो** तक इस्पात कारखानों की पंक्ति है। खाद्य पदार्थ, कागज, रासायनिक पदार्थ, रबड़ व खनिज तेल के भी कारखाने चलते हैं। खेती की भारी उपज, घनी जनसंख्या, परिवहन सामग्री, मांस का डिब्बाबन्दी, विविध औजार, पोशाक, परिवहन साधनों की सुविधा व मिशिगन झील का जल उद्योगों के प्रसार में सहायक सिद्ध हुए हैं।

(ग) सिनसिन्नाटी-इण्डियानापोलिस-कोलम्बस प्रदेश में मशीनरी, कागज, वायुयान आदि उद्योग महत्त्वपूर्ण हैं। **डेटेन, हैमिल्टन, मिडलटाउन, एडर्सन** इण्डियानापोलिस अन्य बड़े केन्द्र हैं।

(घ) मध्य मैदानी क्षेत्र में खाद्य पदार्थों के उद्योग मुख्य हैं। इसके प्रमुख केन्द्र **सेण्टपाल, ओंमाहा, कन्साससिटी** व **सेण्टलुइस** है। **सेण्टलुइस** इस प्रदेश का केन्द्र है। यहाँ पोशाक, तेल, आटा पिसाई,रसायन, धातु उत्पादन, चमड़ा, मशीनरी व परिवहन सामग्री के कारखाने हैं।

6. दक्षिण व पश्चिम के औद्योगिक प्रदेश—यूरोपीय महायुद्ध के फलस्वरूप इस भाग में उद्योगों की स्थापना हुई। इसके जड़ में उद्योगों के विकेन्द्रीकरण की

भावना थी जो सुरक्षा पर आधारित थी। इस क्षेत्र में कोलोरेडो, सैक्रामेण्टो व कोलम्बिया नदियों से जलशक्ति प्राप्त होने लगी। जनसंख्या की बढ़ोतरी से श्रम तथा बाजार भी मौजूद हो गया है। उच्च आमदनी के कारण मनुष्यों का आगमन होता गया। इस प्रदेश के प्रमुख औद्योगिक केन्द्र **सीएटिल, लासएंजिल्स, पोर्टलैण्ड** व **सैनफ्रांसिस्को** हैं। यहाँ खाद्य पदार्थ, लकड़ी व वायुयान उद्योग प्रसिद्ध हैं। खनिज तेल शोधन व रसायन का उत्पादन भी महत्त्वपूर्ण है। **अनासीम** में मोटर निर्माण और **सीएटिल, सैनफ्रांसिस्को** तथा **ऑकलैण्ड** में जलपोत निर्माण होता है।

(ब) पूर्वी यूरोप तथा सोवियत संघ के औद्योगिक प्रदेश

इस वृहद् प्रदेश में सोवियत रूस सबसे अधिक महत्त्वपूर्ण देश है। यहाँ किसी औद्योगिक प्रदेश पर एक उद्योग का एकाधिकार नहीं है। हर प्रदेश में भारी उद्योगों का अधिक महत्त्व है। प्रत्येक प्रदेश में लौहा-इस्पात, इन्जीनियरिंग, धातु निर्माण, रसायन, वस्त्र व खाद्य उद्योग चलते हैं। इन उद्योगों में सम्बद्धता है और भिन्न-भिन्न औद्योगिक प्रदेशों में पारस्परिक सम्बद्धता है। देश के भिन्न-भिन्न प्रदेश मौलिक आवश्यकताओं के लिए आत्मनिर्भर बनाए गए हैं। हर औद्योगिक प्रदेश में औद्योगिक संश्लिष्टता (industrial complex) विकसित हो रहा है। आठ पंचवर्षीय योजनाओं में भिन्न-भिन्न उद्योगों में आश्चर्यजनक वृद्धि हुई है। वर्तमान में संयुक्त राज्य अमेरिका भी अन्तरिक्ष विज्ञान, युद्ध सामग्री, मशीनी उपकरणों व कृषि यन्त्रों के निर्माण क्षेत्र में इससे पीछे रह गया है।

सोवियत संघ के औद्योगिक प्रदेश निम्नांकित हैं :

1. केन्द्रीय औद्योगिक प्रदेश या मास्को-तुला प्रदेश,
2. लेनिनग्राड औद्योगिक प्रदेश,
3. यूक्रेन औद्योगिक प्रदेश,
4. यूराल औद्योगिक प्रदेश,
5. सुदूर पूरब औद्योगिक प्रदेश,
6. मध्य एशियाई औद्योगिक प्रदेश,
7. ट्रांस-काकेशिया आद्योगिक प्रदेश,
8. कुजबास औद्योगिक प्रदेश,

1. केन्द्रीय औद्योगिक प्रदेश—यह प्रदेश सन् 1917 की रूसी क्रान्ति के पहले से ही इस देश का सबसे अधिक प्रसिद्ध औद्योगिक क्षेत्र रहा है। वर्तमान में भी देश के सभी तैयार माल का षष्टमांश इस प्रदेश का अंश रहता है। यहाँ की

तीन-चौथाई जनसंख्या उद्योगों में लीन रहती है। इस प्रदेश के प्रधान उद्योग सूती वस्त्र, लौहा एवं इस्पात, मोटरकार, लिनेन, धातु, रसायन, रेलवे इंजन, वायुयान, विद्युत सामग्री आदि हैं। वस्त्रोद्योग, कागज उद्योग के लिए **मास्को** एवं **इवानोवो;** लिनेन के लिए **इवानोवो** एवं **कालिनिन;** धातु उद्योग के लिए **टुला, विकन** तथा **लिपेरस्क;** मोटरकार के लिए **मास्को** तथा **गोर्की;** रेलवे इंजन व ट्राम के लिए **कौलोम्ना** तथा **बियानस्क;** मोटर साइकिल के लिए **सेरापरकोप** व पेट्रोल साफ करने की मशीनें तथा सिलाई मशीनों के लिए **पोडोल्स्क** लोकप्रिय हैं। इस प्रदेश के अन्य उद्योग रसायन, गन्धक का तेजाब, कृत्रिम रबड़, मद्यसार आदि हैं। सोवियत संघ में सर्वाधिक औद्योगिक विविधता इस प्रदेश में मिलती है। रसायन उद्योगों के प्रमुख केन्द्र **मास्को, कजान, गोर्की यारोस्लाबल** आदि हैं। यह प्रदेश 720 किलोमीटर लम्बा व 320 किलोमीटर चौड़े क्षेत्र में विस्तृत है। यह प्रदेश सूती वस्त्रोद्योग एवं रसायन उद्योग में विकसित है। 90% सूती वस्त्र उद्योग मास्को क्षेत्र में व 60% रसायन उद्योग मास्को पेटी में विकसित हैं। इस प्रदेश में कोककर कोयला व कच्चे माल का अभाव बाधक है।

2. यूक्रेन औद्योगिक प्रदेश—यह सर्वाधिक विकसित औद्योगिक प्रदेश है जहाँ सोवियत संघ का 45 प्रतिशत लोहा एवं इस्पात और 70 प्रतिशत एलुमिनियम तैयार होता है। डोनबास क्षेत्र का कोयला, नीपरोस्ट्रा के जल विद्युत केन्द्र से शक्ति किवाइरोग-कर्च क्षेत्र से लौहा अयस्क, काकेशस क्षेत्र से खनिज तेल; नीपरे, डान, वोल्गा दियो एवं काला सागर में परिवहन की सुविधा व श्रमिकों की अधिकता इस प्रदेश के विकास में सहायक हैं। यहाँ सभी प्रकार के उद्योग चलते हैं।

लोहा एवं इस्पात उद्योग के प्रमुख केन्द्र **नीप्रोपेट्रोवस्क, नीप्रोजेस, क्रिवाइरोग, दोनेत्स्क** एवं **माकईवका;** मशीनरी के केन्द्र **कामटोर्स्क** एवं **लुगान्स्क;** खेती के औजार व ऊनी वस्त्र के केन्द्र **खारकोव;** ट्रैक्टर के केन्द्र **वोलोग्राद** एवं **रोस्टोव** व इन्जीनियरिंग के केन्द्र **कीव खारकोव** एवं **जापोरोजाइ** हैं। **ओडेसा** में कृषि-यन्त्र बनते हैं। **कीव** मशीन उत्पादन का सबसे बड़ा केन्द्र है। यहाँ कागज का कारखाना भी है।

मशीनी औजार के केन्द्र **दोनेत्स्क** (स्तालिनो), **माकईवका, वोरोशिवोलस्क, वोरोशिलोवग्राव, रोस्तोव, कर्व** व तगानरोग हैं। रसायन उद्योगों के केन्द्र **कीव नीपरो, झरझिन्क्स, खारकोव, वोल्गोग्राद, दोनेत्स्क** व **कलुश** हैं। यहाँ कोयला एवं लोहा अयस्क की प्रचुरता है।

3. यूराल औद्योगिक प्रदेश—यहाँ विविध खनिजों का भण्डार है। यहाँ औद्योगिक केन्द्र दक्षिणी यूराल में **स्थापित हैं जिनको साइबेरिया के कुजबास व मध्य**

एशिया के कारागाण्डा क्षेत्र से कोयला मिलता है। इस प्रदेश के **स्वर्डलोबस्क, मैग्नीटोगोर्स्क** व **निजनीतागिल** प्रमुख केन्द्र हैं जहाँ लोहा एवं इस्पात के बड़े-बड़े कारखाने हैं। **मैग्नीटोगोर्स्क** सबसे बड़ा केन्द्र है। **चिलियाबिन्स्क** में ट्रैक्टर, फेरोएलाय, सैनिक टैंक एवं ट्रक; **तागिल** में इस्पात, मशीनें, मालगाड़ी डिब्बे, **ओर्स्क** में डीजल इंजन एवं धातु शोधन; **मोलोटोव** में जलयान एवं **स्वर्डलोवस्क** में विशिष्ट विद्युत सामग्री, मशीनें, टेलिविजन, रासायनिक पदार्थ, लुग्दी कागज आदि बनते हैं। **स्लाटाउस्ट में** इस्पात तथा मशीनों का उत्पादन होता है। **नार्लिस्क** में निकेल तथा ताँबा की शोधनशालाएँ व **यूमेन में** आटा तथा तेल के कारखाने हैं। इस प्रदेश में देश का 20% लौहा अयस्क, 44% खनिज तेल व 22% कोयला मिलता है। देश का एक-चौथाई इस्पात यहाँ निर्मित किया जाता है।

4. ट्रांस-काकेशिया औद्योगिक प्रदेश—यह प्रदेश फल संरक्षण व खनिज तेल शोधक उद्योगों के लिए विख्यात है। बाकू, ग्रोजनी, तुआपसे एवं बाटुम पेट्रोकेमिकल उद्योग; तिफलिस में सूती, ऊनी एवं रेशमी वस्त्र एवं चलचित्र निर्माण; इरोवान में फल संरक्षण, तम्बाकू उद्योग एवं चलचित्र निर्माण और पहाड़ी ढालों पर चाय के कारखाने हैं। रूसतावी तथा सुमगैट में लौहा इस्पात का कारखाना; कुतैसी एवं किरोवाबाद में सल्फ्यूरिक अम्ल और कुवैसी में विभिन्न इन्जीनियरिंग उद्योग चलते हैं। एरिबान में क्रत्रिम रबड़, तम्बाकू व चमड़ा उद्योग के कारखाने हैं। इस प्रदेश में सिगरेट, भोज्य पदार्थ व फलों की डिब्बाबन्दी के उद्योग भी चलते हैं।

5. लेनिनग्राड औद्योगिक प्रदेश—इस प्रदेश में ईंधन तथा कच्चे माल का अभाव है। यहाँ नीवा बोल्खोव एवं स्विर नदियों से जल विद्युत उत्पन्न की जाती है। इस प्रदेश के प्रमुख उद्योग जलयान निर्माण व धातु शोधन हैं। यहाँ हिमभंजक जलयान बनते हैं। यहाँ टैंक, तोप, बन्दूक व अन्य युद्ध सामग्रियाँ बनती हैं। वस्त्र, बिजली के सामान, एलुमिनियम, रेलगाड़ी, के डिब्बे व कागज के भी उद्योगों की स्थापना की गयी है। **लेनिनग्राड** प्रधान केन्द्र है जहाँ वस्त्र, रसायन, मशीनें व जलयान बनाए जाते हैं। **बोलखोव** में सीमेंट एवं एलुमिनियम का उत्पादन होता है। **तल्लिन व रीगा** जलपोत निर्माण के केन्द्र हैं। इस औद्योगिक प्रदेश में सोवियत रूस का 75 प्रतिशत जलपोत निर्माण, 50 प्रतिशत बिजली का सामान व 35 प्रतिशत कागज का निर्माण होता है।

6. कुजबास औद्योगिक प्रदेश—इस प्रदेश में कोयला का विशाल भण्डार है। लौह-अयस्क भी गोरनायाशोरिया क्षेत्र में मिल जाता है। परिवहन की भी सुविधा है। इस देश का प्रधान उद्योग लोहा-इस्पात उद्योग है जिसका प्रधान केन्द्र नेवोकुजनेत्स्क

है। अन्य केन्द्र स्टालिन्क्स, लेनिन्स्क व केमेरोवो हैं। यहाँ रेल के इंजन व कृषि-यन्त्र के कारखाने हैं। तोमस्क में वायुयान निर्माण के बड़े कारखाने हैं जिसमें अनेकों मॉडलों के वायुयान बनते हैं। यहाँ खनन सामग्री, कृषि एवं सूती कपड़ों की बनती हैं। लकड़ी चीरने के कारखाने नोवोसिबिर्स्क व क्रास्नोयार्स्क में हैं। यहाँ पशुओं के मांस का डिब्बे में बन्द करने का भी कारखाना है जिसके प्रमुख केन्द्र फरगाना, बारनौल, नोबोसिविर्स्क व क्रास्नोयार्स्क हैं। बारनौल में चीनी, सूती, रेशमी व ऊनी उद्योग के कारखाने हैं। चमड़ा उद्योग के केन्द्र नोवोसिबिर्स्क, क्रास्नोयार्स्क, स्टालिक्स व इर्कुटस्क हैं। कांस्क में काँच, तोमस्क में दियासलाई व वियस्क में लिनेन कपड़ा बनता है। इर्कुटस्क में वायुयान के इंजन, खनन मशीन, प्लाईवुड व सोना खनन की मशीनें बनती हैं। क्रास्नोयार्स्क में मशीन, काँच व रसासन के संयन्त्र बनते हैं। केमेरोबो एवं स्टालिक्स में नत्रजन के कारखाने हैं। नोबोसिबिर्स्क मशीन उत्पादन का सबसे बड़ा केन्द्र है। साथ ही रासायनिक पदार्थ, कृषि-मशीन व कपडे के कारखाने भी हैं। केमेरोव में कोक तथा रासायनिक उद्योग हैं। सेमेपैलिटिन्स्क ऊनी कपड़ो का केन्द्र है।

7. सुदूर पूरब औद्योगिक प्रदेश—दक्षिणी पूर्वी साइबेरिया में जल विद्युत में क्रमशः विकास के साथ उद्योगों की स्थापना हो रही है। अगारा तथा अन्य नदियों पर जल विद्युत केन्द्र स्थापित हो गए हैं। इर्कुटस्क, उलान उदे व कास्मोमोलस्क लोहा एवं इस्पात की मशीनों का केन्द्र है। कास्मोमोलस्क में जलयान निर्माण, खनिज तेल शुद्धिशाला, सीमेंट उद्योग, मांस की डिब्बाबन्दी उद्योग व मशीन निर्माण, उद्योग स्थापित हैं। उलान उदे व इर्कुटस्क में रेलवे इंजन व रसायन बनते हैं।

खाबरोवस्क में खनिज तेल शुद्धिशाला, वायुयान कारखाना, मोटर कारखाने व कृषि मशीनों का कारखाना है। ब्लाडीवोस्टक व मिकोलेयेवस्क में जलयान बनते हैं। यहाँ वायुयान, साबुन, तेल, दियासलाई व फर्नीचर के भी कारखाने हैं। उलान उदे व पामयाती में कांच के सामान तैयार होते हैं। लकड़ी के उद्योग चीता, खाबरोवस्क, एबाकान, ब्लाडीवोस्टक व लुसोजावोडस्क में चलते हैं। आटा तथा तेल उद्योग के कारखाने ब्लाडीवोस्टक, ब्लागोबेशचेन्स्क, कास्मोमोलस्क, चीता व उलान उदे में हैं। टंगस्टन व मोलीबडेनम की शोधनशालाएँ जिदिन्क्स व माउण्ट खाल्तोसा में स्थापित हैं। बोरोशिलोव में खाद्य उद्योग चलते हैं। ब्लागोवेशचेन्स्क में सोना खनन की मशीनें निर्मित की जाती हैं।

8. मध्य एशियाई औद्योगिक प्रदेश—इस प्रदेश में सूती कपड़ों के कारखाने ताशकन्द, अश्काबाद, अल्माआता, स्टालिनाबाद, समरकन्द तथा फरगाना में हैं।

चिरचिम में नत्रजन उर्वरक का कारखाना है जो इस देश का सबसे बड़ा कारखाना है। नत्रजन का दूसरा कारखाना अग्रेन में और सुपरफास्फेट का कारखाना दूझाझूल, समरकन्द एवं कोकन्द में है। ताशकन्द में कृषि-मशीनें व वेग्रोबात में लौहा इस्पात का कारखाना है। फरगना तथा नेफ्ताबाद में पेट्रोल साफ करने के कारखाने व सोरशू में रासायनिक उद्योग हैं। सुपरफास्फेट का कारखाना समरकन्द, कोकन्द व दूझाझूल में हैं। सीमेंट उद्योग के केन्द्र कुबाशई, अश्काबाद, खिलकोवो, चिमकेन्त व करागाण्डा हैं। मांस, चमड़ा, खाद्य व चीनी साफ करने के उद्योग अनेक केन्द्रों पर चलते हैं। उत्तकामोगोरस्क में सीसा व जस्ता संयन्त्र हैं। दुशाम्बे ओश रेशमी कपड़ो का केन्द्र हैं।

(स) पश्चिमी व मध्य यूरोप के औद्योगिक प्रदेश

इस वृहद् प्रदेश में फ्रांस, स्विट्जरलैण्ड, पश्चिम जर्मनी, यूनाइटेड किंगडम, बेल्जियम, लक्जम्बर्ग व नीदरलैण्ड्स देश हैं।

पश्चिमी जर्मनी के औद्योगिक प्रदेश—द्वितीय यूरोपीय महायुद्ध के बाद जर्मनी के खण्ड हो गए और सभी उद्योग समाप्त हो गए। परन्तु देश की प्राकृतिक सम्पदा साहस, अप्रतिम सूझ-बूझ, कठोर, श्रम, वैज्ञानिक विकास व देश-प्रेम की भावना से उद्बुद्ध जर्मनवासियों ने देश का पुनः निर्माण कर लिया है। इस देश के प्रधान वस्तु निर्माण उद्योग मशीनरी, लोहा इस्पात, रसायन, सूती एवं ऊनी वस्त्र, प्लास्टिक, काँच, सीमेंट व धातु शोधन हैं। वर्तमान में भी यह देश पश्चिमी तथा पूर्वी दो भागों में विभाजित है। इस देश के निम्नांकित चार औद्योगिक प्रदेश हैं :—

1. रूर या वेस्टफालिया प्रदेश,
2. बवेरिया प्रदेश;
3. सार प्रदेश;
4. सैक्सोनी प्रदेश।

1. रूर औद्योगिक प्रदेश—यह प्रदेश निचली राइन घाटी में रूर नदी के निकट ही स्थित है। यह प्रदेश से दक्षिण 64 किलोमीटर चौड़ा और पूरब से पश्चिम 120 किलोमीटर लम्बा है। इसमें 14 नगर एक लाख व 3 नगर एसेन, डार्टमुंड व डुइसेलडोर्फ पाँच लाख से अधिक जनसंख्या वाले हैं। द्वितीय यूरोपीय महायुद्ध में यह प्रदेश समाप्त हो गया था परन्तु जर्मन लोगों के दृढ़ निश्चय, कठोर परिश्रम, अपूर्व विश्वास व कर्तव्यनिष्ठा ने इस प्रदेश को दुबारा विश्व में लोकप्रिय बना दिया है।

इस प्रदेश के औद्योगीकरण के निम्न कारण हैं :–

(क) ऊन, कपास, कच्चा रेशम व लौहा अयस्क का आयात विदेशों से सुविधापूर्वक हो जाता है।

(ख) इस प्रदेश के उत्तर में उपजाऊ खेती प्रदेश व दक्षिण में वन प्रदेश हैं जिनसे जरूरी सामग्री मिल जाती है।

(ग) रासायनिक पदार्थों की सहज उपलब्धता है।

(घ) जर्मन लोगों ने विज्ञान व तकनीकी विद्या में उच्चकोटि की दक्षता प्राप्त की है।

(ड.) इस प्रदेश में नदियों से साफ पानी प्राप्त किया जाता है।

(च) यूरोप में इस प्रदेश की केन्द्रीय स्थिति है। जनसंख्या का घनत्व सघन होने के कारण यह क्षेत्र एक व्यापक बाजार भी है।

(छ) नदियों तथा नहरों की उत्तम परिवहन व्यवस्था है। रेल मार्गों व सड़कों का जाल बिछा है।

(ज) वेस्टफालिया कोयला क्षेत्र से उत्तम प्रकार का प्रचुर मात्रा में कोयला मिल जाता है। रूर सम्पूर्ण यूरोप का सबसे बड़ा कोककर कोयले का भण्डार है।

इस प्रदेश के केन्द्रीय भाग में भारी उद्योग चलते हैं। यह प्रदेश लोहा-इस्पात व इन्जीनियरिंग उद्योगों के लिए विख्यात है। ये कारखाने डुइजबर्ग से डार्टमुण्ड तक फैले हैं जिनमें एसेन सबसे बड़ा केन्द्र है। भारी धातु निर्माण के अन्य कारखाने मुइलहाइम, हास्पे व राइन हाउजेन हैं।

भारी इन्जीनियरिंग के कारखाने एसेन, हागेन, डार्टमुण्ड, बोखम, डुइसेलडोर्फ व डुइजबर्ग में हैं। अच्छी मशीनें व मशीन उपकरणों का उत्पादन अनेक नगरों में होता है। इन नगरों में रेलगाड़ी, मोटर,रेलवे इंजन, क्रेन व बुलडोजर बनाए जाते हैं।

मौलिक रासायनिक पदार्थों का उत्पादन डार्टमुण्ड, एसेन, हेर्न, बोखुम, कोलोन आदि नगरों में होता है। यहाँ रंगाई के सामान, बारूद, औषधि व रसायन के भी कारखाने हैं। सूती कपड़ों के प्रमुख केन्द्र आखेन, क्रेफेल्ड, एल्बरफील्ड, बुप्परठल, कोलोन व ग्लाडबाश हैं। क्रेफेल्ड में रेशमी कपड़ा बुना जाता है। एल्बरफील्ड सूत तथा ऊन के मिश्रित धागों से बना कपड़ा बुनने हेतु विख्यात है। ब्रीमेन, सासेनबर्ग व सेडलडोर्फ में सूती तथा ऊनी वस्त्र बनते हैं। काँच सीमेंट आदि के उद्योग भी तरक्की कर गए हैं। बुप्परठल, कालोन एवं एसेन में कृत्रिम वस्त्रों का निर्माण होता है।

2. बावेरिया औद्योगिक प्रदेश—यह इस देश का द्वितीय प्रसिद्ध औद्योगिक प्रदेश है। इस प्रदेश में कोयला व धातु नहीं मिलते हैं परन्तु स्वच्छ जल एवं जल-विद्युत प्रचुर मात्रा में उपलब्ध है। यहाँ हल्के एवं मूल्यवान पदार्थों के उद्योग केन्द्रित हैं। इस प्रदेश के प्रमुख केन्द्र मान्नहाइम, स्टटगार्ट, फ्रांकफर्ट, स्ट्रासबर्ग व म्यूनिख हैं। इस प्रदेश में घड़ी, सर्जरी के सामान एवं वाद्य यन्त्र, मूल्यवान शराब, औषधियाँ एवं इन्जेक्शन व खिलौने और वैज्ञानिक यन्त्रों के छोटे-छोटे कारखाने हैं। फ्रांकफर्ट में मशीन औजार, मोटरकार, रासायनिक पदार्थ, चमड़ा एवं लकड़ी के सामान अधिक बनते हैं। मान्नहाइम में शीशा, भारी मशीनें, सूक्ष्म चक्षु यन्त्र, सेरामिक, मशीन औजार, वायुयान, कागज व रसायन के उद्योग चलते हैं।

स्ट्रासबर्ग में भिन्न-भिन्न प्रकार के यन्त्र, वैज्ञानिक सामान व विद्युत के सामान बनते हैं। स्ट्रटगार्ट में मशीनें, सूक्ष्म यन्त्र, इन्जीनियरिंग, मोटरकार, फोटो के सामान, रेडियो व रसायन उद्योग चलते हैं। यहाँ मोजे एवं बनियान भी बनती हैं। म्यूनिख नगर वैज्ञानिक यन्त्र, ऊनी वस्त्र एवं शराब के लिए प्रसिद्ध है। नूरेनबर्ग में साइकिल, खिलौने, मोटर, वैज्ञानिक यन्त्र एवं हल्की मशीनरी बनती है। नूरेनबर्ग विश्व का खिलौना केन्द्र है।

3. सार औद्योगिक प्रदेश—यह औद्योगिक प्रदेश मोसेल नदी की सहायक सार नदी के बेसिन में उपस्थित है। यहाँ कोयले का अपार भण्डार है। फ्रांस एवं लक्जेम्बर्ग देशों से लोह-अयस्क मिल जाता है। परिवहन की भी सुविधाएँ हैं। यहाँ लोहा एवं इस्पात उद्योग विकसित हैं। यहाँ लोहे की छड़ें, तार, चादरें व गर्डर बनाए जाते हैं। काँच, चीनी-मिट्टी के बर्तन व चमड़े के उद्योग भी स्थापित हैं। इस प्रदेश का केन्द्र सारब्रुकन है।

4. सैक्सोनी औद्योगिक प्रदेश (पूर्वी जर्मनी)—इस प्रदेश का प्रधान उद्योग सूती कपड़ो का है। प्रमुख केन्द्र लीपजिग, केमनिटज व फ्लौइन हैं। लौहा-इस्पात उद्योग के केन्द्र फुर्सतेन्बर्ग, कोल्बे, ड्रेसडेन, लीपजिग व फ्लौइन हैं। इन केन्द्रों पर मशीनरी भी बनती है। चीनी मिट्टी के बर्तन बनाने का विश्व में प्रमुख केन्द्र मीसेन है। लीपजिग छापेखाने की मशीनों एवं रासयनिक उद्योगों के लिए सर्वाधिक प्रसिद्ध है। यहाँ ऊनी वस्त्रोद्योग चलता है। ड्रेसडेन में वैज्ञानिक यन्त्र एवं कपड़ा सिलने की मशीनें व मेग्डाबर्ग में कृषि यन्त्र बनाए जाते हैं। हनोवर में खेती उपकरणों को तैयार किया जाता हैं। थुरीन्जिया में कैमरे, टाइपराइटर, माइक्रोस्कोप व सूक्ष्म यन्त्र निर्मित होते हैं। अन्य केन्द्र बिटरफेल्ड; बोतजेन, एरफुर्त, फ्रीबर्ग, हल्ले, बर्गबर्ग आदि हैं।

ग्रेट ब्रिटेन के औद्योगिक प्रदेश—यूरोप महाद्वीप में औद्योगिक क्रान्ति का प्रारम्भ ग्रेट ब्रिटेन में ही हुआ था। अधिकांश उद्योग कोयला एवं लौह-अयस्क की खानों के पास हैं। इसके प्रमुख नौ औद्योगिक प्रदेश निम्न प्रकार हैं :

1. लन्दन प्रदेश—यह सबसे महत्त्वपूर्ण औद्योगिक प्रदेश है। यहाँ जलपोत निर्माण, मशीनी औजार, विज्ञान के सामान, इन्जीनियरिंग, कृत्रिम वस्त्र, रसायन, घड़ियाँ, मोटरकार, भोज्य पदार्थ व शृंगार सामग्री के उद्योग वृहद् पैमाने पर चलते हैं। यह इन्जीनियरिंग, पोशाक तथा रसायनिक उद्योगों का देश का सबसे बड़ा केन्द्र है। यहाँ कोयला एवं लौहा, कच्ची सामग्री व शक्ति स्रोत की कमी है। अन्य सभी सुविधाएँ मौजूद हैं।

2. उत्तर वेल्स प्रदेश—यहाँ लौहा-इस्पात, भारी मशीनरी व रसायन उद्योग चलते हैं। चेस्टर, वेक्सहेम तथा क्रेवे प्रमुख केन्द्र हैं।

3. दक्षिण वेल्स प्रदेश—इस क्षेत्र में लौह-इस्पात उद्योग बहुत अधिक विकसित है। लौहा तथा इस्पात के कारखाने टाइफील, मेरथीर, डोबलैज नगरों में हैं। धातु उद्योग के कारखाने नीथ नदी के मुहाने पर नीथ और ताँबे नदी की घाटी में स्वांसी, लान्ले व पोर्ट टालवोट में स्थापित है। स्वांसी में खनिज तेल शोधक कारखाना व रसायन का कारखाना चल रहा है। न्यूपोर्ट, कार्डिफ व स्वांसी पत्तन हैं।

4. स्कॉटलैण्ड घाटी या ग्लासगो प्रदेश—यह प्रदेश क्लाइड नदी के मुहाने से एडिनबरा तक विशाल है। इसका प्रमुख केन्द्र ग्लासगो है जो जलयान निर्माण उद्योग के लिए विश्व प्रसिद्ध है। जलयान निर्माण के अन्य केन्द्र क्लाइड बैंक, डम्बरटन, ग्रीनोक व बाडलिंग हैं। इस प्रदेश में अनेक उद्योग चलते हैं। लौहा एवं इस्पात के कारखाने आउडी, कोटब्रीज, ग्लासगो, विस्वा व जोन्सटारन में हैं। क्लाइड नदी के किनारे बड़े इन्जीनियरिंग उद्योग हैं जिनमें पाइप, मोटरकार, मशीनें, रेल इंजन, पम्प आदि बनते हैं। डण्डी में वस्त्र, एडिनबरा में छपाई, एबरडीन में ऊनी वस्त्र व अनेक केन्द्रों पर रसायन तैयार होते हैं।

5. मिडलैण्ड प्रदेश—इस प्रदेश के बची में बरमिंघम व निकटवर्ती नगर वालसाल, विल्सन, वोल्वर, हेम्पटन, डडले व कावेण्ट्री हैं। ये सभी नगर काला देश (Black Country) के अन्तर्गत आते हैं। यहाँ लौहा-इस्पात व अन्य भारी धातु उद्योग केन्द्रित हैं। यहाँ भारी हथियार, तोप, बन्दूक, मशीनें, मोटरगाड़ियाँ, राइफलें, तोप के गोले, क्रेन, टैंक, मशीनगन, साइकिल व धातु के सामान तैयार किए जाते हैं कावेण्ट्री में मोटरगाड़ियाँ एवं साइकिलें, रैडिश में सुइयाँ और डडले में जंजीरें बनती हैं।

6. लंकाशायर प्रदेश—यह प्रदेश सूती कपड़ा के लिए संसार भर में प्रसिद्ध है। यहाँ सूत कातने के केन्द्र पीनाइन पर्वत की तलहटी के नगर बोल्टन, ओल्डहम, राकडेल, बरो आदि में हैं। वस्त्र बुनने के काखाने नेल्सन, प्रेस्टन, ब्लैकबर्न व बर्नले में हैं। मानचेस्टर नगर सूती कपड़ा उद्योग का विश्व में सबसे बड़ा केन्द्र हैं। इस प्रदेश में सूती वस्त्रोद्योग से जुड़ी सभी मशीनें बनाई जाती हैं। रेल के इंजन, आटा पीसने की चक्की, कागज बनाने की मशीनें और कागज, दवाईयाँ एवं रासायनिक पदार्थ तैयार किए जाते हैं।

7. यार्क-डर्बी-नाटिंघमशायर प्रदेश—यह ब्रिटेन का सबसे महत्त्वपूर्ण औद्योगिक प्रदेश है। यहाँ ऊनी वस्त्र व लौहा-इस्पात उद्योग का विकास हैं। यार्कशायर ऊनी कारखानों के लिए लोकप्रिय है। आयर एवं कैल्डर नदियों का जल ऊन साफ करने व धोने के लिए विश्व भर में सर्वोत्तम माना जाता है। ऊनी वस्त्र के केन्द्र हडर्सफील्ड, वेकफील्ड, लीड्स, ब्रेडफोर्ड, बाटले व हैलिफाक्स हैं। लौहा तथा इस्पात उद्योग के केन्द्र शेफील्ड व डोनकास्टर हैं। लीसेस्टर में सभी प्रकार के रेशों से बुनाई की जाती है। हिंकले, डर्बी, नाटिंघ व मेंसफील्ड अन्य औद्योगिक केन्द्र हैं। नाटिंघम में ऊनी वस्त्र, हौजरी व फीते बनते हैं। यहाँ मोटर, साइकिल व जूते के कारखाने भी चलते हैं। रसायन, कृत्रिम रबड़ तथा छोटी मशीनों के कारखाने हैं।

8. उत्तरी-पूर्वी या नार्थम्बरलैण्ड डरहम प्रदेश—इस प्रदेश के प्रमुख उद्योग जलयान, लौहा, निर्माण एवं इस्पात, भारी इन्जीनियरिंग व रासायनिक पदार्थ हैं। जलयान निर्माण का धन्धा पुराने समय से चल रहा है। जलयान निर्माण के केन्द्र फील्ड, सण्डरलेण्ड, न्यूकैसिल, साउथ, मिडिल्सबरो व टाइनसाइड हैं। मिडिल्सबरो ग्रेट ब्रिटेन का सबसे बड़ा लौहा तथा इस्पात केन्द्र है। यह उद्योग टीज नदी की घाटी में विकसित है। स्टाकटन में लौहा गलाया जाता है और डालिंगटन में रेल के इंजन बनते हैं। हार्टलेपूल में रासायनिक उद्योग के विस्तृत कारखाने हैं। इस प्रदेश में प्लास्टिक तथा टेरीलीन के कारखाने भी हैं।

9. बेलफास्ट प्रदेश—उत्तर आयरलैण्ड में बेलफास्ट औद्योगिक प्रदेश विकसित हो रहा है। यहाँ के उल्लेखनीय उद्योग जलयान निर्माण, मशीनरी उद्योग, वायुयान निर्माण, कृत्रिम वस्त्र उद्योग, खनिज तेल शोधन व कृषि उद्योग यन्त्र हैं।

फ्रांस के औद्योगिक प्रदेश—1. उत्तरी-पूर्वी प्रदेश—यह साम्ब्रे-केम्पाइन वृहद् औद्योगिक प्रदेश का एक हिस्सा है जिसमें रूबे, अमेन्स, लिले, डन्कर्क, आंजिन, वेलेनशिएन्नीज व ज्यूमोण्ट नगर पड़ते हैं। इनमें लौहा तथा इस्पात उद्योग और जस्ता, टिन तथा ताँबा प्रगलन उद्योग अधिक प्रचलित हैं। इन्जीनियरिंग

उद्योग भी चलते हैं। रोम्स, स्वे, ओमेन्स व लिले सूती एवं रेशमी वस्त्र के प्रमुख केन्द्र हैं।

2. पेरिस बेसिन प्रदेश—इस प्रदेश में मोटरकार, विद्युत मशीन, खेती यन्त्र, रेलवे इंजन, वायुयान, वैज्ञानिक यन्त्र, घड़ी, सूती वस्त्र, ऊनी वस्त्र, रेशमी वस्त्र, पोशाक, रसायन उद्योग आदि स्थापित हैं। यह नदी मार्ग, रेल मार्ग, नहर मार्ग व मोटर मार्ग का केन्द्र है। यहाँ के शेम्पेन मदिरां भी विश्वविख्यात है।

3. लारेन-सार प्रदेश—इस प्रदेश के प्रमुख नगर लांगवी, नान्सी, ब्रे, मेट्ज व टाउल हैं। इनमें लौहा-इस्पात, उर्वरक, यन्त्र, रसायन, सीमेंट आदि उद्योग चलाए जाते हैं। मेट्ज, नान्सी व लांगवी लौह उद्योग के प्रमुख केन्द्र हैं। बेलफोर्ट, एपीनाल, मुलहाउस व कोलमार में सूती वस्त्र तैयार किए जाते हैं।

4. मध्यवर्ती प्रदेश—इस प्रदेश के प्रमुख नगर सेण्ट एटीन, ओबुसन, ली, क्रियोजोट, कमेण्ट्री क्लेरमोण्ट व लिमोजेज हैं। इनमें ऊनी एवं रेशमी वस्त्र, मशीनें, रसायन, चीनी मिट्टी के बर्तन व युद्ध सामग्रियाँ तैयार की जाती हैं। सेण्ट एटीन व लिमोजेज में लिओन्स, रेशमी वस्त्र एवं अलाइस में रसायन एवं रेशमी वस्त्र, ग्रेनोबुल में बनियाइन, रूँआ में वस्त्रोद्योग और बोर्डो तथा मार्सलीज में प्लास्टिक, खनिज तेल, रसायन, जलयान निर्माण, कृत्रिम रबड़ एवं कृत्रिम रेशा निर्माण उद्योग हैं। बोर्डो की अंगूरी शराब भी विश्व प्रसिद्ध है।

(द) दक्षिणी तथा पूर्वी एशिया

इस वृहद् प्रदेश में जापान, चीन व भारत प्रमुख देश हैं।

जापान के औद्योगिक प्रदेश—जापान एक प्रगतिशील राष्ट्र है जो एशिया महाद्वीप का अग्रदूत है। इसके निम्नांकित सात औद्योगिक प्रदेश हैं। महत्वपूर्ण विशेषताएँ—

1. टोकियो-योकोहामा प्रदेश या क्वांतो प्रदेश,
2. कोबे-ओसाका क्योटो प्रदेश अथवा किनकी प्रदेश,
3. नागोया प्रदेश,
4. नागासाकी प्रदेश या किंताक्यूशू प्रदेश,
5. फुकुई-इशिकावा प्रदेश,
6. हेकोडेट प्रदेश,
7. हिरोशिमा-कुरे-उत्तरी शिकोकू प्रदेश।

1. टोकियो-योकोहामा प्रदेश—यह प्रदेश हल्के उद्योगों व उपभोग पदार्थों के उत्पादन के लिए विख्यात है। इसको क्वाण्टो प्रदेश भी कहते हैं। यहाँ अनेक प्रकार के उद्योग मिलते हैं। प्रमुख उद्योग रेशम उद्योग हैं। यहाँ कच्चा रेशम व परिवहन की सुविधाएँ प्राप्त हैं। यहाँ के अन्य मुख्य उद्योग बिजली का सामान, वायुयान, मशीन निर्माण, छपाई का कार्य, रासायनिक वस्तुएँ, रबड़ काँच की वस्तुएँ बनाना है। यहाँ सीमेंट व पोत निर्माण उद्योग भी केन्द्रित हैं। यहाँ लोहा तथा इस्पात, साइकिल, रसायन व घड़ियाँ भी बनाई जाती हैं। इस्पात निर्माण के केन्द्र कावासाकी, खेती यन्त्र, मोटरकार, चीबा, टोकियो, इथिकाबा; मशीन औजार, रेलवे इंजन एवं डिब्बे व अन्य इन्जीनियरिंग उद्योगों के केन्द्र कावागुची, हिताची एवं ओमिया; टोकियो, योकोहामा, जलपोत निर्माण के केन्द्र योकोहामा; वायुयान निर्माण केन्द्र ताचिकावा, मिआमी, तनावा व बिजली के सामान, वस्त्र, रसायन, प्लास्टिक व अन्य उद्योगों के केन्द्र टोकियो, सैतामा, योशिवारा, कावासाकी, औशी, ओयामा आदि हैं। इस प्रदेश का मुख्य नगर टोकियो व पत्तन योकोहामा है। दोनों नगर कारखानों द्वारा मिलकर युगल नगर (twin towns) कहे जाते हैं। यहाँ जापान का 30 प्रतिशत औद्योगिक उत्पादन होता है। टोकियो विश्व का तीसरा बड़ा नगर है। जिसकी आबादी 85.44 लाख है।

2. कोबे-ओसाका-क्योटो प्रदेश—यह जापान का प्रमुख औद्योगिक प्रदेश है। यहाँ पूरे जापान का एक-तिहाई सूती वस्त्र का उत्पादन होता है। यह सूती कपड़े का सबसे बड़ा प्रदेश है। यहाँ ओसाका प्रान्त में जापान का एक तिहाई सूत तैयार किया जाता है। ओसाका पूरब का मानचेस्टर कहलाता है। यहाँ ऊनी व रेशमी कपड़े तैयार किए जाते हैं। यहाँ का कपड़ा जापान में सबसे उत्तम होता है। यहाँ लोहा तथा इस्पात भी तैयार किया जाता है। यहाँ जलयान-निर्माण भी होता है। इस नगर का तीसरा प्रमुख धातु उद्योग है। यहाँ का चौथा प्रमुख उद्योग रसायन उद्योग है। इस नगर को सस्ती चालक शक्ति व कच्चा माल प्राप्त नहीं है, किन्तु सस्ती श्रमिक-शक्ति व व्यापक बाजार उपलब्ध हैं।

कोबे एक श्रेष्ठ पत्तन है। यहाँ पोत निर्माण उद्योग बहुत तरक्की पर है। क्योटो नगर एक पुराना ऐतिहासिक नगर है। यहाँ रेल के डिब्बे व इंजन, कलात्मक वस्तुएँ, रेशमी कपड़ा, चीनी मिट्टी के बर्तन, खिलौने व मशीनरी के कारखाने हैं। सम्पूर्ण जापान की 30 प्रतिशत कला-कौशल की वस्तुएँ यहाँ बनाई जाती हैं। इस प्रदेश में जापान की 80 प्रतिशत दियासलाइयों का निर्माण किया जाता हैं। इसके केन्द्र कोबे, हिमजी, अकैशी और आवाजी हैं। रेल के डिब्बे बनाने का कारखाना

कावासाकी जगह पर है। नाविना स्थान पर रेलवे इंजन व उसके पुर्जे बनाए जाते हैं निशोवाकी में बाशू कपड़ा बनाया जाता है। कोबे, कावासाकी व आइओई में जलयान निर्माण की गोदियाँ बनाई गई हैं।

3. नागोया प्रदेश—यह प्रदेश आइस की खाड़ी के चारों ओर मीना ओबारी मैदान में स्थित है। इस प्रदेश में 10 बड़े नगर हैं जिनमें नागोया सबसे बड़ा है। इस प्रदेश का पत्तन योक्कैची है। यह हल्के उद्योगों के लिए प्रमुख है, क्योंकि जल-परिवहन की अच्छी सुविधा नहीं है। इस प्रदेश का प्रमुख उद्योग ऊनी कपड़ा है। यहाँ जापान का 60 प्रतिशत ऊनी कपड़ा तैयार किया जाता है। रेशम की रील, ऊन की बुनाई, सूती कपड़े की बुनाई तथा कताई अन्य प्रमुख व्यवसाय हैं। नागोया सूती कपड़े के उद्योग का भी एक बड़ा केन्द्र है। चीनी मिट्टी के बर्तन बनाने का भी धन्धा पर्याप्त तरक्की पर है। यहाँ के बर्तन निर्यात किए जाते हैं। यहाँ हमामत्सु, टोकेयोका व टोयाहाशो औद्योगिक केन्द्र हैं। नागोया तथा शिगा में रेल इंजन, रेलगाड़ियाँ व मोटरगाड़ियाँ बनाई जाती हैं। यहाँ का विश्व विख्यात आयात ऑस्ट्रेलिया से ऊन, भारत से कपास, संयुक्त राज्य अमेरिका से लकड़ी व चीन से सोयाबीन होता है।

4. कुकुई-इशिकावा प्रदेश—इस प्रदेश का फैलाव जापान के पश्चिमी तट पर कानाजावा से फुकुई तक है। यह एक सँकरी औद्योगिक पट्टी है जिसमें कृत्रिम रेशम बनाने की कई मिलें हैं। कानाजावा सबसे बड़ा केन्द्र है। दूसरा बड़ा केन्द्र फुकुई है। यहाँ कृत्रिम रेशम का धागा व कपड़ा तैयार किया जाता है। इस प्रदेश में धातु-शोधन का भी काम होता है। यहाँ सीमेंट का कारखाना है। यहाँ जलयानों द्वारा होकैडो से कोयला आता है। इस प्रदेश का भविष्य उज्ज्वल है।

5. नागासाकी प्रदेश—यह प्रदेश नागासाकी व मोजो के बीच में स्थित है। यहाँ का प्रमुख उद्योग लौहा तथा इस्पात, भारी उद्योग व जलपोत निर्माण है। यहीं यावाता नामक स्थान पर जापान का सबसे पहले लौहा एवं इस्पात का कारखाना स्थापित हुआ था। यहाँ कोयला तो निकट की खानों से मिल जाता है; परन्तु लौहा अयस्क आयात करना पड़ता है। यहाँ सूती कपड़ा, मशीनरी, सीमेंट, रेलवे इंजन, जलयान, काँच रसायन व रबड़ की वस्तुएँ बनाने वाले कारखाने हैं। जलयान-निर्माण के लिए विशाल गोदी नागासाकी में बनाई गई है। पोत-निर्माण में ग्लासगो के बाद विश्व में इसका दूसरा स्थान है। आटा पीसने, तेल साफ करने व कागज के कई कारखाने इस प्रदेश में हैं। यहाँ जापान का 50 प्रतिशत इस्पात व 30 प्रतिशत लौहा

तैयार होता है। रबड़ की वस्तुओं का कारखाना कुरुम स्थान पर चालू है। इस प्रदेश में जापान का 9 प्रतिशत औद्योगिक उत्पादन होता है।

6. हिरोशिमा-कुरे-उत्तरी शिकोकू प्रदेश—इस प्रदेश में लौहा-इस्पात, भारी निर्माण उद्योग, खनिज तेल शोधन, जलपोत निर्माण, रासायनिक उद्योग, यन्त्र निर्माण व बिजली के कारखानों के उद्योग चलते हैं। प्रमुख केन्द्र हिरोशिमा, कुरे, नोमी, ओकायामा, ताकामत्सू व क्यूबा हैं।

7. हेकोडेट प्रदेश—इस प्रदेश में वन सम्पदा और चाँदी, मैंगनीज अयस्क, सोना, पारा, कोयला व लौहा अयस्क उपलब्ध हैं। यहाँ इशिकारी बेसिन में कोयला व कुत्तचन की खान से लौहा अयस्क प्राप्त होता है। इसलिए मोरारां क्षेत्र में लौहा एवं इस्पात उद्योग तेज गति से तरक्की कर रहा है। यहाँ मशीनें बनाई जाती हैं। यहाँ लकड़ी की लुग्दी, सीमेंट, रासायनिक खाद व फल संरक्षण के कारखाने हैं। यहाँ शराब भी बनाई जाती है।

चीन के औद्योगिक प्रदेश—चीन में विनिर्माण उद्योग के 9 प्रमुख प्रदेश हैं :

1. उरुमची प्रदेश।
2. केन्टन प्रदेश,
3. कुन्मिग प्रदेश,
4. चुंगकिंग प्रदेश,
5. सिंआन-लैंचाऊ प्रदेश,
6. टेयण्टसिन-सिंगटाओ प्रदेश,
7. शेनयांग-लुटा प्रदेश,
8. लुहान प्रदेश,
9. शंघाई नान-किंग प्रदेश

1. उरुमची प्रदेश—यह चीन का आन्तरिकतम औद्योगिक प्रदेश है। जिसका परिवहन सम्बन्ध प्रमुख चीन के नगरों से स्थापित हो गया है। यहाँ लौहा, तेल शोधन एवं इस्पात, वस्त्र व सीमेंट के कारखाने भी बन चुके हैं। उरुमची प्रमुख नगर हैं।

2. केन्टन प्रदेश—यहाँ रेशमी वस्त्र, जूट के सामान, मशीनरी, कागज, चीनी, परिधान, सीमेंट, जलयान व मिट्टी के बर्तन के उद्योग स्थापित हैं। लौहा एवं इस्पात का भी कारखाना है। खाद्य पदार्थ व सामान्य उपभोग की वस्तुओं के भी कारखाने स्थापित हैं। मोटर-गाड़ी, रेल इंजन व वायुयान का निर्माण भी होता है। इस प्रदेश के उद्योग केन्टन-काऊलून रेलमार्ग के किनारे स्थित नगरों में विकसित हैं।

3. कुन्मिग प्रदेश—इस प्रदेश में लौहा-इस्पात का महत्त्वपूर्ण उत्पादन होता है। इसके बड़े केन्द्र कुन्मिंग व एन्निंग हैं। इस प्रदेश में इस्पात के कारखाने राजनीतिक व सामरिक कारणों से स्थापित किए गए हैं। अन्य उद्योग भी क्रमशः स्थापित हो रहे हैं।

4. चुंगकिंग प्रदेश—इस प्रदेश का औद्योगिक विकास चीन-जापान महायुद्ध के फलतः हुआ है। यहाँ सूती-रेशमी वस्त्र, तेल शोधन, लौहा तथा इस्पात, चीनी व रसायन (उर्वरक, प्लास्टिक) के कारखाने स्थापित हो गए हैं। परिवहन के साधनों की बढ़ोतरी के साथ उद्योगों का विकास हो रहा है। औद्योगिक केन्द्र चुंगकिंग, लुचाऊ, गाइकिआंग, हाच्वान व आइचीन हैं।

5. सिआन-लैंचाऊ प्रदेश—इस प्रदेश में सिआन में रेल के सामान, बिजली के सामान व वस्त्र उद्योग के केन्द्र हैं। लैंचाऊ में खनिज तेल शोधन, मशीनरी, रसायन व सीमेंट के उद्योग चलते हैं।

6. टेयण्टसिन-सिंगटाओ प्रदेश—इस प्रदेश में इस्पात, खेती यन्त्र, मशीनी औजार, इन्जीनियरिंग, मशीन, जलपोत निर्माण, बिजली का सामान, रेलवे इंजन, रेल के डिब्बे, मोटर, वायुयान, बिजली के सामान व सूती वस्त्र बनते हैं। सिगरेट, सीमेंट व वनस्पति तेल के कारखाने भी स्थापित हैं। लौहा एवं इस्पात के केन्द्र तांगशान, ताइयुतान, हिकिंगशान, सिनान,पीकिंग, टियण्टसिन, बेसिन व चींगचीह हैं। तांगशान में सीमेंट व इन्जीनियरिंग उद्योग चलते हैं। सूती वस्त्र के केन्द्र पीकिंग, शिहचियाचुवांग, चेंगचाऊ व टियण्टसिना सिंगताओ हैं। मशीनरी पीकिंग, टियण्टसिन, ताइयुआन व सिंगताओ में बनती हैं। सिंगताओ में वस्त्र एवं मशीनरी के अतिरिक्त आटा, वनस्पति तेल व कागज के उद्योग चलते हैं। जेफांग में रेलवे इंजन व सांगकावो में सीमेंट का कारखाना है।

7. शेनयांग-लुटा प्रदेश—इसको दक्षिणी मांचुको प्रदेश भी कहा जाता हैं। इस प्रदेश में इस्पात निर्माण के साथ खेती यन्त्र, मशीन, मशीनी औजार व इन्जीनियरिंग उद्योग चलते हैं। उर्वरक, बिजली के सामान, छोटी मशीनें, सीमेंट, रसायन, रेशमी वस्त्र व धातु प्रगलन के उद्योगों का भी चलन हैं। लौहा एवं इस्पात के केन्द्र आनशान फुलार्को, पेन्की, चांगचुन, फुशुन, पेंसिहू और तूस; रेशमी वस्त्र के केन्द्र शांतुंग एवं आतुंग हैं। शेनयांग, आनशान एवं लुटा रसायन उद्योग के केन्द्र हैं सीमेंट के कारखाने शेनयांग, फुशुन व युंगकी में हैं। शेनयांग में मिग विमान बनता है। मशीन औजार शेनयांग, चांगयुन (सितसिहार), लुंगाकियांग, फुलार्को व फुशुन में बनते हैं। शेनयांग व पिनकिआंग व चीनचाऊ में चलते हैं। वस्त्रोद्योग के केन्द्र लिआओआंग, शेनयांग,

पिनकिआंग व चीनचाऊ में चलते हैं। एलुमिनियम उद्योग फुशुन, युंगकी एवं आनतुंगो में; जस्ता प्रगलन शेनयांग एवं हुलुताओ में व मैग्नीशियम उत्पादन पींगकाओ में है।

8. बुहान प्रदेश—इस प्रदेश का प्रमुख नगर बुहान सबसे पुराना एवं बड़ा लौहा एवं इस्पात केन्द्र है। यहाँ सूती वस्त्र, रसायन, मशीनरी, सीमेंट, खाद्य पदार्थ व जलयान के कारखाने हैं। इस प्रदेश में देश का सबसे पहले सूती कारखाना सन् 1883 में व लौहा-इस्पात कारखाना सन् 1907 में स्थापित हुआ। इस प्रदेश के अन्य केन्द्र ह्वांगशीहकांग, आचेन, सियांगटान, चूचोव, हेनयांग, हानकोव, नानचांग, किंगटेशेन व चांगसा हैं। ह्वांगशीहकांग व आचेन में लौहा एवं इस्पात के कारखाने हैं। ह्वांगशीह में एक सीमेंट का कारखाना है। रसायन, हानकोव मशीन, सीमेंट व कपड़ो का उत्पादन करता है। नांगचांग में कागज, वस्त्र, मशीन, रासायनिक पदार्थ व कृषि-यन्त्रों के उद्योग चलते हैं। चांगसा में अलौह धातु व चीनी मिट्टी के उद्योग हैं। सियांगटान में बिजली की सामग्री, मशीन-औजार, सीमेंट, रसायन व वस्त्र के कारखाने हैं। चूचोव में रेलवे इंजन और हेनयांग में मशीन व औजार बनते हैं।

9. शंघाई-नानकिंग प्रदेश—यह प्रदेश वस्त्रोद्योग में सभी देशों में सबसे आगे है। शंघाई में सूती वस्त्र के 65 कारखाने हैं। इस प्रदेश में इस्पात के कारखाने हैं। खेती यन्त्र, मशीनरी, मशीनी औजार व इन्जीनियरिंग उद्योगों का भी विकास हुआ है। रेलवे इंजन, वायुयान, रसायन, सीमेंट, रेल के डिब्बे, मोटर, विजली का सामान व फुटकर उद्योग भी चलते हैं। खनिज तेल शोधन, प्लास्टिक व रबड़ उद्योग पत्तनों में विकसित हैं। यहाँ जलपोत निर्माण का भी काम होता है। हांगचाऊ व नानकिंग में भी सूती उद्योग के केन्द्र हैं। शंघाई विश्व का सबसे बड़ा नगर है। जिसकी जनसंख्या 115 लाख है।

भारत के औद्योगिक प्रदेश

भारत को औद्योगिक प्रदेश में विभाजित करने का पहला प्रयास मात्रात्मक था। पश्चात् में औद्योगिक क्रम संख्या के आधार पर औद्योगिक प्रदेश बनाए गए। वर्तमान पाँच औद्योगिक प्रदेश हैं। अप्रधान औद्योगिक प्रदेश व औद्योगिक केन्द्र भी हैं।

प्रधान औद्योगिक प्रदेश

1. पश्चिमी औद्योगिक प्रदेश : (क) मुम्बई-पुणे, (ख) अहमदाबाद-बड़ोदरा।

2. दक्षिणी औद्योगिक प्रदेश : (क) बेंगलूर-कोयमुत्तूर।

3. पूर्वी औद्योगिक प्रदेश : (क) कोलकत्ता-हुगली, (ख) जमशेदपुर-आसनसोल।

अप्रधान औद्योगिक प्रदेश एवं औद्योगिक केन्द्र

(i) अमृतसर-अम्बाला, (ii) नागपुर-वर्धा, (iii) दिल्ली-मेरठ, (iv) अल्वये-कोल्लम, (v) मद्रास-पेराम्बूर, (vi) इन्दौर, उज्जैन, (vii) धारवाड़-बेलगाम, (viii) कानपुर-लखनऊ, व ग्वालियर, हैदराबाद, शोलापुर, विशाखापत्तनम, दार्जिलिंग, जबलपुर, राँची, मीरजापुर (चूर्क-रेणुकूट) आदि।

❐❐❐